Dracula

L'œuvre de Bram Stoker et le film de Francis F. Coppola

ouvrage dirigé par Gilles Menegaldo et Dominique Sipière

Elyette Benjamin-Labarthe
Professeur à l'université de Bordeaux III

Delphine Cingal
Maître de conférences à l'université Paris II

Nicole Cloarec
Maître de conférences à l'université Rennes I

Raphaëlle Costa de Beauregard
Professeur à l'université Toulouse Le Mirail

Cornelius Crowley
Professeur à l'université de Paris X

Françoise Dupeyron-Lafay
Professeur à l'université Paris XII

Jean-Paul Engélibert
Maître de conférences à l'université de Poitiers

Michel Etcheverry
PRAG à l'université d'Orléans

Gaïd Girard
Professeur à l'université de Bretagne occidentale

William Hughes
Professeur à l'université de Bath

Catherine Lanone
Professeur à l'université Toulouse II

Jean-Jacques Lecercle
Professeur à l'université Paris X

Gaëlle Lombard
Monitrice à l'université Paris VII

Hélène Machinal
Maître de conférences à l'université de Bretagne

Jean Marigny
Professeur émérite de l'université Grenoble III

Sophie Marret
Professeur à l'université Rennes II

Lydia Martin
Allocataire-monitrice à l'université de Provence

Denis Mellier
Professeur à l'université de Poitiers

Gilles Menegaldo
Professeur à l'université de Poitiers

Michel Naumann
Professeur à l'université de Tours

Eithne O'Neill
Enseignante à l'université de Paris XIII

Philippe Ortoli
Docteur en lettres et arts

Anne-Marie Paquet-Deyris
Maître de conférences à la Sorbonne Nouvelle

Michel Remy
Professeur à l'université de Nice-Sophia Antipolis

Victor Sage
Reader à l'université de Norwich (East Anglia)

Dominique Sipière
Professeur à l'université du Littoral

Philip Skelton
Bibliothécaire à la Nottingham Central Library

Daniela Soloviova-Horville
Doctorante à l'université de Picardie

Daniel Tron
PRAG à l'université d'Angers

Max Vega-Ritter
Professeur à l'université de Clermont-Ferrand

ISBN 2-7298-2533-9

© Ellipses Édition Marketing S.A., 2005
32, rue Bargue 75740 Paris cedex 15

www.editions-ellipses.fr

Table des matières

Introduction

Dominique Sipière
et Gilles Menegaldo

Le siècle qui sépare le roman de Stoker du film de Coppola a été bien rempli : technologies et guerres, utopies collectives et rêves individuels, mais aussi plusieurs dizaines de films qui exploitent, réécrivent le récit original, offrant des lectures sérieuses ou parodiques, respectueuses ou subversives de l'hypotexte. Pourtant, ce siècle paraît bref en regard de la résonance mythique de *Dracula*. Comme l'écrit Jean-Jacques Lecercle, un mythe est une solution imaginaire à une contradiction réelle, un opérateur logique pour concilier deux propositions qui se contredisent et forment une « double contrainte » collective. Autrement dit, *Dracula* nous renseigne à la fois sur *ses* temps — la voix inquiète, curieuse ou arrogante qu'on repère derrière chaque occurrence du conte (et du comte) — et sur nous-mêmes, aujourd'hui et depuis *la nuit* des temps. Les époques et les mentalités changent, mais la nuit demeure : le SIDA a remplacé la syphilis et l'angoissante ubiquité de l'Autre se vérifie encore par les attentats récents à Londres et ailleurs.

On empruntera donc d'abord deux grandes avenues pour approcher le mythe : la perspective historique révèle les inquiétudes — et sans doute le *malin plaisir* — d'un auteur victorien bien campé sur son temps. À la fois témoin privilégié et ami de nombreux écrivains (Wilde, Whitman, Twain…), mais aussi homme de son époque ; protestant né dans l'Irlande catholique ; second couteau de la littérature populaire et figure respectée dont la publication par Norton atteste désormais la valeur « académique ». Plusieurs articles de ce recueil approfondissent les contradictions pathétiques, instructives, inquiétantes (Catherine Lanone) ou réjouissantes de l'*homo victorianus* et de sa compagne, moins *volatile* qu'une lecture superficielle du roman ne le suggérait. D'autres décrivent l'angoisse et la mise en branle du groupe qui se nomme lui-même *The Crew of Light* face aux menaces de celui qui est trois fois Autre — *foreign, strange* et *alien* à la fois — qui s'approprie des territoires (Michel Naumann, Philip Skelton), usant de méthodes capitalistes modernes, séduit les femmes et exacerbe leur sexualité et vient *pomper* le sang vital de l'Angleterre avant de le contaminer. Certains articles remarquent enfin que cette position victorienne ne flotte pas dans l'air, mais qu'elle s'inscrit dans un système qui inclut ses frontières et ses *en deçà*, tels l'Irlande (Cornelius Crowley), l'Europe continentale (Daniela Soloviova-Horville) et ses *au delà*, l'Amérique, puissance émergeante et déjà rivale (Daniel Tron).

D'autre part, le mythe réveille à la fois le passé historique proche, le retour de traces d'un monde archaïque et barbare (Vlad Tepes plus connu du public par sa cruauté sadique, — et son amour du pal — que par ses exploits guerriers) et les vestiges de l'enfance perdue de chacun de nous.

Si bien que le récit triplement *historique* (victorien, moyen-âgeux et enfantin) ne peut qu'être également *universel*, marqué par la régularité des structures de l'inconscient (Michel Remy, Max Vega-Ritter, Sophie Marret). On verra plus bas ce qu'on peut en dire aujourd'hui puisque plusieurs auteurs se situent dans une perspective d'appropriation *hors du temps* de l'écriture de Stoker. Et puis, qu'il soit d'hier (Vic Sage, la tradition pornographique et William Hughes, le sang) ou d'aujourd'hui (Lydia Martin), le commerce entre et parmi les sexes fait toujours s'échauffer les sens, les mots et les images.

Mais Dracula, lui-même, n'est pas né de rien et ses ancêtres issus du folklore d'Europe centrale ou de la littérature romantique et victorienne (Jean Marigny) valent le voyage ! Pas seulement les superstitions héritées du fond des âges concernant le retour des morts et le tabou du sang, et dont la force se manifeste de façon spectaculaire dans les épidémies vampiriques d'Europe centrale, mais aussi les textes d'un genre (le Gothique) né au dix-huitième siècle et qui n'a jamais été aussi florissant qu'au vingt-et-unième. Dracula a de bonnes fréquentations : Varney, Sherlock Holmes (Françoise Dupeyron-Lafay et Delphine Cingal) et Carmilla (Gaïd Girard). Stoker et Coppola sont ainsi deux jalons d'un riche parcours exemplaire parce qu'il a été tracé dans le domaine de la culture populaire, du théâtre aux films qui souvent fondent leur scénario sur le texte adapté pour la scène (Browning, Badham). Peu de récits se sont ainsi régénérés de décennie en décennie selon les désirs, les fantasmes, les phobies et les angoisses des lecteurs et des spectateurs. On sait bien, même si on ne les a pas (tous) vus, que des dizaines de Draculas ont couru les scènes et les écrans et qu'aucun n'était tout à fait semblable à ses frères, depuis la figure d'altérité effrayante incarnée par un Max Schreck spectral dans le *Nosferatu* de Murnau jusqu'au vampire romantique figuré par Frank Langella (qui d'abord triomphe dans le rôle à Broadway) dans la version un peu méconnue de John Badham, puis par Coppola. Rendons aussi hommage en passant à Christopher Lee, premier avatar de Dracula en couleurs et qui renouvelle considérablement, par son jeu, alliant cruauté et séduction, l'image du vampire exotique et mondain associée depuis 1931 à Bela Lugosi, interprète quasi mythique du rôle.

Le choix du film de Coppola est naturel : il prétend, dans le contexte postmoderne d'une autre fin de siècle, mettre un terme à la prolifération du récit en le recentrant sur son origine littéraire, et en lui donnant les moyens de retrouver suffisamment d'*espace* pour s'affirmer, mais aussi en offrant une synthèse « opératique » des adaptations antérieures. Car, du point de vue du volume, de l'allure, du spectacle, on peut dire que le comte y est, dans tous ses états, plus protéiforme que jamais. Sauf que, dès l'affiche ou la pochette du DVD, le « contresens » sur le fond du récit s'étale dans l'équation ainsi rédigée : *Love Never Dies*, et qui se lit sans rire : Dracula = Love ! Or ce contresens massif n'est pas seulement l'affaire d'un cinéaste que les rapports d'attraction-répulsion avec Hollywood rendent suspect aux yeux de certains (Elyette Benjamin) ; l'identification des auteurs et des spectateurs avec le personnage de

Dracula est un des grands contre-feux d'un mythe dont la relecture par Coppola doit aussi beaucoup à Ann Rice qui redonne un point de vue et une voix narrative au « grand silencieux » (selon l'expression de Roger Dadoun) stokerien. La force du monstre tient aussi à ce que nous ne croyons pas qu'il existe et qu'il nous prend toujours par surprise, ce dont témoigne (chez Coppola en particulier) son ubiquité, sa manière d'être toujours déjà là où on ne l'attend pas.

Il faudrait donc que les lecteurs lisent Stoker au delà de *Dracula* (Hélène Machinal), explorent d'autres vampires, romantiques (Coleridge) ou victoriens (Le Fanu) et s'offrent le plaisir de voir quelques films, au moins le *Nosferatu* de Murnau et son remake par Herzog, les *Dracula* de Browning, Fisher et Curtis et sans doute ceux de Badham (Dominique Sipière) et Maddin (Denis Mellier). Le film de Coppola n'est pas seulement une adaptation du roman, mais un monument rêvé au cinéma (à son histoire et son pouvoir d'illusion), et une œuvre parfaitement autonome (Gilles Menegaldo, Philippe Ortoli et Gaëlle Lombard). Coppola offre au spectateur non seulement un récit assumé (Michel Etcheverry, Anne-Marie Paquet-Deyris), mais aussi une étude de formes (Eithne O'Neill, Nicole Cloarec, Jean-Paul Engélibert), de couleurs (Raphaëlle Costa de Beauregard) et de sons. Bref ce film maltraité par la critique (en particulier américaine) lors de sa sortie, jugé mégalomaniaque par certains, maniériste par d'autres, mais devenu par la suite film culte, nous donne l'occasion de mettre en crise ou en cause la notion même d'adaptation d'un roman par un film comme, en leur temps, d'autres auteurs ont mis en crise l'idée d'emprunt à l'Histoire par le théâtre ou le roman.

Les différentes contributions réunies dans ce volume proposent des éclairages très divers des deux œuvres étudiées de manière autonome ou en regard l'une de l'autre, mais sans souci de hiérarchisation entre texte et film, littérature et cinéma. Il s'agit aussi de convoquer des approches critiques différenciées et complémentaires, parfois divergentes, afin de faire dialoguer deux auteurs, deux œuvres, deux (fins de) siècle, autour d'un mythe moderne dont l'ambivalence séductrice, la puissance fantasmatique et la plasticité d'un mode et d'un media à l'autre expliquent la pérennité.

Dracula : une crise de sorcellerie[1]

Jean-Jacques Lecercle

Dracula partage avec *Frankenstein* le privilège d'être le mythe gothique qui a le plus spectaculairement réussi. Il y a encore plus de *Dracula* que de *Frankenstein* à l'écran, et la série actuelle des « *x, the true story* » (titre qui annonce la fiction la plus mensongère) a commencé par le *Dracula* de Coppola. Toutefois, le parallélisme entre les deux mythes trouve vite ses limites, pour des raisons simples. Ainsi, contrairement à *Dracula*, *Frankenstein* est un mythe politiquement correct. Écrit par une femme, il ne présente aucune trace d'idéologie sexiste, ni réactionnaire. Malgré quelques précautions de langage, c'est un mythe inspiré par la philosophie des Lumières, un mythe de gauche. *Dracula*, au contraire, peut facilement passer pour un mythe de droite : la misogynie y est évidente, la xénophobie et l'intolérance religieuse y sont proches de la surface.

Je suis sur une pente dangereuse. Le jugement de valeur péremptoire (même si une critique idéologique de *Dracula* est nécessaire : nous y viendrons), l'étiquette politique vite imposée, sont injustes à l'égard d'un grand mythe, et d'un grand texte (malgré la grandiloquence du style de Bram Stoker, qui ne reculait devant aucun cliché). De fait, *Dracula* a sur *Frankenstein* au moins une supériorité. Non seulement le mythe survit, mais il s'actualise. Dans son ouvrage consacré au mazzérisme et aux autres traditions et croyances corses[2], Dorothy Carrington cite le cas récent d'un vampire letton. Et un entrefilet dans le journal *La Reppublica* du 20 juillet 1995 annonce l'arrestation d'un vampire russe, ex-soldat qui avait agressé un ivrogne et bu son sang après l'avoir mordu. Il avoua aux policiers que ce n'était pas la première fois. L'article est illustré d'une photo empruntée au *Nosferatu* de Murnau, dans laquelle les célèbres ongles, et les oreilles du vampire sont clairement visibles. Il apparaît donc que la Transylvanie du mythe s'est transportée dans l'ex-URSS, mais qu'elle existe. Quant à savoir si ces pratiques réelles sont nourries par le mythe ou si elles le nourrissent — ou si ce vampirisme est réciproque, la question est ouverte. Mais cela indique un cycle de reproduction du mythe que *Frankenstein* ne connaît pas : on ne rencontre pas (pas encore) de monstre ou assimilé, sauf dans l'univers de *Blade Runner*, et les enfants sauvages ont disparu, même dans l'ex-URSS.

Cet article aura donc deux mouvements inverses. Un mouvement descendant, critique dans le sens agressif du terme, où l'on cherchera à

---

1. Ce texte est déjà paru dans le recueil *Dracula : insémination / dissémination*, édité par D. Sipière, Éditions Sterne, Université de Picardie, 1996. Nous remercions Jacques Darras d'en avoir autorisé la reprise.
2. D. Carrington, *The Dream-Hunters of Corsica*, Londres, Weidenfeld & Nicolson, 1995.

montrer en quoi *Dracula* est un mythe différent de *Frankenstein*, en assumant le jugement de valeur qui est implicite dans cette formulation. Et un mouvement ascendant, critique dans le sens philosophique et positif du terme, qui montrera que ce mythe autre, malgré ses côtés irritants, est d'importance égale à *Frankenstein*. Il a une autre origine, une autre histoire, une autre fonction — il appartient à une variété différente du genre fantastique, mais il nous dit autant sur le monde et sur nous. Ce double mouvement est au fond assez fidèle au mythe : il faut que le héros meure pour qu'il puisse renaître vampire. Et cette promenade ne nous fera pas seulement explorer le mythe de *Dracula* : elle nous fera visiter diverses conceptions de ce qu'est un mythe.

Dracula, un mythe

Refaisons brièvement ce chemin tant de fois parcouru. Tous les symptômes sont là : les versions sont innombrables, et dans tous les media. Il m'est arrivé de sucer (en compagnie de mes étudiants) des bonbons à l'effigie de Dracula. Le tourisme transylvanien prospère, les enthousiastes sont nombreux, comme pour Sherlock Holmes, et se rencontrent dans toutes les couches de la société. Et tout le monde sait qui est Dracula, et presque personne qui est Bram Stoker. Il suffit de demander à l'étudiant angliciste moyen quand fut publié le roman. Une réponse intelligente le situera au début du XIXe siècle, en même temps que *Frankenstein*. Car qui pourrait croire que le roman de Stoker, texte gothique caractéristique, est une survivance lointaine d'un genre disparu? Et pourtant la conjoncture historique dans laquelle il fut écrit (les années 1890) a eu une influence non négligeable sur le roman. Et pourtant, l'écriture du roman a des aspects modernistes inconnus, et pour cause, des autres romans gothiques : il y a dans le roman autant de télégrammes et de cylindres enregistreurs que de gousses d'ail.

Ces considérations contiennent une première théorie, implicite et naïve, du mythe : un histoire qui échappe à son créateur, à son medium, et trouve refuge et amplification dans des media populaires. D'abord il y a le roman, ensuite le film, et enfin le roman, tiré du film[1]. Le problème est que si cette théorie convient superficiellement à *Frankenstein*, elle est inadéquate pour *Dracula*, mythe dont Stoker n'est pas le créateur. Et elle est naïve. Je lui préférerai donc la théorie savante que j'ai déjà utilisée ailleurs[2], et qui est issue de la tradition hégélo-marxiste et de Levi-Strauss : un mythe est une solution imaginaire à une contradiction réelle, un opérateur logique pour concilier deux propositions qui se contredisent et forment une « double contrainte » collective.

Ma théorie savante m'apprend que l'essence d'un mythe est dans son rapport à l'histoire : la contradiction en question est le fruit d'une conjoncture historique. La différence entre les deux mythes apparaît immédiatement. *Frankenstein* est issu d'*une* conjoncture historique (en gros, la Révolution française), parce qu'il a une origine unique (précisément

1.   L. Fleischer, *Mary Shelley's Frankenstein*, Londres, Pan Books, 1994.
2.   J.J. Lecercle, *Frankenstein : mythe et philosophie*, Paris, PUF, 1987.

datée) et un auteur unique. *Dracula* au contraire se présente à nous sur le mode du toujours-déjà : l'histoire n'est jamais narrée que par répétition et variation. On opposera, dans la terminologie de l'esthéticien américain Kubler[1], un mythe-« *prime object* », une « entrée » individuelle dans l'histoire de la littérature et de la culture, et un mythe-« *replica* », qui est toujours l'élément n+1 dans une série dont l'origine est perdue. *Dracula*, dans la version de Stoker, tisse en effet au moins trois fils : un fil historique (Vlad l'Empaleur, dit Dracul, héros du passé national roumain), un fil folklorique (des contes sanskrits du vampire jusqu'à la vogue dix-huitièmiste du vampire, incarnée dans la compilation de Dom Calmet), et un fil littéraire et britannique, qui passe par Byron et Polidori, mais aussi par *Varney the Vampire*. Et il est intéressant de noter, à propos de ce troisième fil, que la force du mythe n'est pas épuisée (contrairement à *Frankenstein*, et parce qu'il n'est pas aussi lié à une conjoncture spécifique) : l'œuvre d'Ann Rice en témoigne. Si l'on poursuit l'idée de Kubler en termes stylistiques, on dira que le *Frankenstein* de Mary Shelley est comme une métaphore vive, bouleversante parce que témoignant d'une création toute fraîche ; et que le *Dracula* de Stoker est comme une métaphore morte, ou un cliché. Mais, comme chacun sait, ce sont les métaphores vives qui meurent, et les mortes qui survivent, parce que ce sont les plus réussies — ce sont des métaphores-vampires.

Pour mieux comparer les deux mythes, je rappelle brièvement les caractéristiques du mythe de *Frankenstein*. Il y en a quatre qui sont essentielles : 1) un lien crucial à une conjoncture historique déterminée (la contradiction que le mythe vise à résoudre est alors : ancien régime contre révolution) ; 2) une solution imaginaire proposée à une contradiction qui n'est pas directement politique, mais idéologique (la contradiction a alors nom : Lumières contre obscurantisme religieux) ; 3) cette contradiction idéologique s'incarne dans des oppositions sémantiques qui structurent le texte (pour faire bref : science contre religion ; maîtrise prométhéenne du monde naturel contre stabilité de la Chaîne des Êtres ; conte philosophique contre roman d'horreur gothique) ; 4) le fait que cette contradiction anime effectivement le texte se lit dans son intériorisation dans les principaux personnages : le monstre est à la fois bon et méchant, Huron et Diable ; et Frankenstein est à la fois Faust et Prométhée.

Ce rappel est justifié, puisque *Dracula* présente les caractéristiques exactement inverses.

Frankenstein est un mythe progressiste, qui accompagne l'histoire dans son développement, qui salue les bouleversements de l'histoire contemporaine, et qui est tourné vers l'avenir. Si le monstre devient méchant, c'est à cause du poids des habitudes anciennes : laissé à lui-même, il annonce le dépassement de l'homme dans un surhomme. Ou encore, Victor Frankenstein transforme le présent en dystopie, parce qu'il ne réussit pas à être fidèle à l'événement qui promet dans l'avenir la réalisation de l'utopie. *Dracula*, au contraire, est tourné vers le passé le plus lointain. Le présent y est également dystopique, mais ce n'est pas par refus des possibilités de l'avenir, c'est par le poids du passé. Autrement

---

1.   G. Kubler, *The Shape of Time*, New Haven, Yale University Press, 1962.

dit, *Dracula* commence dans la nécessité, là où *Frankenstein* finit dans la résignation et le conformisme. C'est que *Dracula* est un mythe réactionnaire au sens premier : tourné vers le passé, il en assume les conséquences dans le présent (en termes linguistiques, c'est un mythe du *parfait*). C'est pourquoi il y a une différence fondamentale entre récit d'horreur et science-fiction (qui, en termes linguistiques nous propose des mythes de la *visée* : *Frankenstein* est un de ces mythes). Bref, *Dracula* n'est pas un mythe prométhéen, de défiance envers l'ordre établi, et de confiance dans l'événement qui le bouleverse, mais une resucée du mythe de la Chute, c'est à dire de dépendance de l'homme vis à vis de l'ordre des choses et d'un passé qui pèse.

Le rapport de *Dracula* à l'histoire est double. Il relève d'un côté du toujours-déjà, et de l'autre de la conjoncture historique dans laquelle Stoker écrivit. Cette conjoncture est celle d'un déclin lent, de ces moments où les empires se rendent compte qu'ils sont mortels. Économiquement, la Grande Bretagne est entrée en longue dépression ; elle n'est plus la patrie de l'innovation et du dynamisme, mais de la raideur et du conservatisme. Politiquement, l'Empire, qui est à son plus haut point d'expansion, ne peut plus attendre que le reflux : la guerre des Boers en sera le premier symptôme. Religieusement (point important pour ce protestant d'Irlande qu'était Stoker), la question catholique se pose avec de plus en plus de force. Si la Grande-Bretagne ne craint plus la révolution politique (le moment du Chartisme est depuis longtemps dépassé), elle peut craindre la dissolution sociale par corruption interne : catholiques irlandais qui débarquent par l'ouest ; faune interlope qui grouille dans les docks de Londres, parcourus également par Jack the Ripper et Sherlock Holmes. Et n'oublions pas l'épidémie, qui dans *Bleak House* attaquait « *the Great Wen* ». Pourquoi croyez-vous que Dracula débarque à Whitby ? Pour qui a passé le détroit de Gibraltar, Liverpool, Falmouth et Southampton sont les points les plus proches, et Whitby un grand détour. La raison est peut-être simple : c'est dans le nord-est de l'Angleterre, à Sunderland sinon à Whitby, qu'avait débarqué en 1831 le rat par qui débuta la grande épidémie de choléra en Angleterre. Il est clair que Dracula incarne toutes ces peurs de contamination : animal comme est le rat de l'épidémie, il boit le sang comme les catholiques qui communient, et il immigre sur nos terres, achetant nos maisons et violant nos femmes. Mais *Dracula* n'est pas seulement un mythe de peur conjoncturelle, c'est bien un mythe du passé lointain, de la malédiction ancestrale, de la dégénérescence de la race. C'est pourquoi il ne marque guère de confiance dans la science, qu'il utilise pourtant : Van Helsing est un savant ridicule, et superstitieux de surcroît, alors que Victor Frankenstein vise le prix Nobel. C'est que, dans *Dracula*, la seule découverte est celle du passé, de ce qui était oublié et refait surface : de son horreur, qui est tout autre chose que l'effroi respectueux qu'inspirent les ouvertures, et les dangers, de l'avenir.

Traduite en termes familiaux (si l'on prend le mythe d'Œdipe pour l'archétype du mythe : tout mythe est un roman familial freudien) cette situation se laissera formuler ainsi : *Frankenstein* est un mythe de descendance, animé par les deux fantasmes conjoints de la paternité (le savant est le père du monstre) et de la maternité (la création est une parturition) ; et *Dracula* est un mythe d'ascendance, préoccupé par la pureté de la race, la souillure du sang, et les menaces qu'elle fait subir à la filiation. Le baiser du vampire engendrera dans nos femmes une race de bâtards : c'est parce que Dracula est issu d'une lignée qu'il cherche à interrompre la nôtre pour poursuivre la sienne.

Si l'objet d'un mythe est d'explorer les frontières (ce que font nos deux mythes, mais de façon différente), par exemple celles qui séparent Dieu et sa création, ou l'homme et l'animal — pris en ce sens le mythe est promenade le long de la Chaîne des Êtres, *Frankenstein* est un mythe d'inclusion, qui bouleverse les frontières et relie les anneaux. Le monstre, créé hors chaîne, est un opérateur de changement : sa création fait de l'homme l'égal de Dieu ; son existence tire l'homme vers le haut de la chaîne, puisqu'il annonce un échelon nouveau, le Surhomme. *Dracula*, au contraire, est un mythe d'exclusion, ou de séparation. Dieu et l'homme restent dans leur rôle : à l'un la vengeance et la perspective du pardon, à l'autre la punition. Le vampire est lui aussi hors chaîne, mais son inclusion risque de tirer l'homme vers le bas, vers l'animal avec qui il a les affinités que l'on sait — c'est pourquoi il doit être détruit par tous les moyens, c'est à dire ontologiquement exclu. Ce vampire n'est décidément qu'une répétition : un pauvre Diable. Nous verrons que *Dracula* explore les frontières : mais c'est pour les borner, avec l'épieu qui perce le cœur du vampire, enterré à la croisée des chemins comme un poteau indicateur. Ce que je suis en train de vous dire est évident : l'objet du mythe de Dracula est l'expulsion rituelle du bouc émissaire.

Bref, le mythe de *Frankenstein* est complexe, non parce qu'il tisse d'innombrables fils (c'est le propre de tout mythe), mais parce qu'au lieu de gommer les contradictions, il les intériorise, ce qui est le meilleur moyen de les résoudre. Le mythe de *Dracula* est, de ce point de vue, simple : il est le vecteur de convictions fortes, il rassure, il n'inquiète que pour mieux réconforter. Si j'osais me lancer dans une psychologie simpliste, je dirais que *Frankenstein* est un mythe inquiet, ouvert aux dangers, mais aussi aux potentialités, du réel, et *Dracula* un mythe sot, refermé sur des certitudes établies. Et qu'est-ce exactement qu'un mythe sot? C'est un mythe a) dont le rapport à la conjoncture historique est vague et fuyant (la conjoncture y est celée sous le toujours-déjà) ; b) qui incarne bien une contradiction idéologique (ici, le modernisme contre la tradition), mais en propose une solution prévisible, traditionnelle justement ; c) qui choisit toujours, dans la série d'oppositions qui incarnent narrativement cette contradiction, le mauvais pôle : la religion contre la science, la Chaîne des Êtres contre la maîtrise de la nature, l'horreur contre la science-fiction, ou l'utopie ; d) et qui refuse d'intérioriser la contradiction dans les personnages principaux : *Dracula* a la même structure narrative que les westerns, le monde y est divisé en deux camps, les bons et les méchants. Les méchants attaquent les premiers, et semblent devoir l'emporter ; puis vient la contre-attaque, qui annonce le *happy end*. Je viens de vous résumer les deux parties du roman.

L'opposition que je viens d'établir entre les deux mythes est, bien sûr, exagérée et injuste. Car *Frankenstein* aussi feint de choisir la religion, conformisme oblige. Mais tout est dans le « feint », et ma comparaison est jusqu'à un certain point justifiée, aussi vais-je la poursuivre. La suite nous dira en quoi elle est injuste.

Pour me résumer, je propose cette opposition systématique sous la forme d'une corrélation :

Frankenstein	*Dracula*
progressiste	réactionnaire
avenir	passé
Prométhée	chute
surhomme *vs* homme	animal
frontières franchies	frontières bornées
inclusion	exclusion
descendance	ascendance
complexe	simple
contradiction intériorisée	contradiction extériorisée

Cette corrélation n'est pas innocente. Elle est lourde d'un jugement de valeur hostile à *Dracula*. Elle présente *Frankenstein* comme un mythe selon Levi-Strauss, une solution imaginaire qui aide à percevoir une contradiction historique, à la comprendre et par là à la surmonter. C'est bien pourquoi le mythe est politiquement correct, arme potentielle des opprimés dans leur révolte, image caricaturale, dans le discours des oppresseurs, de la révolte des opprimés. On sait que le monstre, dans le courant du XIXe siècle, représenta successivement, dans l'imaginaire politique, les prolétaires désireux d'avoir le droit de vote, ou les paysans irlandais. *Dracula*, au contraire, donne l'impression d'oblitérer la réalité, de la dénier ; il tente de remplacer une contradiction historique conjoncturelle par une opposition anhistorique, il absolutise le bon et le mauvais côté de la conjoncture, en un univers où le Bien et le Mal éternellement s'affrontent. Victor Frankenstein est inquiet, déchiré, en lutte contre lui-même, saisi d'impulsions contradictoires, en bon héros romantique. Ces victoriens que sont Jonathan et Mina Harker sont d'une sottise affligeante : ils savent qu'ils représentent le Bien, et ils en sont satisfaits. C'est qu'ils vivent dans un monde où même les aristocrates sont des petits bourgeois racornis. Le seul personnage attachant dans *Dracula* est Lucy, c'est bien pour cela que sa vampirisation réussit. Celle de Mina Harker ne peut que rater : elle est bien trop conformiste, et le lecteur moderne se retient de lui donner des claques. Son apothéose intervient à la fin du roman, lorsqu'elle donne naissance à l'enfant par qui se fera oublier la crise, dans les liens sacrés du mariage. Celle d'Elizabeth, dans *Frankenstein*, qui comme l'on sait intervient lors de sa nuit de noces, a une autre allure, et une autre portée. Puisque décidément mon mouvement descendant n'est pas terminé, je vais proposer trois symptômes éclatants de la différence entre les deux mythes.

Premier symptôme. La religion n'est réintroduite dans *Frankenstein* que par raccroc : tout ce que le mythe a d'original, la concurrence que Victor-Prométhée fait à Dieu, est blasphématoire. *Dracula* au contraire est structuré par une série d'oppositions sémantiques qui tournent autour du thème de la Chute, qui fonctionne comme l'opérateur du passage d'un pôle à l'autre. Les voici :

	Corps	C	Âme	
	Animal	H	Humain	
Ève	Femme	U	Homme	Adam
(Expulsion)	Avant	T	Après	(Paradis)
	Chaos	E	Cosmos	

Le vampire est ce qui chez les humains répète compulsivement la Chute (d'où sa capacité de survivance) : il répète la tentation d'Eve, et la contamination d'Adam. À ceci près que nos petits-bourgeois victoriens ont perdu le sens de la galanterie, ou l'intensité de la passion : l'Adam de Milton choisit de croquer lui aussi la pomme pour ne pas être séparé d'Ève ; les trois prétendants de Lucy participent activement au massacre de la vampiresse[1]. On comprend pourquoi la vampirisation commence toujours par les femmes, pourquoi Dracula ne boit pas le sang de Jonathan Harker qu'il retient prisonnier, et empêche ses soeurs de le violer. Et l'on comprend aussi pourquoi malgré l'« *untimely demise* » du comte Dracula, le mythe du vampire ne peut pas mourir : seul le Jugement Dernier fera oublier la Chute.

Ces oppositions mythiques sont représentées dans le roman par une série corrélative d'oppositions narratives :

Nuit	Jour
Sommeil	Veille
Inconscient	Conscient
Folie	Raison
Mort	Vie
(ÈVE)	(ADAM)

La nuit est, chacun le sait, le jour du vampire. Et la femme est active la nuit : avant même d'errer dans les cimetières à la recherche de ses victimes, Lucy est somnambule. Lorsque le vampire l'attaque, c'est bien sûr la nuit, et elle doit lutter contre le sommeil dans un vain effort pour se protéger. Si le désir conscient de la victime est de résister au vampire, son

---

1. Je suis injuste à l'égard de Jonathan Harker : au chapitre 22, il envisage, au cas où Mina deviendrait définitivement vampire, de se laisser vampiriser lui aussi. B. Stoker, *Dracula*, Harmondsworth, Penguin Popular Classics, 1994, p. 354. Toutes les références sont à cette édition.

désir inconscient est de lui céder, de l'accueillir comme un amant. D'où les demandes pathétiques adressées par Mina vampirisée à ses compagnons : « *"If I find in myself—and I shall watch keenly for it—a sign of harm to any that I love, I shall die." "You would not kill yourself?" [Van Helsing] asked, hoarsely. "I would; if there was no friend who loved me, who would save me such a pain, and so desperate an effort.*[1]*"* » Seule l'euthanasie peut protéger de la séduction du vampire, ou les vertus petites bourgeoises de l'amour légitime, car Mina, bien sûr, contrairement à Lucy, ne cédera pas. Enfin, le thème de la folie participe à la distribution des personnages en deux camps : le fou, Renfield, est du côté du vampire, dont il se proclame le disciple, et qu'il tente à sa façon d'imiter ; et le psychiatre, le docteur Seward fait partie de la cohorte des Bons, la fratrie qui après avoir aspiré à la main de Lucy, se ligue pour la détruire. Une lecture cursive du roman convaincra que cette série d'oppositions organise bien l'intrigue ; une lecture attentive montrera à quel point elle anime la surface du texte, le système de ses images et de ses métaphores. L'opposition qui elle même organise la série est celle qui la clôt dans mon schéma : la vie et la mort. Elle fait l'objet du *second symptôme*.

On tentera ici de pasticher Greimas, et de montrer que la structure sémantique profonde du roman prend la forme d'un carré sémiotique. J'en veux pour indice l'oxymore qui nomme les vampires, « *the undead* », et dont l'équivalent français, « les morts-vivants », constitue, sinon une traduction, du moins une excellente tranposition. Le carré sémiotique rassemble et oppose, selon des principes hérités de la logique médiévale, contradictoires, contraires et subcontraires. Ce qui est important, ce n'est pas les pôles sémantiques, les quatre sommets du carré, mais leur regroupement deux par deux, les côtés du carré : car le mythe est structuré par des contradictions, non par des stases positives ou négatives. Voici le carré sémiotique de *Dracula* :

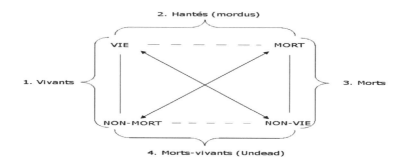

Les lignes fléchées pleines désignent les contradictoires, les pointillées les contraires. Les accolades rassemblent les quatre oppositions qui constituent le système sémantique profond du roman.

1. Vie et Non-mort : c'est la position, banale, du vivant.
3. Mort et Non-vie : c'est la position, banalement inverse, du défunt.

---

1. *Dracula, op. cit.*, p. 346.

Ces deux positions, qui forment l'axe horizontal, ont un petit parfum de normalité : elles sont naturelles.

2. Vie et Mort : c'est la position de celle qui est dans l'entre-deux ; elle n'est plus tout à fait vivante, puisqu'elle a été mordue par le vampire (elle porte, comme Mina, la marque au front qui la distingue des vivants) ; mais elle n'est pas encore morte, pas tout à fait vampire. L'histoire de Mina montre que cet entre-deux n'est pas toujours un seuil irréversiblement franchi.

4. Non-vie et Non-mort : ni mort ni vivant, ou plutôt, à la fois, de façon impossible, mort (une fois l'épieu planté, le cadavre du vampire se désagrège immédiatement : il était mort depuis longtemps) et vivant (le vampire est animé par un terrifiant *conatus* spinoziste, une terrible volonté de persévérer dans son être, qui ressemble étrangement à ce qu'on appelle « volonté de vivre » chez le malade condamné).

Tel qu'il est, ce schéma est statique. Mais ses contradictions le dynamisent en une intrigue, c'est-à-dire une série de parcours narratifs qui entraînent les personnages d'une position à l'autre. Le *parcours horizontal* est celui de la normalité : il est incarné par le mythe de la Chute ; tout ce qui est vivant doit mourir, aller de 1 à 3. Cela demande simplement un peu de résignation, la reconnaissance de l'ordre divin. Mais ces deux qualités sont ce qui fait défaut au vampire (qui pourrait donc être, dans un mythe inverse, une figure prométhéenne, et positive, de révolté). Son *parcours vertical*, surnaturel, anormal, le mène de 2 à 4. Si encore il se limitait à son destin personnel : mais le vampire est menaçant, parce qu'il est prosélyte ; il vise à remplacer le parcours horizontal par le parcours vertical. Le roman est l'histoire et de cette menace et de sa défaite ultime : il nous emmène donc dans un *parcours en zig-zag*, qui commence dans le normal (1), sombre dans l'anormal (2—4) et revient au normal. Cet ordre narratif, qui est celui des westerns (ordre, chaos, retour à l'ordre) est dans le roman à la fois individuel (c'est le destin de Lucy) et collectif (c'est celui de Londres, donc de l'humanité).

On voit facilement la différence avec *Frankenstein* : un mythe effectivement prométhéen n'oppose pas l'horizontal et le vertical ; il fait surgir la surnature non comme une dimension opposée, mais au sein même de la nature. Dans *Frankenstein*, on ne sort pas du trajet 1—3 : mais un excès de vie s'y développe, qui met le système en crise.

Troisième symptôme : le traitement des personnages féminins est le lieu d'une différence spectaculaire entre les deux mythes. Il m'est déjà apparu (à vous aussi sans doute) que *Frankenstein* était écrit par une femme. Cela entraîne quelques conséquences, qui ne se limitent pas à la scène de création du monstre, qui est un accouchement. Une constellation de personnages féminins habite le roman. Deux d'entre elles sont détruites par l'*hubris* masculine de Victor, dont l'instrument est le monstre : toutes sont vues avec sympathie — les femmes sont les victimes d'une société, mal gouvernée par les hommes. La situation de *Dracula* est bien différente.

Il faut bien reconnaître que le roman est particulièrement phallocrate. La corrélation de 2.6. le disait déjà par implication. Dans le détail, le texte le dit presque à chaque page. C'est l'animalité de la femme qui attire et accueille le vampire : vis à vis de Dracula, la femme est comme le loup ou le fou, toujours-déjà séduite. La chasse au vampire a des connotations raciales et sexuelles. Les bons ligués sont une sorte de *Ku Klux Klan*. Ils punissent Lucy pour avoir cédé au vampire et Dracula parce qu'il menace d'outrager nos femmes. Et la destruction de Lucy permet aux justiciers de donner libre cours à une violence sadique : je ne suis pas le premier à remarquer qu'elle ressemble fort à un viol collectif, la nuit, dans un lieu retiré. Les sucreries victoriennes sur les perfections morales de la femme (voici Mina en son journal intime : « *I suppose there is something in woman's nature that makes a man free to break down before her and express his feelings on the tender and emotional side without feeling it derogatory to his manhood*[1] »), précisément parce qu'elles passent par le discours de la « nature » féminine, n'adoucissent pas la profonde et littérale misogynie du roman — voici un roman qui hait les femmes, comme le Dr Seward hait les vampires (« *the body lay there in all its death beauty. But there was no love in my own heart, nothing but loathing for the foul thing which had taken Lucy's shape without her soul*[2]. »).

De fait, l'image de la femme vampire, de Lucy surprise par les héros un enfant dans les bras, est celle de la Méduse (et l'on se souviendra de l'analyse de Freud de la tête de la Méduse en termes de terreur masculine et d'effet apotropaïque : chevelure faite de serpents qui sont autant de pénis, et bouche menaçante qui est un vagin denté) : « *Never did I see such baffled malice on a face; and never, I trust, shall such ever be seen again by mortal eyes. The beautiful colour became livid, the eyes seemed to throw sparks of hell-fire, the brows were wrinkled as though the folds of the flesh were the coils of Medusa's snakes, and the lovely, blood-stained mouth grew to an open square, as in the passion masks of the Greeks and Japanese*[3]. » Décidément, le Dr Seward a de la culture : cette description pourrait être celle de la *Tête de Méduse* du Caravage. Les passages misogynes sont innombrables, et je ferais mieux de m'arrêter, la proposition de départ ayant été démontrée. Voici Mina (« *I believe we should have shocked the "New Woman" with our appetites. Men are more tolerant, bless them*[4] »), et voici le gardien du zoo de Londres, second rôle comique et voix de la sagesse des nations : « *But, there, you can't trust wolves no more than women*[5]. » J'arrête.

Il est facile de s'en prendre à Bram Stoker : il dit sottement ce qu'il pense, parce qu'il est pensé par l'idéologie victorienne dominante, qui n'est pas tendre pour les femmes. Une lecture d'un échantillon de romans

1.   *Ibid.*, p. 275.
2.   *Ibid.*, p. 256.
3.   *Ibid.*, p. 254.
4.   *Ibid.*, p. 110.
5.   *Ibid.*, p.167.

victoriens, grands et petits, de Thackeray à Mrs Henry Wood, montre que les personnages féminins peuvent occuper quatre positions, qui forment système :

2. Mère

1. Vierge   (5) Femme   3. Prostituée

4. Vieille fille

La cinquième position, autour de laquelle tournent les quatre autres comme des planètes, est vide : déniée, objet d'un tabou, qui est le pendant narratif de l'horreur masculine de la sexualité féminine. Ces quatre positions offrent, si on les accouple, des parcours qui servent de programmes narratifs aux romans : 1-2 est le parcours de l'héroïne, avec *happy-end* ; 1-3 est ce qui menace l'insoumise, comme Becky Sharp ; 2-3 est le chemin du divorce : il condamne l'héroïne de *East Lynne*, de Mrs Henry Wood, qui a quitté son mari pour un autre homme, à la défiguration lors d'une catastrophe ferroviaire, et à la mort lors d'une épidémie (entre les deux, elle aura fait son purgatoire en devenant la gouvernante de ses propres enfants) ; 1-4 est le chemin qui permet à l'auteur de se débarrasser des personnages secondaires ; toute tentative d'aller de 1 à 5 finit en 3.

Ce *Monopoly* narratif se joue aussi dans *Dracula*. Lucy est celle qui accomplit le parcours 1-(5)-3, avec les conséquences habituelles : jeune fille, elle manifeste un appétit sexuel indirect en recevant trois demandes de mariage en un seul jour (« *Just fancy! THREE proposals in one day! Isn't it awful!*[1] » : on sent ici l'exultation du triomphe, mais cet excès fait désordre) ; devenue vampire, c'est à dire ayant cédé à sa nature de femme, ses pulsions sexuelles se font insatiables, et elle tente même d'avoir des relations charnelles avec son fiancé avant le mariage (« *She still advanced, however, and with a languorous, voluptuous grace, said: —"Come to me, Arthur [...] My arms are hungry for you"*[2] »). On comprend l'horreur de celui-ci, d'autant plus qu'elle est morte. Cette division interne de Lucy, déchirée entre ses aspirations pures (elle veut épouser son Arthur et être mère) et sa nature animale est redoublée en écho par l'opposition entre Lucy, qui finit en 3 (la vampire est une prostituée : l'idéologie et la langue, avec le terme de « vamp », se sont empressées d'inverser cette proposition) et Mina, qui est tentée elle aussi d'aller en 3, mais se retient et finit en 2 : comme l'on sait, l'apothéose-chute du roman est l'annonce de la naissance prochaine du fils des époux Harker. En se laissant tenter par le vampire, Mina n'a fait que réaliser le fantasme petit-bourgeois de son mari, qui craint que sa femme le trompe. Le rôle de Dracula dans cette structure est celui du « Latin lover », qui vient troubler les familles en transformant le duo en « éternel triangle » : après avoir eu trois demandes en mariage, Lucy a deux amoureux, son fiancé le jour, et

1.   *Ibid.*, p. 73.
2.   *Ibid.*, p. 253.

son « *demon-lover* » la nuit. Du gothique au vaudeville, il n'y a qu'un pas : ce sont genres bourgeois.

La comparaison entre les deux mythes est accomplie : l'un est un mythe patriarcal, au sens où les féministes entendent ce terme, l'autre un mythe de parenté, de *nurture* ratée, que j'aimerais presque qualifier de mythe maternel. Devinez lequel est le plus intéressant.

Dover sole

Puisque mon mouvement descendant est accompli, puisque j'ai atteint le fond, je vais m'y déplacer latéralement, collé au sable comme le poisson qui sert de titre à cette section. Il est temps que je prenne en compte l'injustice de mon mouvement descendant, qui fait du roman une expression caricaturale d'une idéologie victorienne réactionnaire et dépassée. La critique n'est pas tant injuste que facile. Elle risque de nous faire rater l'importance du roman et celle du mythe. Elle risque, par exemple, de nous faire exclure *Dracula* du genre fantastique pour le cantonner dans le genre merveilleux.

Si l'on utilise la définition du fantastique que donne Todorov, fondée sur l'hésitation du lecteur quant à la réalité des événements narrés, on conclura que *Dracula* n'est pas un texte fantastique, car la séparation entre bons et méchants interdit l'hésitation. Dans le monde de la fiction, les personnages n'éprouvent aucune hésitation sur la réalité de Dracula, et, à l'exception de Renfield, ils ne sont pas fous. Et le lecteur, qui s'identifie aux bons, n'hésite pas non plus. Les valeurs et convictions qui animent le roman sont trop fortes pour laisser place au doute.

Et si l'on s'adresse à une théorie du fantastique plus intéressante, celle de Caillois[1], le résultat ne sera pas meilleur. Pour lui, le fantastique est au merveilleux ce que le narval est à la licorne, car le narval 1) existe et 2) inquiète l'ordre du monde (sa dent-éperon, étant la canine supérieure gauche démesurément montée en graine, enfreint la symétrie sagittale qui gouverne la configuration externe de tous les animaux), tandis que la licorne 1) n'existe pas et 2) conforte l'ordre du monde (sa corne unique, située au milieu de son front, se conforme à la symétrie sagittale ; la corne de licorne était censée avoir des vertus médicinales, et l'exposition à la licorne fournissait des renseignements précieux sur la vertu des filles). Il est clair en effet que Dracula est plus licorne que narval. Le vampire n'existe pas, et s'il s'attaque à la vertu des femmes, c'est à titre temporaire et pour mieux la conforter, puisque son expulsion rituelle, comme celle de tout bouc émissaire, permettra le retour à l'ordre, moral et physique : Dracula est une licorne inversée, et je vous fais remarquer que ses deux célèbres canines sont symétriques par rapport au plan sagittal.

Je viens de prouver, à mon entière satisfaction, que *Dracula* est un texte merveilleux et non fantastique. Pourtant, cette conclusion devrait m'inquiéter, car je suis à peu près le seul à la tirer. Je veux bien assumer cette solitude, mais il me faut prendre quelques précautions. Il me faut admettre que l'opinion commune, qui fait du roman un des meilleurs

---

1.   R. Caillois, « Le narval et la licorne », *Le Monde*, 24/12/1976, pp. 11,14.

exemples du genre fantastique, a quelques justifications. Ainsi, les lieux communs habituellement associés au fantastique (folie, spectres, magie et métamorphose) sont tous présents dans *Dracula*. Plus intéressant peut-être, la séparation, que le roman introduit entre le Bien et le Mal, se dissout quand il s'agit de l'opposition entre Nature et Surnature : la sexualité vampirique permet, sinon l'hésitation, du moins les mélanges contre nature et donc la transgression. Si l'axe horizontal (cf. 2.7.) est celui des certitudes (on sait où l'on est, et ce qui est bien), l'axe vertical est celui des brouillages : la hantée est le lieu d'un combat interne entre ses deux natures, et externes entre les bons et le vampire, et ce combat, perdu dans le cas de Lucy, peut être gagné, voyez Mina. Il y a donc de l'incertitude dans *Dracula* aussi, et pas seulement dans *Frankenstein*. Et c'est ici que le roman n'est pas un simple *cautionary tale*, c'est à dire du merveilleux de dénégation. Ce roman est un roman des passages, et c'est en cela qu'il mérite le qualificatif « fantastique » — c'est un roman du seuil, de l'entre-deux, qui nous plonge dans un monde crépusculaire, au moment où le soleil se couche, où l'inquiétude saisit la vierge, effarouchée par le sommeil dans lequel elle sombre, et où le vampire se lève. De fait, les passages dans *Dracula* sont innombrables (passage littéral de Dracula embarqué à Varna et débarquant à Whitby ; régression qui voit le progrès scientifique s'inverser par le retour à la magie ; passage temporel qui fait circuler le lecteur, et les personnages, du moderne au médiéval ; passage biologique, ou métamorphose, de l'homme à l'animal ; passage narratif enfin lorsque le lecteur, comme au Grand Guignol, passe de la scène d'horreur au *comic relief* de l'anglais écorché par Van Helsing). Une circulation intense, presque hystérique, anime le roman : le symptôme le plus flagrant en est le va-et-vient de Van Helsing, toujours rappelé en Hollande au moment où il devrait être au chevet de Lucy.

C'est ici que la sole de Douvres se demande si elle ne va pas remonter vers la surface. Il me faut préciser le rapport entre *Dracula* et les frontières, analysé en 2.4.6. Le roman, certes, *borne* les frontières, il nous dit clairement où sont les valeurs, où s'arrête le Bien, où commence le Mal. Il ne les conteste pas, il ne les transgresse pas. Mais il les explore, activité qui ne peut être entièrement innocente. Elle me rappelle ce que j'ai nommé, dans une analyse d'*Alice au pays des merveilles*, la *transversion* du nonsense[1]. Car même si l'expérience est temporaire, et répond à des fins pédagogiques, le voyage de la petite fille au pays où les règles du langage sont différentes, et où les formes de l'intuition sensible ne répondent plus à nos attentes, laissera en elle quelques traces. Il en est de même du voyage au pays des vampires — et l'on remarquera que les bons eux aussi font le pèlerinage de la Transylvanie. Le personnage du vampire est, bien sûr, l'incarnation de cette transversion, en ce qu'il se situe des deux côtés de la plus importante de ces frontières, celle qui sépare la vie de la mort : avant son expulsion, et par sa seule existence, il la brouille temporairement. Et parce qu'il brouille cette frontière, qui est le fondement de notre univers, il brouille aussi temporairement toutes les autres distinctions, tous les autres principes d'organisation : l'espace dans

---

1.   J.J. Lecercle, *Philosophy of Nonsense*, Londres, Routledge, 1994, pp. 112-114.

Dracula n'est plus le même, puisqu'une fente suffit pour que le vampire s'introduise ; le temps du vampire n'est pas le même que le nôtre, ni par sa durée ni par son rythme ; le corps du vampire ne ressemble guère au nôtre, malgré les apparences : à la fois sanguin et cadavérique, il a d'étranges capacités à se transformer tantôt en chauve souris, tantôt en brouillard (le viol de Mina aux chapitres 19 et 20 est une répétition gothique du viol d'Io : Dracula est un Jupiter glacé) ; enfin, le cerveau du vampire est plus développé que le nôtre, non en ce que le vampire est plus intelligent, mais en ce qu'il est doué de pouvoirs télépathiques.

Il semble donc que la texture mythique de *Dracula* n'est pas aussi homogène qu'il paraît, qu'il y a dans le roman une contradiction qui fait de lui un véritable mythe, qui explique son pouvoir mythique. Certes, cette contradiction est vieille, plus encore que Dracula, mais elle résiste. Elle a pour symptôme la curiosité, qui a tué le chat, puis l'homme et la femme, et qui fait survivre et qui tue derechef le vampire. C'est la contradiction entre le bornage et l'exploration des frontières. Il faut préserver les frontières, faute de quoi l'étranger nous envahira ; mais on ne peut s'empêcher de les explorer, c'est à dire de les franchir provisoirement, pour voir ce qu'il y a de l'autre côté. Cette contradiction se décline dans le champ éthique, comme dans le champ politique. Dieu est juste, et le Bien et le Mal sont des entités discrètes ; mais le Mal fascine (le vampire est plus intéressant que le bourgeois ; Satan est curieux, tout ange ennuie), et son existence fait douter de la justice divine. L'Empire est ce pour quoi nous devons être prêts à mourir, un ordre politique et moral décrété par Dieu ; mais la révolution fascine, et elle se nourrit des injustices que l'ordre laisse subsister. La solution imaginaire que le mythe apporte à cette contradiction réelle (car notre monde est bien divisé, en classes par exemple) est elle aussi vieille comme le monde : c'est l'expulsion tragique du *pharmakos*. *Dracula* n'est peut-être pas exactement un mythe façon Levi-Strauss (je suis pourtant en train de suggérer qu'il l'est aussi), mais c'est certainement un mythe façon Girard, dans lequel l'expulsion rituelle du bouc émissaire est liée à la crise du sacrifice. Car qu'est-ce que la scène de vampirisation de Mina, au chapitre 21, sinon un sacrifice parodique et blasphématoire ? Vêtue de blanc, agenouillée devant le vampire de noir vêtu, Mina est contrainte de boire son sang, dans ce qui est à la fois une communion (catholique, naturellement) et une *fellatio* : « *With his left hand he held both Mrs Harker's hands, keeping them away with her arms at full tension; his right hand gripped her by the back of her neck, forcing her face down on his bosom. Her white nightdress was smeared with blood, and a thin stream trickled down the man's bare breast which was shown by his torn-open dress. The attitude of the two had a terrible resemblance to a child forcing a kitten's nose into a saucer of milk to compel it to drink*[1]. » Le « *tall, thin man, clad in black* » est bien sûr le comte Dracula, et la dernière phrase du passage n'est pas seulement un parfait exemple de ce que les anglais appellent *bathos* (il y a des moments, nombreux, où l'écriture de Stoker mérite toutes les trahisons hollywoodiennes), mais aussi un exemple de sublimation élémentaire, le viol étant à peine camouflé par

---

1. *Dracula, op. cit.* p. 336.

une régression à l'enfance, que l'image du chaton (de la chatte) met immédiatement en crise.

Remontée vers la surface : le sang dans *Dracula*

Il me semble que je suis proche d'une autre définition du mythe, celle que donne Barthes dans ses *Mythologies*[1] : le mythe est ce qui transforme l'histoire en nature. Se développant dans l'univers des connotations, ces clichés qui sont autant de mythèmes, le mythe est anhistorique, il camoufle et dénie la contradiction historique, en la faisant naturelle et éternelle. Cette critique s'applique également au mythe façon Girard, qui véhicule une vision pessimiste de la nature humaine, et à la mythologie bien française du bifteck-pommes frites[2].

Le bifteck mythique, comme l'on sait, se mange saignant. Il permet au gourmet de s'approprier la force taurine de ce liquide chargé d'affect. Le saignant est, comme l'on sait aussi, une valeur dans *Dracula* : le vampire ne se contente pas de bifteck, mais il cherche à s'approprier la force vitale de sa victime. Et dans le roman le sang prend toutes les valeurs connotatives que l'on peut imaginer. Liquide sacré du sacrifice, en quoi se transforme le vin dans l'Eucharistie, il est le symbole de la force vitale qu'une religion de vampires, les catholiques qui mangent et boivent leur dieu, s'approprient lors de messes blanches ou noires : c'est bien pourquoi le viol par le vampire est, dans *Dracula*, toujours un rituel. Mais il représente aussi, par métonymie ou synecdoque, la race, le sang bleu de ces aristocrates dégénérés, de ces comtes qui ne survivent qu'en suçant le sang (autre métaphore politique) du pauvre monde. Cette métaphore du sang n'a pas seulement un contenu social, mais aussi un contenu racial (implicitement raciste et xénophobe). Dracula est un immigré que le droit du sang n'autorise pas à résider sur notre sol. Il nous faut donc le reconduire à la frontière, et même le poursuivre jusque chez lui, l'épieu à la main, pour éviter qu'il ne revienne clandestinement. Il est comme le juif : on ne cherche pas à le convertir ou à l'assimiler, on le brûle, et la destruction du nid de vampires ressemble à un pogrom. Mais le sang est aussi le symbole de la violence du sexe : il est, à ce titre, associé à la femme, dont le sang menstruel est un poison, et qui est donc naturellement réceptive aux avances du vampire, puisque soumise par la nature à ce que la langue anglaise appelle (ou plutôt appelait) « *the curse* ».

Toutes ces valeurs sont, bien sûr, omniprésentes dans *Dracula* : les lèvres des sœurs du comte sont d'un rouge voluptueux, tout comme celles de Lucy dans son cercueil (« *the Thing in the coffin writhed, and a hideous, blood-curdling screech came from the open red lips. The body shook and quivered and twisted in wild contortions; the sharp white teeth champed together till the lips were cut, and the mouth was smeared with a crimson foam*[3] ») ; le remède contre l'attaque vampirique est la transfusion, ce qui fait qualifier Lucy, par une ironie dramatique sinistre, de « *sweet polyandrist* », puisque

1.   R. Barthes, *Mythologies*, Paris, Seuil, 1957.
2.   *Ibid.* p.77.
3.   *Dracula, op. cit.*, pp.258-9.

le sang de plusieurs hommes coule maintenant dans ses veines ; et le sang est, bien sûr, lié à la religion et à la vie dans le délire de Renfield : « *he was easily secured, and, to my surprise, went with the attendants quite placidly, simply repeating over and over again : "The blood is the life! The blood is the life!"*[1] »

Le roman parcourt donc toute la chaîne des connotations du sang dans notre culture : race / religion / violence (guerre) / femme / sexe / vie et mort. Mais cette abondance mythique même fait sortir le roman d'une simple mythologie barthésienne. Je ne vous étonnerai pas en disant que le mythe du vampire est plus riche, plus nourrissant, que celui du bifteck. Car ces connotations mythiques s'entrecroisent, s'entrechoquent, et finissent par porter des contradictions. Le sang est en effet dans *Dracula* une matière contradictoire : sa force vitale est de nature à la fois religieuse (l'Eucharistie vampirique) et scientifique (la transfusion). Il est le symbole même de la vie (pâleur de la hantée après la morsure du vampire) et devient celui de la mort (c'est dans son cercueil que Lucy a bonne mine). Le sang craché par la tuberculeuse nourrit le mort-vivant. La transfusion est de ce point de vue particulièrement importante. Elle est le lieu narratif et mythique où toutes les contradictions se nouent : la religion contre la science, l'ancien, l'anachronique, contre le moderne, le progrès. Elle est aussi le moment où quelque chose — le sang, la force vitale, l'affect — circule dans le roman. Et à ce titre elle est l'image symétrique du vampirisme, cherchant à remplacer ce que le vampire a dérobé et à prévenir la prochaine attaque. C'est ici que ce roman victorien phallocrate trouve sa véritable résonance, que la mythologie barthésienne, aujourd'hui presque aussi ridicule que Minou Drouet ou la DS 19, redevient un grand mythe.

Remontée vers la surface : *Dracula* comme crise de sorcellerie

Dans *Les Mots, la mort, les sorts*[2], l'ethnologue Jeanne Favret-Saada décrit les crises de sorcellerie dans le Bocage, à la fin des années soixante. Cela commence par une série de malheurs qui arrivent au fermier et à ses possessions : il a un accident de voiture, sa femme tombe malade, ses vaches n'allaitent plus, son tracteur est en panne. Ces incidents prennent rétroactivement sens lorsqu'un annonciateur lui dit : « tu es ensorcelé. » Alors le paysan se souvient, et désigne comme son sorcier un proche, voisin ou cousin, qui l'a un jour regardé d'un drôle d'air, à la suite de quoi la malchance s'est abattue. Pour se débarrasser de l'attaque, il faut consulter un désorceleur, qui engage une lutte à mort avec le sorcier (le rituel varie et importe peu, puisque, nous montre Favret-Saada, tout est affaire de paroles, mythifiées en actes). Car le sorcier n'existe pas, n'a jamais existé : il n'apprend qu'il a été désigné comme acteur pour incarner cet actant structurel qu'indirectement, lorsque son voisin ou cousin refuse de lui serrer la main, de lui parler. Le résultat de cette interpellation peut

---

1. *Ibid.*, p. 171.
2. J. Favret-Saada, *Les Mots, la mort, les sorts*, Paris, Gallimard, 1977.

être, pour le sorcier désigné, terrifiant : Favret-Saada rapporte le cas d'une femme qui est littéralement morte de peur après avoir été accusée.

Même si elle est mythique, comme la scène de séduction racontée à Freud par sa patiente, la crise de sorcellerie voit circuler des affects doués d'un efficace matériel : on peut mourir de se croire pris, ou d'être accusé d'avoir jeté un sort. Et la crise a une structure, qui est la traduction en termes d'action d'une structure pragmatique d'interlocution. Chaque homme (c'est l'homme, le chef de famille, qui est pris) possède une force vitale, qui s'investit dans un territoire (son corps, sa famille, ses biens, mobiliers et immobiliers). L'ensorcelé a une force vitale faible, le sorcier une force vitale trop forte, en surplus : il use de ce surplus pour envahir le territoire de l'ensorcelé, et prélever, par une sorte de pompage, sa force vitale :

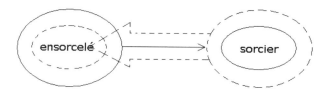

La ligne pointillée indique le territoire : chez l'ensorcelé, il suffit à contenir la force vitale ; chez le sorcier, il est trop exigu. La flèche épaisse indique le sens de l'attaque, la flèche mince qu'elle contient le sens du prélèvement. Le désorceleur intervient en interposant un écran entre sorcier et ensorcelé, comme le miroir avec lequel Persée tua la Gorgone : la force vitale excessive du sorcier se retourne alors contre lui et l'élimine.

Ce que je viens de résumer, c'est la structure de la crise vampirique, l'histoire de *Dracula* : tous les éléments y sont, terme à terme. Le sang est l'incarnation littérale de la force vitale qui est à la fois l'arme de l'attaque et l'objet du vol. Le vampirisé est pâle, manque de force vitale, il est affaibli. Le vampire a les lèvres écarlates et les joues congestionnées et rebondies : il regorge de sang, et cet excès même le pousse à en voler davantage. Si le vampire ne s'attaque pas aux hommes, ce n'est pas parce que les femmes sont plus accueillantes, c'est parce qu'elles font partie des possessions des hommes, de leur territoire. Elles n'ont pas de force vitale propre, elles sont investies de celle de leurs hommes (cette structure sociale archaïque est commune à la paysannerie du Bocage et à la bourgeoisie victorienne). Si Lucy cède au vampire, c'est qu'elle n'appartient à aucun homme : elle n'a pas de frère, plus de père et pas encore de mari. Mina résiste mieux, car elle est mariée mais il est significatif que l'attaque ait lieu dans le lit conjugal, en présence de Jonathan Harker endormi. Plutôt que de voir là une scène de vaudeville (ciel, mon vampire !), on y lira le symptôme d'une crise de sorcellerie. C'est aussi pourquoi le roman est à ce point territorial, ressemblant en cela à un jeu de dames. Pendant la première moitié, le vampire envahit le territoire de ses victimes, il investit Londres de son surplus de force vitale, il y installe ses cercueils — il veut aller à dame, et y réussit presque avec Lucy et Mina. Pendant la seconde moitié, celle de la contre-attaque, ce sont les victimes qui envahissent le territoire du vampire, qui vont à dame à leur tour. C'est que d'ensorcelés, ils sont devenus désorceleurs, capables de rendre au sorcier la monnaie de sa pièce. La panoplie des défenses anti-vampires s'explique en effet facilement si la structure du mythe est celle d'une crise de sorcellerie :

Jonathan et Mina   Flèche épaisse = Canine   Dracula
                     Sang

La flèche épaisse (du premier schéma[1]) n'est pas autre chose que la canine du vampire, qui effectue, pour son propre compte, une transfusion illicite et égoïste. La transfusion sanguine est alors un moyen de renforcer la force vitale de l'ensorcelé, tout comme l'ail et l'hostie consacrée sont des protections interposées entre la victime et la canine du vampire. Mais seul bien sûr est efficace l'épieu, qui est l'inverse de la canine, c'est à dire qui est seul capable de détourner la flèche et de la retourner contre le sorcier.

Cette analyse du roman est séduisante. Mais elle pose un problème : comment les paysans du Bocage (dont on peut raisonnablement penser qu'ils n'ont pas lu Bram Stoker, et que leurs croyances remontent plus haut que la fin du XIX\ :sup:`e` siècle) et un romancier anglo-irlandais peuvent-ils se reconnaître dans le même mythe ? La réponse est, bien sûr que le mythe est bien plus ancien que les uns et l'autre. Les croyances paysannes sont ancestrales, et nous avons vu que le fil historique qui contribue à tisser *Dracula* se perd dans la nuit des temps. Mais depuis combien de temps, en matière de sorcellerie, dure la nuit des temps ? La réponse à cette question se trouve dans le livre admirable de l'historien italien Carlo Ginzburg, *Le Sabbat des sorcières*[2]. Je fais ici un nouveau détour.

Ginzburg cherche à expliquer un phénomène historique : la crise de sorcellerie qui secoua l'Europe au XVI\ :sup:`e` siècle. Il en trouve les racines dans deux autres crises, au XIV\ :sup:`e` siècle, aux alentours des Alpes : le complot supposé des lépreux, et la persécution de ceux-ci, et la persécution des juifs, rendus responsables de l'épidémie de peste, qui décima l'Europe (on se souvient, par exemple, que la ville de Sienne ne s'en remit jamais : les restes de ce qui devait être la plus grande cathédrale d'Europe en témoignent encore). Les trois crises ont un contenu commun : l'existence

---

1. Note de l'éditeur.
2. C. Ginzburg, *Storia Notturna*, Turin, Einaudi, 1989 ; tr. fr. *Le Sabbat des sorcières*, Paris, Gallimard, 1993.

supposée d'une société secrète, liée par un pacte et qui, quoiqu'elle soit minoritaire, veut dominer la majorité ; l'instrument est la contamination (les lépreux répandent leur lèpre, les juifs empoisonnent les puits) ; les premières victimes sont les plus faibles, c'est à dire les enfants (on reconnaît là un archétype du *Protocole des sages de Sion*) ; enfin, les conjurés sont doués de pouvoirs magiques et ont un rapport particulier avec les animaux (qui leur obéissent ou en qui ils se transforment). Ginzburg montre que le stéréotype est en réalité encore plus ancien, car les Chrétiens ont en leur temps occupé ce rôle : société secrète de marginaux minoritaires, ils étaient eux aussi accusés de pratiquer le meurtre rituel des enfants, accusation fondée sur le rite de l'Eucharistie : une secte qui mange régulièrement la chair du Fils de l'Homme et boit son sang est une secte de cannibales. Pour Ginzburg le mythe du sabbat des sorcières dans l'Europe moderne n'est pas autre chose que la répétition de ce stéréotype, dont le contenu est l'isolation d'un groupe d'étrangers (au sens de « *alien* »), juifs, chrétiens ou lépreux, et leur expulsion rituelle en tant que boucs émissaires collectifs. Immigrés, malades du SIDA, etc. — cet archétype mythique continue de nous hanter : sa capacité de survie est étonnante.

Et, bien sûr, je viens de nouveau de vous raconter l'histoire de *Dracula*, qui est une version très pure du mythe : le vampire est sorcier, juif, lépreux. Les vampires constituent une société secrète, autour du prototype de toute société, la famille Dracula. Ils sont liés par un pacte : le viol de Mina est à la fois, inextricablement, fellation et rituel ; ce que le vampire et sa victime échangent, c'est justement leur sang, ce qui en fait des « frère et soeur de sang », comme dans les rites archaïques ou enfantins. Et, quoiqu'ayant l'apparence extérieure d'humains, comme les communistes dans les films d'horreur maccarthystes des années cinquante, ils constituent une race à part : des détails physiques les distinguent de nous, sans parler de leurs manières de table, qui sont répugnantes. Et ils veulent asservir la majorité que nous formons : ce sont des envahisseurs hypocrites, qui viennent de l'étranger, mais sans tambours ni trompettes, par une pénétration capillaire, comme font les parasites. Leur arme est donc la contamination ils empoisonnent littéralement notre sang. Car ils ne se contentent pas de nous le dérober, ils déposent en nous un je ne sais quoi microbien ou viral qui nous envahit comme la peste. Et cette maladie est pire que la peste, puisqu'elle ne fait pas de nous des cadavres, mais des convertis (les vampires sont en cela pires que les lépreux et que les Juifs, mais égaux aux catholiques et aux communistes). Ils s'attaquent aux femmes et aux petits enfants (Lucy, apprentie vampire, kidnappe des nourrissons parce que ce sont les éléments les plus faibles de notre communauté). Et ils ont, bien sûr, et de façon éclatante, cette inquiétante affinité avec les animaux.

La totalité du roman est bien contenue dans le mythe du sabbat des sorcières. Et nous savons maintenant ce que représente la ligue des bons qui pourchassent Dracula : une version moderne du tribunal de l'Inquisition.

L'avantage de cette explication de *Dracula* n'est pas seulement qu'elle donne au roman une épaisseur mythique qui rend les ricanements critiques caducs, mais aussi qu'elle en propose implicitement une relecture, un procès en réhabilitation, dans lequel le comte devient un personnage sinon sympathique, du moins tragique. Car c'est lui qui, contrairement aux apparences, est persécuté, comme le furent les lépreux, les Juifs et les sorcières. Le vampire n'est pas tant un avatar du Diable qu'une victime diabolisée par la propagande des persécuteurs. Mais Ginzburg, dans son analyse, va encore plus loin, et nous permet de dépasser ces bons sentiments (il suffit, pour réhabiliter le vampire, de raconter l'histoire de son point de vue, ce que Stoker évite soigneusement, et Ann Rice fait systématiquement[1]). Il attribue au mythe du sabbat des sorcières des origines encore bien plus anciennes. Il le relie à une constellation mythique dont les traces originelles se trouvent dans la mythologie paléolithique euro-asiatique, et les traces modernes dans les cultes chamaniques sibériens. Je ne peux rendre ici justice à l'extra-ordinaire imagination de l'historien, et me contente d'énumérer quelques thèmes. Le premier est le thème du voyage au pays des morts, contrée dont les vampires sont des citoyens honoraires. Le second est le thème du culte voué aux animaux ou à des humains animalisés : Dracula est le frère du loup-garou. Le troisième, qui est lié au premier, est le thème des voyages et des combats nocturnes, en rêve (pratique commune aux *benandanti* frioulais qu'avait déjà étudié Ginzburg et aux *mazzeri* corses[2]) : on comprend pourquoi Lucy est somnambule, pourquoi le vampire erre la nuit dans les cimetières. Dracula est une version moderne, et horrible, du chamane sibérien.

La conclusion de Ginzburg sur le mythe du sabbat des sorcières est qu'il tresse deux fils mythiques : 1) le mythe du complot de l'étranger, un groupe social marginal et hostile qui cherche à s'emparer du pouvoir ; 2) les mythes liés aux cultes chamaniques, centrés sur le contact avec les morts, et avec les animaux. Comme ces deux figures sont des incarnations de l'Autre, on comprend pourquoi les deux fils se tressent naturellement : l'Autre est toujours marginal, et doit être maintenu dans cette marginalité. Ce rejet brutal de l'Autre est lié au travail de deuil : la forme la plus ancienne de l'exclusion du marginal est la constellation de mythes qui tournent autour de la tentative de retour du mort récent, qu'il faut à tout prix apaiser et convaincre d'accepter son nouvel état. On comprend pourquoi le vampire, qui est l'incarnation même de ce travail de deuil, est la forme la plus pure de ces mythes, aussi anciens, si l'on en croit Ginzburg, que l'humanité.

J'ai, bien sûr, grossièrement simplifié Ginzburg. J'espère ne pas l'avoir trahi. Et il me semble bien que son analyse du sabbat des sorcières permet enfin de tisser tous ensemble, de nouer, les fils du roman. L'analyse rend compte des métamorphoses animales, de l'état de demi-mort du vampire (le vampire, même vieux, est un mort récent), des équipées nocturnes, de l'importance attribuée aux cauchemars, au somnambulisme, à la

1.   A. Rice, *Interview with the Vampire*, New York, Ballantine Books, 1988.
2.   C. Ginzburg, *Batailles nocturnes*, Paris, Flammarion, 1984.

télépathie. Et elle rend compte de la misogynie du roman, qui n'est que l'image en miroir d'une dévotion, les cultes chamaniques étant liés à des rituels extatiques adressés à une déesse.

Conclusion

J'ai terminé mon mouvement ascendant. L'antiquité même du mythe nous contraint à le prendre au sérieux, au delà de l'exploitation qu'en fait l'idéologie victorienne. Et la comparaison avec *Frankenstein* se termine sur la reconnaissance d'une différence, sans jugement de valeur. Il y a deux sortes de mythes : des mythes modernes, articulés par un auteur individuel ou un groupe social déterminé, qui sont des interventions dans la conjoncture historique qui les a produits et qu'ils contribuent à modifier : tel est *Frankenstein*. Et il y a des mythes-monuments, des mythes-vestiges, dans lesquels se lisent les traces du passé le plus ancien de l'espèce humaine, qui traversent les conjonctures historiques et se réinvestissent parfois en elles, mais qui ne leur sont pas intrinsèquement liés. Dorothy Carrington analyse le mazzérisme corse, ces chasses nocturnes effectuées en rêve, qui permettent au chasseur d'annoncer la mort de ses proches, comme une trace du culte des morts néolithique. Le génie de Stoker est d'avoir réussi à revivifier une histoire aussi ancienne, de s'être laissé parler par les vestiges du passé de l'espèce. En comparaison de cela, les limites du phallocratisme petit-bourgeois et du victorianisme décadent, qui ne sont que trop réelles, sont de peu de poids : ce ne sont que vaguelettes sur des eaux aussi profondes que le lac Baïkal.

Première partie
Origines

Les métamorphoses du vampire : du folklore slave au mythe littéraire

Daniela Soloviova-Horville

Avant de devenir le personnage ténébreux dépeint par les auteurs romantiques, le vampire inspira durant des siècles une réelle crainte chez les paysans balkaniques. Son spectre terrifiant aurait surgi parmi les Slaves entre le IXᵉ et le XIIᵉ siècle, c'est-à-dire au moment de leur conversion au christianisme et de l'adoption d'une nouvelle pratique funéraire — l'ensevelissement des morts. D'ailleurs, c'est pendant cette période que le terme « vampire » apparaît dans des textes russes, dans la forme ancienne *upyr*, utilisée en tant que nom propre[1].

L'introduction de l'inhumation marqua donc le début de la grande peur des morts ensevelis chez les Slaves. Cet usage fit surgir dans l'inconscient collectif des fantasmes relatifs à la survie physique du défunt dans l'autre monde et instaura une attitude de méfiance envers les corps enfouis. Le regard porté sur les corps morts devint suspicieux, examinateur, chargé d'appréhension et d'inquiétude. Les croyances slaves aux vampires allaient être façonnées en grande partie par la perception du cadavre dissimulé sous terre et des métamorphoses qu'il subit.

Tout au long du Moyen Âge et jusqu'à la fin du XIXᵉ siècle, les paysans slaves exhumaient les morts soupçonnés de vampirisme et les examinaient attentivement en recherchant certains signes suspects. Les défunts qui gisaient non décomposés dans la tombe étaient considérés comme vampires. Ils étaient accusés de revenir de l'au-delà et de causer divers torts aux vivants. On pensait qu'ils oppressaient les dormeurs, s'attaquaient au bétail et aux gens, provoquaient des épizooties, gâchaient les récoltes. Pour se délivrer de ces maux, les villageois tranchaient les membres des morts maléfiques et en dernier recours incinéraient leurs cadavres ainsi mutilés. Les récits des voyageurs étrangers qui se rendaient dans les Balkans et qui assistaient à ces mises à mort de vampires montrent qu'il s'agissait là d'un usage fort répandu. Le journal du missionnaire allemand Stefan Gerlach (1546-1612) contient un passage qui décrit les exécutions des trépassés accomplies dans les provinces balkaniques de l'Empire ottoman. Elles y sont présentées comme des cérémonies collectives, auxquelles prenaient partie les villageois tout comme les prêtres orthodoxes[2].

---

1. Le terme apparaît furtivement dans un manuscrit russe de 1047 où figure le nom d'un prince de Novgorod — *Upyr'Lihyi*, nom signifiant littéralement « méchant vampire ». Tokarev, S.A., *Religioznye verovanija vostočnoslavjanskih narodov XIX-načala XX v.*, Moskva-Leningrad, AN, 1957, p. 41.
2. La première édition complète du texte de Gerlach porte le titre *Stefan Gerlach des Aelteren Tagebuch der von zween Glorwürdigsten römischen Kaysern, Maximiliano und Rudolpho, Beyderseits den Andern dieses Nahmens an die ottomanische Pforte zu Constantinopel abgefertigten*

Ces pratiques, perpétuées durant des siècles, allaient être révélées en Occident au XVIIIe siècle par les officiers de Charles VI. Suite à l'élargissement de l'Empire des Habsbourg (traité de Požarevac, 1718), les militaires autrichiens eurent l'occasion d'observer de près les us et coutumes des populations autochtones. Ce sont ces officiers, chargés de l'administration de la Serbie, qui rapportèrent plusieurs cas d'exécutions de morts maléfiques. Le premier cas, enregistré en 1725 par l'officier impérial du district de Gradiska, et qui fit connaître le mot slave « vanpir » dans toute l'Europe occidentale, fut celui de Peter Plogojovitz[1]. Ce dernier était un paysan du village serbe de Kisiljevo qui serait réapparu de la tombe dix semaines après sa mort. Les villageois accusaient Plogojovitz de s'être couché sur neuf personnes durant leur sommeil et d'avoir ainsi provoqué leur décès en un court intervalle de temps. Un officier impérial assista en compagnie du pope du village au déterrement du mort et put constater par ses propres moyens l'exceptionnelle conservation de son cadavre. Le procès-verbal qu'il rédigea à ce propos parvint la même année à Vienne où plusieurs journaux le publièrent[2]. Le philosophe allemand Michaël Ranft lui accorda une place centrale dans sa dissertation *De la mastication des morts dans leurs tombeaux* (1725).

Le second cas de vampirisme fut également observé en Serbie par un autre officier de l'armée impériale, le chirurgien militaire Johann Flückinger. En janvier 1732, il fut chargé d'enquêter sur les causes d'une série de décès inexpliqués, survenus dans le village de Medvedža. La population locale attribuait le fléau aux agissements d'un certain Arnold Paole, « heiduque du pays », qui aurait subi les assauts d'un vampire de son vivant. D'après la rumeur, environ un mois après sa mort, il serait revenu parmi les gens du village et aurait causé la mort de quatre d'entre eux. Déterré, Paole fut reconnu vampire — le rapport rédigé par le chirurgien autrichien le décrit « en parfait état de conservation, les chairs non décomposées, les yeux injectés de sang frais qui lui sortait également par la bouche et par le nez, salissant sa chemise et son linceul[3] ».

Le rapport Flückinger fut très vite porté à la connaissance des souverains des grands pays européens. Dès le mois de février 1732, des copies de ce texte commencent à circuler dans les cours de toute l'Europe

    Gesandschtait. Herfürgegeben durch seinen Enkel M. Samuelem Gerlachium. Frankfurt a.M., in Verlegung Johann-David Zunners, 1674, 552 p. L'édition utilisée ici est la traduction bulgare de ce texte : Gerlach, Stefan, *Dnevnik na edno patuvane do Osmanskata porta v Carigrad*, texte réuni et traduit par B. Cvetkova et M.Kiselinčeva, Sofija, Otevestven front, 1976, p. 208.

1. La version du rapport officiel est textuellement reproduite in : « Un cas remarquable en Hongrie » in Ranft, Michaël, *De la mastication des morts dans les tombeaux* (1728), trad. du latin par Danielle Sonnier, Grenoble, Éditions Jérôme Millon, 1995, p. 25-27.

2. Il s'agit notamment de *Wienerische Diarium*, n° 58, du 21 juillet 1725 et de *Holsteinische Gazetten* (1725 ou 1726). Faivre, A., « Du vampire villageois aux discours des clercs » in Marigny, Jean (dir.), *Les Vampires*, Colloque de Cerisy, Paris, Dervy, Les Cahiers de l'Hermétisme, 1993, p. 63.

3. Antoine Faivre a été le premier chercheur à traduire textuellement le rapport Flückinger, dont une copie manuscrite est conservée aux Archives d'État à Vienne. Faivre, A., *Les Vampires*, Paris, Éditions du Terrain Vague, 1962, p. 51-56.

éclairée. Le « Visum et Repertum » fut envoyé au Conseil de Guerre à Vienne, et il aurait intéressé l'empereur Charles VI en personne, d'après les affirmations de l'historiographe Dom Augustin Calmet[1]. Il parvient à Paris le même mois par l'intermédiaire de l'ambassadeur de France à Vienne, M. de Bussy. À son tour, le roi de Prusse, Frédéric-Guillaume Ier confie une copie de ce texte à la Société Royale des Sciences de Prusse afin d'obtenir une expertise[2].

Grâce à l'évolution dynamique du marché de l'édition en Europe occidentale, les cas de vampirisme survenus en Serbie en 1725 et 1732 connurent une notoriété internationale. Antoine Faivre a démontré que les récits sur Peter Plogojovitz et Arnold Paole inspirèrent pas moins d'une trentaine d'articles et de traités au cours de la seule année 1732[3]. La publication de ces deux procès-verbaux constitua ainsi un événement à part entière en Occident et inaugura un débat passionné sur l'existence des vampires. À en croire Voltaire, le sujet alimentait toutes les conversations de l'époque : « On n'entendit plus parler que de vampires depuis 1730 jusqu'en 1735 », observa-t-il dans son *Dictionnaire philosophique portatif* (1764)[4].

Présentés comme des faits avérés et authentiques, les cas des vampires serbes suscitèrent de vives réactions en Europe occidentale. Les intellectuels de l'époque ne manquèrent pas d'exprimer leur sentiment sur un phénomène aussi étonnant et incroyable. Médecins, philosophes et clercs entreprirent d'étudier et d'expliquer la nature des faits observés en Serbie, à l'aide de l'examen critique de la raison. Dans le même temps, ils portèrent un regard sceptique sur les croyances slaves et jugèrent durement la superstition et la crédulité paysanne. La vision slave du vampire fut ainsi reconsidérée et réadaptée aux interrogations qui agitaient le siècle des Lumières. Les réflexions formulées par les intellectuels occidentaux du XVIIIe allaient nourrir l'imagination des écrivains romantiques du siècle suivant, et servir de matériau brut dans l'élaboration de la figure littéraire du vampire.

De cette manière, le concept du vampirisme changera de visage et de portée symbolique lors de ses apparitions successives dans trois domaines différents — celui des traditions populaires slaves, de la critique scientifique au XVIIIe siècle et de la création littéraire au XIXe siècle.

Dans l'espace sacral du rite

Les croyances aux vampires des Slaves balkaniques renvoient à une vision particulière de la mort, du cadavre et de l'au-delà, façonnée en fonction de leur identité culturelle et de leurs normes sociales. Selon l'imagination populaire, les vampires étaient des hommes qui mettaient

1. Calmet, Dom Augustin, *Dissertation sur les vampires* (édition de 1751), Grenoble, Éditions Jérôme Millon, 1998, p. 76.
2. Faivre, A., « Du vampire villageois... », *op. cit.*, p. 50-51.
3. *Ibid*, p. 64-69.
4. Voltaire, article « Vampires » in *Dictionnaire philosophique, Œuvres complètes*, vol. 19, Paris, Éditions Hachette, 1876, p. 399.

en danger l'équilibre social — c'étaient principalement les morts qui avaient mené une vie blâmable et avaient enfreint les règles morales de la société. Ainsi, les populations serbes, bulgares et croates, estimaient-elles que les ivrognes, assassins, voleurs ou prostituées erraient en tant que vampires après leur mort[1]. Leur existence indigne leur valait d'être rangés d'emblée parmi les morts malfaisants. La mort, loin d'effacer leurs crimes, rendait ces défunts encore plus menaçants aux yeux de leurs concitoyens et ne faisait qu'accroître leurs pouvoirs maléfiques.

Mais la moralité n'était pas le seul facteur déterminant le sort posthume. Les circonstances entourant la naissance et le décès de chaque individu étaient regardées comme autant de présages de la transformation posthume. Certaines marques de naissance, considérées comme anormales, figuraient parmi les signes trahissant une prédisposition au vampirisme. Les enfants dotés d'un physique particulier (nés avec des dents, des cheveux ou avec les sourcils joints) étaient prédestinés à devenir vampires[2]. En Serbie et en Roumanie existait la croyance que les garçons qui naissaient coiffés (c'est-à-dire qui venaient au monde avec un morceau de membrane amniotique sur la tête) étaient condamnés à devenir des morts vivants[3]. D'une manière similaire, les circonstances dans lesquelles la mort survenait pouvaient compromettre la félicité posthume du défunt. Chez les Bulgares, les Serbes, les Croates et les Macédoniens fut très répandue la croyance que devenaient vampires tous ceux qui avaient connu une fin violente (les noyés, les suicidés, les foudroyés ou les assassinés). Brusquement arrachés à la vie, ces morts étaient réputés pour être particulièrement vindicatifs. On croyait qu'ils n'avaient pas réussi à s'accomplir dans le monde des vivants et que leur âme errante n'allait pas connaître de répit[4].

Pour cette raison, tout vampire potentiel subissait un traitement particulier de la part de son entourage au moment du décès. Les gestes et les rites exécutés avant et après l'enterrement devaient empêcher la métamorphose posthume. Les soins prodigués au mort — à commencer par la veillée et par la préparation rituelle du cadavre (toilette funèbre, perforation de certaines parties du corps) faisaient partie de ces mesures préventives. Dans le même but, après l'inhumation, les paysans slaves veillaient à observer strictement les rites et les commémorations funéraires nécessaires à la paix de l'âme. Car tout manquement aux rites funéraires en vigueur était censé entraîner inévitablement la réapparition du mort dans l'univers des vivants. Par exemple, si le défunt n'avait pas

1.   Sur les croyances bulgares cf. Georgieva, Ivanička, *Bulgarska narodna mitologija*, Sofija, Nauka i Izkustvo, 1983, 1993, p. 196-197 ; Stojnev, Anani (dir), *Bŭlgarska mitologija. Enciklopedičen rečnik*, S. : 7M+Logis, 1994, p. 45 ; serbes et croates : Džordževic, Tihomir, *Veštica i vila u našem narodnom verovanju. Vampir i druga biča u namem narodnom verovanju*, Beograd, Naučna kniga, 1953, p. 165-167 ; Čajkanovic, Veselin, *Stara srpska religija i mitologija*, kn.V, Beograd, Srpska književna zadruga, 1994, p. 208.
2.   Oinas, Felix J., *Essays on Russian Folklore and Mythology*, Columbus, Ohio: Slavica Publishers, 1985, p. 111.
3.   Džordževic, T., *Deca u verovanima našega naroda*, Beograd, Prosveta, 1990, p. 126-127 ; Murgoci ; Agnes, « The Vampire in Romania » in *Folklore*, n° 37, 1927, p. 328-329.
4.   Georgieva, I., *op. cit.*, p.197; Stojnev, A., *op. cit*, p. 45; Mijatovic, Stanoje, «Narodna medicina Srba seljaka u Levču i Temniču » in *Srpski Etnografski Zbornik*, kn. XIII, 1909, p. 446.

été bien gardé avant l'enterrement et qu'un animal était parvenu à passer au-dessus de son corps à ce moment-là, on s'attendait à ce qu'il resurgisse de la tombe en prenant la forme de la bête ayant causé sa mutation[1]. Dans ce cas, le jeune vampire se montrait aux vivants sous la forme de divers animaux — poule, âne, cheval, bœuf, chevreau, sanglier, chevreuil, grenouille, souris, chat, chien ou loup[2]. Le non-respect des rites funéraires était désigné comme la cause principale de ces métamorphoses.

La transformation du défunt en vampire était confirmée par la survenue de divers malheurs dans la vie quotidienne — l'altération du vin et du miel, le mauvais rendement des récoltes ou l'apparition de maladies chez les hommes et le cheptel. Lorsqu'une de ces calamités se manifestait, les villageois partaient à la recherche du coupable au cimetière. Là encore, plusieurs indices permettaient d'identifier le vampire — l'apparition d'un trou dans la tombe, par exemple, signifiait qu'elle abritait un vampire. Une autre manière de démasquer le mort malfaisant était d'exhumer son cadavre et de l'examiner. La disposition du corps dans la tombe indiquait aux assistants si le mort menait une activité *post mortem*. Le défunt dont les yeux étaient ouverts ou qui se trouvait en position assise était accusé de vampirisme. De même, s'il arborait un corps intact, gorgé de sang, et un teint vermeil, cela confirmait les doutes — la métamorphose posthume avait bien eu lieu[3].

En revanche, cette hypothèse était écartée quand le cadavre se trouvait dans un stade de décomposition avancée et lorsque la tombe ne contenait plus que des ossements. Dans ce cas, les restes de la dépouille étaient remis en place, avant d'être inhumés de nouveau. Une fois l'état de vampirisme constaté, on procédait à une seconde mise à mort du défunt nuisible. Les paysans, armés d'un pieu d'aubépine bien aiguisé, transperçaient la région cardiaque ou abdominale du cadavre[4]. Souvent, ils complétaient l'exécution du vampire par l'incinération du cadavre et des pieux ayant servi à sa perforation[5]. La destruction rituelle du vampire était accomplie dans le but de faire cesser les désastres et de restaurer l'équilibre social. Grâce à cette pratique, les membres de la société pouvaient gérer les événements qui leur paraissaient inquiétants et incompréhensibles. Pour les villageois, mettre l'apparition des calamités (épidémies, épizooties, cataclysmes) sur le compte du vampire, permettait de les inscrire dans un système logique et de leur attribuer une origine. Or le fait d'attribuer une cause à des phénomènes inexplicables montre le désir de les maîtriser, et affirme la volonté d'agir au lieu de s'avouer impuissant.

---

1. Georgieva, I., *ibid.*
2. Cette croyance est très répandue chez les Serbes, Croates, Bulgares et Macédoniens. Cf. Ardalic, Vladimir, *Zbornik za narodni život i običaje južnih slavena*, t. XIII, 1908, p. 150 ; Čajkanovic, V, *Sabrana dela*, t. II, Beograd : Srpska književna zadruga, 1994, p. 188, 200, 265 ; Georgieva, I., *op. cit*, p.199 ; Kulišic, Sh., Petrovic, P.Zh., Pantelic, N., *Srpski mitoloshki rečnik*, Beograd, Nolit, 1970, p. 84.
3. Džordževic, T., *op.cit*, p. 213.
4. Vakarelski, Hristo, *Etnografija na Bŭlgarija*, Sofija, Nauka i Izkustvo, 1977, p. 435 ; Ujevic, I., « Vrhgorac u Dalmaciji » in *Zbornik za narodni život i običaje južnih slavena*, t.I, Zagreb, 1896, p. 226.
5. Džordževic, T., *op. cit*, p. 205-206.

Les rites accomplis dans le but d'éviter la mutation du mort et ses agissements néfastes étaient donc un moyen pour les survivants de traverser les situations de crise et de faire face à des événements dont les causes se situaient hors de leur entendement. À l'aide de ces rites, les Slaves méridionaux luttaient contre les anomalies qui venaient perturber leur existence. Véritables actes civiques, devenus des réflexes sociaux, les rites jouaient ainsi un rôle essentiel pour le rétablissement de l'harmonie entre l'homme et la nature. Dans cette mesure, l'anéantissement rituel du vampire remplit une fonction cathartique, puisqu'il purifie symboliquement la société du Mal et contribue à préserver la stabilité de la vie quotidienne.

Le concept du vampire au sein de la société occidentale

Dans le deuxième quart du XVIIIe siècle, les Occidentaux portèrent un regard curieux sur le traitement que les Slaves balkaniques infligeaient aux vampires, à travers les cas médiatisés de Peter Plogojovitz et d'Arnold Paole. L'accueil particulièrement favorable réservé à ces deux cas n'avait rien d'étonnant, étant donné le goût prononcé du public pour les histoires exotiques. En effet, la publication des contes de fées de Perrault à la fin du Grand Siècle et par la suite des *Mille et une nuits* (1704-1717), traduites et compilées par Antoine Galland, avait stimulé l'intérêt des lecteurs occidentaux pour les récits merveilleux. D'un autre côté, la parution incessante de récits de voyage nourrissait l'appétit du public pour des lectures dépaysantes. C'est dans ce contexte historique et littéraire propice à la découverte des mœurs et des coutumes de l'Autre que paraissent les rapports autrichiens décrivant la chasse aux vampires dans les Balkans. Les événements avaient comme décor les contrées sauvages d'Europe orientale et se présentaient de surcroît comme un sujet nouveau et sans précédent. « L'Antiquité n'a rien vu ni connu de pareil », soutint même le très docte abbé Dom Calmet (1672-1757) dans sa célèbre *Dissertation sur les apparitions des anges, des démons et des esprits, et sur les revenants et vampires de Hongrie, de Bohême, de Moravie et de Silésie* (1746)[1].

Certes, le public occidental n'avait pas entendu parler des créatures slaves avant 1725, mais de là à affirmer que les histoires de vampires étaient complètement inouïes, c'était exagérer leur caractère inédit. À vrai dire, les rapports autrichiens ne firent que remettre au goût du jour le thème fort ancien de la malfaisance des morts. En réalité, les traités et les chroniques occidentales abondaient en exemples de morts maléfiques aux cadavres non décomposés qui agressaient les vivants. Dès le XIIe siècle, la chronique du chanoine britannique William de Newburgh (1136-1198 ?) et celle du chapelain d'Henri II, Walter Map (1130 ?-v.1210), offrirent aux lecteurs des récits circonstanciés d'exécutions de morts aux cadavres intacts[2].

---

1. Calmet, Dom Augustin, *op. cit*, p. 30.
2. Map, Walter, *De Nugis curialium. Courtiers' trifles*, trad. du latin par Montague Rhodes James (Oxford, the Clarendon Press, 1914), nouvelle édition révisée par C. N. L. Brooke et

D'un autre côté, de nombreux cas d'exécutions posthumes se déroulèrent pendant les périodes de peste tout au long du Moyen âge et de la Renaissance. Pour se délivrer de la mort noire, les populations d'Europe centrale et occidentale anéantissaient fréquemment les cadavres des morts accusés de répandre la contagion en mâchant dans les tombeaux[1]. Cependant, ce qui était toléré jusqu'au XVIIe siècle, n'a guère plus d'excuse au XVIIIe au sein d'une société occidentale en pleine (r)évolution intellectuelle. La présentation des récits sur les vampires Arnold Paole et Peter Plogojovitz comme des faits réels ne manqua pas de déclencher une véritable polémique. Ce qui suscita le débat, c'était l'aspect dûment attesté et vraisemblable de ces textes. La véracité des témoignages pouvait difficilement être mise en doute — il s'agissait de rapports officiels émanant de personnages officiels (militaires, médecins) et qui faisaient état d'événements réellement survenus. Les propriétés prodigieuses des corps des vampires, aussi incroyables qu'elles pouvaient être, devenaient dignes d'être soigneusement examinées à partir du moment où elles étaient consignées dans le cadre d'une enquête officielle, menée sous la houlette de personnes de probité. La présentation formelle de ces événements extraordinaires renforçait leur crédibilité ; les listes nominatives des sujets infectés ainsi que les signatures des témoins faisaient quant à elles office de preuves. L'amoncellement de toutes ces « preuves » *a priori* irréfutables n'était-il pas suffisant à rendre les affaires de vampirisme si curieuses et captivantes aux yeux des lecteurs ?

Dès la divulgation des rapports autrichiens dans la presse entre 1725 et 1732, le débat sur l'existence réelle des vampires opposa les philosophes aux clercs. Il servit de prétexte, aux uns comme aux autres, pour exprimer des opinions divergentes sur la manière d'appréhender les phénomènes surnaturels. Dans sa *Dissertation*, Dom Calmet s'attela à établir une classification entre les différents témoignages sur les morts malfaisants, en fonction de leur degré de vraisemblance. Ainsi mit-il en avant l'aspect crédible des cas serbes, qui comportaient, à ses yeux, des « particularités si singulières, si détaillées, et revêtues de circonstances si probables, et d'informations si juridiques, qu'on ne peut presque pas se refuser à la croyance que l'on a dans ces pays, que ces revenants paraissent réellement sortis de leurs tombeaux, et produire les effets qu'on en publie[2]». Toutefois, à la fin de son ouvrage, l'abbé de Senones jugea les arguments en faveur de l'existence des vampires faibles et les preuves proposées invraisemblables, et conclut « que tout cela n'est qu'illusion, et une suite de l'imagination frappée et fortement prévenue[3]».

Sans doute les conclusions du bénédictin ne parurent-elles pas assez virulentes aux yeux de ses contemporains, puisqu'ils lui reprochèrent de prêter foi aux histoires qu'il relatait. Voltaire le blâma d'avoir traité le sujet des vampires comme il avait traité l'Ancien et le Nouveau

---

R. A. B. Mynors, Oxford, the Clarendon Press, 1983, p. 203 ; Newburgh, William de, *Historia Rerum Anglicarum*, V, 22, trad. du latin in Summers, Montague, *The Vampire in Europe*, New York, Avenel, Gramercy Books, 1996, p. 80-88.

1. Summers, M., *op. cit.*, p. 178-206.
2. Calmet, A., *op. cit.*, p.30.
3. *Ibid.*, p. 239-240.

Testament[1], tandis que de Jaucourt lui reprocha d'avoir écrit « un ouvrage absurde dont on ne l'aurait pas cru capable, mais qui sert à prouver combien l'esprit humain est porté à la superstition[2] ». Les philosophes, Voltaire en tête, raillèrent ouvertement la naïveté des ecclésiastiques et leur empressement à voir dans tout fait mystérieux l'empreinte de la main de Dieu ou de la griffe du Diable.

La recherche de la vérité sur la prétendue existence des vampires poussa également Boyer d'Argens à analyser les cas d'Arnold Paole et de Peter Plogojovitz à l'aide de la logique scientifique. Véritable homme des Lumières, il entreprit de démontrer que la découverte de certains cadavres dans un état jugé inhabituel (non corrompus et renfermant quantité de sang fluide dans le corps) ne confirmait pas les facultés surnaturelles des morts. Selon lui, elle pourrait être expliquée par l'intervention de phénomènes physiques réels (d'Argens relève notamment l'importance de la nature du sol où les corps sont inhumés). En ce qui concerne la peur des morts et de leurs pouvoirs mortifères, l'auteur des *Lettres juives* estima qu'elle était engendrée par une « imagination frappée », et regarda les personnes succombant à cette frayeur comme des victimes du « fanatisme épidémique[3] ». L'interprétation donnée par d'Argens obtint un grand succès et les rédacteurs jésuites du *Dictionnaire latin et françois* s'y référèrent pour définir le vampirisme : « le vampirisme est une espèce de fanatisme épidémique, écrivirent-ils. Pour quiconque a des yeux tant soit peu philosophes, il est clair que le prétendu vampirisme n'est qu'une imagination frappée[4] ».

De cette façon, petit à petit les récits sur les vampires serbes parvenus en Occident dépassèrent le statut d'anecdotes exotiques et se trouvèrent au centre d'une véritable lutte idéologique. Ils permirent aux philosophes de mener un combat acharné contre la superstition et la crédulité et de promouvoir les valeurs humanistes qui leur étaient chères. Désireux de démontrer qu'il n'y avait rien de surnaturel dans les affaires des morts-vivants serbes, les penseurs occidentaux focalisèrent leur attention sur la recherche des causes naturelles et physiques du vampirisme. Tout au long du XVIIIe siècle, ils ne cessèrent de disserter sur les causes possibles de la présence de sang non coagulé dans les cadavres des morts malfaisants. Fascinés par la description de ces corps gorgés de sang frais, ils ne tardèrent pas à faire du vampire slave un buveur de sang avide. Dans les traités savants, la soif de sang devint progressivement la caractéristique essentielle du vampire, tandis que les autres traits de la

---

1. Voltaire, *op. cit.*, p. 399.
2. De Jaucourt, Louis, article « Vampire » in *Encyclopédie ou dictionnaire raisonné des sciences, des arts et des métiers*, vol. 16, édition en facsimilé de la 1re édition de 1750-1780, Stuttgart – Bad Cannstatt, 1967, p. 828.
3. Boyer d'Argens, Jean-Baptiste, *Lettres juives*, vol. 5, Amsterdam, chez Paul Gautier, 1737, p. 58, 60.
4. *Dictionnaire universel françois et latin*, vulgairement appelé « Dictionnaire de Trévoux », nouvelle édition corrigée et considérablement augmentée, Paris, 1771, Genève, Slatkine Reprints, 2002, vol. 8, p. 285.

créature (non décomposition dans la tombe, faculté d'endosser diverses apparences zoomorphes) passèrent au second plan.

En amplifiant cette caractéristique, les personnalités de l'époque ne manquèrent pas de comparer l'action des vampires des terres serbes à celle des sangsues. Boyer d'Argens décrivit les vampires comme des « cadavres, [qui] comme des sang-sues, se remplissent de sang en telle abondance, qu'on le voit sortir par les conduits & même par les pores[1] », tandis que l'abbé Fortis souligna leur « désir de sucer le sang des enfants[2] ». Dom Calmet avança même que le nom « de vampires ou d'oupires, […] signifie, dit-on, en esclavon, une sangsue[3] ». Une vingtaine d'années plus tard, le célèbre naturaliste Buffon (1707-1788) considéra lui-aussi la soif de sang comme le principal attribut du vampire et contribua à l'enrichissement sémantique du terme slave. Dans sa monumentale *Histoire naturelle* (1749-1804), il donna le nom de « vampire » à une espèce de chauve-souris d'Amérique du Sud qui « suce le sang des hommes et des animaux qui dorment[4] ». Dans le même temps, les intellectuels occidentaux développèrent la dimension métaphorique du thème de l'absorption de sang. Dès la divulgation de l'histoire d'Arnold Paole en 1732, la presse anglaise fit le rapprochement entre le mode de vie du vampire et celui du parasite. Plusieurs périodiques londoniens — *The London Journal*, *The Craftsman* et *The Gentleman's Magazine* — comparèrent les méfaits causés par les vampires serbes à ceux des hommes politiques véreux, qui drainent les forces du peuple[5]. Cette vision métaphorique du vampirisme sera par la suite mise en exergue par Voltaire, dans son *Dictionnaire philosophique portatif* (1764). Curés et moines se trouveront dans la ligne de mire du philosophe de Ferney et seront traités de parasites, d'êtres oisifs et inutiles, qui profitent des richesses produites par le travail d'autrui. « Les vrais vampires sont les moines qui mangent aux dépens des rois et des peuples », conclut Voltaire sur un ton mordant[6].

Cette image du mort buveur de sang inspirera les écrivains romantiques au XIXe siècle, qui présenteront l'hémoglobine comme la nourriture par excellence des vampires. Les auteurs français feront de ce besoin nutritionnel une condition *sine qua non* pour l'existence des vampires. Ainsi, pour entretenir son existence factice, Clarimonde, l'héroïne de la *Morte amoureuse* de Théophile Gautier (1836) extrait à l'aide d'une aiguille « une goutte, rien qu'une petite goutte rouge » des

---

1. Boyer d'Argens, J.-B., *op. cit.*, p. 52.
2. Fortis, Alberto, « Des Superstitions des Morlaques » in *Voyage en Dalmatie par l'abbé Fortis*, t. I, Berne, Société typographique, 1768, p. 95.
3. Calmet, A., *op. cit.*, p. 33.
4. Buffon, Georges-Louis Leclerc comte de, *Histoire naturelle générale et particulière*, t.X, Paris, Imprimerie royale, 1763, p. 57.
5. « Extract from a Private Letter from Vienna » in *The London Journal*, n° 663, 11 mars 1732; « Political Wampyres » in *The Craftsman. Being a Critique of the Times*, n° 307, 20 mai 1732 ; « Political Vampyres » in *The Gentleman's Magazine*, 1732, p. 750-752. Ces trois articles sont cités in Faivre, A., « Du vampire villageois… », *op. cit.*, p. 65-67.
6. Voltaire, *op. cit.*, p. 400.

veines de son amant endormi[1]. De même, monsieur Goetzi, le « villain »
de la *Ville-Vampire* (1875) de Paul Féval pique ses victimes pendant leur
sommeil avec une longue épingle d'or et en appliquant ses lèvres à la
blessure, il « tète » goulûment le sang qui s'en écoule[2]. Chez les
Britanniques, le vampire est le héros maudit, assoiffé autant de sang que
d'amour. Le héros damné du *Giaour* (1813) de lord Byron est condamné à
sucer le sang de ceux qu'il aime, tout comme celui du *Vampire* (1819) de
Polidori, qui s'abreuve du sang des femmes qu'il séduit. Sans oublier
Carmilla, l'héroïne troublante du roman éponyme de Le Fanu (1871),
posant ses lèvres douces sur la gorge de Laura, avant d'y plonger ses
canines aiguës. Enfin, le célèbre comte Dracula, « horrible créature [...]
tout simplement gorgée de sang », tentera d'atténuer la douleur de son
existence solitaire en s'abreuvant du sang de Lucy et Mina et en les
attirant à ses côtés[3].

Manifestement, dans l'Occident chrétien des XVIIIe et XIXe siècles, la
symbolique du sang supplante la symbolique agraire des croyances
slaves. Dans la littérature occidentale, le vampire n'est plus le paysan
slave rattaché à sa terre natale, mais l'étranger distingué, dont les origines
aristocratiques soulignent elles-aussi le rôle important du sang. On note
ce changement du statut social dans plusieurs textes célèbres du XIXe : le
héros endosse le rôle de lord dans *Le vampire* de Polidori, de comtesse
dans le texte de Le Fanu, et de comte dans le roman de Stoker. D'un autre
côté, la place cruciale qu'occupe le thème du sang dans le concept
occidental du vampire à partir du XVIIIe siècle trahit la présence d'un
nouveau regard porté sur le cadavre et la représentation de l'après mort.
L'intérêt accru porté aux histoires de vampires dans la société occidentale
se trouve lié à une nouvelle attitude d'attachement au sort du corps. Les
précautions des testateurs sur les dispositions à prendre avec leurs
cadavres afin d'éviter les enterrements précipités témoignent de cette
préoccupation autour du devenir du corps. Les demandes d'incision ou
au contraire, les interdictions d'ouvrir le cadavre — montrent bien que
l'on s'accroche de plus en plus obstinément au corps et, d'une manière
générale, à la vie terrestre[4].

Les nombreuses analyses visant à expliquer la conservation des corps
des vampires serbes montrent elles-aussi le désir des hommes éclairés de
percer les mystères du fonctionnement de la machine humaine. Dans
l'ambiance calfeutrée des cabinets d'anatomie privés, des amateurs
fortunés de médecine légale se livrent au XVIIIe siècle à des dissections
sur des cadavres qu'ils se sont procurés de façon plus ou moins
avouable[5]. La connaissance du corps est bel et bien une obsession du
siècle des Lumières. Cependant, la divulgation des cas d'Arnold Paole et
Peter Plogojovitz servit surtout de prétexte aux auteurs occidentaux pour

1. Gautier, Théophile, *La morte amoureuse* in *Les Cent ans de Dracula*, anthologie présentée par Barbara Sadoul, Éditions Librio, 1997, p. 62.
2. Féval, Paul, *La Ville-vampire* in *Vampire story. Pour le meilleur et le vampire*, anthologie présentée par Stéphane Bourgoin, Éditions Fleuve Noir, 1994, p. 241.
3. Stoker, Bram, *Dracula*, Arles, Éditions Actes Sud, « Babel », 1997, p. 109.
4. Ariès, Philippe, *L'Homme devant la mort*, Paris, Seuil, 1977, p. 355-358.
5. *Ibid.*, p. 360-363.

discuter des coutumes étrangères considérées comme dépassées et barbares, et pour se livrer à une lutte sans merci contre la crédulité et l'ignorance. Transplantées en Occident, les croyances slaves quittèrent définitivement le domaine des rites et des traditions populaires et vinrent s'installer dans celui de la pensée scientifique et philosophique. Le concept slave du vampire fut ainsi détaché de son contexte culturel initial et devint, du coup, un concept abstrait mais dynamique et flexible, qui donnera naissance à de nombreuses spéculations intellectuelles. Celles-ci se révélèrent déterminantes pour la création du personnage littéraire du vampire et pour la cristallisation des caractéristiques qui sont les siennes encore aujourd'hui.

Bibliographie

Barber, Paul, *Vampires, Burial and Death. Folklore and Reality*, New Haven and London, Yale University Press, 1988.

Faivre, Antoine, *Les Vampires*, Paris, Éditions le Terrain Vague, 1962.

Georgieva, Ivanička, *Bulgarska narodna mitologija*, Sofija, Nauka i Izkustvo, 1983, 1993.

Marigny, Jean (dir.), *Les Vampires*, Colloque de Cerisy, Paris, Éditions Dervy, Les Cahiers de l'Hermétisme, 1993.

Summers, Montague, *The Vampire in Europe*, New York, Avenel, Gramercy Books, 1996.

Naissance d'une figure littéraire : de Polidori à Stoker

Jean Marigny

Publié en 1897, le *Dracula* de Stoker est considéré à juste titre comme le texte fondateur d'un mythe littéraire moderne. Il faut pourtant rappeler que le thème du vampire, quant à lui, a fait son apparition dans la littérature en prose dès le début du XIXe siècle.

Si le terme même de vampire a été attesté dans les principales langues d'Europe en 1732, le personnage n'a intéressé que plus tardivement la littérature d'imagination. La première œuvre qu'il a inspirée est un court poème de l'Allemand Heinrich August Ossenfelder, « Der Vampir » (1748) qui n'a pas eu un très grand retentissement. Il faut attendre les dernières décennies du XVIIIe siècle pour voir réapparaître ce motif dans la poésie allemande avec des œuvres comme *Lenore* de Bürger (1773) et *Die Braut von Korinth* de Goethe (1797). Ce sont ensuite les romantiques anglais qui ont repris ce thème comme Southey dans *Thalaba the Destroyer* (1801), Byron dans *The Giaour* (1813), Coleridge dans *Christabel* (1816), Keats dans *Lamia* et « La Belle Dame sans Merci » (1819). Dans ces poèmes, il est intéressant de constater que le vampire apparaît le plus souvent sous les traits d'une femme fatale. En Italie, au début du siècle, le thème du vampire inspire l'art lyrique avec l'opéra de Silvestro de Palma, *I Vampiri* (1800).

Au début du XIXe siècle, quelques textes en prose sur ce thème ont été publiés, comme *Der Vampir* de l'Allemand Theodor Arnold (1801), mais ces ouvrages, aujourd'hui tombés dans l'oubli, n'ont eu aucune influence sur la littérature de l'époque. On trouve par ailleurs des allusions au vampirisme dans certains romans comme *Die Marquise von O* de Heinrich Von Kleist (1805) et *Le Manuscrit trouvé à Saragosse* de Potocki (commencé en 1797 et achevé en 1814), mais ce n'est qu'en 1819 que le vampire a fait véritablement son entrée dans la littérature en prose avec la longue nouvelle de Polidori, « The Vampyre ».

Le vampire de Polidori et sa postérité littéraire

John William Polidori (1795-1821), jeune médecin londonien d'ascendance italienne avait été engagé par Byron comme secrétaire et médecin personnel pendant son périple sur le continent européen. La genèse de « The Vampyre » est suffisamment connue pour qu'il ne soit pas nécessaire d'y insister trop longuement : lors d'un après-midi pluvieux de juillet 1816 à la Villa Diodati à Genève, Byron, Shelley, Mary Shelley et Polidori s'étaient mis mutuellement au défi d'écrire un roman terrifiant en un temps record. Byron et Shelley, en manque d'inspiration, ne purent mettre à bien leur projet. Polidori écrivit la trame d'un roman, *Ernestus Berchtold* qui ne fut achevé qu'après son retour en Grande-Bretagne. Seule, Mary Shelley parvint à terminer son *Frankenstein* qui fut publié en 1818.

Byron avait l'intention d'écrire un roman dont le héros serait un vampire nommé Augustus Darvell. Il commença à en rédiger quelques pages, puis il abandonna le projet, non sans avoir indiqué à son homme de confiance la trame de son roman. De retour en Angleterre, Polidori reprit l'histoire là où Byron l'avait laissée et il écrivit « The Vampyre » en modifiant l'intrigue et les noms des personnages pour se démarquer de son modèle. Le héros de l'histoire, Lord Ruthven, semblait calqué sur Byron lui-même. Comme lui, il était connu pour ses conquêtes féminines et comme lui, il était contraint de quitter l'Angleterre pour faire oublier les scandales de sa vie privée. Par ce biais, Polidori avait manifestement choisi de se venger de son employeur avec lequel il avait eu des relations extrêmement orageuses. Quoi qu'il en soit, la nouvelle de Polidori a eu une double importance sur le plan historique : elle a lancé la mode du vampire et elle est à l'origine de cette convention littéraire selon laquelle le vampire est un aristocrate qui choisit de préférence des victimes de sexe opposé. En revanche, le vampire de Polidori est peu conforme à la tradition légendaire. Il mène une vie sociale apparemment normale de jour comme de nuit (la lumière du soleil et les nourritures solides ne semblent pas l'incommoder) ; il est mortel (ce qui paraît *a priori* absurde chez un être censé être mort-vivant), mais s'il périt de maladie ou d'une blessure quelconque, il a la faculté de ressusciter pour peu que son corps soit exposé aux rayons bienfaisants de la lune. La conception que Polidori a du vampire est donc très fantaisiste. Bram Stoker, quant à lui, donnera une représentation du personnage beaucoup plus conforme à la tradition.

La nouvelle de Polidori a eu une destinée tout à fait exceptionnelle. Publiée dans le numéro d'avril 1819 du *New Monthly Magazine* et attribuée à Byron par Colburn, le directeur de la publication, elle passa inaperçue en Angleterre, alors qu'elle eut un succès immédiat en France dès la parution à Paris de la traduction qu'en fit Henri Faber. Charles Nodier l'adapta pour la scène et fit représenter sa pièce, intitulée *Le Vampire*, au Théâtre de la Porte Saint Martin dès 1820. Eugène Scribe, la même année, fit sa propre adaptation de l'intrigue de Polidori, dans une pièce intitulée elle aussi *Le Vampire*, en collaboration avec Mélesville. La même année, Nodier écrivit, sous le pseudonyme de Cyprien Bérard, un roman, *Lord Ruthwen (sic) ou les vampires*, dont l'intrigue faisait suite à celle du récit de Polidori. Les mélodrames de Nodier et Scribe inspirèrent à leur tour Alexandre Dumas qui écrivit, en collaboration avec Maquet, sa propre adaptation théâtrale, toujours intitulée *Le Vampire*, qui fut représentée pour la première fois en 1851. En Angleterre, la pièce de Nodier fut traduite et adaptée au goût du public anglais en 1820 par James Robinson Planché, sous le titre de *The Vampire, or the Bride of the Isles* et Dion Boucicault adapta à son tour la pièce de Dumas en 1852, sous les titres successifs de *The Phantom* et de *The Vampire*. Ainsi, grâce à Nodier, « The Vampyre » de Polidori a connu une extraordinaire postérité en France, en Angleterre, en Allemagne en Italie où de multiples pièces de théâtre, allant de la farce au mélodrame, ont fait revivre Lord Ruthven, la plus célèbre et la plus réussie de ces adaptations étant l'opéra de Marschner, *Der Vampir* (1843). Par une tragique ironie du sort,

Polidori, est mort criblé de dettes et dans l'anonymat, sans avoir perçu le moindre droit d'auteur sur les multiples adaptations de son œuvre.

La mode du vampire en Europe

La nouvelle de Polidori et ses multiples adaptations ont lancé la mode du vampire en Europe et surtout en France. En 1820, l'année qui a suivi la parution de « The Vampyre », toutes sortes de pièces de théâtre mettant en scène des vampires ont vu le jour comme *Le Fils vampire* de Paul Féval, *Les Trois vampires, ou le clair de lune* de Brazier, Gabriel et Armand, et bien d'autres qu'il serait fastidieux d'énumérer ici. Dans la littérature romanesque, Lamothe-Langon a publié en 1825 *La Vampire ou la Vierge de Hongrie*, tandis que la même année Nodier a décrit dans « Smarra » un étrange démon du sommeil qui incite ses victimes à sucer le sang d'autrui. Mérimée évoque les vampires de Serbie dans son recueil de récits de voyage et de pseudo ballades illyriennes intitulée *La Guzla* (1827) et il reprendra plus tard la thématique du vampire dans « Lokis » (1868). Théophile Gautier publie en 1836 l'une des plus belles histoires de vampires jamais écrites, « La Morte amoureuse » et Alexandre Dumas, en 1849, raconte dans *Les Mille-et-un Fantômes* une histoire de vampire que l'on a par la suite publiée séparément sous le titre de « L'histoire de la dame pâle ». Jusque dans les années soixante-dix, la France sera une terre d'élection pour les vampires avec des romans comme *La Vampire* (1850), *Le Chevalier Ténèbre* (1862) et *La Ville-Vampire* (1875) de Paul Féval, *La Baronne trépassée* de Ponson du Terrail (1853), *Le Vampire du Val-de-Grâce* de Léon Gozlan (1861) et *Le Capitaine vampire* de Marie Nizet (1879). Il faut noter que les auteurs français donnent souvent du vampire une image très différente de la conception traditionnelle et qu'ils utilisent parfois ce thème à l'instar de Féval dans *La Ville-Vampire* comme un simple prétexte.

La littérature allemande constitue elle aussi un terrain favorable au thème du vampire. Dès 1823 paraît la nouvelle de Ernst Raupach « Lasst die Toten Ruhen! » (Laisse dormir les morts) attribuée par erreur à Ludwieg Tieck. C'est l'histoire de Brunehilde, morte prématurément, que Walter, époux inconsolable, a imprudemment ressuscitée sous la forme d'un vampire. Une autre nouvelle allemande parue sans nom d'auteur en 1860 et dont on ne connaît aujourd'hui que la traduction anglaise, « The Mysterious Stranger », est considérée comme l'un des modèles possibles de *Dracula*. L'intrigue se situe dans la région des Carpates et le protagoniste, le comte von Klatka, homme de haute taille et toujours vêtu de noir qui réside dans un château en ruines préfigure le héros de Stoker. C'est aussi dans cette nouvelle que pour la première fois, on trouve l'association entre le vampire et la chauve-souris, qui sera reprise par Stoker. Parmi les romans de langue allemande, on peut citer *Der Vampir* de Friedrike Ellmenreich (1827), *Der Vampyr und die Totenbraut* de Theodor Hildebrand (1828), *Der Baron Vampyr* d'Edwin Bauer (1846), et *Der Vampir und Seine Braut* de Spindler (1860). La littérature russe présente elle aussi quelques ouvrages intéressants sur ce thème comme

« Vij » de Gogol (1835), les nouvelles d'Alexis Tolstoi, « Upyr » (1841) et surtout « La famille du Vourdalak » écrite en français en 1847, « Apparitions » (1864) et *Clara Millitch* (1882) de Tourgueniev. Les histoires de vampires allemandes et russes sont plus respectueuses des croyances traditionnelles d'Europe centrale et orientale, que les nouvelles et romans français qui sont généralement fantaisistes[1].

Paradoxalement, la Grande-Bretagne, n'a été touchée que tardivement par la mode du vampire. Ce n'est qu'en 1847 que paraît, sans nom d'auteur, le premier roman anglais sur ce thème, *Varney the Vampire or the Feast of Blood*. On a attribué successivement ce roman-fleuve, publié en feuilleton sans nom d'auteur, à deux écrivains de *penny dreadfuls*, Thomas Preskett Prest et James Malcom Rhymer. Le héros éponyme, Sir Francis Varney, qui, à l'instar de Lord Ruthven, peut mourir et ressusciter, connaît une interminable suite d'aventures, jusqu'au jour où, fatigué de sa longue existence, il se jette dans le cratère du Vésuve. Le seul intérêt de ce roman mal écrit et plein d'invraisemblances est de camper un nouveau type de vampire dont Stoker s'inspirera. Contrairement à lord Ruthven qui était un grand séducteur, Varney est d'une laideur effroyable[2] et il n'utilise que la force brutale pour parvenir à ses fins. Le thème du sang, pourtant consubstantiel au vampirisme, qui n'était jusque là dans la littérature d'imagination que traité de façon allusive, voire totalement occulté comme dans le récit de Polidori, est traité ici avec un réalisme outrancier, dans le souci manifeste de choquer le lecteur : dès le premier chapitre, Varney se sustente au dépens d'une victime avec force bruits de succion. C'est aussi dans *Varney the Vampire* que l'on voit pour la première fois dans un récit la victime d'un vampire devenir à son tour une morte-vivante : l'innocente et vertueuse Clara Crofton, métamorphosée en monstre sanguinaire, préfigure Lucy Westenra dans *Dracula*. Il est intéressant, comme le souligne Christopher Frayling dans *Vampires; Lord Byron to Count Dracula* (p. 41) de comparer le nom du fiancé de Clara Crofton, Ringwood, et celui du fiancé de Lucy Westenra, Holmwood. Enfin c'est dans ce roman que l'on fait allusion pour la première fois à l'élimination du vampire grâce à un épieu planté dans le cœur. Plus que Lord Ruthven, Varney apparaît comme le véritable modèle de Dracula mais, destiné à un public populaire, le roman n'a pas fait école et il serait aujourd'hui tombé dans l'oubli si le thème du vampire n'avait connu, grâce à *Dracula*, le spectaculaire renouveau dont il jouit à notre époque. Hormis quelques nouvelles comme « The Last Lords of Gardonal » (1867), de William Gilbert, ami de Bram et Florence Stoker, le vampire ne fera une réapparition remarquée qu'en 1872, grâce à la longue nouvelle de Joseph Sheridan Le Fanu (1814-1873), « Carmilla », à laquelle *Dracula* doit également beaucoup. Portant le titre de comtesse, Millarca von Karnstein, qui se fait appeler Carmilla, hante la Styrie, province de l'actuelle Autriche, et le château de ses ancêtres est situé non loin de la ville de Gratz. Stoker rendra hommage à Le Fanu et à sa

---

1. On peut citer comme exemple *La Vampire* de Paul Féval où l'héroïne, la comtesse Marcian Gregoryi se nourrit non pas du sang de ses victimes mais de leur chevelure.
2. Varney est le premier personnage de vampire qui soit muni de dents longues et pointues.

nouvelle, dans « Dracula's Guest », texte que la veuve de l'auteur trouvera dans les papiers de son mari et qu'elle éditera à titre posthume en 1914. On y voit en effet Jonathan Harker, surpris par une tempête de neige, se réfugier près d'une tombe où gît une certaine comtesse Dolingen de Gratz. Dans « Carmilla », le vampirisme est beaucoup plus conforme à la tradition légendaire que dans les textes publiés précédemment et, contrairement à ce qui se passe dans « The Vampyre » de Polidori où Lord Ruthven bénéficiait d'une totale impunité, la comtesse vampire subit le supplice désormais célèbre de l'épieu avant d'être décapitée. Stoker s'en inspirera à propos de Lucy Westenra. Par rapport aux histoires de vampires précédentes, « Carmilla » est baigné d'un érotisme parfois brûlant et très audacieux pour l'époque puisque la comtesse vampire est amoureuse de sa victime, la jeune Laura. L'excentrique Comte Stenbock (1860-1895) reprendra l'idée de relations homosexuelles entre le vampire et sa victime mais cette fois au masculin, dans « The True Story of a Vampire » (1894), dont le héros, le comte Vardalek, a des relations amoureuses avec un jeune garçon nommé Gabriel. En tout cas, « Carmilla », qui est l'un des chefs-d'œuvre du genre, a eu beaucoup de succès et a fortement contribué à mettre le vampire à la mode en Angleterre. Entre 1872 et 1897, date de parution de *Dracula*, paraîtront de nombreux récits sur ce thème parmi lesquels on peut citer « The Fate of Madame Cabanel » d'Eliza Lynn Linton (1880), *The Princess Daphne* d'Edward Heron-Allen (1888), « Let Loose » de Mary Cholmondeley (1890), *Sardia: a Story of Love* de Cora Lin Daniels (1891), *The Soul of Countess Adrian* de Mrs. Campbell Praed (1891), « The True Story of a Vampire » du comte Stenbock (1894), *Good Lady Ducayne* de Mary Braddon (1896) et « The Beautiful Vampire » d'Arabella Kenealy (1896).

La genèse de Dracula et la naissance du mythe

Dracula, comme on peut en juger, n'est pas, loin s'en faut, une complète innovation, mais bien plutôt l'aboutissement d'une longue tradition littéraire. Plus que tous les autres récits qui l'ont précédé, néanmoins, c'est un roman auquel son auteur a voulu conférer une certaine authenticité en puisant dans des sources fiables. S'il est possible de donner une liste détaillée et exhaustive des ouvrages sur le folklore d'Europe centrale dont Stoker s'est inspiré pour l'élaboration de *Dracula* (voir *The Origins of Dracula* de Clive Leatherdalepp. 237-239), il serait plus malaisé de savoir exactement quels sont les textes de fiction qu'il a lus, dans la mesure où il n'a pas laissé de traces écrites à ce sujet. Il n'est pas sûr par exemple, qu'il ait lu les textes français, sauf, peut-être *Le Capitaine vampire* de Marie Nizet comme l'affirme Matei Cazacu dans *Dracula* (pp. 312-314), mais ce n'est là qu'une hypothèse. On devine en revanche par recoupements qu'il a lu « The Vampyre » de Polidori, la nouvelle apocryphe « The Mysterious Stranger » traduite de l'allemand, *Varney the Vampyre* et « Carmilla ».

Quoi qu'il en soit, contrairement à ses prédécesseurs qui n'avaient qu'une connaissance très parcellaire des légendes relatives aux vampires et qui les ont souvent utilisées de façon très fantaisiste, Stoker n'a rien voulu laisser au hasard. Il a tenu à être le plus près possible de l'orthodoxie légendaire et il a consulté pour cela toutes sortes d'ouvrages sur les superstitions d'Europe centrale et d'ailleurs parmi lesquels on peut citer *The Book of Were-Wolves*[1] (1865) de Sabine Barine-Gould, « Transylvanian Superstitions[2] » (1885) d'Emily Gerard et *On the Truth contained in Popular Superstitions* (1851) de Herbert Mayo.

Contrairement à la plupart des personnages de vampires qui l'ont précédé, le Comte Dracula, tel que le représente Stoker, est donc globalement conforme aux croyances d'Europe centrale, même si l'auteur s'est permis d'ajouter quelques trouvailles de son cru, comme la nécessité pour le vampire de dormir sur un lit de terre consacrée, ce qui n'est attesté dans aucune tradition légendaire. Stoker s'est également documenté sur l'Histoire et la sociologie de la Transylvanie en lisant notamment *An Account of the Principalities of Wallachia and Moldavia* de William Wilkinson (1820), *Transylvania : Its Product and its People* de Charles Boner (1865) et *Round about the Carpathians* de Andrew F. Crosse (1878). C'est dans le livre de Wilkinson, emprunté à la bibliothèque de Whitby pendant l'été 1890, que Stoker rencontra pour la première fois le nom de son héros qu'il avait d'abord appelé « Count Vampyr » : une note de bas de page indiquait que Dracula en valaque signifiait Diable et que c'était le surnom donné aux personnes faisant preuve d'une exceptionnelle cruauté. Stoker qui ignorait alors que ce surnom avait été donné à un personnage historique bien réel, Vlad Dracula, appelé aussi *Tepes* (l'empaleur), le terrible voïvode de Valachie (1431-1476), décida d'en faire le patronyme de son comte vampire. Ce n'est plus tard qu'il fit un lien entre Vlad Tepes et son personnage. En fait il semble bien que le personnage historique qui a vraiment servi de modèle à Stoker, plutôt que Vlad Tepes, était la Comtesse hongroise Erzsebet Bathory (1560-1614), que l'auteur de *Dracula* découvrit dans le livre de Sabine Baring-Gould sur les loups-garous (voir le livre du professeur McNally, *Dacula was a Woman*).

Si Stoker n'a en définitive pratiquement rien inventé et si *Dracula* n'est que le prolongement d'une tradition littéraire datant du début du siècle, on est en droit de se demander en quoi ce roman est novateur et pourquoi, à lui seul, il constitue le texte fondateur de ce mythe des temps modernes toujours vivace à notre époque.

Plusieurs éléments distinguent le roman de Stoker de ceux ses prédécesseurs, le premier et le plus évident étant la trame narratologique résolument moderne. Les histoires de vampires antérieures étaient conçues selon un schéma linéaire. Le récit en était fait par un narrateur extradiégétique comme dans « The Vampyre » ou *Varney*, soit par l'un

---

1. C'est dans cet ouvrage que Stoker a trouvé des caractéristiques du loup-garou qu'il a appliquées à son personnage de vampire : canines longues et pointues, ongles en forme de griffes, présence de poils dans la paume des mains, sourcils se rejoignant.

2. Stoker a trouvé entre autres dans cet article le nom *nosferatu* comme synonyme de vampire. Ce terme qui, contrairement ce que l'on croit généralement, n'existe pas dans la langue roumaine est peut-être dû à une erreur de retranscription d'Emily Gerard (voir *Dracula : Sense & Nonsense* d'Elizabeth Miller, pp. 48-49).

des personnages de l'intrigue comme dans « Carmilla ». Stoker innove en concevant un récit éclaté où l'on trouve pêle-mêle des extraits de journaux intimes, de lettres, ou d'articles de presse. Selon Christopher Frayling (*Vampyres ; Lord Byron to Dracula*, p. 74), l'idée lui en serait venue après avoir lu *The Woman in White* de Wilkie Collins[1] (1860) qui renouait avec le roman épistolaire du XVIIIᵉ siècle en général et avec certains romans gothiques comme *The Monk* de Lewis ou *Melmoth* de Maturin, où le récit se subdivise en plusieurs intrigues, offrant au lecteur différents point de vue narratifs. En revanche, Stoker innove en utilisant pleinement les moyens de communication modernes que sont les télégrammes, la sténographie ou le dictaphone, ce qui donne au roman une atmosphère à la fois très proche de celle des romans gothiques et très « fin de siècle ».

Sur le fond, l'une des principales innovations de Stoker est d'avoir donné à son personnage de vampire une dimension satanique qui faisait défaut à ses prédécesseurs. Certes Lord Ruthven et Sir Francis Varney sont des personnages odieux mais le mal qu'ils incarnent ne s'inscrit dans aucune perspective religieuse et à aucun moment, il n'est question d'utiliser contre eux les symboles du christianisme. Carmilla est sans doute le premier vampire littéraire qui redoute ces symboles : le seul fait d'écouter des cantiques la rend malade, mais cela ne va pas plus loin. Dans *Dracula* en revanche l'idée que le vampire est un suppôt de Satan est omniprésente. C'est ce qui fait à la fois sa force, puisqu'il dispose de pouvoirs extraordinaires (comme sa faculté de se métamorphoser en chien, en chauve-souris, voire en brouillard), mais aussi sa faiblesse puisque la vue d'un crucifix ou le contact d'une hostie consacrée lui sont insupportables. Contrairement à ses prédécesseurs qui ne nuisaient qu'à leurs victimes directes, Dracula est l'ennemi à la fois de Dieu et de l'humanité tout entière. Van Helsing ne s'y trompe pas lorsqu'il dit qu'il est venu « envahir » l'Angleterre. En créant d'autres vampires qui lui sont totalement dévoués, Dracula vise en effet à devenir le maître du monde. Il joue donc à la fois sur le plan temporel le rôle d'Attila, dans la mesure où il est le Barbare qui vient conquérir le monde civilisé, et sur le plan spirituel celui de l'Antéchrist qui défie l'ordre divin et qui voue l'humanité à la damnation. La scène où il initie Mina en la contraignant à boire son propre sang est à cet égard révélatrice : c'est une parodie impie de l'Eucharistie, par laquelle le Christ fait don de son corps et de son sang pour sauver l'âme des pécheurs. Figure emblématique du mal absolu, Dracula domine totalement le roman, provoquant dans l'esprit du lecteur à la fois un sentiment de terreur mais aussi une certaine forme d'admiration comme pour le Satan de Milton. Van Helsing lui-même, qui, en dépit de ses imprécations, a une certaine estime pour son adversaire, se prend à regretter qu'un tel personnage n'ait pas mis son intelligence et ses pouvoirs extraordinaires au service du bien. Stoker a véritablement utilisé dans l'élaboration de son vampire une esthétique du mal qui l'apparente aux plus grands *villains* de la littérature anglaise, du

---

1. Frayling affirme également que c'est dans une nouvelle de Wilkie Collins, « Miss Mina and the Groom » publiée en 1887, que Stoker a emprunté pour la femme de Jonathan Harker, le prénom de Wilhelmina, dont le diminutif est Mina.

Richard III de Shakespeare au Manfred de Byron en passant par le Satan de Milton et le moine scélérat de Lewis.

C'est cela qui fait de Dracula cette figure mythique qui, plus d'un siècle après sa création, continue de fasciner toutes les générations. Il y eut certes avant lui, dans la littérature, des personnages de vampires intéressants voire touchants comme Clarimonde l'héroïne de « La Morte amoureuse », ou Carmilla, mais il leur manque la majesté insolente, la froide détermination, le mépris d'autrui et la méchanceté absolue d'un Dracula. Le vampire de Stoker, par ailleurs, est un être courageux et déterminé qui, seul contre tous, domine ses adversaires et qui se défend jusqu'au bout. Le dénouement, conforme à la morale victorienne, paraît à cet égard très factice car on ne voit pas bien pourquoi un être de la trempe de Dracula devrait périr sous les coups d'un Quincey Morris, qui, pour sympathique qu'il soit, ne soutient pas la comparaison avec lui.

Ange de la mort à la stature majestueuse, orgueilleux et solitaire, Dracula est une grande figure tragique qui rejoint dans la postérité ces personnages mythiques que sont le Juif errant, Don Juan, voire le Diable en personne. Alors que les autres vampires du XIXe siècle ont pour la plupart sombré dans l'oubli, Dracula est devenu pour tous les auteurs qui, après Stoker, ont voulu reprendre ce thème, l'indispensable référence. Lui seul a été capable de survivre à l'usure du temps et au caractère éphémère de la mode, et il continuera à exercer une influence sur la littérature à venir.

Bibliographie

Cazacu, Matei, *Dracula*, Paris, Tallandier Éditions, 2004.

Florescu, Radu & Raymond T. McNally, *In Search of Dracula*. Greenwich, Conn., New York Graphic Society, 1972.

Frayling, Christopher. *Vampyres: Lord Byron to Count Dracula*, London & Boston, Faber & Faber, 1991.

Haining, Peter & Peter Tremayne, *The Undead; The Legend of Bram Stoker and Dracula*, London, Constable, 1997.

Leatherdale, Clive, *Dracula: The Novel and the Legend*, Wellinborough, The Aquarian Press, 1985. Réédité par Desert Island Books en 1993.

Leatherdale, Clive (ed.), *The Origins of Dracula*, London, William Kimber, 1987. Reprinted by Desert Island Books,Westcliff-on-Sea, 1995.

McNally, Raymond T., *Dracula Was a Woman; in search of the blood Countess of Transylvania*, London, Robert Hale, 1984.

Marigny, Jean, *Le Vampire dans la littérature anglo-saxonne* (2 vols.), Paris, Didier Érudition, 1965.

Miller, Elizabeth, *Dracula; Sense & Nonsense*, Westcliff-on-Sea, Desert Island Books, 2000.

Miller, Elizabeth (ed.), *Dracula; The Shade and the Shadow*, Westcliff-on-Sea, Desert Island Books, 1998.

Deuxième partie

Contextes et structures

Dracula and the Codes of Victorian Pornography[1]

Victor Sage

Bram Stoker's *Dracula* is built round three set-pieces of sado-masochistic sexual fantasy, two of them oral and one phallic. Interpretation of these scenes is crucial to what we make of the whole novel, but when the sexual codes are given their full weight, the meaning of the "horror" which the text dramatises becomes radically ambivalent.

Let me begin by briefly contextualising these remarks. The novel's general obsession with biological, social, and moral degeneration includes an explicit dramatisation of the threat to masculinity posed by the New Woman of the 1880's. This crops up in Mina Murray's diary covering the protracted courtship of Lucy Westenra in Chap 8:

> She has more colour in her cheeks than usual, and looks, oh so sweet. If Mr Holmwood fell in love with her seeing her only in the drawing room, I wonder what he would say if he saw her now. Some of the "New Woman" writers will some day start an idea that men and women should be allowed to see each other asleep before proposing or accepting. But I suppose the New Woman won't condescend in future to accept; she will do the proposing herself. And a nice job she will make of it, too! (Norton, 86)

It is clear from this that Mina is no New Woman herself. Indeed her carefully chosen name—Wilhelmina—gives away the sternly traditional imperial strengths which are part of her character as a strongly maternal type. Stoker went on to dramatise this particular conflict in sexual etiquette (i.e. the idea that women should take over the decisive role in courtship) in *The Man* (1906), and especially in the "experimental" figure of Stephen Norman, a girl who is determined to become emancipated in precisely this way.

Lucy Westenra herself, however, as her diary makes amply clear, is characteristically feminine—beautiful, young and frivolous; but also mysteriously pale (hence Mina's opening comment above), prey to various medical symptoms which include sleep-walking, and coyly flirtatious. She is certainly not a New Woman; and she revels (quite innocently) in her role in the late Victorian sexual market, in the fact that she is courted by three men at the same time, rivals who all propose to her on the same day.

Number one, as she refers to him, is John Seward, the keeper of a lunatic asylum (he "of the strong jaw and the good forehead") who is so nervous that he makes her nearly scream by playing with a lancet—a blood-letting instrument—while he proposes. Upon declining him, she blots her letter to Mina with tears. Quincey Morris, the naively and

1. Ce texte est déjà paru dans le recueil *Dracula : insémination / dissémination*, édité par D. Sipière, Éditions Sterne, Université de Picardie, 1996. Nous remercions Jacques Darras d'en avoir autorisé la reprise.

heavily masculine American, is number two, who, upon being declined, exacts a last kiss to carry with him to the grave, as she reports to Mina:

> He stood up with my two hands in his, and as he looked down into my face—I am afraid I was blushing very much—he said: —"Little girl, I hold your hand, and you've kissed me, and if these things don't make us friends nothing ever will. Thank you for your sweet honesty to me, and goodbye." he wrung my hand, and taking up his hat, went straight out of the room without looking back, without a tear or a quiver or a pause; and I am crying like a baby. Oh, why must a man like that be made unhappy when there are lots of girls about who would worship the ground he trod on? I know I would if I were free—only I don't want to be free. (60)

Here are all the values of masculine strength—restraint, honour above all else,—and the corresponding virtues of female shame in the all-important blush which plays a vital symbolic role in the complicated, over-determined sexual coding of this novel. The kiss that Quincey receives he describes, in an interesting change of register, as "something to keep off the darkness now and then". The scene is redolent with suppressed hysteria, both male and female (Lucy is very specific about what Quincey *doesn't* reveal—"without a tear or a quiver or a pause"—and the thought that he doesn't show those things makes her cry like a baby). She is in the perfect state to receive number three, her Prince, Arthur Holmwood (the surname, pun on "home" included, signifies "(heart of?) stout (i.e. English) oak"—it is Arthur who will put the stake into her): "it seemed only a moment from his coming into the room till both his arms were round me and he was kissing me."

The point of this panel of scenes from a hysterically skewed novel of manners, is that they act as a precisely engineered counterpoint to the novel's famous orgiastic opening scene, in which the engaged Jonathan Harker is willingly seduced by three Transylvanian female vampires who are on the point of sucking every drop of his blood when they are violently restrained by the Count. Jonathan is not by comparison with the other men a strong male—it is Mina who seems to have the real strength in their relationship. His role in this explicitly erotic scene is passive and voyeuristic, while the three females are highly active and sexually dominant; and the scene is sometimes read as the most sexually-liberated in the book, because of the positive role it gives to the women.

The plot of the novel purports to act out the plot of a sexual crisis in late nineteenth-century culture: its central schematic conflict is between the old-fashioned masculine and feminine roles—an essentially bourgeois version of courtship and marriage that seeks to renegotiate its authority via a relationship with "aristocratic" manners—and a new polymorphous set of sexual relations in which the fixed dominance of phallic masculinity (mediated by a peculiarly intense late Victorian pastiche of the chivalric code) is undermined by male passivity; and blushing femininity threatened by "the nightmare life-in-death" of female sexual and economic independence[1].

---

1. I am leaning heavily in all this on the fascinating account of this theme in William Hughes, *Discourse and Culture in the Novels of Bram Stoker*, Unpublished PhD thesis, University of East Anglia, Norwich, 1992.

The narrative employs a sexual code to do this. The condition of being Un-dead is one of slavery to an oral fetish. The devilish woman, bent only on her own pleasure, incapable physiologically and morally, of a blush, becomes lewd, pale and highly active. Any woman, once bitten, can metamorphose into this role and then pollute the male. First Jonathan is threatened and then, finally, Mina, who, forced to drink the blood of Dracula but still woman enough to signal her rejection of her leprous new Unself, cries "unclean! unclean!".

Lucy stands in the middle, alternately blushing and growing pale, filling and emptying with blood, capable of becoming either angel or devil, over whose body and soul wrestle the forces of good, represented by Van Helsing and the band of her rejected suitors, and the forces of evil, Dracula, his bestiary and his women. Lucy because she was bitten in a trance manifests both kinds of femaleness, as Van Helsing explains; and the central scene of 'reclamation' in the tomb, in which the stake is driven into her heart, is one of phallic rape by Arthur, her fiancé. The phallic masculine restores her, in effect, to the ranks of the blushingly feminine and passive.

In this sexual code, as it has often been remarked, blood equals sperm. So all the scenes of vampirism, once the transposition has been made, map onto this schematic pattern of oral taboo versus phallic orthodoxy. This is one rationale of the sexual thematics of the novel which takes into account the cultural context. Transgression of the oral taboo, for example, connotes disease, exhaustion, degeneration, and, more bizarrely, in the novel's ethical scheme, egoism. On this level, the novel becomes an almost frantically reactionary warning. The repeated "horror" of *Dracula* is a prolonged post-Darwinian shudder at the decadence of the "modern"; at the possibilities raised by contemporary progress in science, psychology, medecine, and the threat they pose to traditional formations in sexual ethics and religious belief. There are many other discourses into which this schematic conflict, this polemical morality play about cultural degeneration, fits, and several of these have been written about by critics already, but here I am concerned specifically to explore the problem of whether this explicit schematic account of how the sexual code is supposed to work is consistent with the level of discourse in the text.

Unfortunately, I don't think it is. The sado-masochistic effects of the set pieces in the text over-determine it and render the sexual code that has the job of carrying the thematic message fatally ambivalent. It's my contention here that the discourse of these set-pieces overlaps with some of the already-established codes of Victorian pornography, a fact which perhaps sheds a different light on their function in the novel but which also raises some interesting problems of interpretation at the same time.

First let's look at the famous opening scene in which Jonathan Harker is confronted by three vampire-women who materialise in his dusty chamber at Castle Dracula:

> Two were dark, and had high aquiline noses like the Count, and great dark piercing eyes, that seemed to be almost red when contrasted with the pale yellow moon. The other was fair, as fair as fair can be, with great wavy masses of golden hair and eyes like pale sapphires. I seemed somehow to

know her face, and to know it in connection with some dreamy fear, but I could not at the moment recollect at the moment how or where. All three had brilliant white teeth that shone like pearls against the ruby of their voluptuous lips. There was something about them that made me uneasy, some longing and at the same time some deadly fear. I felt in my heart a wicked burning desire that they would kiss me with those red lips. It is not good to note this down; lest some day it should meet Mina's eyes and cause her pain; but it is the truth. They whispered together, and then they all three laughed—such a silvery musical laugh, but as hard as though the sound never could have come through the softness of human lips. It was like the intolerable, tingling sweetness of water-glasses when played on by a cunning hand. The fair girl shook her head coquettishly, and the other two urged her on. One said: —"Go on! You are first, and we shall follow; yours is the right to begin." The other added: —"He is young and strong; there are kisses for us all." (42)

The term "voluptuous" is a technical term, a ubiquitous part of the code of nineteenth century pornography. The author of "My Secret Life" uses the term to set out his stall at the beginning of his twelve volume epic, assuring the reader that it is his determination "to write my private life freely as to fact, and in the spirit of the lustful acts done by me, or witnessed; it is written therefore with absolute truth, and without any regard for what the world calls decency. Decency and *voluptuousness in its fullest acceptance* cannot exist together; one would kill the other...¹" (My emphasis)

The "fullest acceptance" of the term makes it a prominent presence in the formulaic strings of "arousing" adjectives which pepper the prose of the Victorian pornographic scene. It ranges from a psychological description of a kind of gloatingly abandoned addiction to sexual foreplay, through orgasm itself ("voluptuous oblivion"—which is not quite the contradiction in terms it appears) to post-orgasmic satiety:

...we sank in each other's arms in the blissful ecstasy of the most complete enjoyment. It was several minutes before we regained our sense, and both our organs of generation were pulsating, the one within the other, in all the luxury of satiated passion. With her beauteous legs still thrown over mine, she moved her arms to my neck, kissed me voluptuously...²

And it is often used as a transferred epithet for parts of the (male or female) anatomy, as it is in the Stoker passage. When combined with "ruby lips", "voluptuous" acts as a code-switch inviting transference from the mouth to the vagina. Compare the way the colour-coding acts as a euphemism in this typical passage from *The Lustful Turk*, which is quaint and pre-Victorian compared with Stoker's expertly covert transference:

1. Quoted from Stephen Marcus, The Other Victorians, London, 1966, p. 161
2. *The Romance of Lust*, anon, attributed ed to William S. Potter et al., 1873-6, repr. 1995, Wordsworth Classics unexpurgated ed. Hertfordshire, p. 80. All subsequent references are to this edition. For the attribution, see Forbidden Books of the Victorians, ed. Peter Freyer, The Odyssey Press, London, 1970, pp. 11-12. Potter (1805-79) was a friend of Ashbee, one of the principal collectors of erotica in this period.

> ...by what thrilling degrees did he, by his luxurious movements, fiery kisses and strange touches of his hand to the most crimson parts of my body, reduce me to a voluptuous state of insensibility...[1]

"Crimson" suggests anatomical arousal and the flow of blood to the organs, which is another standard code in nineteenth century sexual description[2]. And « most crimson » when coupled here with "strange touches" and "voluptuous", indicates the clitoris. In Victorian pornography, the vagina is often portrayed through the traditional "poetic" synecdoche of a coquettish face, whose mouth is equipped with "pouting vermilion" or "longing rosy" lips, sometimes bedewed with "pearls", a metaphor which indicates either the teeth, or drops of creamy "female sperm". In Stoker's passage, all these standard codes (including "wicked", a coy term in pornographic writing which often introduces a sadomasochistic variation) are operative, but they are reversed or twisted: blood, for example, has a special set of meanings in *Dracula* which far exceed the run of the mill pornographic; and "voluptuous" in Stoker's text specifically connotes orality which is not tabooed in the pornographic context.

> They "exceed" the pornographic, but by doing so, they include it. When the women refer to his youth and strength and remark that "there are kisses for us all", they are ostensibly talking about his "blood"; but the reference is simultaneously to the standard idea that too much sexual activity in the young male might rob him of his "strength"- *i. e.* his semen.

In the pornographic context, such gestures are usually perfunctory, and are used only rhetorically to boost the standard fantasy of unlimited sexual capacity in the male. But the ubiquity of that fantasy is often read as an unconscious acknowledgement of male anxiety about loss of "substance". The rationale of this anxiety is the so-called "haematic theory". This is how Michael Mason puts it:

> In theory there are two links between semen and blood. To start with, the semen is held to be a rarefaction of the blood (usually put at one part in forty) which is extracted in the testicles. The high demand it makes on the system in its manufacture is in itself supposed to make its expenditure debilitating, but there was an optional annexe to the theory whereby the semen was reabsorbed into the bloodstream if not ejaculated... this model of seminal function, which derives from Hippocrates, was standard in nineteenth century quack and vulgar medical writing right through to the 1880's... while it does not seem to have appeared in the mainstream professional literature after the late 1820's.[3]

---

1. Quoted in Marcus, *op. cit.*, p.206.
2. Compare how the adjective 'crimson' creates a similar switch in Blake's "The Sick Rose"
   O Rose thou are sick.
   The invisible worm,
   That flies in the night
   In the howling storm:
   Has found out thy bed
   Of crimson joy:
   And his dark secret love
   does thy life destroy.
3. *The Making of Victorian Sexuality*, Oxford, 1994, pp. 208-9.

There is no rigid separation in Victorian pornography, especially sado-masochistic pornography, between blood and sperm. In fact the connection is celebrated as a cause for excitement and arousal in the male reader. Here, for example, is the climax of a homosexual beating from *The Romance of Lust* which depends for its excitement value on the explicit identification of the two:

> Wildly and vigorously he thrust his member down on the doctor's warm hand, he shut his eyes, he felt not the rod, although the doctor redoubled the strokes with all the force of his arm, and drew blood at every cut. A bound, a convulsive start, and he felt as if his lifeblood were coming from him—out it spurted in large drops… (206)

The point is that the presence of this metonymy in the scene above from *Dracula* overdetermines it: the various invitations to sexual arousal interfere with the clear operation of the very oral taboo on which the "horror" of the novel is supposedly based, and even contradict such an unorthodox schematic message.

At one level the overt invitation to revulsion in the reader of the set-piece from *Dracula* is qualified, or even, momentarily at least, cancelled. The masochistic "horror" of the passage, in which the most obvious threat is one of castration, is inextricably combined with the opposite signals—orthodox invitations to male sexual fantasy of a perfectly active and traditional (i.e. sadistic) kind. Such readers simply rearrange the anatomy in front of them by a well-known process of selective subdivision. The passage is split up into different separate signals in a kind of variation of the blazon effect[1]. Because of this, if the lips imply labia, then the sexual invitation to the reader is not just oral, despite the apparently decisive presence of the teeth; on this level, the picture appears orthodox, not fetishistic; and the male reader's role may indeed be to override the passivity of the male character's perceptions and treat them as a cynical platform for an 'active' content in the passage, thus contradicting the implication that the novel's theme demands—namely, that the male response is portrayed in Harker as passive and "female' (ie reduced to a masochistic fetish)—because, from this point of view, that response is located in the implied male reader, not Harker the character at all.

The explicit point of view thus becomes a voyeuristic set-up. There are no real differences of point of view in Victorian pornography. Narrators are mere ciphers for erotic effects. Compare the voyeuristic device of the following scene from *The Romance of Lust*, a famous epic of the genre by several hands. The narrator, Charles Roberts, a young libertine posing as an untutored virgin in order to attract the Mother of his best friend, is pretending to be asleep, and peeping at her as she enters the bedroom and approaches his bed:

> She then put the candle down, and, taking a chair, sat down close to the bed. Here she again spoke to me in a subdued tone. Finding no cessation of the

---

1.   On the sexual tyranny and sadomasochistic effects of the blazon in Renaissance poetry, see Nancy J. Vickers, "Diana Described; Scattered Woman and Scattered Rhyme", *Critical Inquiry*, 8, (Winter, 1981): 265-279.

> deep breathing, she gently insinuated her hand below the already-favourably turned-down bedclothes, and with great care slipped it down to my prick, which she grasped softly. I could now feel her whole body tremble, her breath came fast and short. She passed her hand gently up from the root to the head, its size evidently greatly exciting her. When she grasped the head, it gave a powerful throb. She eased her hand, and, I felt certain, turned to see if it had disturbed me. But I slept on profoundly. She seemed to gain more confidence, for both hands were now applied, and it was evident that she had assumed a kneeling posture, the better to favour her designs... (251)

And so on. The main point is that the point of view, the severe and artificial restriction of viewpoint to mere sense-perception, is a cynical device to confine the reader into a titillating situation, not a real angle of narration. The wily Charlie's voyeurism is fake; as is his passivity and the woman's activity. The whole point is a variation on the usual phallic hymn to the woman's subjection.

Compare Stoker's tone and angle of narration:

> I lay quiet, looking out under my eyelashes in an agony of delightful anticipation. the fair girl advanced and bent over me till I could feel the movement of her breath upon me. Sweet it was in one sense, honey-sweet, and sent the same tingling through the nerves as her voice, but with a bitter underlying the sweet, a bitter offensiveness, as one smells in blood. (42)

Given that the mouth is the vagina, this last comment may be an allusion to menstrual blood which is an old European taboo. Certainly the term "offensiveness" suggests pollution and allows taboo-feelings of a conventional type to play into the "horror"). Jonathan anyway is firmly ensconced in the voyeuristic paradise of his senses:

> I was afraid to raise my eyelids, but looked out and saw perfectly under the eyelashes. The girl went on her knees, and bent over me, simply gloating. There was a deliberate voluptuousness which was both thrilling and repulsive, and as she arched her neck she actually licked her lips like an animal, till I could see in the moonlight the moisture shining on the scarlet lips and on the red tongue as it lapped the white sharp teeth. Lower and lower went her head as the lips went below the range of my mouth and chin and seemed about to fasten on my throat. Then she paused, and I could hear the churning sound of her tongue as it licked her teeth and lips, and could feel the hot breath on my neck. Then the skin of my throat began to tingle as one's flesh does when the hand that is to tickle it approaches nearer—nearer. I could feel the soft shivering touch of the lips on the super-sensitive skin of my throat, and the hard dents of two sharp teeth, just touching and pausing there. I closed my eyes in a languorous ecstasy and waited—waited with a beating heart. (42-43)

The tell-tale "languor" I have analysed elsewhere[1]—it opposes to vigilance and is a sign of degeneration, a loss of oxygen to the brain. But here it is also a "female" sexual condition of voluptuousness.

The consummation, however devoutly to be wished, is not to be, as the Count bursts in and stops them from ruining his business agent, postponing all their pleasures (Jonathan's, it seems too—but then, he has been hypnotised and is not himself). The picture of the transformed face of the fair woman is an important reminder to peeping Jonathan of what

---

1.   See *Horror Fiction in the Protestant Tradition*, London, 1988, final chapter.

he has almost succumbed to, the sado-masochistic source of the eroticism: as the Count draws her off him with giant power, he glimpses "the blue eyes transformed with fury, the white teeth champing with rage, and the fair cheeks blazing with passion." There is a certain amount of banter at this point in the text which, now ominously, restores the conventional erotic register as the Count asserts his patriarchal rights over his pack of female wolves:

> The fair girl, with a laugh of ribald coquetry, turned to answer him: —"You yourself never loved; you never love!" On this the other women joined, and such a mirthless, hard, soulless laughter rang through the room that it almost made me faint to hear; it seemed like the leisure of fiends. Then the count turned, after looking at my face attentively, and said in a soft whisper: —"Yes, I too can love; you yourselves can tell it from the past. Is it not so? Well, now I promise you that when I am done with him you shall kiss him at your will."
> (42)

The scene of a fake "bursting in" on the part of some authority figure who then proceeds to "punish" those found *in flagrante* is common in sadistic pornography and this whole scene may be an allusion to that ploy. The fake righteousness adds to the "fun" of domination. In the end, in an anti-climactic manner, he turns them back into mere savage animals by throwing them fresh meat—a live Transylvanian infant in a sack—and the "horror" in the form of the oral taboo, bouncing off the back of the erotic, is restored.

It is clear here that several different taboos are operating at the same time and at different levels in this scene. There's the religious taboo on cannibalism: eating people is wrong and oral sex is a disgusting and frightening form of it (which probably makes it, in itself, by a process of condensation, the most "voluptuous" thing you can have done to you, or do to others.) At the same time, *beating* people is not wrong for Victorians, and beating them for pleasure is only partly wrong; the sexual taboo here works at a different level from the religious taboo because it's not unchristian, it's only "naughty" or "wicked", to draw blood in that way, a physiological code which, by displacement, merely appears part of the conventional representation of phallic dominance any-way,—sadomasochistic practices pose as a more comic, more mildly transgressive route to the temple of voluptuousness.

The most mysterious thing in the passage is why the fair one has the 'right' to go first—it seems Harker recognises her. Blood is a racial code as well as a sexual code. She is a parody of Aryan or Anglo-Saxon beauty, so that it is Jonathan's very ideal of female beauty that is being profaned (i.e. celebrated) here. It seems she's the original occupant of the chamber, the lady about whom Jonathan has been fantasising just before this incident happens. At the very end of the novel, after he has penetrated the castle, Van Helsing himself finds her "in a great high tomb as if made to one much beloved", the implication being that she is more aristocratic than the darker ones, and even he, at his advanced age, is sexually aroused by her:

> She was so fair to look on, so radiantly beautiful, so exquisitely voluptuous, that the very instinct of man in me, which calls some of my sex to love and protect one of hers, made my head whirl with new emotion. (320)

Compare the short story about the growing golden hair in *Dracula's Guest*, in which this type of beauty is rendered uncanny.

Again this idea of the "right to go first" is an orgiastic parody of the patriarchal rights of Arthur, the male fiancé, which is explicitly invoked in the blood transfusion scenes and Van Helsing's jokes about the virgin Lucy's "polyandry" in the middle of the novel. The fantasy of sexual congress as a covenant involving the mingling of bloods (blood here as the metaphor for other fluids) is traditional. Compare Donne's obscene conceit in "The Flea" which used to be a standard poem at A level for solemn analysis of its logical argument. Stoker's text insists on making ("innocent", i.e. phallic) jokes about sexual "possession" long after the oral taboo has become explicit. Lucy, for example, has just had a transfusion of Arthur's blood when she notes the following in her diary:

> Somehow Arthur feels very, very close to me. I seem to feel his presence warm about me. I suppose it is that sickness and weakness are selfish things and turn our inner eyes and sympathy on ourselves, whilst health and strength give Love rein, and in thought and feeling he can wander where he wills. I know where my thoughts are. If Arthur only knew! My dear, my dear, your ears must tingle as you sleep, as mine do waking. Oh the blissful rest of last night! (117-118)

Even the ears mutually tingle (literally, with blood, for the reader; but only metaphorically for Lucy, as in the standard superstition that when you talk or think about someone, their ears "burn"). But Lucy, as she reveals here, has no idea that she has already consummated her marriage to Arthur even though she feels that Love has somehow "wandered where he wills" and attributes it to her mind. "Blissful" has strong connotations of sexual fulfilment if read in this context, though the character is entirely unaware of it.

Compare this with the explicit titillation of the following, in which Seward, Number One rejected suitor, finally gets his chance to possess Lucy while she is drugged with morphia:

> It was with a feeling of personal pride that I could see a faint tinge of colour steal back into the pallid cheeks and lips. No man knows, till he experiences it, what it is to feel his own life-blood drawn away into the veins of the woman he loves. The professor watched me critically. "That will do," he said. "Already?" I remonstrated. "You took a good deal more from Art." To which he smiled a sad sort of smile as he replied: —"He is her lover, her fiancé. You have work, much work, to do for her and for others; and the present will suffice." (119)

Van Helsing has the tricky job of conserving his donor's "strength" while keeping a watch on his sexual jealousy. Seward's emotions are not simply those of an impartial blood-donor. The erotic code persists in the exchange when she awakes, having been "drained" again by the Count during the night:

> "We owe you so much, Dr Seward, for all you have done, but you really must now take care not to overwork yourself. You are looking pale yourself.

> You want a wife to nurse and look after you a bit; that you do!" As she spoke, Lucy turned crimson, though it was only momentarily, for her poor wasted veins could not stand for long such an unwonted drain to the head. The reaction came in excessive pallor as she turned her imploring eyes on me. (120)

She blushes at her thoughtlessness because he is her rejected suitor and it is she who would have been that wife. But the titillating irony from his voyeuristic point of view is that she crimsons *with his blood* and shows him that he has already possessed her.

The conflict is between the oral and the phallic. They have all injected their manhoods into her for her own good, but it has been drained away, leaving them all hysterically weak. When she is dying, she transforms into one of the other pale women, and the oral taboo emerges again, this time echoing the primal scene in which the Count tears his girls off Jonathan:

> So Arthur took her hand and knelt beside her, and she looked her best with all the soft lines matching the angelic beauty of her eyes. Then gradually her eyes closed, and she sank to sleep. For a little bit her breasts heaved softly, and her breath came and went like a tired child's. And then insensibly there came the strange change which I had noticed in the night. Her breathing grew stertorous, the mouth opened, and the pale gums, drawn back, made the teeth look longer and sharper than ever. In a sort of sleep-walking, vague, unconscious way she opened her eyes, which were now dull and hard at once, and said in a soft, voluptuous voice, such as I had never heard from her lips: —"Arthur! Oh, my love, I am so glad you have come! Kiss me!" Arthur bent eagerly over to kiss her; but at that instant Van Helsing, who, like me, had been startled by her voice, swooped upon him, and catching him by the neck with a fury of strength which I never thought he could have possessed, and actually hurled him almost across the room. (146)

The code reasserts itself here in the conjunction of "voluptuous" and the lips. The sound is mesmeric and the 'horror' is associated with the liquid world—a whole rank of metonymies which runs across blood / sperm / milk / tears / rotting flesh / mesmeric fluid[1]. For the horror' of the impersonality of desire, compare the sadomasochism of Peter Benchley's *Jaws* and the connection between the instinctual feeding patterns of sharks when they smell blood, and the automatism of human (i.e. male) sexual orgasm.

The "polyandrist" joke about multiple sexual possession carries on, insistently. At the funeral Van Helsing gives way to a hysterical fit of mirth at Arthur's accounts of his role in trying to preserve Lucy:

> All the time of the burial he was, I could see, putting some terrible restraint on himself. When it was all over, we were standing beside Arthur, who, poor fellow, was speaking of his part in the operation where his blood had been transfused to his Lucy's veins; I could see van Helsing's face grow white and purple by turns. Arthur was saying that he felt since then as if they two had been really married and that she was his wife in the sight of God. None of us said a word of the other operations, and none of us ever shall. (156-157)

---

1. Cf. here Barthes' analysis of Poe's traumatic representation of the breaking of a taboo in "The Facts in the Case of M. Valdemar", where the mesmerised Un-dead Valdemar 'speaks' through his liquefying phallus of a tongue.

This is very sneaky, amongst chaps of honour, to let Arthur think that it was he who had possessed her when all the rest of them had been there secretly behind his back. Here again, one can see that the sadomasochistic "horror" and the phallic sexual code are treated as if split off from one another; but they act upon one another quite freely in the text. The oral taboo is associated, as we have seen, with collective orgiastic sex, degeneracy, and loss of consciousness. The "voluptuous" is a regression to the impersonal mechanisms of instinct. Phallic sex is "rational" and an individual act. But here the competitive, invidualistic phallic repossession of Lucy is explicitly presented as a variation on her *collective* "salvation". But this double-standard is rationalised as a joke, a hysterical need for release caused by the strain of the whole situation. "King Laugh", natural death, and natural *petite-mort*,—the skull beneath the skin, who possesses the psyche at a single stroke and does not ask to come in, unlike his mirror-image Dracula who has to be invited across the threshold—makes us think of such things, says Van Helsing (pp. 181-2). Vampires can't laugh, because they can't die. They can't die because they evade the phallus. This masculine talk is couched as if it were simply traditional, bluff clubman jokes, but it has a purely schematic function.

When we approach the grand scene of phallic reclamation in chapter 15, the sexual code turns from masochism to sadism. The prelude is Seward's response;

> When Lucy—I call the thing that was before us Lucy because it bore her shape—saw us she drew back with an angry snarl, such as a cat gives when taken unawares; then her eyes ranged over us. Lucy's eyes in form and colour; but Lucy's eyes unclean and full of hell-fire, instead of the pure, gentle orbs we knew. At that moment the remnant of my love passed into hate and loathing; had she then to be killed, I could have done it with savage delight. As she looked, her eyes blazed with unholy light, and the face became wreathed with a voluptuous smile. (188)

Seward is quite open here about the connection between killing and pleasure, a sexual fantasy which is now attached to phallic reclamation of the "voluptuous smile"[1]. The rhetoric of taboo now passes into the register of decadence and makes a rare allusion (in Stoker) to the

---

1. For the biographical connection with sadistic fantasy—particularly that of killing without remorse,—see the interesting account of Stoker's attitudes to Sir Richard Burton given in Hughes, *op. cit.* Burton, whose canine teeth were unusually elongated, and who disguised this fact over the years with an array of moustaches and beards, obviously thrilled Stoker because he is reputed to have killed without remorse a young boy in Mecca who saw him failing to crouch to urinate, which was the Muslim custom and threatened to expose him. See Fawn M. Brodie, *The Devil Drives*, London, 1967, p. 97. Hughes, *op. cit.*, argues convincingly that Burton was the model for the Count and a number of other characters in Stoker's fiction. There is also a sexual aspect to his fixation on Burton. Stoker was fascinated by the relation between cruelty and sexuality in Burton. He reports an extended sexual joke between himself, Burton, and Monkton Milnes, (known also as Lord Houghton) the other great collector of erotica of the Victorian period, in his memoirs. Stoker pays close attention to the behaviour of Burton's lips as he laughs. See Bram Stoker, *Personal Reminiscences of Henry Irving*, 2 Vols, (London 1906), II, p. 353. Compare Stoker's version of Burton's story of the boy's killing, *ibid.*, pp. 358-9, when the same facial *tic* occurs and Stoker reports again on the behaviour of lips and teeth in Burton's "iron countenance".

connection between the sado-masochistic vision of the vagina as face and the icon of Decadence and Modernism, the head of the Medusa:

> The beautiful colour became livid, the eyes seemed to throw out sparks of hell-fire, the brows were wrinkled as though the folds of the flesh were the coils of Medusa's snakes, and the lovely, blood-stained mouth grew to an open square, as in the passion masks of the Greeks and Japanese. If ever a face meant death—if looks could kill—we saw it at that moment. (189)

This scene represents the demonising of Aubrey Beardsley, Oscar Wilde's Salome, and the French tradition, the expulsion of Modernism and the New Woman all in one. Perversity must be expelled from the text, by the dutiful pleasure of phallic rape:

> The Thing in the coffin writhed and a hideous, blood-curdling screech came from the opened red lips. The body shook and quivered and twisted in wild contortions the sharp white teeth champed together until the lips were cut, and the mouth was smeared with a crimson foam. But Arthur never faltered. He looked like a figure of Thor as his untrembling arm rose and fell, driving deeper and deeper the mercy-bearing stake, whilst the blood from the pierced heart welled and spurted up around it. His face was set, and high duty seemed to shine through it. (192)

After all the sexual jokes about polyandry, blood transfusion and surreptitious collective sexual possession by the band of brothers, Arthur here finally reclaims his virgin bride with a sadistic rape that is rendered honorific by husbandly "high duty".

Compare this standard piece of military "conquest" of the virgin from "Lady Pockingham, or They All Do It.":

> The touch seemed to electrify her, the blushing face turned to a still deeper crimson as the dart of love slowly entered the outworks of her virginity. Fred continued to act as mentor by whispering in the ear of the young gallant, who was also covered with blushes, but feeling his steed fairly in contact with the throbbing matrix of the lovely girl beneath him, he at once plunged forward to the attack, pushing, shoving, and clasping her round the body with all his strength, whilst he tried to stifle her cries of pain by gluing his lips to hers. It was a case of *veni, vidi, vici*[1].

Compare how, in this pornographic text, the rush of blood to the virgin's "blushing face" repeats the engorging of the genitalia and suggests the breaking of the hymen. The standard phallic code of brisk, military violence which passes for supposedly orthodox heterosexual "deflowering" ends in rape and already has a high degree of built-in sadism ("whilst he tried to stifle her cries of pain by gluing his lips to hers"). *Dracula* is inevitably, in using this common pornographic register throughout Arthur's dutiful assertion of his husbandly rights, reinscribing its pious rejection of voluptuous "horror" as the most obvious and immense sexual cruelty and pleasure. So much for the purported consistency of the phallic order.

The problem is really that if you read the text of *Dracula* in this context, the distinction between phallic sexuality (civilisation) and oral sexuality (instinct) which the whole premise of the *Dracula* narrative is supposedly

---

1.   See *The Pearl: Three Erotic Tales*, anon, London, 1979-80, repr., Hertfordshire, Wordsworth Editions, 1995, p. 34.

based on, is instantly overridden, because of the overpoweringly sadomasochistic effect of the pornographic register. Lucy's "face", cured of the oral fetish by the phallic stake, is supposedly restored to its "unequalled sweetness and purity" and Arthur is authorized at last by Van Helsing to kiss her "dead (ie post-orgasmic) lips". The purification ritual, which purports to restore the phallic order by the unselfish application of the "mercy-bearing stake", is indistinguishable from a sadistic fantasy of sexual murder.

The final set-piece is a renewed oral threat to the phallic order. We break in on an orgiastic scene in which the Count is caught *in flagrante* seducing the by-now married couple, Mina and Jonathan, together, with all the embarrassing, flushed, rough and tumble of a police raid on a session of suburban troilism:

> The moonlight was so bright that through the thick yellow blind the room was light enough to see. On the bed beside the window lay Jonathan Harker, flushed and breathing heavily as though in a stupor. Kneeling on the near edge of the bed facing outwards was the white-clad figure of his wife. By her side stood a tall thin man, clad in black. His face was turned from us, but the instant we saw all recognised the Count—in every way, even to the scar on his forehead. With his left hand he held both Mrs Harker's hands, keeping them away with her arms at full tension; his right hand gripped her by the back of the neck, forcing her face down on his bosom. Her white nightdress was smeared with blood, and a thin stream trickled down the man's bare breast which was shown by his torn-open dress. The attitude of the two had a terrible resemblance to a child forcing a kitten's nose into a saucer of milk to compel it to drink. (247)

The only dramatic representation of this scene I can remember having seen (a TV version with Louis Jourdan as the Count[1]) made it quite clear that is is a form of fellatio that is being talked about here. There is a certain ambiguity about the analogy of the child and the kitten, as if the child were weaning the kitten and the word "terrible", which signifies an absolute control, might also suggest something even more repulsive, namely a kind of tenderness on the part of the child, as it holds the paws of the kitten in one hand to keep them off the edge of the saucer, and even an instinctive pleasure on the part of the kitten as it laps compulsively. Seward repeats the account when Jonathan wakes up and wrings it from him, and the effect on Harker is clearly to rouse his (phallic) manhood:

> I told him exactly what had happened, and he listened with seeming impassiveness; but his nostrils twitched and his eyes blazed as I told how the ruthless hands of the Count had held his wife in that terrible and horrid position, with her mouth to the open wound in his breast. It interested me, even a that moment, to see, that, whilst the face of white set passion worked convulsively over the bowed head, the hands tenderly and lovingly stroked the ruffled hair. (249)

It is possible to read the final sentence as referring to the Count, but I don't think it does. Trust the eagle-eyed scientist to notice the contradictory coexistence (or is it the fusion?) between hatred and love in

---

1.   *Count Dracula*, Philip Saville, 1977.

Harker's body language. The sexual code is maximally confused. Later, the polluted Mina unconsciously acknowledges this when she begs to be killed by him, her husband, who loves her best, arguing in a sudden awkward moment that this after all is what they had done with Lucy, giving her the mercy of phallic "death" at her lover's hands:

> "Think, dear, that there have been times when brave men have killed their wives and their womenkind to keep them from falling into the hands of the enemy. Their hands did not falter any the more because those that they loved implored them to slay them. It is men's duty towards those whom they love, in such time of sore trial! And oh, my dear, if it is to be that I meet death at any hand, let it be at the hand of him that loves me best. Dr Van Helsing, I have not forgotten your mercy in poor Lucy's case to him who loved"—she stopped with a flying blush, and changed her phrase—"to him who had best right to give her peace." (288)

The correction here is from the sexual to the legal and the "flying blush" proves Mina to be only half-polluted with the pallor of orality. But the effect of her coyness, of course, is to bring the sexual code into play, to make us aware that when she thinks of death she also thinks of phallic possession. Though she wasn't present Mina displays a perfect understanding of the necessity of this act of love, acknowledging, with a pretty touch of sexual shame that helps reinforce the phallic code the slightly premature nature of Arthur's 'right' to bring the 'mercy-bearing stake' to his beloved fiancée.

The logic of overt sexual taboo is quite clear: the oral and the phallic must be, by the nature of the book's theme, mutually exclusive. In the discourse of pornography, the inscription of such a taboo would be totally eccentric and counterproductive: so there is no such taboo apparent in pornographic discourse on the contrary, as Steven Marcus put it, one of the basic fantasies of Victorian pornographic writing is of plenitude, the compulsive male psychological reaction to "spending" as loss:

> Semen becomes a metaphor for all the fluids of the body, including that original one by which we were nourished. This is demonstrated most clearly in that image which I take to be the final, or most inclusive, form of this particular notion: a man and woman, reversed upon each other, sucking away, "spending" and swallowing each other's juices. This fantasy may be an immemorial one, but it is also peculiarly apposite to the eighteenth and nineteenth centuries. It imagines nothing less than a perfect, self-enclosed economic and productive system. Intake and output are beautifully balanced production is plentiful, but nothing is lost, wasted, or spent, since the product is consumed only to produce more of the raw material by which the system is sustained. The primitive dream of capitalism is fulfilled in the primitive dream of the body[1].

Even a cursory inspection of these writings will show that this is also true for the phallic mode, especially given the prevalent fantasy in this kind of writing that genital "spending" is equally pluvial, and generous, and evident, on both sides of the gender divide. Unfortunately, however, Marcus's Freudian version of the oral system as regressive and

---

1.   Marcus, *op. cit*, p. 243.

compensatory is only a partial truth. Much orthodox pornography is, in Freudian terms, more "repressed", more sadomasochistic than this, as Alex Comfort showed in *Darwin and the Naked Lady*. The sexual fantasies of the Victorians, it seems, often need to be larded with sanguinary beatings. When blood becomes the vehicle and semen the tenor in this infinitely liquid world, the picture of plenitude seems to change, and taboo enters at several different levels at once.

In *Dracula*, the taboo on loss is inscribed precisely in the oral moment. But the simultaneous prominence in the novel's texture of the standard sadomasochism of Victorian pornography makes it almost impossible for the central dichotomy between the oral and the phallic to be upheld by the reader.

Growing Gold: *Dracula*'s Antecedents and Empire
Philip Skelton

I myself am of an old family, and to live in a new house would kill me
Dracula's Literary Ancestors.

His peculiarities caused him to be invited to every house; all wished to see him.
John Polidori, *The Vampyre*, 1819: Frayling, 108.

At one time, Bram Stoker envisaged an ending to *Dracula* that would have appeared tailor-made for today's CGI-led film-makers. Immediately after Dracula crumbles to dust, his castle was to have exploded into the sky, blasted into fragments by something akin to a volcanic eruption (325, n. 5). This is just the sort of dramatic spectacle that Stoker favoured (fourteen years after *Dracula*, he ended *The Lair of the White Worm* with something remarkably similar), so it is puzzling as to why he chose to omit it from the final version, published in 1897. Stoker's most recent biographer notes that the cancellation could be due to the section too closely resembling the conclusion of Edgar Allan Poe's "The Fall of the House of Usher", or that perhaps Stoker preserved the castle because he wanted to preserve the possibility of a sequel (Murray, 170). Conclusively proving either of these suggestions is unlikely, but the fact that they so readily invite assent is evidence of *Dracula*'s existence between an ancestry of gothic predecessors on one hand and, on the other hand, an issue of descendants that has colonized a multitude of cultural forms. We are conditioned to think of *Dracula* in the context of Frankenstein's monster and ghost-infested buildings, and in light of Hollywood and Hammer, cartoons and fancy-dress costume. Rare is the first-time reader of *Dracula* who has not previously received a loaded impression of the work from such affiliates. It is true that these associated productions sometimes hinder an appreciation of Stoker's novel (and many people, who consider a viewing of one of the films to be sufficient, are diverted from reading *Dracula* at all); yet they are also one reason why *Dracula* is such a rich text. The novel absorbed a wealth of literary and historical sources (see Stoker's research papers in Frayling, 317-47) and bursts with possibilities for future expansion. In *Dracula*'s house are many mansions.

The first British literary vampire was Polidori's Lord Ruthven, whose London sojourn, as my epigraph suggests, meets with considerable success. Dracula partakes of Ruthven's demonic lordliness, and Stoker, in his preface of 1901, perhaps acknowledges the relationship when referring to those foreigners who "played such a dazzling part in the life of the aristocracy here in London; [...] one of [whom] disappeared suddenly without apparent reason" (Stoker[3], 5). It is fitting that these vampires should be identified with social accomplishment, for in the nineteenth century they constructed a virtually unbroken succession of achievements. Intriguingly, Polidori's story was adapted for the stage in

1820 by Jean Charles Nodier; in 1828 Heinrich August Marschner turned this play into an opera which was performed sixty times at the Lyceum Theatre—the very same venue for *Dracula*'s dramatic debut in 1897. This short chronicle is something like a food chain, with *Dracula* as the top predator. (For a comprehensive account of the texts that are consumed and synthesized by *Dracula*, see Frayling, 1-84.)

When Van Helsing explains the marauding nature of the vampire, he emphasizes that "he is known everywhere that men have been" (211). While this may be true of *Dracula* today, during the nineteenth century France was the only country besides England where the literary vampire received a widespread reception. In this connection, Baudelaire's dramatic poem "Les Métamorphoses du vampire" (1857) is often mentioned. The boast of Baudelaire's female vampire, "*Les anges impuissants se damneraient pour moi*", could be Dracula speaking of Lucy; and the title would serve as an accurate description of the Count's career from novel to stage, screen and comic strip (Baudelaire, 252-5). However, of more pointed significance to *Dracula* are the vampiric references of "le Comte de Lautréamont" in *Maldoror* (1869). The character of Maldoror has recognizable traits of the Romantic hero: self-aware and satanic, he roams the face of the Earth like Charles Maturin's *Melmoth the Wanderer* (1820). Superior, yet damned to exile from God and Man, it comes as no surprise when Maldoror refers to himself as a vampire, that same itinerant predator whom Polidori chose to portray Lord Byron (Lautréamont, 51, 64,). However, Maldoror is a vampire in a very wry sense. He appropriates the trappings of Romanticism only to suck the life out of them as the text undermines all value-systems and questions the very nature of fiction. Paul Knight recognizes that Maldoror represents a radical break from the conventions of Romantic heroism: "He treats the romantic aspiration for the divine and the transcendental with supreme irony" (Lautréamont, 18). For Maldoror, God is entirely contemptible, and in this respect he is the antithesis of Dracula, the devilish rebel who is destined to cower before the crucifix (247, 267). In fact, Dracula, aged though he is, in many ways follows the traditional wandering Romantic hero: wild, adventurous, extraordinary, passionate. The fact that he is killed (stabbed through the heart) only confirms his Romantic status. Yet, nearly thirty years earlier, Lautréamont was writing what Knight calls his "counter-fiction", which culminates in the archly playful killing of an archetypal Romantic youth. For Knight, the "significance of this act is unmistakable: the [traditional] novel is dead, brutally murdered, but not decently buried" (Lautréamont, 21). *Dracula*, therefore, besides Dracula, may be seen to be one of the walking dead.

Indeed, the longevity of *Dracula* is all the more remarkable if we consider the parodic age in which the novel was created. "The Canterville Ghost" (1887) of Oscar Wilde played "The Vampire Monk, or, the Bloodless Benedictine" in a revue encompassing a full cast of gothic caricatures (Wilde, 205). Count Eric Stenbock's "A True Story of a Vampire" (1894) more directly addressed the time-worn characteristics of literary vampires: "Vampires generally arrive at night, in carriages drawn by two black horses. Our Vampire arrived by the commonplace means of the railway train, and in the afternoon" (Haining, 158). Dracula, of course, arrives at night with a calèche drawn by *four* black horses—business as usual, only more so (17); and, although he comes to London by train, during the afternoon, this is not so "commonplace", for he is inside one of his boxes of earth (92). Neither is it significant that Dracula is seen in daylight: this is no different from Ruthven, James Malcolm Rymer's *Varney the Vampyre* (1847), or J. Sheridan Le Fanu's "Carmilla" (1872), who are all active by day. Stoker would surely have been familiar with much of the conventions established by the vampire fiction that had preceded his novel, and Wilde was a long-standing acquaintance, but *Dracula's* narrative unfolds with a blithe disregard for the possibility of serving readers with clichés. Indeed, Stoker seems to have been blind to the self-parodic potential of a succession of terrible puns: Van Helsing, for example, looking forward to the time when the vampire-hunters will be freed from their burdens, remarks, "Till then we bear our Cross" (259).

However, *Dracula* may be a vampiric work, in the sense that it feeds off the bodies of other texts, but it is no mere parasite. The novel breathed life back into a dying tradition, powerfully reworking old themes and devices, not into any coherent synthesis (the novel's vampire lore is notoriously confused) but into a responsive amalgam which has since been moulded into many shapes by readers, critics, film-makers and film-goers. In short, I agree with Maud Ellmann's contention that "Bram Stoker's achievement was to free vampires from literature and restore them to the realm of folklore" (Ellmann, vii). When those black horses arrive with their coachman at the Borgo Pass, we witness the vampire escaping the constraints of self-conscious literary decorum. *Dracula's* prose is generally no better than functional and is frequently absurd, but the epic grandeur of the story has proved a welcome diversion from the bloodless intellectualism of much modernist and postmodernist fiction. When Wilkie Collins was told of an error he had made in the chronology of *The Woman in White* (1860), he consoled himself with the observation that "readers are not critics who test an emotional book by the base rules of arithmetic" (Gasson, 160). So, too, has this proved true with *Dracula*.

That Dracula is an "emotional book", and that the dominant emotion in which it is interested is fear, seem unexceptionable statements. On the other hand, defining the precise nature of that fear has filled many a critic's page with many different propositions. Here we may concern ourselves with that horror which bestowed *Dracula* with great contemporary relevance: Britain's fear of invasion. Back in 1850, as Prince Albert arranged the Great Exhibition—that phenomenon of nascent British self-celebration—he declared that the "distances which separated the different nations and parts of the globe are rapidly vanishing before the achievements of modern invention" (Golby, 1). By the end of the century, however, with British economic stagnation and a belligerent Germany in possession of a new steam-powered navy, this was no longer such a pleasing thought. *Dracula* dramatizes this modern world in which Van Helsing can dash back and forth between England and Holland, and where steamships and trains can take our heroes across a continent in three days—but also a world where the perceived attractions of Britain are all the more vulnerable to acquisitive enemies. "He find out the place of all the world most of promise for him", Van Helsing says of Dracula; "he came to London to invade a new land", concludes Mina (279, 296). Amongst a proliferation of "invasion fiction" during the last quarter of the century, *Dracula*'s greatest rival has proved to be H.G. Wells' *The War of the Worlds* (1898). There are revealing similarities between the two novels: most notably, Wells' Martians are vampiric blood-drinkers who threaten to enslave humanity; but there exists a crucial difference in their view of Britain's supremacy over peoples from beyond its borders. *Dracula* presents a test of Anglo-Saxon youth that is passed with flying colours. Wells' invasion, likewise, questions the condition of England but finds grievous inadequacies. British naval power proves inconsequential, and the Martians are instead thwarted by their lack of resistance to disease bacteria. Wells' novel puts Britain (and humanity generally) in its place, opposing the climate of ostentatious triumphalism engendered by Queen Victoria's Diamond Jubilee. Whereas *Dracula* partakes in the imperial celebrations, repelling the invader and defeating him on his home ground, Wells suggests a society so intrinsically fragile that the question arises as to whether any external threat is needed to bring this "civilization" to its knees. Still, a measure of *Dracula*'s complexity is that Carol A. Senf can argue with some justification that this is exactly the case here, too: "Stoker's message" is that the "fault, dear reader, is not in our external enemies, but in ourselves" (431). My dispute with this is that the heroes' violence and law-breaking which Senf identifies (425) would not, for Stoker, nor for many readers past and present, diminish the heroism: this violence—like that of nineteenth-century colonialism or today's "War on Terror"—is seen, in some quarters, to be entirely honourable. Of course, those of a different ideological viewpoint, like Senf, are disposed to see something else entirely. Senf's essay, then, presents, not "Stoker's message", but a subversive re-reading of his novel. Just as *Dracula* appropriated the vampire tradition, such essays reclaim "foreign" ideological texts—an important function of literary criticism, that most vampiric of pursuits. Moreover, the fact that Stoker's novel is so deeply entangled in the violence and prejudice of its times is precisely what makes it such an incisive instrument for exposing those contradictions within its conception of imperial valour.

"Nervousness was growing on us [...]. The whole place was becoming alive with rats": *Dracula*'s Imperial Anxieties

We have to look forward beyond the chatter of platforms and the passions of party to the future of the race [...] to take our share in the partition of the world which we have not forced on, but which has been forced on us. (Lord Rosebery, 1893: Beloff, 40.)

Dracula's arrival in England is preceded by a deathly quiet that marks an approaching storm; but, perhaps still more ominous, is the obtrusive accompaniment of the band on Whitby pier, who play a "lively French air". This sounds "like a discord in the great harmony of nature's silence" (76), though it is also suggestive of the presence of a foreign power, one that is aggressively optimistic, disturbing the peace of Great Britain. Fittingly enough, Dracula operates in England using a French alias, "de Ville", which manifests that combination of foreignness and menace ("devil") to be found throughout *Dracula*. Certainly, by the 1890s, menacing storms were brewing abroad for Britain. More than twenty years of economic depression had meant a more aggressive pursuit of foreign markets, but other European powers were looking to expand empires of their own. As Eric Hobsbawm assesses, Britain had felt compelled to "mark out regions of imperial influence formally against potential competitors; often ahead of any actual prospects of economic benefits, often, it must be admitted, with disappointing economic results" (Hobsbawm, 109-10). The consequent absurdity of empire's grand display concealing economic reality perhaps found its literary equivalent in sensation fiction, to which *Dracula* bears some relation. In sensation fiction the demand for dramatic spectacle and copious thrilling incidents overrides logic. Why, for instance, does Dracula not lock Harker in his room when his prisoner has just demanded to leave? So that, through Harker's second visit to Dracula's chapel, we may see the vampire lying in his box, "looking as if his youth had been half renewed", "simply gorged with blood" (53). And why does Harker then fail to renew his attempt to kill Dracula with the shovel? So that a potential short story can be enlarged into a novel which transmits its foreign villain to the very heart of the empire.

At the time *Dracula* arrived in England, France was most prominently a danger in North Africa, where tensions in the Nile Valley were to culminate the following year in the Fashoda crisis. Another cause for concern was Russia's potential threat to many miles of the empire's vulnerable frontiers which lay along its borders. Dracula's entering England aboard a Russian ship and his leaving on the *"Czarina Catherine"* are surely no coincidences (79, 275). The pages of *Dracula* are steeped in the politics of imperialism, just as the soil of Transylvania is soaked in "the blood of men, patriots or invaders", and is brimming with the former's hidden treasure (27). The Count's introductory history of his country serves to establish the idea that slaughter and wealth are bound together, principally in the figure of blood-drenched foreign nobility. His guest, together with the reader, is supplied with a scene regularly frequented in the West's nineteenth-century paintings of the East, which, as Rana Kabbani observes, depicted "an Orient where gore and gems went hand in hand" (Kabbani, 75). But the British vampire-hunters themselves are to get blood on their hands, and, as they prepare for their venture in Transylvania, Mina acclaims "the wonderful power of money": "I felt so thankful that Lord Godalming is rich, and that both he and Mr Morris, who also has plenty of money, are willing to spend it so freely. For if they did not, our little expedition could not start, either so promptly or so well equipped" (308). Naturally, these words, spoken by a model of domestic modesty, are meant to convey something rather different from warlike avariciousness. Godalming and Morris are generous benefactors and not marauders. Nonetheless, their "little expedition" involves the acquisition of "a lovely steam launch", "half a dozen beautiful horses", and enough provisions "for a company of soldiers" (308, 312); and it will lead to the decapitation of four of the natives. If the West is fascinated by exquisite opulence and martial violence, then perhaps this is a form of self-obsession with what lies beneath its own civilized surface.

Our heroes certainly are "well equipped" for warfare; much better provided than Dracula, who must largely rely on his own intrinsic abilities. Besides their supernatural weaponry of stakes, crucifixes, communion wafer and garlic, this gang of five men pursue their quarry with dogs, huge knives, and rifles. There must have been more than a few readers who have felt Dracula to be at an unfair disadvantage once his enemies become aware of his activities. When Van Helsing compares his friends to fox-hunters, chasing down the fox that is Dracula (255, 273), it is difficult not to think of Wilde's disdainful synopsis of the hunt from four years earlier: "The English country gentleman galloping after a fox—the unspeakable in full pursuit of the uneatable" (Wilde, 437). An agreeable irony is that, with popular opposition to hunting having hardened, Van Helsing's analogy will only invite further sympathy for the vampire amongst a British readership in the twenty-first-century. However, the fact that Van Helsing and company see no shame in their overwhelming advantages, that they regard these as a mark of superiority, should not be surprising. We must remember that this was a period when the Maxim machine-guns of European armies were being deployed against African spears. The year after *Dracula*'s publication, General Kitchener led an Anglo-Egyptian army, bristling with Maxims and artillery, to victory at Omdurman, near Khartoum. The opposing Sudanese lost 11,000 men, many of them killed as they lay wounded. Kitchener's final macabre touch, reflecting Stoker's ritualistic beheading of the vampires, was to exhume the remains of the Sudanese religious leader, the Mahdi, and to scatter them. A context of such appalling slaughter increases the disturbing aspect of the vampire-hunters' anticipation of a battle with the Slovaks: "All the men smiled," we are told, and this is because they "don't suppose [the Slovaks] carry guns", whereas they themselves possess "a small arsenal" (306-7). The imperial nature of their expedition is further substantiated by the centrepiece of this arsenal being the Winchester Rifle. This firearm became known as "the gun that won the West", which is to say that it played a key role in the genocide of American Indians.

Bernard Porter writes that, in "its determination to hold its own on the Nile in the difficult, crisis-filled late 1890s, British imperialism was not prepared to give any quarter" (Porter, 167). This meant, to a great degree, that the end justified the means. The same argument underlies the behaviour of the vampire-hunters. They desecrate tombs, mutilate corpses, break into houses, corrupt the working class, bully gypsies, and set upon killing women "with savage delight" (188). All this, and yet, despite isolated remarks upon the madness of their circumstances, they see themselves as neither criminal, nor, indeed, as "savage". We may appreciate, here, the shrewdness of Senf's point that *Dracula*'s narrative is "not of the overcoming of Evil by Good, but of the similarities between the two" (431). Mina's thoughts concerning money, for example, posit it as a neutral device to be used by Good or Evil (308). She does not consider money as a mechanism of social hierarchy which connects the Count and his pursuers at the same level; but this is exactly what has just been shown in the events at Doolittle's Wharf, when Dracula's use of bribery to facilitate his escape is discovered by means of Morris' own palm-greasing (275-6). Again, Dracula is vilified for treating humanity like cattle, but how different is this from the attitudes of the bourgeois heroes to the working class and the disenfranchised? The lunatic Renfield is exploited as much by Dr Seward as by Dracula, both of whom seek to gain possession of Renfield's mind for their own advantages. As soon as Renfield has allowed Dracula entry to the asylum, he is attacked by his master and left to die; but not before he has been operated upon by Van Helsing, presumably without anaesthetic, in order to extract information as to Dracula's whereabouts, and then left a second time to die alone (241-6). Perhaps the most emphatic indication of the hunters' blithe disregard for law and morality, however, comes with what we might call Van Helsing's parable of the brazen thief (256). The motto of this story is that the most successful criminal never acts like an offender, but behaves with demonstrative assurance that everything he is doing is right and proper. Thus it is that Van Helsing's gang successfully embark on what Godalming chooses to dub the "burglary business" (235). It would be a fitting term, indeed, for the shameless plundering upon which rested the empire's ostentation.

Social and economic oppression had a long-established association with vampirism by the time of Stoker's novel. Various radical groups and polemicists had cast their opponents in the vampire's image: thus had the Jacobins done so with Marie Antoinette; so too Karl Marx with capitalism; and political cartoons carried Marx's argument into the 1890s (Frayling, plate 1; Marx, 340-416; Frayling, plate 10). Dracula, too, has been variously interpreted in terms of political metaphor. The obvious context in which to locate him is that of the middle-class, nineteenth-century British novel's impugnment of feudal aristocracy's fitness to govern. The aristocrat is here represented as parasitic, draining the life of England and offering no moral leadership—a perfect vampire. However, matters are complicated in *Dracula* by the eminently exploitative and criminal nature of the bourgeoisie themselves. A more sophisticated analysis is offered by Franco Moretti's fascinating essay, which perceives that "Dracula is an aristocrat only in manner of speaking" (431). Moretti's argument, that the novel dramatizes the conflict between free-market capitalism and monopoly capitalism, is convincing. I would, though, question his bald designation of Dracula as "a true monopolist" (433). It rather seems to me that Dracula, as the individual adventurer crossing the continent for the women he desires—as the libertine—is also the libertarian hero of virile, entrepreneurial capital. When Harker first goes to Transylvania, by contrast, he is self-consciously set upon business, the agent of a firm, and about to be married; he is corporately, legally and socially circumscribed, a representative of a bigger concern that will ultimately react against and stifle his entrepreneurial counterpart. Lenin, writing in 1916, described the relationship between the different capitalist stages thus: "monopoly, which has grown out of free competition, does not abolish the latter, but exists over it and alongside of it, and thereby gives rise to a number of very acute, intense antagonisms, frictions and conflicts" (Lenin, 89). These antagonisms are detectable in *Dracula*'s shuttling back and forth, between East and West, past and present, entrepreneurial speculation and imperial response. Dracula is enticed to London, the centre of the British Empire and of the world's biggest market, only to be overwhelmed by a cartel of the deindividuated bourgeoisie led by a fanatical federalist: "We have on our side power of combination—a power denied to the vampire", Van Helsing reassures his cohorts (210). They return to Transylvania en masse, Harker's original commercial venture now transformed into one of imperial conquest: Seward now learns "what men feel in battle when the call to action is heard" (291). Even so, when this battle has supposedly been won, we find that the hunters, having returned victorious to England, go back to Transylvania once more, to go "over the old ground" (326)—as though Dracula's spirit retains its hold. And finally, and most ambiguously, there is the acknowledgement that others may mistrust that this successful contest ever took place. The doubt cast as to the authenticity of the collected evidence—the vast collection of testimonies, composed across the continent—can be seen to mirror anxieties of empire: that huge enterprise which finally may be of no substance, no lasting value; an adjunct of that monopoly capitalism which destroys the freedom that its representatives would claim for themselves. All of which invites the question: will young Quincey believe his parents' tales of heroic conquest, and so uphold the imperial dream? What is "the future of the race"?

"I believe it is the Count, but he has grown young": *Dracula*'s Enduring Allure

Stoker banked with Coutts and Co, London; so did Dracula; and so do I. (Peter Cushing, 1992: Jones, 9.)

Like the murdered corpse's golden hair that continues to sprout in Stoker's short story, "The Secret of the Growing Gold" (1892), the *Dracula* industry rolls on, churning out merchandise and money long after the Count was first laid to rest (Stoker[2], 67-83). As Seward remarks: "Truly there is no such thing as finality" (169). Or, as detractors of the genre might say, Horror is not simply hokum, but hokum at great length. To posit the idea of a vampire is to refuse the necessity of death's finality, and thus encourage endless reincarnation. But if Dracula lives on in a superabundance of vampire culture, it is surely a different kind of existence to that created for him by his author. What do we mean, now, when we say "Dracula"? Following a list of *Dracula*'s contemporary rivals, the blurb to the Norton Critical Edition asserts that "it is *Dracula* that readers cannot forget." Is this truly the case? Or perhaps it is more accurate to say that cinema audiences, television viewers, and even the eaters of Dracula ice lollies are the people more likely to remember the Count. Dracula remains Stoker's character; but he is, simultaneously, the roles played by Lugosi, Lee, and Oldman—not to mention the infinity of other cultural accretions. He now exists with the vastness and diversity of Empire; and it is properly Dracula's empire, not Stoker's. Yet even Dracula has not survived unmolested as "top predator." In the same way that Stoker's "original" fed upon its forbears, so too has Dracula been the nourishment for countless sons-of and daughters-of features, in which the old man barely gets a walking-on part.

Appropriately enough, for such a rapacious figure, Dracula's later manifestations and metamorphoses have tended to be determined by commercial considerations, as opposed to any textual authority set down by Stoker. F.W. Murnau's *Nosferatu* (1922), for instance, was a relatively faithful treatment of the original story, but was suppressed because of the screenwriter's failure to secure permission to adapt the novel from Stoker's widow. There followed, in 1931, the first English-language film of *Dracula*, the motion-picture rights having been obtained by Universal. Tod Browning's version, however, was not based directly upon Stoker's novel but upon the successful play by John L. Balderston, which, in turn, was a revision of the play by Hamilton Deane. Consequently, the film now appears all too stagy, but it was, nonetheless, a commercial success and thus established favourable conditions for further treatments of horror fiction. Indeed, the plethoric reincarnations of *Dracula*, in books, theatres and cinemas, have long encouraged contributors to the genre to proclaim for their own product a frequently specious authenticity. So it is that Universal's sequel, *Dracula's Daughter* (1936), declares itself to be based on Stoker's short story, "Dracula's Guest" (published in 1914), when it is actually fashioned from an original screenplay. More recently, a pointless "rewrite" (largely of chapter headings) of Stoker's novel attempts to legitimize itself under the title *Count Dracula: the Authorized Version* (1998). Authorized by what or whom the book neglects to say. Or perhaps not, since, while there is nowhere any mention of Stoker's name, Dracula's aristocratic title is added to the title of the book: the vampire is now running the show and his name is enough to make a product marketable. All the same, "Bram Stoker" has not become entirely dispensable—there will always be those who are seduced by the perceived proprietary status of the author. Besides Francis Ford Coppola's film, Stoker's nominal authority is attested to in a recent paperback edition of his novel. Under the subtitle, *The Definitive Author's Cut*, Creation Books have reprinted the 1901 edition of *Dracula*, for which Stoker made substantial excisions. The publisher's argument is that this is "definitive" because it represents Stoker's last work upon the text. However, that subtitle, so redolent of movie-distributors' marketing strategies, should alert us that not all is as it seems. The 1901 edition was nothing more than an abridgment for a cheap paperback edition: subsequent printings of *Dracula* returned to the 1897 edition without any protest from Stoker. Perhaps the only note of interest here is that, whereas the "Director's Cut" of a film is invariably longer than the preceding version, the *Author's Cut* is fifteen per cent shorter. In effect, the "real" *Dracula* by Bram Stoker is here materially reduced in a way that reflects what has been done to it figuratively, obscured as it has been, under the weight of succeeding productions.

It is not necessarily true that *Dracula*'s survival, despite a preponderance of mutations and parodies, indicates its continuing significance. It could be that Stoker's creation has survived *because* of these parodies, and has been turned into something safely conventional, a signifier of cultural exhaustion. Something of this kind is suggested in Michael Almereyda's film, *Nadja* (1994). Here, a modern-day Van Helsing, having just dispatched Dracula, laments the vampire's final weariness: "He was like Elvis in the end. The magic was gone." Aware of Elvis' and Dracula's similarly vampiric fates, immortalized in pastiches, parodies and merchandise, *Nadja* rather archly comments upon a world saturated in mass production and imitation by cramming itself with references to the vampire canon: Lugosi, "Carmilla", lesbian vampires, vampire toys, and endless sequels.

Coppola's *Bram Stoker's Dracula* (1992), although nowhere near as playful as *Nadja*, is similarly an adaption of the Dracula tradition, more than an adaption of Stoker's novel *per se*. In keeping, though, with the spirit of the book, Coppola's film imbibes its cultural ancestors. Notable touches include the incorporation of the story of "Vlad the Impaler", who, however grossly exaggerated as the model for Stoker's vampire, has now become a fixture in the Dracula-myth; and Dracula's death, stabbed through the heart by someone who loves him, goes even further back into the vampire tradition, to return to the fore the brooding Romantic hero.

If Coppola's luxurious sets and costumes have something of the pomp of imperial display, they also possess the lush-but-stilted effect of a pop music video. Perhaps this is as it should be, in an age when royalty and pop stars, alike, parade under the banner of "celebrity". But Dracula has penetrated our culture in a more pervasive and enduring manner than all but a few of the living, dead, or un-dead. We can agree with Jonathan Harker, that "the old centuries had, and have, powers of their own which mere 'modernity' cannot kill" (41). Here we are, in postmodernity, and Dracula remains a main attraction.

Bibliography

Baudelaire, Charles, *The Flowers of Evil*, trans. James McGowan, Oxford, Oxford University Press, 1993.

Beloff, Max, *Imperial Sunset: Volume 1: Britain's Liberal Empire: 1897-1921*, London, Methuen, 1969.

Ellmann, Maud, "Introduction", in *Bram Stoker, Dracula*, ed. Maud Ellmann, Oxford, Oxford University Press, 1996, pp. vii-xxviii.

Frayling, Christopher, *Vampyres: Lord Byron to Count Dracula*, London, Faber and Faber, 1991.

Gasson, Andrew, *Wilkie Collins: An Illustrated Guide*, Oxford, Oxford University Press, 1998.

Golby, J.M. (ed.), *Culture and Society in Great Britain: 1850-1890* Oxford, Oxford University Press, 1986.

Haining, Peter (ed.), *The Vampire Omnibus*, London, Orion, 1995.

Hobsbawm, Eric, *Industry and Empire: From 1750 to the Present Day*, revised edn, Harmondsworth, Penguin, 1999.

Jones, Stephen, *The Illustrated Vampire Movie Guide*, London, Titan Books, 1993.

Kabbani, Rana, *Europe's Myths of Orient: Devise and Rule*, Houndmills, Macmillan, 1986.

Lautréamont, Le Comte de (Isidore Ducasse), *Maldoror and Poems*, trans. Paul Knight, Harmondsworth, Penguin, 1978.

Le Fanu, Joseph Sheridan, *Best Ghost Stories of J.S. Le Fanu*, ed. E.F. Bleiler, New York, Dover Publications, 1964.

Lenin, V.I., *Imperialism: The Highest Stage of Capitalism*, trans. Anon, London, Pluto Press, 1996.

Marx, Karl, Capital: *A Critique of Political Economy*, Volume One, trans. Ben Fowkes, Harmondsworth, Penguin, 1976.

Maturin, Charles Robert, *Melmoth the Wanderer*, ed. Douglas Grant, Oxford, Oxford University Press, 1989.

Murray, Paul, *From the Shadow of Dracula: A Life of Bram Stoker*, London, Jonathan Cape, 2004.

Porter, Bernard, *The Lion's Share: A Short History of British Imperialism: 1850-1995*, 3rd edn, London, Longman, 1996.

Rymer, James Malcolm, *Varney the Vampyre*, ed. E.F. Bleiler, New York, Dover Publications, 1972.

Slawkberg, Hagen, *Count Dracula: The Authorized Version*, Forfar, Black Ace Books, 1998.

Stoker[1], Bram, *Dracula*, ed. Nina Auerbach and David J. Skal, New York, Norton, 1997.

Stoker[2], Bram, *Dracula's Guest*, London, Arrow Books, 1966.

Stoker[3], Bram, *Dracula: The Definitive Author's Cut*, New York, Creation Books, 2005.

Stoker[4], Bram, *The Lair of the White Worm*, London, Arrow Books, 1960

Wells, H.G., *The War of the Worlds*, London, J.M. Dent, 1993.

Wilde, Oscar, *The Complete Works of Oscar Wilde*, London and Glasgow, Collins, 1966.

The Sanguine Economy: Blood and the Circulation of Meaning in Bram Stoker's *Dracula*[1]

William Hughes

In Part Five of *The History of Sexuality. An Introduction*, Foucault draws a distinction between what he terms the "society of blood" and its modern equivalent, the society "with a sexuality[2]". Literary criticism, in its post-Freudian manifestation at least, is arguably a discourse of this latter society. The current critical debate surrounding *Dracula*, however, may be said to blur this distinction, in that its analysis of the significance of blood in the novel arguably embodies the valorisations of *both* discursive societies. There is no distinct demarcation that separates what Foucault terms "a symbolics of blood" from his "analytics of sexuality" here: both are present, often within a single act of criticism[3].

In *Horror Fiction in the Protestant Tradition*, for example, Victor Sage argues that, in *Dracula*, blood constitutes "a grotesque pun", which mobilises at various points the contrasting Eucharistic doctrines of Protestantism and Roman Catholicism, the rhetoric of nationalism and racism, and the constitution of the family as a group of "blood" relations[4]. Blood is the icon of identity, of alliance: one is "of the same blood", to quote Foucault[5]. But at the same time, blood is unmistakably sexualised in Sage's argument, becoming in his analysis a *cultural* equivalent of sperm, a symbol of sexual relations and thus of racial and familial alliance achieved and symbolised through the metaphorical mingling of bloods. This reading exists independently of, and yet parallel to, the psychoanalytic equation of the two fluids made by critics elsewhere in the critical field[6]. Blood, translated into the fluids of sex by whatever methodology, thus arguably remains "one of the fundamental values" of the "society with a sexuality", a manifestation of power, through which power may speak "*of* sexuality and *to* sexuality", in critical readings of *Dracula* at least[7].

The sexualisation of bodily fluids, however, effectively obscures the economic basis of all encodings vested in the blood signifier. Blood has long retained a qualitative and invigorating value in its own right in medical discourse. William Harvey, for example, utilises a fiscal

---

1. Ce texte est déjà paru dans le recueil *Dracula : insémination / dissémination*, édité par D. Sipière, Éditions Sterne, Université de Picardie, 1996. Nous remercions Jacques Darras d'en avoir autorisé la reprise.
2. M. Foucault, *The History of Sexuality. An Introduction*, trans. R. Hurley (London, Penguin, 1984), p. 147.
3. *Ibid.*, p. 148.
4. V. Sage, *Horror Fiction in the Protestant Tradition* (Basingstoke, Macmillan, 1988), pp. 51-3.
5. Foucault, *op. cit.*, p. 147.
6. Sage, *op. cit.*, pp. 56-7. For a psychoanalytic discussion of the rôle of blood in vampire fiction see: Ernest Jones, "On the Vampire", in C. Frayling ed., *Vampyres. Lord Byron to Count Dracula* (London, Faber and Faber, 1991), p. 411.
7. Foucault, *op. cit.*, p. 147.

metaphor in his portrayal of the heart and lungs as "the storehouse, source and treasury of the blood" in his study of the circulation, *De Motu Cordis*[1]. As a physiological substance, blood exists within an internal circulation or economy, but is always subject to corruption or adulteration, to dispersal, and to interaction with other individual economies within a greater racial or familial complex of relationships.[2] The depletion of the sanguine fluid, or any alteration in its supposed purity, thus affects not merely the sustenance of the individual, but equally that individual's function as a component of the greater economy of a community upheld by identity in blood.

In cultural terms, modifications to the composition or quantity of the fluid alter its ability to proliferate meaning. Moments at which blood is released from the internal economy, or becomes transferred to another circulation thus become crisis points in both medical and more general cultural terms. At such moments, the various discursive economies overlap, their intersections becoming visible through synecdoche, metaphor and metonymy; points of plurality of interpretation, of the transfer of meaning as well as of substance. What may be termed "the sanguine economy" effectively subsumes these other discursive economies: the moments at which discourse, itself a mode of circulation and of exchange, may become visible are these same points of transfer between economies.

In *Dracula*, the meanings encoded into blood vary as a consequence of the substance's circulation between a multiplicity of competing diagnostic and pathological medical scripts. Stoker, it may be argued, was exposed to the conventional therapeutics of nineteenth century medicine through association with his brothers, William, Richard and George, all of whom trained as physicians[3]. The author's interest in occultism, however, led him also into contact with less-orthodox writings in the medical field; either directly, for example in Herbert Mayo's *On the Truths Contained in Popular Superstitions, with an Account of Mesmerism*, or mediated through an historical frame, as in Thomas Pettigrew's *On the Superstitions Connected with the History and Practice of Medicine*, both cited as sources in Stoker's manuscript notes to *Dracula*[4]. The novel oscillates between conventional and occult diagnoses of the symptoms presented to, and exhibited by, the fictional participants. The ambiguity of symptoms is, for these participants, an invitation to misdiagnose. The reader, however, may in addition view both the symptoms and their treatment

1. Reprinted as "Movement of the Heart and Blood in Animals: An Anatomical Essay" in W. Harvey, *The Circulation of the Blood and Other Writings*, trans. K.J. Franklin, (London, J.M. Dent, 1990), p. 86.
2. Cf. R.R. v. Limbeck, *The Clinical Pathology of the Blood*, trans. A. Latham, (London, The New Sydenham Society, 1901), p. 310.
3. See D. Farson, *The Man Who Wrote Dracula. A Biography of Bram Stoker* (London, Michael Joseph, 1975), pp. 23-4, p. 69, p. 156, p. 228.
4. H. Mayo, *On the Truths Contained in Popular Superstitions, With an Account of Mesmerism* (Edinburgh: William Blackwood and Sons, 1851); T.J. Pettigrew, *On the Superstitions Connected with the History and Practice of Medicine* (London, John Churchill, 1844); C. Leatherdale, *The Origins of Dracula* (London: William Kimber, 1987), pp. 57-74, pp. 193-204, pp. 174-85.

metafictionally, as acts of communication and information; as a commentary, indeed, on the circulation of information, and on the containment of signification through diagnosis. Dissemination of information in *Dracula*, it may be argued, is achieved through insemination, an act of communication both literal and figurative.

Stoker's novel locates itself within conventional nineteenth century medical practice through repeated references to the process of "unconscious cerebration". Formulated in the eighteen-sixties by the British physician, W.B. Carpenter, the process advanced a physiological model of brain activity in order to posit the formulation of allegedly sound conclusions *"below the plane of consciousness,* either during profound sleep, or while the attention is wholly engrossed by some entirely different train of thought[1]." By 1870, the term had entered popular usage in the United Kingdom, signifying any process of thought by which a conclusion was reached unconsciously by a mind otherwise consciously engaged[2]. References to unconscious cerebration occur throughout *Dracula*. Seward, for example, notes of his own observation of the lunatic, Renfield:

> There is method in his madness, and the rudimentary idea in my mind is growing. It will be a whole idea soon, and then, oh, unconscious cerebration! you will have to give the wall to your conscious brother[3].

The process is frequently rendered also in a less explicit form. Van Helsing, elsewhere, describes figuratively his own mental activity to Mina Harker:

> A half-thought has been buzzing often in my brain, but I fear to let him loose his wings. Here now, with more knowledge, I go back to where that half-thought come from, and I find that he be no half-thought at all; that he be a whole thought, though so young that he is not yet strong to use his little wings[4].

This systematic referencing of a specific clinical doctrine is a complex gesture, with consequences exceeding its superficial effect of granting an illusion of medical authenticity through the presence of technical terminology.

Seward's acknowledgement of the methodical nature of Renfield's obsessive and repetitive pattern of calculation leading to consumption is, implicitly, an admission that the lunatic, too, is subject to a process analogous to unconscious cerebration. The alienist grudgingly admits this later in the novel, when he concedes that "Unconscious cerebration was doing its work, *even* with the lunatic[5]." The processes of unconscious

---

1. W.B. Carpenter, *Principles of Mental Physiology, with their Application to the Training and Discipline of the Mind, and the Study of its Morbid Conditions* (London, Henry S. King, 1874), p. 516. [Carpenter's italics].
2. See: L. L. Whyte, *The Unconscious before Freud* (London, Social Science Paperbacks, 1967), p. 155, p. 163, pp. 169-70.
3. B. Stoker, Dracula (Oxford, Oxford University Press, 1983), p. 69.
4. *Ibid.*, p. 340.
5. Stoker, *op. cit.*, p. 270 [My italics].

cerebration, Carpenter argues, reflect those of the conscious mind[1]. Hence, Renfield should, in theory finally reach a faulted conclusion, valid only within the confines of his delusion. It is apparent, however, that Renfield's ideas regarding the nutritive and cumulative values of blood have a correlative in the world beyond the confines of his own lunacy. Renfield's logic reflects that of the occult pathology associated with Dracula, rather than the conventional therapeutics of Seward—the latter valid in normal circumstances, but totally inadequate in the context of a vampiric invasion which is scripted as a form of contagion or infection[2].

When Van Helsing's "half-thought" is read as an *unconscious* thought, and the image of its "buzzing" in his mind is recognised as an allusion to the noise of flies, the consumption of which forms the initial locus of Renfield's psychosis, the concept of unconscious cerebration becomes transformed into an arena within which discourses meet and exchange. An equation is effectively being made between the processes of the sane mind and those of the insane. Through the parallel medico-legal case of Renfield, and through Mina's reference to the "scientific" criminologists, Lombroso and Nordau, Count Dracula becomes subject to a discourse of criminality viewed through insanity[3]. Unconscious cerebration, as Seward ironically remarks, may well drive Renfield to the eventual consumption of human rather than animal vitality, even though the lunatic is capable of surviving wholly on conventional foodstuffs[4]. Yet Dracula's actions, though antisocial, are arguably not insane delusions, in that they are necessary for his personal well-being. As Van Helsing comments:

> But he cannot flourish without this diet; he eat not as others. Even friend Jonathan, who lived with him for weeks, did never see him to eat, never[5]!

Rhetorically, then, the vampire's actions are as sane as the measures undertaken by Van Helsing in defence of the survival, in conventional medical and Christian spiritual terms at least, of Lucy Westenra and Mina Harker.

To appreciate the progress of the vampire pathology, therefore, Van Helsing has to reason literally outside of the assumptions through which science and medicine construct sanity. Hence, when Van Helsing says to Seward, "Perhaps I may gain more knowledge out of the folly of this madman than I shall from the teaching of the most wise", he is effectively viewing Renfield's belief as a testimony valid within what is essentially an alternative discourse, rather than simply accepting it as a delusion—the only form by which conventional medicine may articulate it[6]. Seward, by contrast, cannot reason beyond his own discourse. Consequently, he cannot make the quantum leap to an unconventional

---

1. W.B. Carpenter, "The Unconscious Action of the Brain", *Science Lectures for the People*, Third Series, (1871), p. 18.
2. Note Van Helsing's use of "sterilize": Stoker, *op. cit.*, p. 242, p. 298, p. 303.
3. Cf. Sage, *op. cit.*, p. 180-5. Stoker, *op. cit.*, p. 342.
4. Stoker, *op. cit.*, p. 71, cf. p. 141.
5. Stoker, *op. cit.*, p. 239.
6. Stoker, *op. cit.*, p. 255.

diagnosis of the stigmata associated with Lucy Westenra's bloodlessness, even though he vocalises it only to dismiss it immediately as illogical:

> Just over the external jugular vein there were two punctures, not large but not wholesome looking. There was no sign of disease, but the edges were white and worn-looking, as if by some trituration. It at once occurred to me that this wound, or whatever it was, might be the means of the manifest loss of blood; but I abandoned the idea as soon as formed, for such a thing could not be. The whole bed would have been drenched to a scarlet with the blood which the girl must have lost to leave such a pallor as she had before the transfusion[1].

Seward's empiricism is, in a sense, curtailed by convention, his conclusions at this juncture restricted only to those which his discourse permits. As there is no evidence of extracted blood on or near the patient, then the triturated (or worn) puncture holes may be dismissed as irrelevant, even though Seward has himself only minutes before assisted in an operation by which blood has been removed from one body to be placed (presumably without significant spillage) into the circulation of another. The reader, by contrast, is already participating in two pathologies, the conventional and the occult, both of which are mobilised through a congruent range of signifiers (or symptoms), and a similar economic logic whereby depletion of blood is associated with personal lassitude, whether the subject body be animated by conventional or occult means.

The physiological premise upon which unconscious cerebration is formulated provides in itself a further link to the sanguine economics of Stoker's text. Unconscious cerebration is a physiological process within the brain, dependent particularly upon the supply of blood to the cerebrum[2]. Depletion of blood, as Carpenter observes, initiates a consequent decline in cerebral activity. The introduction of impurities into the bloodstream may similarly pervert the processes of cerebration[3]. The brain thus stands in a synecdochal relation to the rest of the body.

This relationship between the body and the brain is fictionalised in *Dracula* primarily through the concept of "moral management", the observation and control of deranged persons whose symptoms are manifested, in the words of the British alienist Henry Maudsley, "in a perversion of those mental faculties which are usually called the active and moral powers[4]..." The *Lunatics Care and Treatment Act* of 1845 permits, in the instance of a private certification under British Civil Law, the committal of an individual to an asylum following examination and certification by two doctors[5]. Significantly, Lucy Westenra is first referred

---

1.   Stoker, *op. cit.*, pp. 123-4.
2.   Carpenter 1871, *op. cit.*, pp. 9-10.
3.   Carpenter 1874, *op. cit.*, pp. 636-52, *passim*; p. 571. *c.f.* Sage, *op. cit.*, pp.184-5 for a reading of Nordau's correlation of deficient blood supply and brain degeneration.
4.   H. Maudsley, *Responsibility in Mental Disease* (London, Henry S. King and Company, 1874), p. 171. cf. Carpenter 1874, *op. cit.*, p. 663.
5.   This act modified the terms of the *Madhouse Act* of 1828. Under the 1845 act the certified lunatic could not be incarcerated in an asylum to which either of the doctors were connected. See: R. Smith, *Trial by Medicine. Insanity and Responsibility in Victorian Trials* (Edinburgh, Edinburgh University Press, 1981), pp. 68-9.

to Seward, who is explicitly a "medico-jurist", by her concerned fiancé, Arthur Holmwood. Seward, in turn, summons a second physician, Van Helsing who, by his own admission is also a "student of the brain[1]". It would thus appear that Lucy's illness is accelerated into a mental complaint by Seward, who concludes, without further investigation, that "it must be something mental"—moments after observing an apparent bloodlessness which conventionally indicates a more general physiological disorder[2].

Yet Lucy's complaint is simultaneously *both* a mental and a physiological case. As Carpenter would argue, her deteriorating behaviour is a consequence of an inadequate blood supply to the brain, the same cause which underlies her personal sense of lassitude and low spirits[3]. Seward is able to submit the case of Lucy to the medico-legal discourse of moral insanity in part due to the cultural significance of her symptoms, and through the eventual development of those symptoms into what may be read as a series of openly sexual requests and gestures. As Victor Sage argues, female pallor is both sexually provocative and "a moral threat":

> ... Stoker is contrasting two women, the white and the red. The white woman is dangerous, pallor denotes disease, cadaverousness, wantonness. The ability to blush, health and shame[4].

Lucy's periodic blushes, therefore, on one level proclaim the continued presence during her illness of that state of moral purity and highmindedness through which her suitors perceive her. This is the Lucy "of unequalled sweetness and purity", the so-called "truth" to which she is restored by the act of exorcism in the tomb[5]. The blushes thus emphasise the contrast between the two "phases" of the patient, the variations in her character which are indexed by the depth of her complexion.

Paradoxically, however, the blush is simultaneously an icon of sexual knowingness. As Carpenter suggests, it is an involuntary physiological response to emotional as well as physical excitement:

> Of the action of the emotions... on the blood vessels, we have a familiar example in the phenomenon of blushing; and this is only one of (probably) a vast number of changes thus induced, some of which have a very important influence on our mental operations[6].

Hence, in private, Lucy may blush over her as yet unconsummated love for Holmwood, announced in the intimacy of her correspondence with Mina:

---

1.   Stoker, *op. cit.*, p. 244, p. 191. The formal committal would require a "reception order" signed by a third party (such as Holmwood) who was familiar with the alleged lunatic.
2.   Stoker, *op. cit.*, p. 111.
3.   For the physiologically depressive effects of blood loss see: W.H. Bennett, "Blood-Letting", in C. Heath ed., *Dictionary of Practical Surgery*, Vol. 1 (London, Smith, Elder and Company, 1886), p. 163.
4.   Sage *op. cit.*, p. 56, p. 184.
5.   Stoker *op. cit.*, pp. 216-7.
6.   Carpenter 1874, *op. cit.*, p. 127.

> ...though I have spoken, I would like to speak more. Oh, Mina, couldn't you
> guess? I love him. I am blushing as I write, for although I think he loves me,
> he has not told me so in words... I do not know how I am writing this, even
> to you. I am afraid to stop, for I should tear up the letter, and I don't want to
> stop, for I *do so* want to tell you all[1].

There is evidently more than simple romance on Lucy's mind here,
although her point is teasingly held back behind a façade of conventional
maidenly reticence. The italicisation in the final sentence, again, is
suggestive of what is implicit rather than explicit in the act of
communication. She would like to speak yet more. The "all" of sexual
desire is never openly proclaimed here, although in Lucy's subsequent
speculation on polygamy,

> Why can't they let a girl marry three men, or as many as want her, and save
> all this trouble? But this is heresy, and I must not say it[2].

the word "want" would seem to be invested with a sexual as well as
proprietorial resonance. Though conventionally virginal, Lucy is not
sexually ignorant, as her words and involuntary gestures suggest.
Significantly, this material does not become available to Lucy's former
suitors until after her death. It therefore presents an ironic alternative to
their idealisation of her character and morals.

For all its cultural connotations, the blush still remains a phenomenon
within the economy of the body, as Carpenter clearly suggests above. As
such, its occurrence may affect the function of the brain in exceptional
circumstances. In *Dracula* both the blush, and indeed the complexion
generally, may be seen to function as an index of the presence of blood
within one personal economy, but potentially available for transfer to
another. This is the burden of an early remark by Mina Harker; the
admission that Lucy "has got a beautiful colour" since her arrival at
Whitby, which quickly succeeds Harker's vision of Dracula as "gorged
with blood... like a filthy leech[3]." The indexing function is developed at
greater length through one of Seward's clinical observations of the
declining Lucy:

> As [her mother] spoke Lucy turned crimson, though it was only momentarily,
> for her poor wasted veins could not stand for long such an unwonted drain to
> the head. The reaction came in excessive pallor[4]...

Seward is effectively suggesting here that a general pallor indicates a
more or less equal distribution of the depleted blood supply throughout
Lucy's system, no area arguably retaining a concentration of the fluid
greater than that required for its basic operation. The blush signals a crisis
in this balanced regime, in that the emotional disturbance in the brain
draws blood to that organ from the rest of the body, and in consequence
further directs the fluid into a momentary congestion or concentration in

---

1. Stoker, *op. cit.*, p. 55 [Stoker's italics]. Lucy elsewhere admits to having tried to facilitate
   Holmwood's earlier efforts to propose to her: *ibid.*, p. 57.
2. Stoker, *op. cit.*, 59.
3. Stoker, *op. cit.*, p. 64, p. 51.
4. Stoker, *op. cit.*, p. 129. There is a degree of sexual perturbation here, as Lucy's mother has
   ironically raised the subject of marriage with Seward, a former suitor of her daughter.

the blood vessels below the skin[1]. The subsequent reaction is thus one in which the blood retreats rapidly back to those organs temporarily deprived of sustenance during the crisis, leaving the skin—and presumably the brain—with less blood than previously.

To deprive the brain of blood is to deprive it of oxygen also, and thus to reduce its efficiency as a reasoning mechanism. Carpenter asserts that an "enormous blood-supply" is "essential to the functional activity of the brain", whilst Best and Taylor, writing in the nineteen-thirties, confirm that "the gray matter [is] highly susceptible to deprivation of oxygen[2]". Lucy, it may be recalled, makes a rapid although temporary recovery once Dracula departs from Whitby. Her assessment of the situation, embodied in a letter to Mina, is in essence an ironic acknowledgement of the factors involved in her improvement:

> This strong air would soon restore Jonathan: it has quite restored me. I have an appetite like a cormorant, am full of life, and sleep well.

It is the newly-secreted blood and its capacity to transport oxygen within her circulation, rather than the "strong air" alone, that has "restored" her[3]. She is to repeat the same irony subsequently when she complains, following a nocturnal visit by the vampire, that "My face is ghastly pale" and "I don't ever seem to get air enough[4]." Blood, complexion, and the imbalances that may exist within a depleted circulatory system, are consistently associated with both physical and mental exhaustion throughout the course of Lucy's conventional medical treatment.

This complex of associations is, further, intimate to the novel's construction of Lucy's apparent sexual awakening during the course of the vampire's repeated attacks. Modern critical responses to *Dracula* have tended to read the changes in Lucy's behaviour as a consequence of her initial encounter with the vampire—the vampiric act functioning as a coded seduction which unleashes a hitherto-repressed libido. Phyllis Roth, for example, argues that

> Only when Lucy becomes a vampire is she allowed to be "voluptuous", yet she must have been so long before, judging from her effect on men and from Mina's description of her... Thus, vampirism is associated not only with death, immortality, and orality, but also with sexuality[5].

Such readings are an obvious consequence of the sexualisation of blood in criticism. However, it is possible also to view Lucy's behaviour in conventional medical terms, as the outcome of a complaint which, though

1.   G. Black, ed., *The Household Doctor* (London, Ward, Lock and Company, 1924), p. 85.
2.   Carpenter 1874, *op. cit.*, 572; C.H. Best and N.B. Taylor, *The Physiological Basis of Medical Practice*, Fourth Edition (London, Baillière, Tindall and Cox, 1945), p. 795.
3.   Stoker, *op. cit.*, p. 106. See: J. Thornton, *Elementary Practical Physiology* [1904] (London, Longmans, Green and Company, 1919), pp. 85-7.
4.   Stoker, *op. cit.*, p. 109.
5.   P.A. Roth, *Bram Stoker* (Boston: Twayne Publishers, 1982), p. 113. cf. C. Leatherdale, *Dracula. The Novel and the Legend* (Wellingborough, Aquarian Press, 1985), p. 152; T. Reed, *Demon-Lovers and their Victims in British Fiction* (Lexington, University Press of Kentucky, 1988), p. 64.

contracted from an occult body, still proceeds along nominally clinical lines.

As Roth suggests, Lucy's libido is hardly repressed. Rather, it is for the most part implicit, the breadth of its expression being directed towards a limited audience—Mina Harker. The men with whom Lucy toys—Holmwood, Seward, and Morris—in contrast witness only that which is directed towards them, which their idealism renders as thoroughly within the code of acceptable female behaviour to which they, as Victorian gentlemen, implicitly subscribe. This irony is arguably broken by the "languorous, voluptuous" behaviour of Lucy in the cemetery, witnessed by her former suitors in chapter sixteen. In the context of her vampirism, however, eroticism is the vehicle rather than the substance of her supposedly deviant behaviour. The erotic functions here as a discourse through which her physiological hunger is both channelled and expressed. As is the case with Renfield's consumption of the lesser fauna, it is the discourse that is culturally-unacceptable rather than the drives concealed behind it. Lucy's behaviour is not erotic but predatory. She has the egotism of Dracula, and the urge to consume in order to both survive and flourish. Her methodology, if it may be rendered as such, is to embody both in the one technique which she knows will bring strong, sanguine men within her physical orbit—flirtatious and possessive behaviour. To recall her behaviour in the churchyard, as perceived by Seward:

> She still advanced, however, and with a languorous, voluptuous grace, said:
> —"Come to me, Arthur. Leave these others and come to me. My arms are hungry for you. Come, and we can rest together. Come, my husband, come[1]!"

Lucy demands sperm, but wants blood. Her languor, to return to Sage's argument, is that associated culturally with salaciousness, with sexual surrender and "the abnegation of the will[2]". Yet, at the same time, it is equally that of a depleted circulatory system; it is a physiological response. In Lucy's case, it might be argued, the "abnegation of the will" represents the collapse of culturally-approved mental restraints in the face of a desire to replenish the depleted economy of the body at any cost, moral, physical or spiritual. This is the instinct of survival, over and above that of the libido.

Medicine, in short may both diagnose Lucy's condition, and through a form of operation, contain and control both it and her. To put blood back into Lucy's circulatory system, as Van Helsing does on no less than four occasions, may be seen as a symbolic sexual act. The male protagonists certainly believe so, and modern criticism has frequently linked the transfusions to Lucy's remarks on polygamy[3]. Yet at the same time, the transfusion of blood serves to recall Lucy albeit temporarily to what her mortal contemporaries perceive of as "herself". In essence, they intervene to allow her brain to function in a culturally-approved fashion, whereby

---

1. Stoker, *op. cit.*, p. 211.
2. Sage, *op. cit.*, p. 186.
3. Stoker, *op. cit.*, p. 176.

her appetites are contained for a time by the restoration of her will. The presence of healthy and vigorous blood, in conventional nineteenth century medical logic, aids cerebration. In this sense, the novel follows both Carpenter's and Nordau's models of mental health; sustained cerebration being dependent upon adequate blood supply, and morality and self-control being the product of the healthy mind.

The pathological case of Mina Harker to a great extent also conforms to this model, the mental and physical debilitation consequent upon blood loss being suggested in Jonathan Harker's observation that "She looks paler than usual", and her own subsequent admission that she herself is feeling "terribly weak and spiritless[1]". Mina, presumably suffers no further attack following the climactic scene in which the vampire is discovered in her bedroom in the early hours of October 3, twenty-four hours before he leaves England on board the *Czarina Catherine*. Yet her condition visibly deteriorates, despite the physical distance placed between her and her attacker. As Van Helsing states, by October 5 she is actively "changing", in that the vampire characteristics are *"coming* in her face" rather than merely being already present in her features[2]. Clearly, therefore, there is a complication here not present in the earlier case of Lucy, whose condition both stabilises and indeed improves dramatically in the space of just seven days[3].

This complication is clearly signalled in Seward's description of Dracula's attack on Mina. Seward recalls:

> Kneeling on the near edge of the bed facing outwards was the white clad figure of [Mina]. By her side stood a tall, thin man, clad in black... With his left hand he held both Mrs Harker's hands, keeping them away with her arms at full tension; his right hand gripped her by the back of the neck, forcing her face down on his bosom. Her white nightdress was smeared with blood, and a thin stream trickled down the man's bare breast, which was shown by his torn-open dress. The attitude of the two had a terrible resemblance to a child forcing a kitten's nose into a saucer of milk to compel it to drink[4].

Contemporary criticism has tended to regard this scene as an encoding of fellatio and violent sexual practices[5]. The representation of the scene is, however, in many ways of secondary importance. The real point of the incident is made later in Mina's own recollection of the event, where she recalls Dracula's final words and actions:

> You have aided in thwarting me; now you shall come to my call. When my brain says "Come!" to you, you shall cross land or sea to do my bidding; and to that end, this! With that he pulled open his shirt, and with his long sharp nails opened a vein in his breast. When the blood began to spurt out, he took my hands in one of his, holding them tight, and with the other seized my

1.   Stoker, *op. cit.*, p. 254, p. 259.
2.   Stoker, *op. cit.*, p. 323 [my italics], cf. Seward's description of Lucy, pp. 161-2. Note that the vampire cannot cross over running water other than during the two tidal changes of the day: *ibid.*, p. 240.
3.   Compare Lucy's letters of August 26 and 30, arranged out of sequence in the novel: Stoker, *op. cit.*, p. 106, pp. 108-9.
4.   Stoker, *op. cit.*, pp. 281-2.
5.   *e.g.*, Sage, *op. cit.*, p. 180, cf. Leatherdale 1985, *op. cit.*, p. 153.

neck and pressed my mouth to the wound, so that I must either suffocate or
swallow some of the—Oh, my God, my God! What have I done[1]?

It is obvious from Mina's description of the blood as "spurting", and
from her reluctance to name the fluid which she is forced to swallow
whilst kneeling before the Count in "that terrible and horrible position",
that blood and semen have been brought into alignment. Yet this is not
simply a matter of equation or symbolism. Rather, it constitutes yet
another act of communication, another exchange between personal
economies, another diversion of fluid into a different circulation.

Dracula advances a vision of infection not through contact, not through
the bite alone, but by way of a process analogous to *osmosis*. The vampire
is not merely drawing sustenance from Mina, he is implanting his own
poison within her by the same physical channel. His actions with respect
to Mina are an amplification and exaggeration of those he has earlier
inflicted upon Lucy. In a sense he is more obviously *inseminating* Mina,
passing to her through contagious pathology the seed of her own
vampirism, and that of a future generation of vampires.

With this incident in mind, a series of remarks regarding
contamination of the blood, by Harker, as reported through Sister Agatha
of the Buda-Pesth hospital,

> ...in his delirium his ravings have been dreadful; of wolves, and poison and
> blood; of ghosts and demons; and I fear to say of what.

by Seward, in his private journal,

> I suppose it is some that horrid poison that has got into her veins beginning to
> work. The Count had his own purposes when he gave her [Mina] what Van
> Helsing called "the vampire's baptism of blood." Well, there may be a poison
> that distils itself out of good things; in an age when the existence of
> ptomaines is a mystery we should not wonder at anything!

and latterly, by Mina herself,

> There is a poison in my blood, in my soul, which may destroy me; which
> must destroy me, unless some relief comes to us. Oh, my friends, you know
> as well as I do that my soul is at stake...

become totally meaningful, and obviously systematic[2]. Seward's reference
to ptomaines, toxic bacterial organisms produced by decaying animal
matter, is especially significant. As one medical writer of the period
asserts:

> The exact nature of these substances has not been determined, but the term
> *ptomaines* has been applied to them, from the Greek *ptoma*, a dead body,
> since it is dead animal matter in a state of decay in which they are produced.
> Many instances of poisoning... are attributed to the production of these
> substances[3]...

The exact nature of the vampire is, similarly, partially obscure,
although the medical consequences of his visitations are readily
discernible. Again, in conventional medical terms Dracula is "dead"

---

1. Stoker, *op. cit.*, p. 288.
2. Stoker, *op. cit.*, p. 99, p. 322, p. 330.
3. J. M. Gregor-Robertson, *The Household Physician* (London: Blackie and Son, n.d.), p. 1014, cf.
    p. 599.

animal matter, his "rank" breath hinting of an interior putrefaction[1]. Mina has effectively consumed Dracula's corruption, and that corruption is multiplying, bacteria-like, within her own system. She is being physically poisoned, as she readily admits.

Mina's remark, however, illustrates further the way in which meaning, as well as blood, is circulated between and through the economies of the text. Her paralleling of the infection in her blood with a less-tangible "poison" within her "soul" asserts that her Christian Spirit faces a progressive undermining by that of the vampire who has, like Christ, purchased her through his blood. Van Helsing's depiction of the incident as a "baptism of blood" is similarly a point of intersection with the religious meanings invested in the fluid. It will take the shedding of Quincey Morris's innocent and freely-given blood to repurchase her adequately[2]. The blood is clearly not only that of earthly life, but of the Life Everlasting also.

To return to Dracula's insemination of Mina, however, it is explicit that a literal act of communication has been initiated between the two. The vampire makes this much plain in his speech at the time. Mina's ingestion of Dracula's bodily fluids permits the vampire to access both her thoughts and sensations at certain crucial times of the day. Yet Van Helsing, too, is implicated in this channel of communication, accessing the vampire through Mina by way of hypnotism.

Stoker's text is here at odds with contemporary orthodox medical thought. The relationship between the three protagonists constantly emphasises the influence each may have upon the other when the vampire is separated from his victim. Mina does not merely perceive: she acts in sympathy with the vampire's promptings. Lucy, too, responds mechanically to Dracula's commands when the vampire is not present.

> While still asleep she took the paper from her breast and tore it in two. Van Helsing stepped over and took the pieces from her. All the same, though, she went on with the action of tearing, as though the material were still in her hands[3].

Carpenter, however, asserts that a hypnotic operator is invariably unable to direct the thoughts of a subject when distance is interposed between the two[4]. In defending his beliefs in front of a sceptical Seward, Van Helsing utilises the authority of possibly the best-known clinical hypnotist at the close of the century, the French physician Jean Charcot. Charcot's technique achieves a trance state through the direction of the patient's gaze away from the hypnotic operator and onto an object upon which the attention must be fixed[5].

Van Helsing's practice, in contrast, directs the patient's attention onto the operator. Seward recalls Van Helsing's initial attempt to hypnotise Mina, undertaken at her own request:

---

1. Stoker, *op. cit.*, p. 18.
2. Cf. Leatherdale's "racial" interpretation of Morris's death. Leatherdale 1985, *op. cit.*, p. 212.
3. Stoker, *op. cit.*, p. 152, cf. p. 344.
4. Carpenter 1874, *op. cit.*, p. 144.
5. Cf. Dr Cartaz, "Demonstrations of Some Abnormal Nervous States", *The Times*, January 23, 1879, p. 3, col. 3; Carpenter 1874, *op. cit.*, p. 601.

> Looking fixedly at her, he commenced to make passes in front of her, from over the top of her head downward, with each hand in turn. Mina gazed at him fixedly for a few minutes, during which my own heart beat like a trip hammer, for I felt that some crisis was at hand[1].

The fixed gaze of the patient as noted by Seward maintains the most tenuous of methodological links to clinical practice. Van Helsing is not mobilising a contemporary discourse here, but is rendering a less-orthodox theory, one which is more responsive to the vampire's mode of communication, through a loose version of the practices of modern medicine

This theory is recalled through the two key phrases, "passes" and "crisis". Both are technical terms within the Magnetic treatment popularised initially in the eighteenth century by Anton Mesmer—the "crisis" which Carpenter associated with the hysterical fit; the "passes" which came to popularly signify any hand gesture made in the practice of hypnotism[2]. The Mesmeric context of these terms is recalled explicitly in Stoker's comments on Mesmer in his 1910 study of historical imposture, *Famous Impostors*. Carpenter is dismissive of Mesmer's claim that a patient is inducted into a hypnotic or Mesmeric state not by the actions of the hypnotist, but through an intangible force emanating from the latter, by which the two are connected[3]. This force was popularly imagined as "a magnetic fluid or emanation which existed in large quantities in certain individuals, and which they could impart to others by an effort of will[4]." Unlike conventional, clinical hypnotists, mesmerisers claimed the ability to manipulate a subject from a distance—a claim again disputed by Carpenter[5].

Stoker is, as we have seen, committed to fluid economy in *Dracula*. Van Helsing's practice quite simply intersects with that of Dracula through the convenient conceit of a discarded medical practice, based, like that of the vampire on the communicative value of a fluid. The reference to Charcot is thus deliberately misleading. It functions as a piece of evidence in Van Helsing's protracted attempt to convince Seward of the existence of both telepathy and vampirism. It is a device, therefore, by which one discourse is rendered by way of another. Blood forms the basis of the intangible telepathic communication between Mina and the vampire, overwriting the equivalent channels in both Mesmerism and clinical hypnotism. Arguably, blood is as close to the Mesmeric fluid in *Dracula* as it ever could be.

The occult pathology associated with Dracula, it would appear, is subject to substantially the same economic laws of secretion, depletion and transfer as those that support conventional physiological medicine.

---

1. Stoker, *op. cit.*, p. 312.
2. W.B. Carpenter, "Mesmerism, Odylism, Table-Turning and Spiritualism Considered Historically and Scientifically", *Fraser's Magazine* 95 (1877), p. 139; Carpenter 1874, *op. cit.*, p. 618. *c.f.* G. DuMaurier, *Trilby* (London: Osgood, McIlvaine and Company, 1895), p. 67.
3. Carpenter 1874, *op. cit.*, p. 619.
4. J. Ross ed., *The Illustrated Globe Encyclopædia of Universal Knowledge*, 12 Vols., (London: Thomas C. Jack, 1882), Vol. 1, p. 114.
5. Carpenter 1874, *op. cit.*, pp. 619-21.

Arguably, therefore, the discourse of conventional medicine functions in *Dracula* as the vehicle by which the occult pathology is both mobilised and perceived. It is the persistence of symptoms (or signifiers) associated with the conventional pathology into the post-mortem state that ruptures the uneasy and temporary co-existence into which the two pathologies have entered in the novel. A complexion that is "more rose and more beautiful" seven days after life has been pronounced extinct is, as Van Helsing observes, a sign for concern rather than rejoicing[1]. But it is equally the sign of discursive plurality, and of the decline of effective—or, rather, conclusive—diagnosis. In *Dracula* it is impossible to conclusively assign causes and consequences to *either* the conventional *or* the occult.

The process of signification associated with blood, and with blood-dependent phenomena such as the blush, does not cease when that blood passes out of the conventional economy. Rather, the signifieds become transformed; their meanings are modified, and yet they seemingly retain a trace of their earlier signification as a point of reference or comparison. Blood, it has been suggested, constitutes the main vehicle for the transfer of meaning, both cultural and medical, in *Dracula*. The modification of meaning through its qualitative and quantitative changes suggests that blood is, as Foucault suggests, "a reality with a symbolic function", but one in which the symbolic function is uniquely dependent upon and responsive to the processes of exchange associated with that "reality[2]". But medicine, as a practice, is equally a discursive economy in the novel. Embracing pharmacy, toxicology, diagnosis, surgery and psychiatry, as well as the application of these to the parallel pathology of vampiric contagion, the practice is itself subject to exchange, to boundaries that shift in response to the ebb and flow of symptom and hypothesis.

---

1.   Stoker, *op. cit.*, p. 202.
2.   Foucault, *op. cit.*, p. 147.

Études sur le temps (in)humain[1] :
Dracula ou de l'hybridité (entre mortalité et éternité, entre fantastique et gothique, entre détection et horreur)

Françoise Dupeyron-Lafay

Le *Dracula* de Stoker débute comme un archétype gothique[2], dans la grande tradition instaurée en particulier par Ann Radcliffe dans *The Mysteries of Udolpho* (1794)[3]. Tous les ingrédients du gothique d'époque (celui du XVIIIe siècle) sont en effet réunis dans le chapitre 1, intitulé « JONATHAN HARKER'S JOURNAL ». Harker, dès son arrivée en Transylvanie a l'occasion de constater par avance la véracité de ce que lui dit plus tard Dracula : « *We are in Transylvania; and Transylvania is not England. Our ways are not your ways, and there shall be to you many strange things.* » (Norton, Ch. 2, 26-7) Tout dans cette contrée d'Europe de l'Est qu'il visite pour la première fois lui est inconnu et lui paraît différent, étrange, mystérieux. Comme les Pyrénées chez Ann Radcliffe, les Carpates sont initialement décrites comme *pittoresques*, littéralement « ressemblant à un tableau, digne d'être peint » (le terme « picturesque » apparaît d'ailleurs explicitement, p. 11). La même impression se dégage du journal de Mina Harker au chapitre 26 : « *all the colour and picturesqueness of the whole wild, beautiful country and the quaint people!* » (311-12) Le journal de Harker, au début du chapitre 1, s'apparente à un récit de voyage faisant la part belle aux détails renforçant la « couleur locale[4] ». Le voyage est un thème essentiel et récurrent de la littérature gothique ; les déplacements géographiques des personnages sont souvent associés à la question de l'apprentissage, ou de l'initiation, et entraînent une évolution mentale. C'est également ce qui se passe pour Harker qui accomplit trois types de voyages complémentaires lorsqu'il se rend en Transylvanie : dans l'espace, dans le temps, et dans les profondeurs de son esprit.

Par ailleurs le substrat idéologique et religieux anti-catholique de bon nombre de romans gothiques du XVIIIe siècle subsiste clairement dans le *Dracula* de Stoker où Harker revendique avec une fierté évidente son éducation anglicane, et par conséquent sa supériorité intellectuelle : « *She then rose and dried her eyes, and taking a crucifix from her neck offered it to me. I did not know what to do, for, as an English Churchman, I have been taught to regard such things as in some measure idolatrous [...]* » (13). Ces étranges et lointaines contrées sont donc la proie de superstitions tenaces et

---

1. Voir Georges Poulet, *Études sur le temps humain* (1949), Paris, Plon, 10/18, 1972.
2. Maurice Lévy, *Le Roman « gothique » anglais, 1764-1824*, Paris, Albin Michel, 1995.
3. Max Duperray, ed., *Les Mystères de Mrs Radcliffe. The Mysteries of Udolpho revisited*, Publications de l'Université de Provence (PUP), 1999.
4. On trouve des références à des spécialités culinaires (9 et 10), la description des costumes des différents peuples de Transylvanie (11), une comparaison entre le paysage vu depuis les fenêtres du train et des gravures anciennes : « *Sometimes we saw little towns or castles on the top of steep hills such as we see in old missals [...]* » (11).

obscurantistes, ce qui ajoute à leur dimension pittoresque aux yeux du narrateur un peu condescendant : « I read that every known superstition in the world is gathered into the horseshoe of the Carpathians, as if it were the centre of some imaginative whirlpool; *if so my stay may be very interesting.* » (10; italiques ajoutées) Le journal de Mina apporte une nouvelle confirmation dans l'avant-dernier chapitre de *Dracula* : « It is a lovely country [...] and the people are brave, and strong, and simple, and full of nice qualities. They are *very, very* superstitious. » (Ch. 26, 312)[1] Le surnaturel est inscrit dans le roman dès l'ouverture avec l'évocation des rituels contre le mauvais sort : le crucifix protecteur (13), les signes de croix et les gestes de la main pour écarter le mauvais œil — « When we started, the crowd round the inn door [...] all made the sign of the cross and pointed two fingers towards me. » (14) — les nombreuses croix sur le bord de la route (15).

C'est d'ailleurs ce surnaturel (générateur d'inquiétude chez Harker, malgré ses convictions religieuses et son rationalisme[2]) — « It was all very ridiculous, but I did not feel comfortable. [...] Whether it is the old lady's fear, I do not know, but I am not feeling nearly as easy in my mind as usual. » (13, journal du 5 mai) — qui, allié à la beauté austère et grandiose du paysage et à l'ambiance oppressante qui accompagne la tombée de la nuit, contribue à distiller dans le texte une impression de mystère et le sens du sublime théorisé par Burke en 1757 dans *A Philosophical Enquiry into our Ideas of the Sublime and the Beautiful* et défini comme l'association entre le plaisir (esthétique) et la « douleur » (qui prend la forme de la terreur)[3].

> Whatever is fitted in any sort to excite the ideas of pain, and danger, that is to say, whatever is in any sort terrible [...] is a source of the sublime; that is, it is productive of the strongest emotion which the mind is capable of feeling. [...] When danger or pain press too nearly, they are incapable of giving any delight, and are simply terrible; but at certain distances, and with certain

---

1. Outre ce reliquat du XVIIIe siècle concernant les questions religieuses, *Dracula* présente une autre forme de préjugé (xénophobe), d'ordre plus racial et lié à la géopolitique contemporaine. On y observe en effet une polarisation morale tranchée entre l'Occident (les Anglo-saxons forts et généreux, incarnation de l'idéal viril et du nationalisme de la Grande-Bretagne victorienne, qui se liguent contre Dracula) et l'Est, synonyme du mal absolu qui menace de coloniser l'Occident et de le corrompre. Cette colonisation « à rebours » qui inspire la peur est évidemment l'image en négatif de la colonisation de l'Orient par les pays occidentaux. Le Comte, incarnation du raffinement *décadent* de la Vieille Europe, mais aussi de la volonté expansionniste agressive de certaines nations (comme la Prusse ou l'Empire austro-hongrois), s'oppose en tout point à Quincey Morris, habitant d'une nation jeune et saine, image de la force et de la « pureté » morale et raciale.
2. Le rationalisme de Harker va vite s'effriter et son point de vue sur le crucifix changer quand il va se retrouver prisonnier dans le château de Dracula : « It is odd that a thing which I have been taught to regard with disfavour and as idolatrous should in a time of loneliness and trouble be of help. » (Ch. 3, 33)
3. *A Philosophical Enquiry* qui comporte cinq parties, traite principalement du sublime dans la deuxième et la quatrième, mais opère à la fin de la troisième partie consacrée à la catégorie du Beau, une comparaison finale, en forme de conclusion provisoire, avec le sublime. C'est dans la deuxième partie que Burke se penche sur les divers éléments constitutifs du sublime, tels que la terreur (section 2), l'obscurité (section 3) et ses relations complémentaires avec la lumière (sections 4 et 5), la puissance (section 6), l'immensité et l'infinité (sections 8 et 9), ou encore, les cris des animaux (ceux des loups notamment), dans la section 21.

modifications, they may be, and they are delightful, as we every day experience. [...] (Part I, section 7, « Of the Sublime »)[1]

For sublime objects are vast in their dimensions, beautiful ones comparatively small; beauty should be smooth, and polished; the great, rugged and negligent; [...] beauty should not be obscure; the great ought to be dark and gloomy; beauty should be light and delicate; the great ought to be solid, and even massive. (Part III, section 27, « The Sublime and Beautiful compared »)[2]

Stoker ne connaissait vraisemblablement pas Burke, contrairement à Ann Radcliffe qui dans son roman se fait l'une de ses plus ferventes disciples et décline sous toutes ses formes l'esthétique de la terreur (censée exalter et stimuler, contrairement à l'horreur qui fige et paralyse les sens) et du sublime. L'arrivée d'Emily à Udolpho, le château-prison des Apennins, dans *The Mysteries of Udolpho*, représente un paradigme absolu à l'origine de la tradition littéraire des demeures « noires » et des châteaux sinistres qui allait prospérer pendant tout le XIXe siècle, et dont *Dracula* est l'un des derniers représentants à l'époque victorienne : « Emily gazed with melancholy awe upon the castle [...] a *gloomy and sublime object*. [...] the whole edifice was invested with the solemn duskiness of evening. Silent, lonely and *sublime*, it *seemed to stand the sovereign of the scene, and to frown defiance on all who dared to invade its solitary reign*[3]. »

La description que Mina nous donne du château fait nettement écho à la version radcliffienne : « *Then we looked back and saw where the clear line of Dracula's castle cut the sky [...] We saw it in all its grandeur, perched a thousand feet on the summit of a sheer precipice [...] There was something wild and uncanny about the place. We could hear the distant howling of wolves. They were far off, but the sound [...] was full of terror.* » (Ch. 27, 321) La peinture du cimetière de Hampstead où Lucy a été enterrée se caractérise par sa rhétorique de la mélancolie, son esthétisation des ruines, des lieux funéraires et de la mort, et par sa veine élégiaque, caractéristique de la Graveyard School of Poetry des années 1740-50 qui influença elle aussi fortement les écrivains gothiques[4].

---

1. Harker éprouve bien des sensations proches du sublime avant l'arrivée au château car, quoique inquiet et mal à l'aise, il demeure suffisamment détaché, et se sent suffisamment en sécurité pour éprouver des impressions d'ordre esthétique devant le spectacle grandiose de la nature.
2. Le texte de Burke est publié dans la collection Penguin Classics, dans l'édition de 1999 dirigée par David Womersley. Il est également consultable sur le site http://www.bartleby.com/24/2/.
3. Ann Radcliffe, *The Mysteries of Udolpho*, Oxford World's Classics, 1998, Vol. II, ch. 5, p. 226. On pense aussi à l'arrivée de Maud Ruthyn à Bartram-Haugh dans *Uncle Silas* (1864) de Joseph Sheridan Le Fanu (1814-1873). Cet écrivain, irlandais comme Stoker, a de toute évidence influencé et marqué ce dernier avec *Uncle Silas*, roman dans la plus pure tradition gothique (*Uncle Silas*, edited by W.J. Mc Cormack, Oxford, The World's Classics, 1981) et joué un rôle déterminant dans la genèse de *Dracula* avec sa magnifique nouvelle « Carmilla » (recueil *In A Glass Darkly* de 1872, également publié dans la collection Oxford World's Classics, édition de 1993 dirigée par Robert Tracy) qui est une histoire de vampire (féminin) précédant de vingt-cinq ans celle de Stoker.
4. « *The tomb in the daytime, and when wreathed with fresh flowers, had looked grim and gruesome enough; but now some days afterwards, when the flowers hung lank and dead [...]; when the spider and the beetle had resumed their accustomed dominance; when time-dicoloured stone, and dust-encrusted mortar, and dusty, dank iron, and tarnished brass and clouded silver-plating gave back the*

Dans son article intitulé « Postérité du roman gothique anglais au XIXe siècle », Joëlle Prungnaud se penche sur le rôle essentiel joué par l'architecture : « [...] le gothique ne se conçoit pas sans référence à un code esthétique qui l'engage à accorder la primauté au descriptif et à surévaluer l'objet architectural[1]. » Il s'agit à l'évidence de la caractéristique marquante de la section transylvanienne de *Dracula* où le château (indissociable de son occupant) joue un rôle crucial. L'article de J. Prugnaud apporte d'autres éclaircissements précieux : « [...] le gothique fonde sa spécificité sur l'articulation entre un lieu et un personnage dans une dynamique de la terreur. » Par ailleurs, la peur est générée très différemment selon qu'il s'agit de littérature fantastique ou de textes gothiques. Dans les œuvres fantastiques, la peur résulte du contraste entre la familiarité des lieux et l'étrangeté des épisodes (de type surnaturel) alors que « la stratégie gothique tire parti au contraire de la conjonction de ces deux composantes. » On voit nettement que dans le *Dracula* de Stoker, comme dans *The Mysteries of Udolpho*, l'étrangeté des lieux (Bistritz, les Carpates, le château du Comte) a pour pendant celle des épisodes qui s'y produisent. Ainsi, pour le fantastique et le gothique respectivement, comme le souligne encore J. Prungnaud : « Deux rhétoriques différentes sont donc mobilisées: l'antithèse et l'analogie ». L'*unheimlich*, tel que Freud le conçoit, constitue la frontière infranchissable entre les deux genres d'écritures : « Le fantastique joue sur l'irruption soudaine de l'irréel dans le quotidien (Dracula en Angleterre) alors que le gothique invite le lecteur à pénétrer dans un monde en rupture avec le réel, ce qui explique l'importance de l'architecture et des paysages. » (90) C'est bien ce qui se produit lorsque J. Harker arrive à Bistritz : il pénètre alors dans un monde présenté d'emblée « en rupture avec [son] réel ».

La Transylvanie se caractérise par son « exotisme » et son étrangeté, et marque l'entrée de Harker dans un univers inconnu en marge du réel familier, le franchissement d'un seuil fatidique dès l'ouverture du récit (le 3 mai) quand il annonce qu'il a quitté Munich le matin et se trouve à Bistritz, frontière physique et mentale entre le monde qu'il représente (la Grande-Bretagne victorienne « moderne » et civilisée) et l'univers de Dracula dont l'isolement est encore accru par la présence du col du Borgo. Une autre frontière, temporelle cette fois, réside dans le passage progressif et inquiétant du jour à la nuit, motif habituel de la littérature gothique et fantastique. Le seuil terrifiant qu'il faut éviter de franchir (selon la vieille dame de l'auberge, 12), se situe le 4 mai à minuit[2], heure

---

feeble glimmer of a candle, the effect was more miserable and sordid than could have been imagined. It conveyed irresistibly the idea that life—animal life—was not the only thing which could pass away. » (Ch. 15, 175)
« *Never did tombs look so ghastly white; never did cypress [...] so seem the embodiment of funereal gloom; never did tree or grass wave or rustle so ominously; never did bough creak so mysteriously [...]* » (Ch. 16, 187)

1. Article provenant de *Une Littérature anglaise de l'inquiétude* (Max Duperray, ed., Université de Provence, L'Harmattan, Annales du Monde Anglophone, n° 8, 2e semestre 1998), 88.
2. Au lieu de cette date (la nuit de la St Georges), on aurait pu s'attendre à la nuit de *Walpurgis* (30 avril-1er mai), pendant laquelle a lieu le sabbat annuel des sorcières, comme on le voit par exemple dans le premier *Faust* (1808) de Gœthe.

symbolique par excellence. Passée cette date, les forces incontrôlables du mal se déchaîneront et c'est exactement à ce moment-là que la calèche emmène Harker au château du Comte. Une troisième frontière, fatale, est enfin franchie quand Harker pénètre *de son plein gré* — « *Enter freely and of your own free will* » (22) — chez Dracula : « *The instant, however, that I had stepped over the threshold, he moved impulsively forward, and holding out his hand grasped mine with a strength which made me wince [...]* » (Ch. 2, 22).

Le château labyrinthique et carcéral, devenu un véritable cliché depuis la fin du XVIIIe siècle — on citera Otrante chez Walpole, Udolpho chez A. Radcliffe, Bartram-Haugh dans *Uncle Silas* (1864) de Le Fanu — est exploité au XIXe siècle par de nombreux auteurs[1]. Il occupe une place centrale dans les quatre premiers chapitres de *Dracula* dont les traits sont si excessifs, qui jouent tant sur ce qui, depuis le XVIIIe siècle était devenu des stéréotypes qu'ils en deviennent un modèle du genre, plus gothique que le gothique d'époque, ou du moins tout autant : « He insisted on carrying my traps along the passage, and then up a great winding stair, and along another great passage, on whose stone floor our steps rang *heavily*. At the end of this he threw open a *heavy* door [...] » (Ch. 2, 22 ; italiques ajoutées). Les stéréotypes que sont les tunnels, les souterrains, les cryptes, et la descente dans les profondeurs et les ténèbres sont également présents ; on notera en outre la récurrence des adjectifs « *heavy* » et « *dark* » :

> [The door] was open, and led through a stone passage to a circular stairway, which went steeply down, I descended, minding carefully where I went, for the stairs were *dark*, being only lit by loopholes in the *heavy* masonry. At the bottom there was a *dark*, tunnel-like passage, through which came a deathly, sickly odour [...]. At last I pulled open a *heavy* door which stood ajar, and found myself in an old ruined chapel, which had evidently been used as a graveyard. (Ch. 4, 50 ; italiques ajoutées)

On observe par ailleurs un procédé narratif coutumier dans ce type de récit : à savoir l'impression d'une animation de l'inanimé et les descriptions anthropomorphiques ; on notera la récurrence du verbe « *to frown* », conjugué — « *Then the mountains seemed [...] to frown upon us* » (16) — ou employé comme participe présent à valeur adjectivale « *frowning* » — « *great frowning rocks* » (19), et au château, « *these frowning walls and dark window openings* » (Ch. 2, 21) — passage qui rappelle la description d'Udolphe citée plus haut, où l'on remarque la présence du même terme. Sur le plan stylistique, ce genre d'effet passe par le gommage des compléments d'agent ou par l'absence de sujets grammaticaux humains comme dans le passage suivant, comme si les objets étaient doués de leur vie propre : « *[...] I heard a rattling of china and silver in the next room, and as I passed through, noticed that the table had been cleared and the lamp lit [...]* » (Ch. 2, 28). Le château en vient même à apparaître humain (alors que son propriétaire semble l'être de moins en moins aux yeux de Harker qui voit en lui à la fois une bête et un démon) :

---

1. Parmi eux, Poe dans « The Oval Portrait » (1842), Le Fanu dans ses romans et ses nouvelles (*The Wyvern Mystery* (1869), « Squire Toby's Will » (1868), entre autres), Conan Doyle dans plusieurs de ses nouvelles de 1892, dans le recueil The *Adventures of Sherlock Holmes*.

« *It is old, and has many memories, and there are bad dreams for those who sleep unwisely. Be warned!* » (Ch. 3, 38)

Mais dès le début aussi, la chronologie insistante (horaires de chemin de fer, journal tenu par J. Harker), et les références à Londres (les questions immobilières sont évoquées au chapitre 2), instaurent une filiation générique double pour le roman de Stoker, qui constitue une hybridation du gothique et du fantastique « *unheimlich* » tel que l'a défini Freud.

On voit donc l'existence de deux schémas temporels, chacun associé à un lieu spécifique : le domaine de Dracula (un ailleurs autant géographique que mental) et la Grande-Bretagne (de nouveau au premier plan dès le chapitre 5 avec les lettres échangées entre Mina et Lucy), schémas qui ont pour pendant deux modèles génériques : le gothique et le fantastique. Dans son célèbre essai de 1919[1], Freud montre les liens étroits entre la maison, symbole du familier, et l'expérience de l'*unheimlich*, ou « inquiétante étrangeté » (qu'il serait peut-être plus logique d'appeler « inquiétante familiarité »), née d'un contact avec des réalités indésirables qui auraient dû demeurer cachées ou enfouies et qui réapparaissent brutalement, phénomène que Freud assimile au retour du refoulé. Lucy, pure et virginale avant la contamination vampirique, devient une goule à la sexualité menaçante qui inspire répulsion et horreur : « *[...] we recognized the features of Lucy Westenra [...] but yet how changed. The sweetness was turned to adamantine, heartless cruelty, and the purity to voluptuous wantonness [...] we shuddered with horror [...]—I call the thing that was before us Lucy because it bore her shape [...]* » (Ch. 16, 187-88) ; « *the whole carnal and unspiritual appearance, seeming like a devilish mockery of Lucy's sweet purity.* » (Ch. 16, 190)[2]

Cette résurgence de « fantômes » gênants transforme soudainement le monde quotidien familier en univers étranger et angoissant, comme cela se produit avec l'arrivée de Dracula en Angleterre, mais aussi comme on le voit à la fin du chapitre 3 (où le fantastique *unheimlich* vient se mêler au gothique) avec la visite des trois succubes, à la fois objets de désir et de

---

1. *L'Inquiétante Étrangeté et autres essais*, Paris, Gallimard, « Connaissance de l'Inconscient », 1985 (1919).

2. Les plis du front de Lucy, ridé de haine et de colère à la vue du crucifix brandi devant elle, évoquent pour le Dr Seward les anneaux des serpents de la chevelure de la Méduse (Ch. 16, 188), image des plus significatives renvoyant à deux schémas de pensée complémentaires, la Bible (motif du serpent) et la mythologie grecque. La comparaison du Dr Seward est des plus justes. En effet, Méduse est l'une des trois Gorgones, trois sœurs ailées avec des serpents en guise de cheveux et des *crocs dépassant de leur bouche*. On peut légitimement penser aux *trois* vampires féminins du château de Dracula. Les Gorgones, terrifiantes, changent en pierre ceux qui les regardent. La comparaison avec Lucy va plus loin car Persée *décapita* Méduse (mortelle, contrairement à ses sœurs). Le *Dictionnaire des symboles* nous donne quelques clefs de lecture précieuses : « Trois sœurs, trois monstres [...] Elles symbolisent *l'ennemi à combattre. Les déformations monstrueuses de la psyché sont dues aux forces perverties des trois pulsions : sociabilité, sexualité, spiritualité* [...] Qui voyait la tête de la Méduse en restait pétrifié. N'est-ce pas parce qu'elle reflétait l'image d'une culpabilité personnelle ? [...] Paul Diel observe profondément : [...] *Méduse symbolise l'image déformée de soi...* qui pétrifie d'horreur, au lieu d'éclairer justement (DIES, 93-97). » (Jean Chevalier, Alain Gheerbrant, *Dictionnaire des symboles*, Paris, Robert Laffont / Jupiter, « Bouquins », 1982, « Gorgones », 482, italiques dans le texte).

dégoût[1], quand Harker écrit à propos de l'une de ces créatures qui lui semble étrangement familière : « *I seemed somehow to know her face, and to know it in connection with some dreamy fear, but I could not recollect at the moment how or where. [...] There was [...] some longing and at the same time some deadly fear. I felt in my heart a wicked, burning desire that they would kiss me with those red lips.* » (42) Carfax, la vieille demeure que Dracula a achetée en Angleterre, est un élément étranger et indésirable en plein cœur de la modernité victorienne. Elle ressemble sur bien des plans au château et en constitue le prolongement, et comme le double (Ch. 2, 28-9)[2]. Son isolement fait de cette maison, comme plus tard de celle de Piccadilly, au chapitre 20 (« *The house looked as though it had long been untenanted. The windows were encrusted with dust [...] All the framework was black with time, and from the iron the paint had mostly scaled away.* », 232), un îlot d'étrangeté où se cristallise la terreur.

Dans *Dracula*, le gothique repose sur une forme de temps cyclique, répétitif, non linéaire qui résiste à la chronologie ; c'est aussi celui de la permanence, comme on le voit avec la survivance de traditions et de superstitions ancestrales datant de temps immémoriaux, et avec la survie du Comte, comme représentant des boyards Szekler (ou *Szekely* en langue originale, une communauté d'origine hongroise arrivée en Transylvanie aux alentours de l'an mil), et du « sang » des Dracula (Ch. 3, 35). Il s'agit même d'un temps réversible, « à l'envers », et pareil à Dracula lorsqu'il rampe le long des murailles *la tête en bas* (Ch. 3, 39). Déjà, pendant le voyage de Harker entre Bistritz et le château, la chronologie semble se détraquer ; tout paraît interminable, comme si le temps, infiniment dilaté, n'avançait plus et s'était figé dans une forme d'éternité ou d'atemporalité cauchemardesque : « *an endless perspective of jagged rocks and pointed crags* » (15), « *The time seemed interminable, as we swept on our way, now in almost complete darkness* » (20), « *The time I waited semed endless* », (Ch. 2, 21). Prisonnier du château, contraint de vivre au rythme du Comte, Harker commence à perdre ses repères et à sombrer dans la dépression : « *I am beginning to feel this nocturnal existence tell on me. It is destroying my nerve. I start at my own shadow, and am full of all sorts of horrible imaginings.* » (Ch. 3, 38)

---

1. Laura éprouve les mêmes sentiments ambigus envers Carmilla dans la nouvelle de Le Fanu qui possède une très forte charge érotique que l'on retrouve dans la scène de rencontre entre Harker et les trois succubes au chapitre 3.

2. La vieille chapelle qui jouxte Carfax (manoir sinistre, datant de l'époque médiévale, avec de rares fenêtres, placées en hauteur et protégées par des barreaux de fer, Ch. 2, 29) a pour pendant celle du chapitre 4 dans laquelle descend Harker (50). De même, l'une des rares demeures voisines du futur domaine anglais de Dracula est un asile d'aliénés *privé*, et Harker, pendant sa réclusion au château, sent lui-même sa raison vaciller : « *God preserve my sanity, for to this I am reduced. [...] Whilst I live on here there is but one thing to hope for: that I may not go mad, if, indeed, I be not mad already.* » (chapitre 3, 41, matin du 16 mai). Son journal, qui pourrait devenir le « Journal d'un fou », lui apparaît pourtant comme l'un des seuls moyens de salut à sa disposition. La menace de la folie plane d'ailleurs sur tout le roman : les personnages (Van Helsing, Harker quand il est de retour en Angleterre, mais aussi Seward) ne cessent de s'interroger sur leur santé mentale tant ce qu'ils vivent est atroce et hors-normes.

Le temps qui régit la vie de Harker est, pour sa part, un temps moderne, celui des trains, des calendriers et des journaux, du télégraphe, de la sténographie et des machines à écrire, des phonographes, des appareil photo Kodak (29), de la British Library. Cependant, l'*autre* temps lui échappe totalement puisqu'il n'a rien pu trouver sur la zone où il doit aller conduire la transaction immobilière dont il est chargé : « *I was not able to light on any map or work giving the exact locality of the Castle Dracula, as there are no maps of this country as yet to compare with our own Ordnance Survey maps [...]* » (10). Le monde de Dracula, ahistorique, amoral, inhumain et a-humain menace pourtant de désintégrer la Grande-Bretagne, paradoxe car ce trou épistémologique (absence de documentation ; de même, les vampires *vident* leurs victimes de leur substance) signifie à terme une colonisation, une invasion, et un remplissage de l'espace britannique jusqu'à la saturation (par essaimage concentrique), comme Harker ne tarde pas à s'en apercevoir : « This was the being I was helping to transfer to London, where, perhaps for centuries to come, he might [...] create a new and *ever widening circle of semi-demons* to batten on the helpless. » (Ch. 4, 53-4 ; italiques ajoutées). La vision de Van Helsing repose sur la même configuration concentrique : « *[...] they cannot die, but must go on age after age adding new victims and multiplying the evils of the world [...] And so the circle goes on ever widening, like as the ripples from a stone thrown in the water.* » (Ch. 16, 190)

Bistritz marque donc, au chapitre 1, le passage[1] entre la civilisation et tout ce qui s'y oppose, entre le temps humain (chronologique et linéaire) et le temps mythique et ancestral ; entre la raison et l'irrationnel, l'onirisme, le désir ; entre l'ordre et la désintégration. Harker ne tarde pas à comprendre toute la portée de cet anachronisme, l'impuissance dérisoire et la totale inadéquation de la modernité dans ce monde où le passé — comme les êtres, ces morts-vivants que les Anglo-saxons appellent « *the undead* » — résiste depuis des siècles et refuse de mourir : « *It is nineteenth century up-to-date with a vengeance. And yet, unless my senses deceive me, the old centuries had, and have powers of their own which mere 'modernity' cannot kill.* » (Ch. 3, 40-1) De la même façon, de retour à Londres, il ne peut croire à l'existence des chauves-souris suceuses de sang dont lui parle Van Helsing : « *Do you mean to tell me that Lucy was bitten by such a bat; and that such a thing is here in London in the nineteenth century?* » (Ch. 14, 172)

Harker commence d'ailleurs à s'endormir insidieusement, sans s'en apercevoir, dès le chapitre 1, dans le carrosse qui le conduit au château : « *Suddenly, away on our left, I saw a faint, flickering blue flame. The driver saw it at the same moment; he [...] disappeared into the darkness. [...] I think I must have fallen asleep and kept dreaming of the incident, for it seemed to be repeated endlessly, and now, looking back, it is like a sort of awful nightmare.* » (Ch. 1, 19). De toute évidence, ce temps de l'onirisme est aussi celui de la stase,

---

1. Les passages (temporels, physiques, mentaux), souvent associés à la métamorphose, sont un topos traditionnel de la littérature gothique et fantastique dont la logique est liminale (franchissement de seuils, transgression, règne de l'entre-deux, hybridité).

de la répétition à l'infini, de la circularité. Harker s'endort de nouveau[1] et ne peut donc pas voir les abords du château : « *I must have been asleep, for certainly if I had been fully awake I must have noticed the approach to such a remarkable place.* » (Ch. 2, 20). C'est sur cette perte de conscience et de contrôle que s'ouvre le chapitre 2 qui commence lui aussi à présenter des trous noirs dans sa chronologie puisque le journal de Harker passe du 5 mai au 7 mai parce que son auteur, épuisé, a dormi pendant vingt-quatre heures. Le chapitre 3 comporte des blancs plus importants encore, passant du 8 au 12 mai, puis au 15 mai. Ces silences de plus en plus importants dans le journal initialement tenu quotidiennement (au chapitre 1), rempart dérisoire contre le chaos — « *[...] I turn to my diary for repose. The habit of entering accurately must help to soothe me.* » (Ch. 3, 41) — vont de pair avec la persécution morale du personnage par Dracula, qui vampirise les humains mais dévore aussi le temps « calendaire ». Ainsi, après la visite des succubes (qui a lieu parce qu'il s'est endormi — encore ! — au mauvais endroit, Ch. 3, 41) et sa syncope à la fin du chapitre 3, Harker se réveille dans son lit mais sa montre est arrêtée : « *My watch was still unwound, and I am rigorously accustomed to wind it the last thing before going to bed [...]* » (Ch. 4, 44). Quant au chapitre 4, l'irrégularité et l'espacement des entrées en disent long : 18 mai, 19 mai, 28 mai, 31 mai, 17 juin, 24 juin, 25 juin, 29 juin, 30 juin. C'est ce jour-là que prend abruptement fin le journal de Harker qui s'apprête à sauter dans le vide pour tenter de s'échapper du château ou mourir.

La circularité, au symbolisme proleptique, est aussi la configuration (spatiale, cette fois), des lieux qui ponctuent le trajet de Harker vers le château la nuit du 4 mai. Les descriptions de paysages et de maisons sont toujours codées, surdéterminées, dotées d'une valeur symbolique et proleptique assez transparente dans les textes gothiques et fantastiques. Dans son récit, Harker suggère avec une insistance véritablement obsessionnelle que tout semble se refermer sur lui comme un piège, l'enfermer et l'encercler : le crépuscule (« *the shadows of the evening began to creep round us [...]* », Ch. 1, 15), les montagnes d'apparence austère et menaçante (« *Then the mountains seemed to come nearer to us on each side [...]* », Ch. 1, 16), la poigne de fer du conducteur (« *a hand which caught my arm in a grip of steel* », Ch. 1, 17), les arbres et les rochers (« *Soon we were hemmed in with trees, which in places arched right over the roadway till we passed as through a tunnel; and again great frowning rocks guarded us boldly on either side.* », Ch. 1, 19), les loups (« *The baying of the wolves sounded nearer and nearer, as though they were closing round on us from every side.* », 20), décrits aussi comme « *the living ring of terror [that] encompassed [the horses] on every side* » (Ch. 1, 13). De fait, le château, conformément à la tradition gothique, n'est rien d'autre qu'une prison ; ce motif est déjà annoncé au début du chapitre 2 : « *Then there was the sound of rattling chains and the*

---

1. Ce sera également le cas de Mina, plongée dans une profonde léthargie aux abords du château de Dracula au chapitre 27, dans les deux « Memorandum » de Van Helsing, datés des 4 et 5 novembre : « *[...] she has been so heavy of head all day that she was not like herself. She sleeps, and sleeps, and sleeps!* » (4 novembre, 313). Depuis la célèbre gravure de Goya datée de 1798, nul n'ignore que le « sommeil de la raison engendre des monstres ».

clanking of massive bolts drawn back. A key was turned with the loud grating noise of long disuse, and the great door swung back. » (21). Harker se rend compte avec effroi à la fin du chapitre 2 qu'il est pris au piège : « *[...] doors, doors, doors everywhere, and all locked and bolted. In no place save from the windows in the castle walls is there an available exit. The castle is a veritable prison, and I am a prisoner!* » (31-2)

Ironie du sort, le schéma d'enfermement par encerclement (avec resserrement de l'espace, comme un nœud coulant) qui domine dans le château s'accompagne à l'extérieur d'un mouvement circulaire d'expansion *centrifuge* à partir de trois noyaux (Carfax, Exeter, Whitby, foyers des projets coloniaux du Comte), inscrits sur la carte de Grande-Bretagne que découvre Harker dans la bibliothèque : « *[...] I found in certain places little rings marked, and on examining these I noticed that one was near London on the east side, manifestly where his new estate was situated; the other two were Exeter, and Whitby on the Yorkshire coast.* » (Ch. 2, 29) De fait, sur les cinquante cercueils initialement déposés à Carfax, vingt-et-un sont prélevés par les soins de Dracula et disséminés dans Londres et en province (Ch. 20, 229).[1]

Harker réussit finalement à s'échapper mais le lecteur — celui (bien hypothétique en ce début de XXIe siècle) qui ne connaîtrait pas l'histoire, craint évidemment le pire — ne le découvre que bien plus tard, en lisant le Journal de Mina (entrée du 19 août), au chapitre 8 (94). En effet, alors que la construction du récit était relativement linéaire et sa chronologie facile à suivre aux quatre premiers chapitres, écrits par un narrateur unique et caractérisés par l'unité de lieu, le chapitre 5 marque le commencement d'une véritable mosaïque narrative (sur le plan visuel et typographique, il s'agit véritablement d'un collage de documents divers) que l'on pourrait aussi décrire comme une polyphonie car plusieurs « voix » se font entendre : au chapitre 5, les lettres échangées par Lucy et Mina, ou le journal de Mina au chapitre 6 (dans les deux cas, le journal du Dr Seward vient régulièrement s'intercaler), l'article de journal sur la tempête du 8 août à Whitby et le journal de bord du *Demeter* au chapitre 7 ; outre la suite du journal de Mina au chapitre 8, l'échange de lettres entre les avoués de Dracula Billington & Son, à Whitby) et le transporteur londonien ; au chapitre 9, outre sa correspondance avec Mina, le journal que Lucy se met elle aussi à tenir, accompagnés de lettres entre Arthur Holmwood et Seward, etc. Tout cela a des répercussions sensibles sur la chronologie qui se voit fortement perturbée dans la mesure où les différents narrateurs écrivent à des endroits différents (l'asile de l'est de Londres, Whitby, Budapest, Hillingham, Amsterdam, Exeter, etc.), ne commencent pas leur récit au même moment et ne le poursuivent pas au même rythme.

Ainsi, le chapitre 5 débute avec les lettres du 9 mai et du 24 mai alors que le journal de Harker vient de se terminer le 30 juin à la fin du chapitre

---

1. D'autres images de circularité apparaissent de loin en loin aux chapitres 3 et 4 : « *The unnatural, horrible net of gloom and mystery which seemed closing round me.* » (Ch. 3, 38) ou « *I was again a prisoner, and the net of doom was closing round me more closely.* » (Ch. 4, 54), ou encore l'escalier en colimaçon qui descend à la crypte (Ch. 4, 50).

4. Au sein du chapitre 5, le journal de Seward commence plus loin en
arrière encore, le 25 avril. En outre, certaines dates se voient dédoublées,
c'est-à-dire traitées par des narrateurs différents avec des préoccupations
différentes : le 19 août par exemple — Mina (94) et Seward (96-8) — ou le
24 août pour Mina (98-100) et Lucy (103-4). Cet éclatement généralisé
(spatial, temporel, « vocal ») a quelque chose de déstabilisant qui rend
l'appréhension du texte difficile mais favorise en revanche les jeux d'écho,
de prolepse, les mouvements de navette d'un document à l'autre que le
lecteur est implicitement invité à effectuer. Ainsi, l'article du *Dailygraph*
du 8 août (75 sq) nous permet d'établir un lien de cause à effet avec
l'agitation de Lucy mentionnée par Mina dans son journal (84). De même,
grâce aux deux lettres du chapitre 8 (92-3), le lecteur déduit que Dracula a
quitté Whitby le 17 août et arrivera à Carfax le 18 août, ce qui rend
l'amélioration de l'état de santé de Lucy (journal de Mina, 93) et la crise
de Renfield pendant la nuit du 18 au 19 août (journal de Seward, 96) plus
compréhensibles.

Il s'agit de l'une des grandes spécificités de *Dracula* et d'un procédé qui
lui confère originalité et force dramatique en alimentant l'inquiétude et le
suspense. À partir du chapitre 9 (dès le 31 août), la chronologie devient
plus linéaire, d'autant que les protagonistes (hormis Mina et Jonathan
Harker — à Budapest — qui ne regagnent l'Angleterre qu'à la mi-
septembre) sont tous réunis à Londres, et le texte ne comporte pas de
retours en arrière importants. L'épisode du loup échappé du zoo le
17 septembre, au chapitre 11 (*Pall Mall Gazette* du 18 septembre) constitue
cependant une exception notable et particulièrement intéressante. En
effet, l'article de presse précède (et éclaire) le journal du Dr Seward daté
du 17 septembre (nouvel accès de violence chez Renfield, 129), le
télégramme de Van Helsing (daté du 17 mais ne parvenant à Seward que
le 18 au matin, trop tard, donc), le « memorandum » de Lucy narrant la
nuit terrible du 17 septembre et mentionnant un loup (131).

Mais la chronologie se remet à être linéaire et prospective à partir du
20 septembre (journal de Seward, fin du chapitre 12), et cela jusqu'au
6 novembre, date à laquelle « l'histoire Dracula » prend fin (suivie d'une
brève note de J. Harker, écrite sept ans plus tard). Le décès de Lucy, le
20 septembre (Ch. 12, 147) et ses obsèques à Hampstead, le 22 septembre
(Ch. 13, 156 *sq.*) sont donc *suivis* de l'article de la *Westminster Gazette* sur le
« Mystère de Hampstead », daté du 25 septembre. L'exclamation de Van
Helsing à la lecture de la *Gazette*, le 26 septembre — « Mein Gott! Mein
Gott! So soon! So soon! » (Journal de Harker, 169) — n'est évidemment
pas aussi sibylline qu'il y paraît : elle est à mettre en relation avec son
projet initial de trancher la tête de Lucy (journal de Seward, Ch. 13, 20
septembre, 149) et avec sa déclaration de la fin du chapitre 14
(26 septembre), véritable coup de théâtre pour Seward qui, contrairement
au lecteur, n'a pas compris la métamorphose sinistre de la jeune femme
dont il va prendre toute la mesure avec Quincey Morris et Arthur
Holmwood, aux chapitres 15 et 16. À partir de ce moment, nous gardons
en mémoire de nombreux indices disséminés dans les chapitres
précédents et nous détenons donc de nombreuses clefs utiles pour

comprendre la suite, ce qui n'enlève rien au plaisir de la découverte, même si la trame narrative de *Dracula* devient nettement moins complexe sur le plan structurel.

Il est clair que cette construction du roman comme collage de journaux intimes donne à la chronologie une importance centrale en plaçant le temps au premier plan ; dès le début de *Dracula* (particulièrement avec les quatre premiers chapitres (journal de Harker), et avec la maladie de Lucy (du début du mois d'août au 20 septembre), la présence obsédante de dates crée une tension, et renforce l'impression de peur, de danger, et d'imminence de la catastrophe. Comme les personnages-narrateurs, le lecteur est tendu (à tous les sens du terme) vers l'avenir, surtout jusqu'à la fin du chapitre 16.

Mais il faut signaler une autre particularité de *Dracula* à partir du chapitre 17 : le roman d'horreur (gothique et fantastique) se double d'une enquête de type policier dont le point de départ est la double mort de Lucy — sa mort en tant qu'être humain avec passage au statut de *Un-Dead* (orthographe utilisée dans le roman), puis son exorcisme sanglant à la fin du chapitre 16 qui lui rend sa pureté initiale, et joue le rôle de pivot et de moteur sur le plan dramatique. La configuration du roman change nettement à partir de ce moment : le suspense est à son comble jusqu'à la cérémonie d'exorcisme du chapitre 16 puis, dès le chapitre 17, le centre de gravité se déplace et n'est plus exclusivement d'ordre émotionnel (comme c'était le cas pour « l'affaire Lucy ») mais passe dans le domaine (plus intellectuel) de la détection : il s'agira alors pour les personnages, comme nous allons le voir, de remonter le cours du temps à la recherche de traces, de signes et d'indices de façon à pouvoir progresser ensuite, et retrouver et détruire le « criminel » : Dracula.

À l'issue du rituel de purification, Van Helsing déclare donc : « But there remains a greater task: *to find out the author* of all this sorrow and to stamp him out. I have *clues which we can follow* […] » (Ch. 16, 193, italiques ajoutées) Ajoutant à son rôle de médecin des corps et de l'âme celui de détective, le patriarche *Abraham* Van Helsing (double de son créateur Bram Stoker, et reflet en négatif de l'autre « père » du roman, Dracula) va entreprendre une longue croisade policière et religieuse contre le Mal. Il possède en outre des connaissances en criminologie : « *There is this particularity in criminals. It is so constant, in all countries and at all times, that even police, who know not much from philosophy, come to know it empirically, that it is. […] The criminal always work at one crime* […] » (Ch. 25, 296).

Mais il s'agit d'une investigation particulière, en raison de sa visée (le criminel est un être surnaturel) mais aussi des postulats de base de Van Helsing dont la vision mystique aux résonances occultistes[1] évoque par moments les leçons de détection données par son illustre prédécesseur, le

---

1. Stoker fut probablement membre, à partir de 1889, de The Hermetic Order of the Golden Dawn, société secrète rattachée au mouvement Rose-Croix et créée à Londres en 1867, dont firent aussi partie Bulwer-Lytton, Arthur Machen, Algernon Blackwood et le poète W.B. Yeats. L'affiliation de Stoker reste cependant hypothétique, selon Alain Pozzuoli dans « Bram Stoker, une vie », la biographie de l'écrivain qui préface *Bram Stoker. Œuvres*, Alain Pozzuoli et Jean-Pierre Krémer, eds., Omnibus, 2004, pp. xxv-xxvii.

génial Sherlock Holmes de Conan Doyle au Dr Watson[1]. Van Helsing
déclare au Dr Seward qui, selon lui, ne sait pas *voir* et ne peut lire le réel
correctement :

> *You are clever man, friend John; you reason well and your wit is bold; but
> you are too prejudiced. You do not let your eyes see nor your ears hear, and
> that which is outside your daily life is not of account to you. Do you not think
> that there are things which you cannot understand, and yet which are [...]
> Ah, it is the fault of our science that it wants to explain all [...]* (Ch. 14, 170-
> 71).

Van Helsing fait d'ailleurs des émules, notamment Mina Harker (élève-
modèle), qui écrit dans son journal du 30 octobre : « *Whilst they are resting,
I shall go over all carefully, and perhaps I may arrive at some conclusion. I shall
try to follow the Professor's example, and think without prejudice on the facts
before me...* » (Ch. 26, 304), et qui parvient par un procédé inductif digne
des meilleurs détectives, à reconstituer dans son « Memorandum »
l'itinéraire fluvial de Dracula (304-06). Son mentor s'émerveille d'ailleurs
de constater que l'élève a dépassé le maître : « *Our dear Madam Mina is
once more our teacher. Her eyes have seen where we were blinded. Now we are on
the track once again, and this time we may succeed.* » (Ch. 26, 306). On ne peut
manquer de souligner l'ironie du sort qui veut qu'une femme,
intrinsèquement faillible, et qui, de surcroît, porte le sceau du péché sur
son front, parvienne à un tel résultat. Sans doute son contact avec Dracula
l'a-t-elle rendue extralucide...

Van Helsing, quand il décide de mener l'enquête — « *our inquisition* »
(Ch. 17, 194) est d'ailleurs un terme polysémique — est investi d'une
mission sacrée à laquelle il se dévoue corps et âme comme le font aussi
ses compagnons : le couple Harker, Seward, Morris et Holmwood qui à
plusieurs reprises, prêtent serment de loyauté sur la croix et joignent les
mains pour sceller leur alliance (Ch. 18, 210). La quête (indicielle et
religieuse) n'est d'ailleurs autre qu'une croisade en direction de l'Orient,
dont les connotations xénophobes et intégristes apparaissent clairement :
« *Thus are we ministers of God's own wish: that the world [...] will not be given
over to monsters [...] He have allowed us to redeem one soul already, and we go
out as the old knights of the Cross to redeem more. Like them we shall travel
towards the sunrise [...]* » (Ch. 24, 278).

Mais pour ce faire, la connaissance du passé est nécessaire. Ainsi, le
cheminement qu'a accompli le lecteur (seul et d'une manière prospective)
jusqu'au chapitre 16 va recommencer au chapitre 17 pour les
personnages-narrateurs qui vont effectuer le même parcours temporel
rétrospectivement, refaisant le chemin à l'envers. Ils devront donc

---

1. « *[...] life is infinitely stranger than anything which the mind of man could invent. We would not
    dare to conceive the things which are mere commonplaces of existence. If we could fly out of that
    window [...] hover over this great city, gently remove the roofs, and peep in at the queer things
    which are going on [...] it would make all fiction with its conventionalities and foreseen conclusions
    most stale and unprofitable [...] Depend upon it, there is nothing so unnatural as the
    commonplace.* » (nouvelle « A Case of Identity », 30) ; ou « *Quite so. You have not observed.
    And yet you have seen. That is just my point.* » (« A Scandal in Bohemia », 8) ; ou encore « *On
    the contrary, Watson, you can see everything. You fail, however, to reason from what you see.* »
    (« The Blue Carbuncle », 152), in *The Adventures of Sherlock Holmes*, Oxford, Oxford World's
    Classics, 1998.

remonter dans le passé, retrouver les causes premières, restaurer les liens manquants. En termes narratologiques, il s'agit d'un aspect essentiel de la littérature de détection puisque, comme l'ont bien montré les théoriciens du genre, celle-ci repose sur un mouvement rétrospectif ou une chronologie à rebours, l'enjeu du récit étant de reconstruire l'histoire du crime. On consultera à ce sujet la « Typologie du roman policier » de Todorov, *The Pursuit of Crime* de Dennis Porter ou l'ouvrage récent de Marc Lits, *Le Roman policier*[1]. La quête indicielle minutieuse et systématique devient l'outil principal de l'investigation policière qui cherche à remonter aux origines en rétablissant une chaîne causale grâce à l'observation, en vertu du principe selon lequel tout acte est censé laisser des traces (« *circumstancial evidence* »), en vue de reconstruire le passé.

En effet, une fois arrivé à ce point-charnière (le début du chapitre 17), le lecteur (attentif) a sur les personnages un immense avantage : celui d'avoir disposé simultanément de *tous* les journaux intimes, et de *tous* les documents qui composent le roman (lettres, articles de presse), et d'avoir pu les mettre en relation pour en dégager un sens, voire pour deviner ou prévoir la suite des événements. C'est ce que nous avons vu pour les articles de la *Pall Mall Gazette* (le loup échappé) et de la *Westminster Gazette* (le mystère de Hampstead). Notre lecture multi-directionnelle, et donc panoramique, de tous ces documents nous donne une longueur d'avance sur Van Helsing et ses alliés qui doivent à partir du chapitre 17 repartir quasiment à zéro pour rejoindre le degré de connaissance que nous avons atteint dès la fin du chapitre 16. Contrairement à nous, ils avançaient quasiment en aveugles, ne disposant que d'un champ de vision très étroit (leur propre journal exclusivement) présentant des angles morts (leur ignorance des autres journaux et des autres documents). Van Helsing en sait un peu plus que les autres, et cela avant eux puisqu'il a la possibilité de consulter les lettres et le journal intime de Lucy au chapitre 14 (164). Ensuite, toujours au même chapitre, le 25 septembre, il prend connaissance de deux autres journaux : celui de Mina (164) et celui de Jonathan (166), initialement écrit en sténo, rappelons-le[2], qu'elle a pris soin de taper à la machine pour qu'il puisse être lu en cas de besoin (Ch. 14, 161).

---

1.   Marc Lits, *Le Roman policier* (Liège, Éditions du CEFAL, « Bibliothèque des Paralittératures », 1999 (1998) ; T. Todorov, « Typologie du roman policier », in *Poétique de la prose* (Paris, Seuil, « Poétique », 1971) ; les chapitres 2 et 3 de *The Pursuit of Crime: Art and Ideology in Detective Fiction* (New Haven, Yale University Press, 1981), de Dennis Porter, intitulés « Backward Construction and the Art of Suspense » et « Detection and Digression », sont tout à fait éclairants.

2.   Le thème de l'écriture cryptée et des langages incompréhensibles (sauf pour les initiés) est récurrent dans *Dracula* pour exprimer le mystère et l'opacité du réel et les problèmes de communication (involontaires ou entretenus à dessein) : la langue des gitans inaccessible pour Harker (Ch. 4, 45), les journaux de Harker et de Seward (en sténo et sur cylindre phonographique que seule la transcription dactylographiée de Mina rend lisibles), le carnet de l'un des transporteurs londoniens — « which had hieroglyphical entries in thick, half-obliterated pencil » (Ch. 20, 229) — et le réel dans son ensemble comme un vaste ensemble de signes codés que tous ne sont pas en mesure de lire : « […] *he have gone back to his Castle in Transylvania. I know it so well, as if a great hand of fire wrote it on the wall.* » (Ch. 24, 274)

Au chapitre 17, Mina poursuit son patient travail de transcription en se chargeant de mettre par écrit les cylindres du journal du Dr Seward (29 septembre, 198) et complète la (re)construction en lisant tous les articles de presse (dont le lecteur a déjà eu connaissance) utiles à l'enquête. Il s'agit donc de décoder le passé pour que l'avenir lui-même puisse devenir lisible. L'entrée du 30 septembre du journal du Dr Seward dresse un premier bilan très positif de l'entreprise : tout ce qu'il a pu lire grâce à Mina lui permet, pour la première fois, de comprendre les liens étroits qui unissent Carfax et son asile, Dracula et Renfield dont les agissements passés lui apparaissent sous un nouveau jour : « *a sort of index to the coming and going of the Count.* » (Ch. 17, 199)

La reconstitution des faits (liés à la mort de Lucy) que le lecteur a déjà découverts (dans leur ordre plus ou moins chronologique) est donc présentée comme un patient *tissage*, rôle éminemment féminin, dont Mina — une merveilleuse Pénélope, dotée d'un cerveau d'homme, suprême compliment de Van Helsing, et d'un cœur de femme (Ch. 18, 207) — est l'auteur : « *[…] I heard the click of the typewriter. They are hard at it. Mrs Harker says that they are knitting together in chronological order every scrap of evidence they have.* » (Ch. 17, 199) Toute la vérité sur les épisodes des derniers mois devient donc accessible et lisible pour tous à partir du 30 septembre. Après cette phase indispensable de (re)construction épistémologique des chapitres 17 et 18, le récit peut se remettre à suivre un mouvement prospectif pour les personnages et pour le lecteur, placés de nouveau en position similaire, celle de détectives amateurs, impatients de trouver le criminel. Le suspense recommence alors à jouer pleinement : que sont devenus les cercueils manquants ? Qu'adviendra-t-il de Mina, elle aussi contaminée par Dracula à partir du 30 septembre (chapitre 19) ? L'« union sacrée » parviendra-t-elle à retrouver et à détruire le vampire ?

Cependant, même si Dracula et les trois succubes sont finalement décapités et mis hors d'état de nuire au chapitre 27, le triomphe des forces du Bien et de la Modernité n'est que partiel dans la mesure où Morris trouve la mort en Transylvanie. Symboliquement, l'aristocrate qu'est Dracula détruit (par sbires tsiganes interposés) l'ordre nouveau (social et économique) qu'incarne l'Américain. Le retour à l'Est aux chapitres 26 et 27 constitue un effet de boucle qui fait bien mesurer la puissance des forces du passé (Van Helsing manque de succomber au charme empoisonné des trois succubes, comme en témoigne son « Memorandum » du 5 novembre, 319), mais aussi à quel point le combat était inégal : cinq Victoriens et une femme (salie par le « baptême du sang », Ch. 21, 248 et 252 ; Ch. 22, 258-59) contre une seule créature qui possède la force de vingt hommes et un savoir séculaire : « *This vampire which is amongst us is of himself so strong in person as twenty men; he is of cunning more than mortal, for his cunning be the growth of ages […]* » (Ch. 18, 209). Pour les Harker, pour le Dr Seward, pour Quincey Morris ou Arthur Holmwood, le temps se mesure en minutes, voire en secondes : « *My heart beat as I saw the house on which so much of our hope was centred […] The minutes seemed to pass with leaden feet as we waited for the coming of the others.* » (Ch. 22, 261); « *We waited in a suspense that made the seconds pass*

with nightmare slowness. The slow, careful steps came along the wall [...] »
(Ch. 23, 266). Mais pour Dracula, le temps est si dilaté qu'il en devient
insignifiant, selon Van Helsing : « *[...] a man who has centuries before him
can afford to wait and to go slow. Festina lente may well be his motto.* » (Ch. 23,
264) Au moment où il échappe à ses poursuivants à Piccadilly, il déclare
d'ailleurs : « *My revenge is just begun! I spread it over centuries, and time is on
my side.* » (Ch. 23, 267)

La circularité, non seulement sur le plan structurel (avec le retour en
Transylvanie), mais aussi spatial et symbolique, domine de nouveau au
chapitre 27 : les flocons de neige et la brume maléfiques qui virevoltent et
cherchent à encercler Van Helsing et Mina — il s'agit bien sûr des trois
vampires féminins : « *I knew the swaying round forms, the bright hard eyes
[...] the voluptuous lips.* » (« Memorandum » du 4 novembre, 317) — ne
peuvent cependant pas franchir le cercle magique protecteur tracé avec
l'hostie par Van Helsing (316). Au bout du compte, l'histoire se répète et
le schéma temporel de la fin, dans la « Note » en forme de post-scriptum
ajoutée par J. Harker *sept* ans après le chapitre 27 (chiffre magique des
mythes et des contes de fées, chiffre biblique aussi), n'est pas celui que
l'on pourrait attendre. L'espèce de métempsychose évoquée — « *[...] our
boy's birthday is the same day as that on which Quincey Morris died. His
mother holds, I know,* the secret belief *that some of our brave friend's spirit has
passed into him. His bundle of names links all our little band of men together;
but we call him Quincey.* » (326, c'est moi qui souligne) — ne serait-elle pas
une modalité de l'éternel retour ? Cette croyance en la « réincarnation »
de l'âme de Quincey l'aîné dans le corps et l'esprit de Quincey le jeune a
quelque chose de troublant car elle évoque une forme de colonisation des
êtres semblable, sans la terreur, à celle pratiquée par les vampires. Elle
témoigne aussi d'un retour à un mode de pensée mythique qui paraît
archaïque, comme si l'expérience du mal avait fait « régresser » Mina. Ce
secret que Jonathan croit deviner rappelle d'ailleurs la réticence et le
silence de sa femme après les deux premières visites de Dracula (Ch. 20,
230 et 234) et semble suggérer la fin des relations transparentes que le
couple entretenait autrefois. Si la marque de la Bête a disparu du front de
Mina, son esprit est-il pareillement purifié et affranchi ? On l'ignore car,
après avoir été un écrivain actif et de premier plan jusqu'au chapitre 27 (6
novembre), elle perd l'accès (ou le droit ?) à la parole — comme Dracula,
le grand « muet » du roman, le seul qui ne tienne pas son journal — et
c'est à son mari qu'il appartient de conclure.

Mais Dracula est-il bien mort ?

Bibliographie

Burke, Edmund, *A Philosophical Enquiry into our Ideas of the Sublime and the Beautiful*
(1757), David Womersley, ed., Harmondsworth, Penguin Classics, 1999.
Et site http://www.bartleby.com/24/2/...

Duperray, Max, ed., *Une Littérature anglaise de l'inquiétude*, Université de Provence,
L'Harmattan, Annales du Monde Anglophone, n° 8, 2e semestre 1998.

Dupeyron-Lafay, Françoise, *Le Fantastique anglo-saxon. De l'Autre Côté du réel*, Paris,
Ellipses, 1998.

Frayling, Christopher, *Vampyres. Lord Byron to Count Dracula*, London, Faber and Faber, 1991.

Freud, Sigmund, *L'Inquiétante Étrangeté et autres essais*, Paris, Gallimard, « Connaissance de l'Inconscient », 1985 (1919).

Le Fanu, Joseph Sheridan, *In A Glass Darkly* (1872), « Carmilla », Robert Tracy, ed., Oxford, The World's Classics, 1993.

Levy, Maurice, *Le Roman « gothique » anglais, 1764-1824*, Paris, Albin Michel, 1995.

Marigny, Jean, éd., *Sang pour Sang. Le Réveil des vampires*, Paris, Gallimard, « Découvertes Traditions », 1996 (1993).

Marigny, Jean, *Dracula*, Paris, Éditions Autrement, « Figures mythiques », 1997.

Radcliffe, Ann, *The Mysteries of Udolpho*, Oxford World's Classics, 1998.

Troisième partie

Rencontre avec d'autres textes

Des mots et des morts dans *Dracula*

Delphine Cingal

Dracula paraît en 1897, près de trente ans après ce qui est généralement considéré comme le premier roman policier, *The Moonstone* (1868). Si *Dracula* est l'héritier direct des romans gothiques d'Ann Radcliffe, il n'échappe pas complètement à l'influence plus rationnelle de la science de son époque. Par là, il existe une certaine parenté avec le genre policier qui fait fureur à l'époque, sous la plume d'écrivains comme Arthur Conan Doyle.

Dracula est le type même du malfaiteur gothique (un étranger, doté de mystérieux pouvoirs, vivant dans un château très ancien, en partie en ruine, etc.), mais il est aussi un criminel type (ou criminel-né) selon la terminologie des pseudo-sciences criminalistiques de l'époque, et en particulier la physiognomonie de Cesare Lombroso. Il est en quelque sorte un double gothique de Moriarty, l'archétype du Mal incarné pour Sherlock Holmes.

Dracula est un récit tiraillé entre, d'un côté, le mystérieux, l'irrationnel et l'insaisissable et, de l'autre, le scientifique, le rationnel et le quantifiable. En ce sens, ce roman est celui d'une double quête : celle pour sauver des âmes menacées et celle pour éliminer un criminel de la société.

Dracula est le récit d'une enquête textuelle et quasi-policière. Les cadavres — morts ou vivants — sont autant de signes sur le parcours de cette investigation.

Cadavres exquis : enquête et récit

Chasse au prédateur

Parmi les avatars du vampire se trouve le loup, animal qui condense en lui prédateur et proie des hommes. Le thème du prédateur est récurrent dans la littérature et le film policier.

M le Maudit en serait un excellent exemple. À la fin du film, Peter Lorre est seul face à une foule qui veut le mettre en pièces. Animal traqué, acculé, son chapeau à terre, son angoisse et sa misère deviennent palpables. Renversement des affects. Le spectateur est alors confronté à la pitié. Il est le centre d'un coup de théâtre. Il passe du camp des lyncheurs à celui du lynché (M sera finalement épargné et remis à la justice.)

C'est un parcours semblable que le lecteur subit à travers l'expérience de Mina. Son appel à la compréhension du phénomène vampirique marque un léger déplacement de l'affect. La sanglante chasse au vampire devient libération d'une âme et possibilité de rédemption post-mortem. Si le vampire apparaît comme monstrueux pendant toute la première partie du roman, il devient plus humain après le « baptême du sang » de Mina.

Avant cet épisode, Mina écrit dans son journal :

I feel myself quite wild with excitement. I suppose one ought to pity anything so hunted as the Count. That is just it. This thing is not human, not even a beast. To read Dr. Seward's account of poor Lucy's death, and what followed, is enough to dry up the springs of pity in one's heart. (202)

Après le baptême du sang, Mina devient un vampire en puissance. Le problème prend donc une connotation particulière et devient plus complexe. La proximité du phénomène rend le vampire moins inhumain. Il ne s'agit plus de détruire un monstre (le terme de « *destroy* » accolé à « *monster* » est un leitmotiv dans la bouche des protagonistes), mais de le libérer, de rendre son âme à Dieu. Mina humanise donc le monstre et, lorsque Jonathan menace de détruire l'âme de Dracula en même temps que son corps vampirique, s'exclame :

Oh, hush! Oh, hush in the name of the good God. Don't say such things, Jonathan, my husband, or you will crush me with fear and horror. Just think, my dear… I have been thinking all this long, long day of it… that… perhaps… some day… I, too, may need such pity, and that some other like you, and with equal cause for anger, may deny it to me! Oh, my husband! My husband, indeed I would have spared you such a thought had there been another way. But I pray that God may not have treasured your wild words, except as the heart-broken wail of a very loving and sorely stricken man. Oh, God, let these poor white hairs go in evidence of what he has suffered, who all his life has done no wrong, and on whom so many sorrows have come. (269)

Il ne s'agit donc pas d'un massacre, mais d'un acte de justice et de paix où chacun gagne au change, à commencer par la victime. Le risque d'être arrêté est pourtant réel au cours de la poursuite si bien que Lord Godalming se porte volontaire pour pénétrer par effraction dans la résidence de Dracula car son nom le protègerait sûrement des ennuis avec la police. Les tueurs de vampires n'ont pas toujours le droit de leur côté, mais ils ont la Justice (plus dans son acception divine qu'humaine) pour eux.

Vampire et criminel-né

Dans cette enquête, les travaux de la science contemporaine, et en particulier la physiognomonie, sont mis en œuvre pour comprendre Dracula et le retrouver. Mina explique ainsi :

The Count is a criminal and of criminal type. Nordau and Lombroso would so classify him, and qua criminal he is of imperfectly formed mind. Thus, in a difficulty he has to seek resource in habit. His past is a clue, and the one page that we know—and that from his own lips—tells that once before, in what Mr Morris would call a "tight place", he went back to his own country from the land he had tried to invade, and thence without losing purpose, prepared himself for a new effort. He came again, better equipped for his work; and won. So he came to London to invade a new land. He was beaten, and when all hope of success was lost, and his experience in danger, he fled back over the sea to his home; just formerly he had fled back over the Danube from Turkey land. (296)

Ceci n'est pas loin du récit que Arthur Conan Doyle fait de Moriarty, quatre ans auparavant, dans « The Final Problem » (*The Strand*, Decembre 1893) :

He is a man of good birth and excellent education, endowed by nature with a phenomenal mathematical faculty. At the age of twenty-one he wrote a treatise upon the binomial theorem, which has had a European vogue. On the strength of it he won the mathematical chair at one of our smaller universities, and had, to all appearances, a most brilliant career before him. But the man had hereditary tendencies of the most diabolical kind. A criminal strain ran in his blood, which, instead of being modified, was increased and rendered infinitely more dangerous by his extraordinary mental powers. (417)

Intelligence et propension naturelle au mal, voilà ce qui fait le criminel-né. Chez ce dernier, c'est surtout le manque ou l'atrophie de sens moral qui ne prévient pas le crime, tandis que chez le criminel d'occasion, le sens moral est à peu près normal, mais c'est l'imprévoyance des conséquences de son action qui le fait céder aux impulsions extérieures.

Moriarty et Dracula sont également au centre d'un réseau de malfaiteurs qui leur obéissent (les trois sœurs pour Dracula, des hommes de main pour Moriarty.)

He is the Napoleon of crime, Watson. He is the organizer of half that is evil and of nearly all that is undetected in this great city. He is a genius, a philosopher, an abstract thinker. He has a brain of the first order. He sits motionless, like a spider in the centre of its web, but that web has a thousand radiations, and he knows well every quiver of each of them. He does little himself. He only plans. But his agents are numerous and splendidly organized. Is there a crime to be done, a paper to be abstracted, we will say, a house to be rifled, a man to be removed—the word is passed to the professor, the matter is organized and carried out. The agent may be caught. In that case money is found for his bail or his defence. But the central power which uses the agent is never caught–never so much as suspected. This was the organization which I deduced, Watson, and which I devoted my whole energy to exposing and breaking up. (417-418)

Il est ainsi relativement facile de se débarrasser de leurs acolytes, mais l'enquêteur, devenu justicier, doit sacrifier sa vie pour débarrasser la société du Mal incarné. Ainsi, Sherlock Holmes et Quincey Morris perdent la vie dans la bataille (même si Sherlock Holmes, sur la pression des lecteurs du *Strand*, revint bien en vie dans « The Adventure of the Empty House » plusieurs années plus tard.)

Le physique de Moriarty, comme celui du vampire, est tout naturellement celui du criminel-né. Même la description physique de Dracula coïncide à quelques différences près avec celle des « homicides habituels ». Ils ont en commun un nez aquilin, crochu, aux fortes narines, un teint pâle. Le regard est froid et fixe, les yeux rouges, comme injectés de sang. Le front haut et bombé marque l'intelligence du criminel-né. Dracula est « *a tall old man, clean shaven save for a long white moustache, and clad in black from head to foot, without a single speck of colour about him anywhere.* » (21) Plus loin, les traits de son visage indiquent clairement, pour le physiognomoniste, un être cruel et sans pitié.

I had now an opportunity of observing him, and found him of a very marked physiognomy.
His face was a strong, a very strong, aquiline, with high bridge of the thin nose and peculiarly arched nostrils, with lofty domed forehead, and hair growing scantily round the temples but profusely elsewhere. His eyebrows were very massive, almost meeting over the nose, and with bushy hair that

seemed to curl in its own profusion. The mouth, so far as I could see it under the heavy moustache, was fixed and rather cruel-looking, with peculiarly sharp white teeth. These protruded over the lips, whose remarkable ruddiness showed astonishing vitality in a man of his years. For the rest, his ears were pale, and at the tops extremely pointed. The chin was broad and strong, and the cheeks firm though thin. The general effect was one of extraordinary pallor. (23)

La physiognomonie adjoint traditionnellement les profils criminels et types animaliers particuliers. Dracula est constamment associé, dans sa manière de se mouvoir, à des animaux (le loup, la chauve-souris, etc.) Ses déplacements le long des murailles de son château sont ceux d'un « lézard » (39). De même, Moriarty est grand et se déplace comme un serpent :

His appearance was quite familiar to me. He is extremely tall and thin, his forehead domes out in a white curve, and his two eyes are deeply sunken in his head. He is clean-shaven, pale, and ascetic-looking, retaining something of the professor in his features. His shoulders are rounded from much study, and his face protrudes forward and is forever slowly oscillating from side to side in a curiously reptilian fashion. He peered at me with great curiosity in his puckered eyes. (418)

Dracula, tueur gothique et fantastique, est aussi un criminel-né, l'écho des grands tueurs du XIXᵉ siècle. L'enquête, puis l'expédition punitive, se construisent donc tout naturellement comme un travail de police et de justice. Le texte doit refléter l'impartialité scientifique, celui d'un groupe de détectives sur les pas de la Vérité.

Voix et voies

Le récit par des narrateurs diégétiques permet de découvrir un sens unique au croisement des rapports fidèlement notés par chacun des diaristes ou épistoliers. Tout comme, suite au procès de Constance Kent, Wilkie Collins, fasciné par la naissance d'une vérité unique à travers des points de vue multiples avait eu recours à des voix dans *The Woman in White* (1860) et dans *The Moonstone* (1868), Bram Stoker, en 1897, reprend ce procédé pour tirer le portrait d'un être mystérieux, le vampire. Comme Mina l'exprime dans son journal, le récit de Jonathan Harker ne devient témoignage rationnel que par l'écho qu'il trouve dans les récits de Seward et Van Helsing. Les récits croisés des divers protagonistes permet la construction de l'image fuyante du vampire et des phénomènes autour de celui-ci. L'invraisemblable, l'incroyable et l'impossible deviennent alors vraisemblables, faute de quoi il ne saurait y avoir de roman.

Mina Harker et la maïeutique du texte

Au cœur de ce réseau de personnages masculins se trouve Mina Harker. Elle est le lien entre les récits, autorité narrative suprême dans la mesure où elle ordonne le récit. Elle se fait l'écho diégétique de l'autorité auctoriale. Elle mène en effet les protagonistes masculins à la baguette, les forçant avec une apparente douceur à rendre leurs récits publics.

Mina Harker construit le récit et le met en œuvre dans sa collecte des diverses narrations. Elle relie les textes entre eux, leur donne une forme lisible. (C'est elle qui transcrit les notes sténographiées de son mari et les textes enregistrés de Seward. C'est aussi elle qui intercale son propre journal, celui de Van Helsing, les courriers que Lucy et elle-même ont échangés, etc.) Elle permet la compréhension du phénomène vampirique par les divers protagonistes. Sans le récit de Jonathan, l'équipe de vengeurs qui se construit autour de Van Helsing ne pourrait comprendre la mort de Lucy. De même sans le journal de Seward, celui de Harker n'aurait d'autre sens que les divagations d'un esprit dérangé.

Toutefois, si Mina possède une douceur victorienne toute féminine, la scène de sa rencontre avec Seward se rapproche du viol. Seward ne souhaite pas lui confier ses cylindres, elle insiste et finit par obtenir ce qu'elle désire. Pour découvrir la vérité sur la mort de Lucy et pour confirmer les soupçons de son mari, elle fait preuve de fermeté. Elle finit par négocier l'échange de son journal et de celui de son mari contre les enregistrements du Dr. Seward.

La lecture des divers récits permet à l'équipe de se former. Les références de chaque journal aux textes des autres et surtout la destruction de certaines copies et des originaux de Seward par Dracula (249) exprime la nature essentielle de cette construction intellectuelle dans le combat contre les vampires.

Mina tisse les liens intertextuels entre les divers récits et permet la naissance du sens. Elle insémine le récit, le fait surgir et Van Helsing lui donne un sens et une terminologie scientifique. C'est en effet lui qui finit par mettre un nom sur le phénomène qui cause la mort de Lucy et sur celui de la « *Bloofer Lady* ». Mina fournit les constatations expérimentales, Van Helsing les conclusions scientifiques.

Face à l'incompréhension, au mystère, aux phénomènes scientifiquement non-explicables, l'étiologie est une construction entre Mina et Van Helsing.

Exquis cadavres

Lecture du corps

Le vampire insculpe le corps de ses victimes, il les marque de son sceau personnel. Il leur ajoute un sens. La victime porte alors les stigmates du vampire, sa signature. En Grèce, σημα signifiait tout à la fois le signe figuratif et la tombe. Aristote, par un jeu de mots sur σημα σωμα, voyait dans le corps le tombeau de l'âme, un obstacle à l'aspiration de s'élever. Le corps vampirisé devient signifiant, son apparition et ses disparitions sont la marque de son existence en creux. On ne saurait le désigner par des termes positifs, d'où l'incompréhension d'Arthur face aux explications de Van Helsing. Le corps du vampire n'est pas mort, mais il n'est pas vivant non plus. Il est *Un-dead*. Notion floue, en négatif, qui marque l'incapacité des narrateurs à nommer clairement le statut du vampire. La marque de celui-ci est uniquement celle laissée sur le cou de ses victimes dans la mesure où il n'en laisse aucune autre : il n'a ni ombre ni reflet.

Le corps est alors non plus σçμα *(sêma)*, mais σημα *(sôma)*. Il est signe, signature du vampire. Lorsque les enquêteurs travaillent sur une série de meurtres, ils la renvoient à un même criminel quand ils observent une « signature » commune (celle du Vampire dans *Dracula*.) De même Van Helsing peut identifier un assaillant différent pour les agressions des enfants par la « *Bloofer Lady* » dans la mesure où les marques dans le cou sont plus petites que celles laissées par Dracula sur Lucy.

La mise à mort est un acte langagier. L'inscription du sens dans *La Colonie pénitentiaire* de Kafka est une inscription sémantique *(σημα)* où la peine infligée est imprimée, signifiée, sur le corps *(σçμα)* supplicié. Le défi essentiel aux lois immanentes et transcendantes que constitue l'assassinat se signe sur le corps de la victime. Le meurtre est une manière barbare de s'exprimer (au sens de βαρβαροΩ, qui ne sait parler.) Dans le cas du vampire, il s'agit d'une manière barbare de se nourrir. Le refus du cuit (la nourriture préparée au château de Dracula par exemple) au profit du cru, et pire encore, du cru humain. Il s'agit d'un déni de toute culture.

Cadavres, corps et volupté

Lucy, après sa première mort, est bien plus séduisante que dans son agonie. Les marques de souffrance s'oblitèrent mystérieusement, de même que les poinçons du vampire. Les contrastes de couleurs deviennent saisissants : son teint est plus clair et ses lèvres plus rouges. Seul élément dérangeant : ses canines pointues, les dents du prédateur, du loup. Le corps n'est pas cadavre, il est corps dans toute sa beauté. Il s'épanouit :

> There was a wilderness of beautiful white flowers, and death was made as little repulsive as might be. The end of the winding sheet was laid over the face. When the Professor bent over and turned it gently back, we both started at the beauty before us. The tall wax candles showing a sufficient light to note it well. All Lucy's loveliness had come back to her in death, and the hours that had passed, instead of leaving traces of "decay's effacing fingers", had but restored the beauty of life, till positively I could not believe my eyes that I was looking at a corpse. (148)

Lorsque Seward et Van Helsing ouvrent la tombe, ils découvrent que le corps a disparu. Puis, celui-ci réapparaît, dans toute sa beauté :

> There lay Lucy, seemingly just as we had seen her the night before her funeral. She was, if possible, more radiantly beautiful than ever, and I could not believe that she was dead. The lips were red, nay redder than before, and on the cheeks was a delicate bloom. (178)

Au contraire, après sa seconde mort, Lucy reprend son aspect marqué par la maladie :

> There, in the coffin lay no longer the foul Thing that we had so dreaded and grown to hate that the work of her destruction was yielded as a privilege to the one best entitled to it, but Lucy as we had seen her in life, with her face of unequalled sweetness and purity. True that there were there, as we had seen them in life, the traces of care and pain and waste. But these were all dear to us, for they marked her truth to what we knew. (192)

Les scènes de vampirisme sont des moments torrides, la plus impressionnante étant le baptême du sang de Mina. Le moment où celle-ci suce la poitrine de Dracula correspond à un viol figuré. Les lèvres de Dracula sont « *reeking* » (251). Là, pas de jouissance, d'orgasme métaphoriques. Au contraire, une violence infinie où le désir de l'un ne correspond pas à celui de l'autre.

> With that he pulled open his shirt, and with his long sharp nails opened a vein in his breast. When the blood began to spurt out, he took my hands in one of his, holding them tight, and with the other seized my neck and pressed my mouth to the wound, so that I must either suffocate or swallow some of the- Oh, my God! My God! What have I done? What have I done to deserve such a fate, I who have tried to walk in meekness and righteousness all my days. God pity me! Look down on a poor soul in worse than mortal peril. (252)

Au contraire, Jonathan Harker, dès les prémices du récit, est conscient de l'aspect « hémosexuel » de sa relation[1] avec les trois sœurs dans le château de Dracula. Il sait que Mina pourrait être jalouse si elle lisait son journal. Si le désir sexuel était absent de ces pages, la remarque de Harker serait inutile.

> There was something about them that made me uneasy, some longing and at the same time some deadly fear. I felt in my heart a wicked, burning desire that they would kiss me with those red lips. It is not good to note this down, lest some day it should meet Mina's eyes and cause her pain, but it is the truth. They whispered together, and then they all three laughed, such a silvery, musical laugh, but as hard as though the sound never could have come through the softness of human lips. It was like the intolerable, tingling sweetness of waterglasses when played on by a cunning hand. The fair girl shook her head coquettishly, and the other two urged her on.
> One said, "Go on! You are first, and we shall follow. Yours is the right to begin."
> The other added, "He is young and strong. There are kisses for us all."
> I lay quiet, looking out from under my eyelashes in an agony of delightful anticipation. (42)

Cette scène, dans l'adaptation cinématographique de Francis Ford Coppola, devient clairement orgiaque. Les trois sœurs lèchent, mordent, excitent.

Dans les récits de vampires, en particulier « Carmilla » ou *Dracula*, les connotations sexuelles sont claires. $E\rho o\Omega$ et $^9\alpha\nu\alpha\tau o\Omega$ se mêlent étroitement, n'existent pas l'un sans l'autre.

Cette relation entre Mort et Érotisme est tout particulièrement victorienne. L'auteur de romans policiers P.D. James insiste dans plusieurs de ses romans sur le fait que les prostituées victoriennes utilisaient les cimetières pour leurs relations tarifées.

> She said: "I wonder why one always feels randy after a funeral. The potent conjunction of death and sex, I suppose. Did you know that Victorian prostitutes used to service their clients in graveyards on the flat tops of the tombs[2]?"

Le lien entre vampire et sexualité débridée est clair par le lien sémantique entre vampire et vamp. Les vampires féminins sont des

---

1. Terminologie de Claire Bazin dans sa communication « Faut-il laisser Lucy faire ? : *Dracula* ou le refus de vieillir », colloque SFEVE, Clermont Ferrand, janvier 2005.
2. P.D. James, *Original Sin*, Londres, Faber and Faber, 1994, p. 63.

séductrices impures, donc des femmes qui choisissent leur partenaire (et non l'inverse, ce qui est l'ordre naturel victorien puritain) et le séduisent de manière ouverte. Les constantes références au pur et à l'impur à travers *Dracula* sont le signe de cette sexualité débridée du vampire.

Lucy, qui se rêve polyandre au début du roman, le devient dans la réalité par son lien du sang avec ses trois prétendants et Van Helsing. Ce dernier relève le fait et choque le Dr Seward par cette note d'humour déplacée :

> *Said he [Arthur] not that the transfusion of his blood to her veins had made her truly his bride? [...] Then this so sweet maid is a polyandrist, and me, with my poor wife dead to me, but alive by Church's law, though no wits, all gone, even I, who am faithful husband to this now-no-wife, am bigamist.* (158)

La maladie et la mort (réelle ou semi-réelle) signifient donc, pour le vampire, un lien polygame ou polyandre. Toutefois, dans sa sexualité vampirique, Lucy se concentre uniquement sur Arthur Holmwood. La vamp / vampire garde sa langueur et sa sexualité agressive pour le partenaire qu'elle avait choisi dans la vie :

> *She still advanced, however, and with a languorous, voluptuous grace, said: "Come to me, Arthur. Leave these others and come to me. My arms are hungry for you. Come, and we can rest together. Come, my husband, come!" There was something diabolically sweet in her tones—something of the tinkling of glass when struck—which rang through the brains even of us who heard the words addressed to another. As for Arthur, he seemed under a spell, moving his hands from his face, he opened wide his arms.* (188)

La relation post-mortem entre Lucy et Arthur est d'autant plus violente qu'Arthur s'est découvert trompé par ce don de sang multiple, par cette orgie sanguinaire.

Cependant, après sa première mort, Lucy Westenra demeure partiellement pure : ses victimes ne sont pas des partenaires sexuels potentiels, mais des enfants, très jeunes, encore purs. De plus, elle ne les tue pas. Son exécution permet qu'elle ne s'attaque pas à des hommes, et en particulier à Arthur.

Transsubstantiation

La trame narrative, quelle que soit l'autorité auctoriale de chaque récit, insiste sur le fait que le vampire n'est pas vraiment la personne. Lucy, vampirisée, est réifiée, qualifiée de « *Thing* », « *foul Thing* » (192), etc. Le vampirisme est une Eucharistie inversée. Le corps n'est plus corps, mais une chose dont un vampire s'est nourri comme s'il s'agissait de pain et de vin pour un être humain. Le corps vampirisé devient alors un phénomène scientifiquement inexplicable. Il peut devenir immatériel, tel la brume, comme l'explique Van Helsing. Il fonctionne de manière totalement irrationnelle et insaisissable.

Lorsque la science ne peut plus expliquer le phénomène vampirique, lorsque le criminel-né n'est plus humain, seule la magie peut prendre le relais. Face au scepticisme et à l'incrédulité horrifiée du Docteur Seward, Van Helsing confisque le récit, l'enquête et la chasse. Le corps vampirique, devenu immatériel, doit être traité de manière spécifique, avec des outils de lutte religieux (le crucifix, l'hostie) ou païens (ail, pieu).

> [...] he is brute, and more than brute; he is devil in callous, and the heart of him is not; he can, within limitation, appear at will when, and where, and in any of the forms that are to him; he can, within his range, direct the elements, the storm, the fog, the thunder; he can command all the meaner things, the rat, and the owl, and the bat, the moth, and the fox, and the wolf, he can grow and become small; and he can at times vanish and come unknown. (209)

Le vampire est corps (objet sexuellement désirable), cadavre (abject au sens étymologique du terme) et être immatériel.

Pour Julia Kristeva, l'abjection est l'effacement entre le Moi et l'Autre. Le mélange des sangs par le repas, et encore plus, par le baptême vampirique est donc un exemple de l'absorption d'un être par un autre. Le thème du repas sanglant, martelé au cours du roman, devient inversion de la Vierge allaitant l'Enfant lorsque Dracula offre sa poitrine à Mina Harker.

Pour rendre au vampire sa nature première de cadavre et sa corporalité pesante, un rituel d'une violence exacerbée est nécessaire : il faut percer le cœur d'un pieu, couper la tête et remplir la bouche d'ail. Désacralisation du corps s'il en fut.

L'exécution finale du vampire donne lieu à des scènes étranges : seules les femmes (Lucy et les trois sœurs) sont mutilées de manière extrêmement violente, elles seules réagissent face à l'horreur qui les attend. Dracula, au contraire, part immédiatement en poussière.

La délivrance du vampire vient lorsque cette transsubstantiation se termine, lorsque le corps sans consistance physique réelle redevient soit poussière soit cadavre.

Dracula hésite constamment entre récit d'une enquête auquel les divers narrateurs tentent, par un travail commun, de donner une qualité scientifique et atmosphère gothique ou fantastique. Les cadavres ne sont alors plus que des corps en creux. Ils ne sont pas vivants, mais ne sont pas morts non plus.

Dracula, proie et prédateur, séducteur et être maléfique, est à la fois criminel surnaturel et victime. Exacerbée par Francis Ford Coppola, cette tension binaire fait surgir un personnage plus complexe que les scélérats manichéens gothiques traditionnels tels le moine Ambrosio dans *The Monk*.

Contrairement au roman policier, *Dracula* propose une chasse au cadavre... mais un cadavre bien encombrant et pas assez mort au goût des enquêteurs. Ceux-ci deviennent alors tueurs. Les limites entre le vampire et ses poursuivants s'estompent. Tueur / victime, prédateur / proie, cadavre / vivant, les définitions deviennent problématiques. Les scènes d'exécutions soulèvent alors la question de savoir dans quel camp se trouve le Monstre.

Bibliographie

Source primaire

Bram Stoker, *Dracula,* New York, Norton, 1997.

Sources secondaires

Fiction

Conan Doyle, Arthur, « The Adventure of the Final Problem » in *The Complete Illustrated Short Stories,* Londres, Chancellor Press, 1985, pp. 415-430.

James, P. D., *Original Sin,* Londres, Faber and Faber, 1994.

Études

Kristeva, Julia, *Pouvoir de l'horreur : Essai sur l'abjection,* Paris, Seuil, 1980.

Lombroso, Cesare, *L'Homme criminel,* Paris, Alcan, 1895,

Marigny, Jean, *Sang pour sang : Le Réveil des vampires,* Paris, Gallimard, « Découvertes », 1993.

Pozzuoli, Alain, *Dracula (1897-1997),* Hermé, 1996.

« *It was my privilege to be your friend*[1] » : de « Carmilla » à *Dracula*

Gaïd Girard

La longue nouvelle de Sheridan Le Fanu, « Carmilla », parue d'abord en 1871-72 dans *The Dark Blue*, puis reprise en 1872 dans le recueil *In a Glass Darkly*, est une source avérée de *Dracula*. Plus de vingt-cinq ans avant la publication du roman de Stoker qui allait connaître le succès que l'on sait, un autre Irlandais, protestant et dublinois, inventait une figure de vampire beaucoup plus aboutie que ce qui existait jusqu'alors, sous les traits d'une belle jeune femme prénommée Carmilla ; sa beauté luxuriante séduit hommes et femmes, même si elle-même ne s'attaque qu'à des enfants ou de très jeunes filles, comme Laura, la narratrice.

Cette *novella* d'une soixantaine de pages se présente comme un récit autobiographique fait à la première personne écrit quelque dix ans après le déroulement des événements. Laura raconte l'arrivée inattendue d'une inconnue prénommée Carmilla au château de son père, ancien militaire anglais à la retraite en Styrie qui a épousé une femme de noble lignée du pays. Laura qui a perdu sa mère très jeune et vit une existence retirée est ravie. Les deux jeunes filles se lient immédiatement d'une amitié très tendre, et les huit premiers chapitres de la nouvelle sont consacrés à la description de la beauté de Carmilla, aux caresses dont elle couvre son amie.

Les sensations de Laura sont ambiguës : un plaisir mêlé d'effroi se conjugue à un attachement profond pour la belle inconnue, malgré la langueur qui l'envahit à la suite de rêves nocturnes étranges. Comme Lucy, elle répugne à se confier[2], et il faudra attendre que sa pâleur alarme son père pour que dans les huit derniers chapitres de la nouvelle, les hommes se mobilisent pour la sauver : le général Spieldorf, qui reconnaît en Carmilla le vampire qui a assassiné sa nièce Bertha ; le médecin, le

---

1. C'est ce que Mina écrit à Lucy, in Bram Stoker, *Dracula*. New York, Norton, 1997, ed. Nina Auerbach & David J. Skal, p. 101. C'est à cette édition que les numéros de pages entre parenthèses feront référence désormais. Ce titre fait référence à l'article de Nina Auerbach, « My Vampire, my Friend: The Intimacy Dracula Destroyed », in Jean Gordon (ed and introd), *Blood Read: The Vampire as Metaphor in Contemporary Culture*. Philadelphia, Univ. of Pennsylvania Press, 1997, pp. 11-16 ; c'est l'un des rares essais de théorisation des rapports entre « Carmilla » et *Dracula*.

    Pour le texte de « Carmilla », c'est l'édition Oxford University Press de *In a Glass Darkly* (1993), introd. de Robert Tracy qui sera utilisée, sous la forme « Carmilla », suivi du numéro de page entre parenthèses.

2. Comparer : « *My sufferings had, during the last week, told upon my appearance. I had grown pale, my eyes were dilated and darkened underneath and the languor which I had long felt began to display itself in my countenance. My father asked me often whether I was ill; but, with an obstinacy which now seems to me unaccountable, I persisted in assuring him that I was quite well* » « Carmilla » (282).

    « *She was restless and uneasy all the time, and I cannot but think that her dreaming at night is telling on her. She is quite odd in one thing: she will not admit to me there is any cause for restlessness; or if there be, she does not understand it herself.* » *Dracula* (85).

prêtre, le baron Vordenburg, lointain descendant du soupirant de Carmilla avant qu'elle ne devienne vampire. Cette accumulation de figures masculines fait penser à l'armée rassemblée par Van Helsing autour de Lucy, puis de Mina. La destruction finale du monstre dans sa tombe par une commission impériale ne sera pas de trop pour convaincre Laura du danger mortel qui la guettait.

Le motif du vampire vient donc recouvrir ici celui des amours saphiques très présent dans la première partie du texte[1]. Le Fanu allie ainsi l'attrait pour la figure du vampire, très connue depuis le XVIIIᵉ siècle et souvent représenté dans les théâtres dublinois au cours du XIXᵉ[2], à une dimension saphique certaine[3]. L'érotisme explosif du texte ne semble cependant pas avoir ému outre mesure la censure victorienne, peut-être parce qu'il ne fut pas beaucoup lu. La référence faite à Le Fanu dans le compte-rendu de *Dracula* qui paraît dans le *Spectator* en juillet 1897 semble faire plus allusion à ses romans relevant de l'école gothique et sensationnelle[4], à la Wilkie Collins, qu'à « Carmilla » proprement dit[5].

Pourtant, les rapports entre ce texte de Le Fanu et celui de Stoker sont évidents, à commencer par un épisode du chapitre I du roman supprimé du manuscrit de *Dracula* au dernier moment, qui mettait en scène le tombeau d'une belle vampire, la comtesse Dolingen. Ce passage, écarté par l'éditeur de Stoker, sera ensuite publié de façon autonome sous le titre de « Dracula's Guest ». Comme Carmilla, la comtesse Dolingen vient de Styrie[6], où l'intrigue de *Dracula* se déroulait dans la première ébauche du roman, avant que Stoker ne la déplace plus à l'est en Transylvanie. La difficulté qu'éprouve Van Helsing à décapiter les voluptueuses vampires du château de Dracula à la toute fin du roman, et la mention qu'il fait des tourments d'hommes placés dans la même situation que lui dans le passé semble faire directement écho à l'histoire de la tombe perdue de Carmilla[7].

---

1. Voir la description très évocatrice du baiser vampirique au chapitre VII, (282).
2. Voir à ce sujet Chris Morach. « The Time is Out of Joint (O Cursèd Spite) : Towards a Definition of a Supernatural Narrative », in Bruce Stewart, *That Other World*: *The Supernatural and the Fantastic in Irish Literature and its Contexts*. Monaco, The Princess Grace Irish Library, 1998, vol. I, p. 124-126.
3. « She used to place her pretty arms about my neck, draw me to her, and laying her cheek to mine, murmur with her lips near my ear, 'dearest, your little heart is wounded; think me not cruel because I obey the irresistible law of my strength and weakness; if your dear heart is wounded, my wild heart bleeds with yours. In the rapture of my enormous humiliation I live in your warm life, and you shall die—die, sweetly die—into mine. I cannot help it; as I draw near you, you, in your turn, will draw near to others, and learn the rapture of that cruelty, which is yet love; so, for a while, seek to know no more of me and mine, but trust me with all your loving spirit. » « Carmilla » (263).
4. *The House by the Churchyard* (1863), *Uncle Silas* (1864), *The Wyvern Mystery* (1869), *The Rose and the Key* (1871) par exemple.
5. Voir l'extrait publié dans l'édition Norton, p. 365.
6. Cf. édition Norton p. 355.
7. Comparer : « *Ah I doubt not that in old time, when such things were, many a man who set forth to do such a task as mine, found at the last time his heart fail him, and then his nerve. So he delay, and delay, and delay, till the mere beauty and the fascination of the wanton Un-dead have hypnotize him* » *Dracula* (319).
    « *In very early youth [my ancestor] had been a passionate and favoured lover of the beautiful Mircalla, countess of Karnstein. Her early death plunged him into inconsolable grief. [...] Among*

En dehors de cette trace référentielle du texte de Le Fanu dans celui de Stoker, on trouve chez Le Fanu un certain nombre de caractéristiques de la figure du vampire qui relèvent de la tradition écrite déjà constituée. Comme Dracula, mais aussi comme Lord Ruthven et Varney, Carmilla est issue d'une vieille famille aristocratique[1]. Elle porte le titre de comtesse, et un portrait qui lui ressemble étrangement date de 1698. Lors de son entrevue avec la prétendue mère de Carmilla lors d'un bal masqué, le général Spieldorf s'étonne de la précision de sa mémoire, qui a retenu des détails de rencontres avec des personnages historiques illustres que lui-même a oubliés depuis longtemps. De son côté, Dracula insiste dans le chapitre III sur la noblesse de sa lignée, les Szekelys. Il brosse un portrait héroïque du rôle joué par les différentes générations de sa famille dans l'histoire de son pays. On imagine dans les deux cas des relations privilégiées avec les têtes couronnées de l'empire austro-hongrois.

Plus largement, la construction de la figure du vampire comme un être fantastique certes, mais soumis à des lois naturelles pour survivre, dont le recensement est objet de savoir précieux, est déjà présente chez Le Fanu. En effet, le chapitre XIII de la nouvelle qui met en scène un bûcheron dépositaire de l'histoire de la tombe de Carmilla / Millarca reprend très fidèlement des éléments du *Traité sur les Apparitions des Esprits et sur les Vampires, ou les Revenants de Hongrie, de Moravie etc.*, de Dom Calmet, qui date de 1746, et sera traduit en anglais en 1850[2]. De plus, Le Fanu cite nommément un certain nombre d'ouvrages connus sur les vampires dans le dernier chapitre de la nouvelle. Ce savoir ancien est aussi utilisé par Van Helsing pour combattre Dracula[3]. On retrouve la force du poignet du vampire, la nécessité de lui enfoncer un pieu dans le cœur, le fait qu'il doive retourner dans son cercueil avant l'aube et que ce soit à l'orée de la nuit qu'il est le plus dangereux.

La dramatisation de la tombée du jour qui annonce l'approche du vampire, où le paysage semble se charger d'inquiétude sinon de menace diffuse tire ses effets de l'esthétique du sublime et du pittoresque héritée du roman gothique, et plus précisément de Mrs Radcliffe. On reconnaît

---

other things, he concluded that suspicion of vampirism would probably fall, sooner or later, upon the dead countess, who in life, had been his idol. He conceived a horror, be she what she might, of her remains being profaned by the outrage of a posthumous execution. [...] He adopted the stratagem of a journey here, a pretended removal of her remains and a real obliteration of her monument. When age stole upon him, and from the vale of years, he looked back on the scenes he was leaving, he considered, in a different spirit, what he had done, and a horror took possession of him. » « Carmilla » (318-19).

1. Les Karnstein, dont elle descend du côté de sa mère, comme Laura. Cf. « Carmilla » (273).

2. *The Phantom World: or, the Philosophy of Spirits, Apparitions, etc.* London, Richard Bentley, 1850. Trad. Henry Christmas, 2 vol. Outre l'histoire du bûcheron de *Carmilla* qui semble être directement inspirée d'un épisode du *Traité* de Dom Calmet, on retrouve également dans cet ouvrage la mention d'une commission d'enquête officielle autrichienne semblable à celle qui se réunit à la fin de « Carmilla » et détruit le corps du vampire ; de même, tous les écrits portant sur les vampires mentionnés dans les dernières pages de la nouvelle de Le Fanu sont cités dans le texte de Dom Calmet.

3. Cf. *Dracula* (240) : « *Van Helsing is off to the British Museum looking up some authorities on ancient medicine. The old physicians took account of things which their followers do not accept, and the Professor is searching for witch and demon cures which may be useful for us later.* » (Dr Seward's Diary, 2 october).

cette esthétique chez Le Fanu dans la description de l'arrivée de Carmilla au château isolé au cœur de la forêt, qui se place plutôt du côté du pittoresque. Dans *Dracula*, les paysages de montagnes sauvages et isolés que Harker traverse pour rejoindre le château, la description de la mer tourmentée où surgit la silhouette inquiétante du *Demeter* dans la baie de Whitby rappellent les spectacles sublimes et effrayants des romans frénétiques du XVIIIe siècle.

La surdétermination des seuils de passage entre veille et sommeil marqués chez les victimes du vampire par l'inquiétude et l'angoisse[1] est plus nouvelle ; Le Fanu comme Stoker est influencé par les recherches des médecins rationalistes ou spiritistes de l'époque, lointains héritiers de Mesmer, qui tentent de comprendre les mystères de la psyché humaine et en particulier, les phénomènes de possession, d'hypnotisme et de somnambulisme[2]. Le vampirisme est même utilisé de manière métaphorique par les médecins pour rendre compte de certains états étranges de l'âme humaine[3]. On parle dans « Carmilla » d'atmosphère « magnétique et odylique[4] » à la tombé du jour, et de somnambulisme pour expliquer les absences de la nouvelle arrivée. On se souvient que Lucy aussi est somnambule, et que Van Helsing érige l'hypnotisme en méthode de connaissance.

Les rêves deviennent source de vérité cryptée, révélateurs des vrais dangers. Laura enfant rêve de Carmilla adulte et en est terrorisée ; Lucy rêve d'une longue silhouette noire aux yeux rouges[5]. L'importance donnée à ces rêves obscurs et terrifiants ancre résolument les deux textes dans le contexte médical et culturel du XIXe siècle qui aboutira à la théorie de l'inconscient, annoncée par les travaux de Charcot sur l'hypnose et de l'hystérie, mentionnés dans le texte de *Dracula*. Dans les deux récits, les sensations des jeunes filles victimes de la morsure du vampire sont liées à l'eau, élément érotique par excellence[6], qui renforce

1. Voir les réticences à s'endormir de Laura, « Carmilla » (278, 281) ; de Lucy, *Dracula* (116, 122) ; de Mina, *Dracula* (234, 250).
2. Dès 1850, Le Fanu publie dans le *Dublin University Magazine* dont il fut le collaborateur puis le propriétaire « The Mysterious Lodger », un texte qui met en scène une sorte d'hypnotiseur maléfique.
3. On trouve ainsi dans un article du *Dublin University Magazine* un développement curieux sur les relations entre meurtrier et victime: « [...] *The blood of the victim, at least the "tincture" of it, the "life" that dwelt in it, is actually in the slayer's possession: he is a debtor; and the taking of his life is an act of justice, not to society (which thereby loses two members instead of one) but to him whose life he has taken—whose life he holds, bound up in such mystic intimate union with his own life, that only through the taking away of the latter can the former be given back to his rightful claimant. Thus the soul of a murdered man haunts his murderer, not of free will, but by inward constraint: it does not relentlessly pursue him, but it irresistibly draws it after him; for in his blood dwells the sanguineous tincture which it cannot leave, around which it hovers fascinated, to which it ever strives in vain to re-unite itself, so that it cannot rest, nor suffer him to rest who holds it as it were charmed—spun round with invisible magic threads, which it cannot break if it would.* » Yris Herfner, « Mesmerism », *DUM*, Jan. 44, vol. 23, p. 42.
4. « Carmilla » (251).
5. *Dracula* (91, 94).
6. Laura : « *A pleasant, peculiar cold thrill which we feel in bathing, when we move against the current of a river* », « Carmilla » (282).
   Mina : « *I have a vague memory [...] of something very sweet and very bitter all around me at once; and then I seeemed sinking into deep green water, and there was a singing in my ear, as I have*

le lien entre vampirisme et sexualité. Il y a donc indéniablement une filiation entre le texte de Le Fanu et celui de Stoker, qui s'appuie sur la tradition du roman gothique, le mythe déjà constitué du vampire, les recherches des médecins « métaphysiques » du XIXᵉ.

Ces avancées du savoir médical sont incarnées par Van Helsing dans *Dracula*, qui est en fait l'héritier d'un autre médecin, inventé par Le Fanu pour rassembler les récits de *In a Glass Darkly*, le docteur Hesselius. Ce dernier a écrit un livre intitulé « on metaphysical medecine », et inaugure une lignée féconde de savants détectives, spiritualistes ou rationalistes, qui appliquent des méthodes « scientifiques » à l'analyse d'événements surnaturels, insolites ou étranges[1], dont Van Helsing, « *a philosopher and a metaphysician*[2] », est l'exemple le plus connu. Hesselius apparaît dans tous les prologues du recueil de Le Fanu ; le récit de chaque cas présenté vient d'un manuscrit qui lui a été confié et appartient à ses archives médicales, qu'un secrétaire zélé a décidé de rendre publiques. Hesselius, comme Van Helsing, est étranger et polyglotte[3]. Il n'intervient directement pas dans le récit de « Carmilla ». Il n'apparaît que pour commenter le cas décrit dans le manuscrit comme un cas de dédoublement, « *involving, not improbably, some of the profoundest arcana of our dual existence, and its intermediates*[4]. » On ne peut guère en dire moins, contrairement à Van Helsing qui s'explique abondamment, surtout auprès de Seward.

Hesselius est pourtant un médecin qui sait lire les symptômes des maladies les plus secrètes de ses patients, en se livrant à un travail de déduction qui annonce la méthode de Sherlock Holmes, en particulier dans « Green Tea ». Adepte de Swedenborg, il croit à la dualité profonde des êtres ; pour lui, chaque être humain est protégé des démons qui lui sont attachés dans une autre sphère, mais ses défenses peuvent s'écrouler, par abus de thé vert, disposition héréditaire ou tempérament nerveux. Mais contrairement à Van Helsing à nouveau, il ne part pas en croisade contre les créatures diaboliques de l'autre monde, et son rapport avec les récits horribles qu'il commente est toujours distancié ; dans la seule nouvelle où il traite directement d'un cas, « Green Tea », il échoue à sauver son patient. À l'inverse de *Dracula*, le lien entre le médecin « métaphysique » et le vampire est très ténu dans « Carmilla[5] » dont, rappelons-le, le récit est livré au lecteur d'un point de vue unique, à l'opposé de la mosaïque de textes présentée dans *Dracula*. Et c'est sur

---

heard there is to drowning men. » *Dracula* (94). Toutes les deux utilisent aussi la métaphore du plongeur qui remonte à la surface, *Dracula* (124), « Carmilla » (276).

1. Par exemple le John Silence d'Algernon Blackwood ou le Carnacki de William Hope Hodgson.
2. *Dracula* (106).
3. Le docteur Hesselius est allemand, mais il est intéressant de noter que Le Fanu a souvent mis en scène des personnages hollandais. Le mort-vivant, mi fantôme, mi-vampire de « Schalken the Painter » s'appelle Vander hausen, et le correspondant de Hesselius, dans la seule des nouvelles de *In a Glass Darkly*, « Green Tea », où il apparaît comme personnage, comme Van Helsing, se nomme Van Loo. Le premier texte établit un lien entre l'Irlande et Guillaume d'Orange, par l'intermédiaire du peintre Schalken.
4. « Carmilla » (243).
5. Dans la première version publiée dans *The Dark Blue*, le docteur Hesselius n'existe pas.

cette question de point de vue et de focalisation énonciative que les deux textes diffèrent sensiblement.

« Carmilla » se referme sur la nostalgie, et peut-être même la métamorphose possible de Laura : « *And often from a reverie I have started, fancying I heard the light step of Carmilla at the drawing room door*1. » Cette clausule est très différente de celle de *Dracula* qui voit le front de Mina retrouver sa blancheur immaculée. « Carmilla » se tient du côté du spéculaire, de l'ombre du miroir, et son énonciation reste essentiellement ambiguë2. Cette fin qui diffère totalement du dénouement haletant et triomphant de *Dracula*, montre bien que les deux textes tendent vers des horizons génériques très différents ; celui de Le Fanu reste du côté de l'incertain, de l'implicite, de l'effleuré, du fantastique, alors que celui de Stoker épouse l'énergie des grands romans à épisodes et à rebondissements qui le place du côté du sensationnel, du mélodrame, et aussi de l'ancrage dans un monde essentiellement victorien, ou le progrès technique et scientifique sert la cause de la justice et de la morale.

Cependant, le foisonnement du roman de Stoker accepte bien des écarts, à l'image de ses erreurs matérielles de dates dans les entrées des différents documents, qui n'entravent en rien le mouvement effréné de l'action, ou du manque reconnu d'authenticité de documents tapés à la machine3. En effet, le lecteur qui garde en mémoire les effusions de Carmilla et la sensualité qui baigne les rapports entre les deux jeunes filles ne peut qu'être sensible aux déclarations que Lucy et Mina s'échangent au début du roman, avant que Dracula ne les sépare doublement : en attaquant Lucy d'une part, et de l'autre en étant la cause indirecte du départ de Mina, qui va rejoindre Jonathan en Hongrie.

Auparavant, Mina a exprimé son admiration pour la beauté de Lucy à plusieurs reprises, comme en témoigne la première remarque qui ouvre son journal : « *Lucy met me at the station, looking sweeter and lovelier than ever*4 ». A Whitby, elles partagent la même chambre, et à l'occasion le même lit5, et n'ont aucun secret l'une pour l'autre. Leur intimité n'a pas la sensualité débordante de celle des héroïnes de Le Fanu6, mais elle pointe la possibilité d'un lien homoérotique, que Coppola soulignera dans un plan unique mais explicite de son *Dracula*, où les jeunes filles échangent un baiser qui n'a rien de chaste. Lucy insiste sur cette proximité fusionnelle : « *Mina, we have told our secrets to each other since we were children ; we have slept together and eaten together, and laughed and cried together*7 ». Elle semble faire écho à Carmilla qui déclare à Laura lors de

---

1. « Carmilla » (319). Nina Auerbach affirme que Laura devient Carmilla.
2. Voir à ce propos Gaïd Girard, « Lecture », in Sheridan Le Fanu, *Carmilla*, nouvelle traduction, Arles, Actes sud, « Babel »,1996, pp. 137-156.
3. *Dracula* (326-27).
4. *Dracula* (63). Voir aussi (65,86, 89, 91).
5. *Dracula* (90).
6. « *And when she had spoken such a rhapsody, she would press me more closely in her trembling embrace, and her lips in soft kisses gently glow upon my cheek.* » « Carmilla » (263-64).
7. *Dracula* ((57). Il est frappant de retrouver sous la plume de Lucy des termes proches de ceux de Celia, dans *As You Like It*, à propos de son attachement à Rosalind : « *... We still have slept together, / Rose at an instant, learn'd, play'd, eat together,/ And whereso'er we went, like Juno's swans, /S till we went coupled and inseparable.* » (Acte I, sc. III, 69-72). On se souvient de

leur première rencontre : « *It does seem as if we were destined, from our earliest childhood, to be friends. I wonder whether you feel as strangely drawn towards me as I do to you; I have never had a friend—shall I find one now*[1]? »

Beaucoup plus tard, Mina fera allusion à Lucy, dont peut-être elle connaîtra le sort tragique, en parlant de « *my poor Lucy*[2] ». À Whitby, elle veille sur elle, suit ses déambulations nocturnes, et se désolera ne pas avoir su la sauver lors de cette nuit fatale sur le banc du cimetière lors de la première attaque du vampire. Il est intéressant de noter que le texte se contredit en affirmant, d'une part, que Lucy et Mina ont été enfants ensemble, et de l'autre, que Mina a été la préceptrice de Lucy[3]. Dans « Carmilla », le rêve partagé des deux jeunes filles où chacune enfant rêve de l'autre adulte procède de cette même confusion des images sororales, homoérotiques et maternelles. De même, les trois vampires lascives qui cherchent à attirer Mina hors du cercle sacré tracé par Van Helsing, juste avant le dénouement du roman, mettent en avant leur appartenance commune : « Come, sister, come to us[4] ».

La trace de « Carmilla » subsiste dans *Dracula*, mais elle est étouffée, déplacée à la périphérie d'un texte qui affirme la suprématie du masculin, de la conquête, du combat binaire entre les forces du bien et du mal. La sexualité féminine y est encadrée : ou bien elle est démoniaque, ou elle vise à la procréation. Après la mort de Lucy l'évaporée dont les lettres disaient assez la vacuité intellectuelle, et dont la beauté irrésistible se transforme en arme de séduction terrifiante quand elle est devenue vampire, Mina, elle, utilise son intelligence masculine — « *She has man's brain* » s'exclame Van Helsing[5] — pour guider la traque des hommes et détruire celui qui lui a enlevé Lucy. Il y a dans *Dracula* destruction rapide et violente de ce qui fait le cœur de « Carmilla », c'est-à-dire l'intimité amoureuse qui lie quelquefois les jeunes filles, la fusion avec le même qui exclut le masculin de la jouissance.

On peut se demander si ce n'est pas cette transgression qui est la plus menaçante, plutôt que celle d'un prédateur, étranger certes, mais qui observe les lois de l'hétérosexualité. La polyandrie fantasmée de Lucy et la paternité multiple du petit Quincey sont plus acceptables que la possibilité d'une descendance uniquement matrilinéaire. On pourrait considérer le grotesque intermittent de *Dracula* — entre pieu, sang hostie et fleurs d'ail — comme un effleurement dialogique bakhtinien qui témoignerait en creux de la persistance souterraine de la figure symbolique de Carmilla dans le texte de Stoker. Mais peut-être faut-il tout simplement voir *Dracula* comme un roman qui embrasse la totalité de son siècle, alors que « Carmilla » se retourne vers le siècle précédent, ses divertissements aristocratiques et ses masques.

---

la grande labilité sexuelle de cette comédie de Shakespeare qui, plus que d'autres, joue sur le mélange et l'inversion des genres et des sexes.

1. « Carmilla » (260).
2. *Dracula* (286).
3. « *It was my privilege to be your friend and guide when you came from the school room to prepare for the world of life.* » *Dracula* (101).
4. *Dracula* (317)
5. *Dracula* (207)

Bibliographie

Sources premières :

The *Dublin University Magazine*, 1833-1877 (British Library).

Le Fanu, Sheridan, « Carmilla » in *In a Glass Darkly* (1993), ed. Robert Tracy, pp. 243-319.

Stoker, Bram, *Dracula*, New York, Norton, 1997, ed. Nina Auerbach & David J. Skal.

Sources secondaires :

Auerbach, Nina, « My Vampire, my Friend: The Intimacy Dracula Destroyed », in Jean Gordon (ed. and introd.), *Blood Read: The Vampire as Metaphor in Contemporary Culture*, Philadelphia, Univ. of Pennsylvania Press, 1997, pp. 11-16.

Calmet Dom Augustin. *Dissertation sur les Revenants en corps, les Excommuniés, les Oupires ou Vampires Brucolaques etc.* Montbonnot St Martin, Jérome Millon, 1986. Présentation par Roland Villeneuve. (Cette ré-édition correspond au tome second de l'ouvrage de Dom Calmet qui porte le titre général de *Traité sur les apparitions des esprits et sur les vampires ou les revenants de Hongrie, de Moravie etc.* dont le premier volume s'intitule, *Traité sur les apparitions des anges, des démons, et des âmes des défunts.* Paris, Debure l'aîné, 1746/1751).

Girard Gaïd, « Lecture », in Sheridan Le Fanu, *Carmilla*, nouvelle traduction, Arles, Actes sud, « Babel », 1996, pp. 137-156.

Lévy Maurice, *Le Roman « Gothique » Anglais 1764-1824*, Publications de la Faculté des Lettres et des Sciences de Toulouse, 1968.

Marigny Jean, *Le Vampire dans la Littérature Anglo-Saxonne*, Paris, Didier Érudition, 1985. (2 tomes).

Morach, Chris, « The Time is Out of Joint (O Cursèd Spite) : Towards a Definition of a Supernatural Narrative », in Bruce Stewart, *That Other World: The Supernatural and the Fantastic in Irish Literature and its Contexts*. Monaco, The Princess Grace Irish Library, 1998, vol. I, p. 124-126.

Sage Victor, « Resurrecting the Regency: Horror and XVIIIth Century Comedy in Le Fanu's Fiction », in Ruth Robbin, Julian Wolfreys, *Victorian Gothic; Literary and Cultural Manifestation in the Nineteenth Century*, Basingstonke, Palgrave, 2000.

Thomas Tammis Elise, « Masquerade Liberties and Female Power in Le Fanu's *Carmilla* », in Smith Elton E., Haas Robert, *The Haunted Mind, the Supernatural in Victorian Literature*, London, The Scarecrow Press, 1999.

Dracula et *The Lady of the Shroud* : mise en regard

Hélène Machinal

Bram Stoker publie *Dracula* en 1897 et *The Lady of the Shroud* en 1909. On sait que le premier de ces deux romans a connu une postérité hors du commun tandis que le second a sombré dans l'oubli. *Dracula* est un texte hors norme du point de vue de l'inscription dans l'évolution d'un genre, celui du fantastique. Il a en outre suscité un intérêt particulier puisqu'il est à l'origine1 des nombreuses reprises textuelles et filmiques qui voient le jour au XXe siècle. Ces deux œuvres ont tout d'abord en commun un contexte géographique : elles se déroulent entre Londres et la Transylvanie, dans le contexte exotique et politique des Balkans. Ce contexte géographique n'est pas anodin car c'est dans cette région que la légende vampirique trouve son ancrage, et le lecteur de ces deux romans n'est pas déçu dans ses attentes puisqu'il est effectivement confronté à la question vampirique dans chacun de ces deux textes.

Dracula est un texte extrêmement célèbre tandis que *The Lady of the Shroud* est si peu connu qu'il nous faut commencer par présenter un rapide synopsis du roman. *The Lady of the Shroud* s'ouvre sur un extrait du *Journal de l'occultisme* narrant une expérience de type ésotérique. Le lecteur, qui connaît Stoker pour avoir lu son premier best-seller, *Dracula*, n'est pas déçu par ce récit liminaire puisque le phénomène décrit est l'apparition d'un cercueil flottant dont la proue est ornée d'un cierge et qui transporte une femme au visage livide, aux yeux de braise et vêtue d'un linceul. Cette ouverture du roman est importante. D'abord parce qu'elle est en rupture avec ce qui suit : de cet extrait de la presse occulte, nous basculons dans le récit de Ernest Roger Halbard Melton, cousin du futur héros (Rupert St Leger), fils de famille à la suffisance insoutenable qui espère hériter du titre et de la fortune léguée par son oncle, Roger Melton. Il va tenir le rôle de narrateur et commence par un long préambule dans lequel il présente toute la généalogie familiale. Il commence par Rupert St Leger, l'héritier de Roger Melton, décrit comme une sorte de métis au sang impur car du sang irlandais coule dans ses veines et son éducation fut en grande partie assurée par sa tante écossaise, Janet, vieille fille douée de seconde vue et passionnée de sciences occultes. Le cousin Ernest va cependant être rapidement exclu de la sphère narrative car feu Roger Melton a inscrit dans son testament des clauses secrètes dont seuls le notaire et Rupert peuvent prendre connaissance. Le lecteur entre alors dans un troisième type de narration, celle du testament de Roger Melton, un document qui fait la transition avec le journal de Rupert St Leger qui nous fait réellement pénétrer dans l'intrigue. En effet, l'oncle Roger Melton a prévu une clause suspensive à

<hr>

1. Nous n'oublions pas ici le « Carmilla » de Le Fanu ou le texte de Polidori, mais *Dracula* est le roman qui donne naissance à la figure mythique du vampire telle qu'elle va être reprise tout au long du XXe siècle.

l'exécution de son testament. Tout au long de sa vie, il a mis sa fortune au service de la défense de pays en lutte. Un peuple en particulier, celui des Montagnes Bleues, a reçu son soutien financier et, dans ses dernières volontés, Roger Melton demande à son neveu de reprendre le flambeau de ce combat en allant vivre dans cette contrée.

À partir du moment où il part pour les Montagnes Bleues, Rupert se retrouve en fait dans une position parfaitement symétrique — aussi bien du point de vue narratif que diégétique — de celle de Jonathan Harker lorsqu'il part pour le château Dracula. Nous pouvons aussi noter une similarité entre les deux textes qui pratiquent l'enchâssement des points de vue narratifs et le recours à une panoplie variée de modes narratifs qui va du journal aux lettres en passant par les télégrammes et les extraits de presse. Pour mieux comprendre la rupture qui s'opère entre nos deux textes, nous devons commencer par souligner les éléments qui semblent inscrire *The Lady of the Shroud* dans la lignée de *Dracula*. La lecture du journal de Harker lors de son voyage vers l'est met le lecteur en alerte au moyen d'une série d'indices qui convergent vers une menace vampirique bien connue des habitants de la contrée mais que Jonathan Harker semble incapable de déchiffrer. Dans *The Lady of the Shroud*, le récit du voyage est occulté et Rupert St Leger écrit des lettres à sa tante, qui va bientôt le rejoindre dans les Montagnes Bleues, du lieu même où va se cristalliser la menace vampirique, le Château Vissarion. Tout comme Jonathan Harker rencontre le Comte dans son château transylvanien, Rupert St Leger se retrouve en présence d'une femme mystérieuse dans le fief des seigneurs des Montagnes Bleues. Narrateur et lecteur sont forcément gagnés par la suggestion vampirique : la dame au linceul ne passe pas le seuil d'une demeure sans y être invitée, elle disparaît avec le jour et son visage est d'une pâleur extrême. Par ailleurs, Rupert découvre que cette femme étrange repose dans un cercueil au fond d'une crypte. On pense bien sûr à l'épisode où Jonathan parvient à se glisser le long de la paroi du château et découvre le cercueil du Comte. En outre, le *topos* du rêve, commun aux deux textes, renforce cette suggestion vampirique. Cela dit, dans *Lady* la tante écossaise fait des rêves prémonitoires annonçant une menace irrationnelle qui pèserait sur Rupert St Leger alors que dans *Dracula*, les rêves font retour et écho dans une résonance obsessionnelle qui contamine la nature même du réel. En effet, dans toute la première partie du roman narrant le voyage de Harker puis l'invasion du vampire et la contagion vampirique sur le sol anglais, les différents protagonistes multiplient les interrogations sur la réalité ou l'onirisme des expériences vécues[1].

---

1.   Voir par exemple cet échange entre Mina et Lucy (Mina Murray's Journal, 18th August) : « *I asked her if she had dreamed at all that night. […] she went on in a half-dreaming kind of way as if trying to recall it to herself : —I didn't quite dream; but it all seemed to be real* ». Lucy décrit l'état dans lequel elle était lorsqu'elle s'est rendue au cimetière sous l'emprise du Comte qui commence ainsi son entreprise de contamination. De la même manière, Jonathan fait plusieurs fois allusion à cette difficulté à distinguer le réel du rêve : « *[…] and I do not know if it was all real or the dreaming of a madman.* » (ch. 9, Letter, Mina Harker to Lucy Westenra, 24 August). Mina, à son tour, s'interroge sur la nature de ce qu'elle a lu dans le journal de son mari : « *[…] whether it be true or only imagination* » (Mina Harker's Journal, 23 Sept) ou,

Le vampire est une créature d'ambivalence : fascination-répulsion, réalité-onirisme, raison-folie, vie-mort, sans doute parce que cet être se situe dans un entre-deux qui empêche d'en donner une définition stricte qui permettrait de le contenir. Les deux romans cristallisent l'angoisse et la fascination pour une altérité maléfique qui s'illustre plus particulièrement dans l'altérité sexuelle. Le point culminant de l'angoisse est en effet lié dans *Lady* à la cérémonie de mariage qui doit unir Rupert St Leger à cette femme-vampire qui, comme Lucy, est somnambule. La dame au linceul ne fait pas une entrée solennelle dans l'église au bras de son père puisqu'elle se présente à son futur époux dans un cercueil tracté hors de sa crypte à grands bruits de chaînes et autres grincements, dans une église baignée de la lumière spectrale des cierges portés par des moines surgis de nulle part. Même si la cérémonie de mariage suit un rite inconnu du narrateur, il n'en demeure pas moins que le rituel induit une séquence signifiante, celle de la répétition d'un acte fondateur. Si cette cérémonie de mariage porte cependant le sceau du fantastique grâce à l'incertitude dans laquelle se trouve le narrateur et un décor éminemment gothique, le doute ne perdure pas. Rupert découvre que sa femme, loin d'être un vampire, est la fille du Voïvode Peter Vissarion, celui-là même que son oncle avait soutenu par le passé. Il apprend en outre que la suggestion vampirique était un leurre visant à protéger la Voivodin des convoitises de la Turquie voisine.

Dans *Lady*, la menace sexuelle associée à l'altérité et l'animalité s'incarne de façon temporaire dans un personnage féminin alors que dans *Dracula*, c'est une figure masculine qui menace en premier lieu les femmes[1]. La transgression sexuelle à l'œuvre dans *Dracula* ne s'inscrit pas dans la thématique du leurre, d'une légende temporairement réactivée pour assurer la protection d'une princesse. Au contraire, le Comte symbolise une transgression beaucoup plus fondamentale puisqu'il remet en question la distinction sexuelle même, par exemple lorsqu'il est féminisé dans son rapport à Renfield[2]. On peut aussi penser au baptême du sang auquel il soumet Mina. Il peut alors être perçu comme un hybride dénaturé inversant les figures traditionnelles de la mère allaitant son enfant et du prêtre officiant à une cérémonie de baptême.

Au delà de la transgression sexuelle, c'est aussi la famille comme entité microcosmique de la société qui est menacée dans *Dracula*. Si les parcours de Jonathan Harker et Rupert St Leger sont inversés, c'est que les deux textes ne participent pas de la même logique narrative et géographique. La distinction manichéenne entre un orient diabolisé et un occident

---

après en avoir parlé avec Van Helsing : « *I feel like one in a dream* » (Mina Harker's Journal, 25 Sept). On peut aussi mentionner la description que donne Renfield de son ultime rencontre avec Dracula : Dr Seward's Diary, 3rd Oct. Cette dichotomie entre rêve et réalité se double d'une opposition entre folie (associée au rêve et au sommeil) et raison (associée à la réalité et à la veille).

1.   « *My revenge is just begun! I spread it over centuries, and time is on my side. Your girls that you all love are mine already; and through them you and others shall yet be mine—my creatures, to do my bidding and to be my jackals when I want to feed* » (Dr Seward's Diary, 3rd Oct).

2.   « *The bride-maidens rejoice the eyes that wait the coming of the bride ; but when the bride draweth nigh, then the maidens shine not to the eyes that are filled.* » (Dr Seward's Diary, August).

normatif est particulièrement prégnante dans *Dracula*. Aussi Lucy décrit-elle l'influence sous laquelle elle se trouve à Whitby en ayant recours à une métaphore classique de l'époque, celle du vent d'est porteur de mauvais augure[1]. Le Comte envahit et contamine l'occident tandis que la dame au linceul ne quitte pas ses montagnes orientales, bien au contraire puisque c'est Rupert St Leger qui vient s'y installer et fonder une famille idéale qui sera à l'origine d'une nouvelle lignée. Dracula menace en revanche l'intégrité familiale car il détruit le couple Lucy-Arthur et qu'il s'en faut de peu que le couple Harker ne subisse le même sort. La menace qui pèse sur le microcosme familial passe en outre par la mise en péril de l'intégrité physique du corps qui perd son fluide vital. Ainsi la thématique du liquide sanguin qui s'échappe inexplicablement du corps de Lucy réactive l'idée d'une menace venue de l'extérieur qui aspire la vie et ne peut être contenue que par un apport « interne[2] » de sang « pur[3] ». Le Comte renvoie donc à une menace immatérielle (le brouillard) venue de l'orient qui pénètre le corps de la nation-mère et la vide de sa substance vitale. Dans *Lady* en revanche, c'est Rupert qui représente la nation-mère mettant son corps au service de la prospérité d'un pays satellite, inscrivant ainsi ce roman dans une logique narrative qui s'accorde avec le substrat politique d'un impérialisme nouvellement relancé par la vague d'expansion coloniale dont Chamberlain fut l'instigateur. Alors que l'économie narrative de *Dracula* repose sur la circulation des voix qui cherchent à exprimer l'impossible à dire, celle de *Lady* ne peut exprimer de façon plus univoque la nécessité d'un contrôle politique, économique et social de ces pays orientaux inquiétants où l'altérité est toujours prête à faire retour si elle n'est pas canalisée[4]. Pour finir sur la thématique de la famille, la seule constante entre ces deux textes serait alors finalement l'image de la femme qui demeure tout aussi misogyne dans *Lady* que dans *Dracula* : le mal contamine le corps social par l'entremise de la femme qui ne peut être sauvée que par la bravoure chevaleresque des hommes qui l'entourent et dont la virilité est symbolisée par les « *handjars* » que brandissent les guerriers des Montagnes Bleues ou le « *great Kukri knife* » (et son équivalent américain, le « *bowie knife* » de Morris) qui ne quitte plus Jonathan après la scène du baptême sanguinaire auquel Dracula soumet sa femme.

Le mode d'approche de la question vampirique est sans doute l'élément qui nous permet de mieux mesurer l'écart entre nos deux textes. Nous avons mentionné le fait que dans *Lady* la légende vampirique est posée d'emblée dans le roman (sous forme d'un article journalistique qui

---

1.   « [...] *to be able to think and move about is like feeling sunshine after a long spell of east wind out of a steel sky* » (Lucy Westenra's Diary, 9th Sept).

2.   Les hommes qui se soumettent aux transfusions sanguines forment une famille symbolique idéalisée car elle oppose une cellule de combat occidentale (Van Helsing est hollandais, Quincey Morris est américain) à une menace singulière et orientale.

3.   « *He is so young and strong and of blood so pure that we need not defibrinate it.* » (Dr Seward's Diary, 7th Sept).

4.   On peut évoquer ici la danse tribale à laquelle assiste Rupert à la fin de sa cérémonie de mariage. Ici encore, si l'animalité affleure, elle est contenue par le rituel et le lieu où elle se déroule, contrairement à la contagion animale qui se généralise dans *Dracula* à travers le patient zoophage, les chiens, loups et autres chauve-souris.

exclut de fait toute réflexion quant à la validité de la suggestion vampirique) et qu'elle se vide très rapidement de tout son contenu puisqu'elle est réduite au statut de leurre entretenu sciemment pour protéger le royaume. Dans *Dracula*, le statut de la légende vampirique est plus complexe. L'économie narrative de *Dracula* présente la particularité de se développer en deux temps opposés par leur logique interne. La première partie du roman, dont nous pourrions considérer qu'elle s'étend jusqu'à la mise à mort du vampire Lucy, s'inscrit dans les thématiques classiques du genre fantastique puisqu'elle repose sur la construction du doute, de l'hésitation entre l'acceptation de l'irrationnel ou son rejet pur et simple.

Légende et superstition sont ainsi dénigrées, tout d'abord par Harker lors de son voyage jusqu'au château de son hôte, puis lors des premières manifestations étranges qui apparaissent après le naufrage du « Demeter », comme le loup échappé du jardin zoologique et la mort de Lucy. Remarquons d'ailleurs que dans ces trois cas, les incidents sont rapportés par le détour narratif de l'extrait de journal, qui se veut un compte rendu objectif des faits ne s'autorisant aucune interprétation penchant vers le rationnel ou l'irrationnel. Les personnages mettent ces événements sur le compte de la superstition, celle des marins (roumains de surcroît), ou les expliquent soit par la propension enfantine à inventer des fictions (*the Bloofer Lady*), soit, dans le cas du loup, par une déficience intellectuelle des classes les moins favorisées (cette question de la distinction entre les classes est d'ailleurs fondamentale dans *Dracula*). Par opposition à ces champs propices à l'approche superstitieuse, les hommes de science en particulier, mais aussi les hommes éduqués (c'est-à-dire tous les personnages-narrateurs), rejettent l'explication par de l'irrationnel.

La mort de Lucy opère un renversement épistémologique essentiel à la compréhension de l'économie narrative de *Dracula*. À partir du moment où Van Helsing, un père de la science, commence à envisager, et donc potentiellement à valider, l'improbable[1], le doute s'installe dans l'esprit du plus rationnel des hommes de science du roman, le Dr Seward :

> Van Helsing is off to the British Museum, looking up some authorities on ancient medecine. The old physicians took account of things which their followers do not accept, and the Professor is searching for witch and demon cures which may be useful later. I sometimes think we must all be mad and that we shall wake to sanity in strait-waistcoats » (Dr Seward's Diary, 2nd Oct)

Nous entrons alors dans un passage charnière de *Dracula* où la toute-puissance de la raison est ébranlée, ce qui conditionne un changement de logique narrative. À partir du moment où Lucy est contaminée par cette pathologie de l'ambivalence propre au vampire et que s'opère une inversion entre l'état de veille, synonymes de vie et de raison, et l'état de sommeil, synonymes de mort et de folie, les différents groupes de personnages (à ce stade encore géographiquement éloignés) vont devoir faire face à cette question du doute à l'origine de l'effet fantastique. Dans un premier temps, ce sont les Harker qui y sont confrontés, et en

---

1. « *Do not fear to think even the most not-probable* » (Dr Seward's Diary, 10th Sept)

particulier Jonathan. Il exprime alors on ne peut plus clairement que la perte des repères rationnels est directement liée au doute :

> *It was the doubt as to the reality of the whole thing that knocked me out. I felt impotent, and in the dark, and distrustful. But now that I know, I am not afraid, even of the Count[1].*

Dans un second temps, c'est le Dr Seward, l'homme de science par excellence car en tant que disciple du maître Van Helsing il est emblématique de la raison contemporaine de la diégèse, qui est désorienté et doute de sa propre raison.

> *"At present I am going in my mind from point to point as a mad man, and not a sane one, follows an idea. I feel like a novice blundering through a bog in a mist, jumping from one tussock to another in the mere blind effort to move on without knowing where I am going."*
> *"That is a good image", he said. "Well, I shall tell you. My thesis is this: I want you to believe."*
> *"To believe what?"*
> *"To believe in things that you cannot[2]".*

On remarque que la folie est ici métaphoriquement liée au brouillard emblématique de la transsubstantialité du vampire et facteur d'aveuglement. Si l'on considère la réponse de Van Helsing, on découvre que pour sortir des brouillards de la cécité, il faut *croire*, croire au sens religieux d'une croyance qui lève le doute et l'effroi. Ainsi s'instaure dans le roman une dynamique totalement opposée à celle de la première partie. Van Helsing lance une véritable entreprise de traque du vampire qui repose sur les concepts de croyance, de devoir[3] et de preuve[4]. La rupture épistémologique qui s'ensuit entraîne une inversion du statut de la légende vampirique. Loin d'être réduite à la superstition folklorique de temps passés et arriérés, la légende devient la seule source d'informations pour lutter contre le monstre.

Nous avons vu s'opérer dans la première partie du roman une construction du mode fantastique qui repose sur la remise en question du cadre normatif de la raison scientifique. Le doute, comme le Comte et les brumes et brouillards qu'il affectionne, contamine d'autant plus facilement les protagonistes qu'ils sont isolés les uns des autres et ne perçoivent qu'un fragment de l'entreprise du vampire. L'économie

---

1. Jonathan Harker's Journal, 26th Sept. On peut lire peu de temps avant la réaction de Mina après qu'elle a lu les pages du journal de Jonathan lors de son séjour chez le Comte : « *I feel like one in a dream […] It may be that it is the doubt which haunts him; that when the doubt is removed, no matter which—waking or dreaming—may prove the truth, he will be more satisfied and better able to bear the shock.* » (Mina Harker's Journal, 25th Sept). Harker reprend aussi cette thématique du doute comme vecteur de l'irréel lors de sa conversation avec Van Helsing : « *I was in doubt, and then everything took a hue of unreality, and I did not know what to trust, even the evidence of my own senses.* » (J. Harker's Journal, 26th Sept).
2. Dr Seward's Diary, 26th Sept.
3. Voir en particulier le martèlement narratif de cette notion éminemment victorienne auquel se livre Van Helsing dans l'extrait du Dr Seward's Diary, 28th Sept.
4. « *The logic is simple, no madman's logic this time, jumping from tussock to tussock in a misty fog. If it be not true, then proof will be relief; at worst it will not harm. If it be true! Ah, there is the dread; yet very dread should help my cause, for in it is some need of belief.* » Notons que c'est ici l'effroi qui conditionne la nécessité de la croyance.

narrative de la seconde partie est radicalement différente, d'abord parce qu'elle résulte d'un collectif, d'une cellule de combat, ensuite parce qu'elle est dynamisée par une rhétorique de la croyance et de la preuve, deux aspects distincts mais dont nous allons voir qu'ils induisent tout deux un retour vers une dimension originaire.

La question de la croyance alimente une dichotomie entre science et religion, deux dimensions qui s'opposent du fait qu'une religion implique l'adhésion par l'acte de foi tandis que toute démarche scientifique repose sur la construction d'un raisonnement logique à partir de faits démontrés ou constatés. La seconde partie du roman va donc tenter de dépasser cette opposition, grâce en particulier au personnage de Van Helsing qui reste investi de l'aura du scientifique de renommée internationale mais qui s'apparente de plus en plus à un prêtre ayant accès à des sphères irrationnelles[1]. Nous pourrions en fait dire que l'archaïque et l'originaire sont inscrits dans le texte dès le journal de Harker et qu'ils perdurent lorsque le récit se déroule sur le sol anglais. Ainsi, un lien entre modernité et archaïsme se tisse grâce à deux lieux en particulier, Whitby et Carfax. La résurgence de l'archaïque transparaît dans les ruines de l'abbaye de Whitby dont l'ancrage médiéval est souligné et renforcé par le légendaire[2] ou dans les descriptions de Carfax et de son archaïque chapelle. Mis à part ces deux lieux choisis comme demeures par le vampire du fait même de cet ancrage dans les temps passés, nous pouvons souligner un réseau de métaphores et de comparaisons qui tissent un référent mythique systématique, telle la description de Lucy dans le cimetière :

> The beautiful colour became livid, the eyes seemed to throw out sparks of hell-fire, the brows were wrinkled as though the folds of the flesh were the coils of Medusa's snakes, and the lovely, blood-stained mouth grew to an open square, as in the passion masks of the Greeks and Japanese[3].

Harker puis Seward opposent la modernité du XIXe siècle londonien à un archaïsme passé, et Harker décrit cette opposition en termes de combat[4], ce qui annonce la quête de la seconde partie. Le retour d'un temps originaire dans la modernité du XIXe siècle anglais est présenté sur le mode de l'impossible avant d'être graduellement validé, tout d'abord par le détour du cycle, de l'éternel retour du même :

---

1. Voir par exemple la réaction de Van Helsing après que la marque avalissante du péché est apparue sur le front de Mina : « *Then Van Helsing turned and said gravely; so gravely that I could not help feeling that he was in some way inspired and was stating things outside himself […]* » (J. Harker's Journal, 3rd Oct)
2. Mina Murray's Journal, 24th July, Whitby. Voir aussi la description de Carfax, chapter II J. Harker's Journal, 5th May ainsi que chapter XIX, J. Harker's Journal, 1st Oct, 5 a.m.
3. Chapter XVI, Dr Seward's Diary. Voir aussi Dr Seward's Diary, 22nd Sept où Morris est comparé à « *a moral Viking* ». Dans le passage qui suit la citation donnée, Arthur est comparé au dieu Thor et Renfield devient Enoch qui marche aux côtés de Dieu (Dr Seward's Diary, 1st Oct). Les protagonistes à la poursuite de Dracula sont comparés aux croisés (M. Harker's Journal, 5th Oct) et lors du combat final le chef des gitans devient un centaure.
4. « *[…] the old centuries had, and have, powers of their own which mere "modernity" cannot kill.* » (J. Harker's Journal, 15th May)

> *Ah, it is the fault of our science that it wants to explain all; and if it explain*
> *not, then it says there is nothing to explain. But yet we see around us every*
> *day the growth of new beliefs, which think themselves new; and which are*
> *yet but the old, which pretend to be young [...]*[1]

La validation d'une résurgence de l'originaire passe ensuite par une assimilation qui devient systématique : Dracula est associé aux origines de l'humanité d'une part, et à celles du divin, d'autre part. Le vampire est aussi ancien que l'homme[2] et il apparaît à la fois comme une figure divine[3] et comme une figure du savant archaïque[4]. Enfin, la quête des personnages à la poursuite de Dracula les entraîne dans un retour géographique vers les contrées primitives décrites par Harker comme une dérive vers le cœur des ténèbres, un monde dont la cohérence repose sur ses dimensions inconnues et originaires :

> *It is a wild adventure we are on. Here, as we are rushing along through the*
> *darkness, with the cold from the river seeming to rise up and strike us ; with*
> *all the mysterious voices of the night around us, it all comes home. We seem*
> *to be drifting into unknown places and unknown ways; into a whole world of*
> *dark and dreadful things*[5].

La dimension religieuse inhérente au mode de la croyance est compensée dans la seconde partie du roman par la rhétorique du roman policier reposant sur la preuve. Cela dit, les dimensions morales et religieuses restent omniprésentes à cause de la fusion qui s'opère dans le texte entre quête et enquête[6]. Le mode du récit de détection prend cependant le relais narratif. Nous retrouvons par exemple le raisonnement logico-déductif propre aux détectives : lorsque le docteur Seward essaie d'analyser son patient Renfield, c'est bien pour tenter de faire d'une séquence d'événements une séquence signifiante (on retrouve aussi ici l'assimilation classique entre « case » au sens médical d'un cas pathologique et « case » au sens de l'affaire policière[7]). De la même manière, Mina Harker se lance avec succès dans la « science of detection[8] » pour reconstituer la séquence probable des agissements du Comte en fuite. Par ailleurs, les champs sémantiques de la traque et de la chasse deviennent prédominants et font reculer les images de vapeurs et autres brouillards pointant une contamination irrationnelle et incontrôlable. Les personnages-détectives deviennent de véritables chasseurs suivant les traces de leur gibier, déchiffrant les preuves qui les mèneront à l'origine de la contamination criminelle du vampire. Enfin, ces mêmes personnages ont abondamment recours à tous les types de

---

1. Dr Seward's Diary, 26th Sept.
2. Voir l'exposé de Van Helsing dans M. Harker's Journal, 30th Sept.
3. Dr Seward's Diary, 1st Oct : Renfield fait du Comte une figure divine aux côtés de laquelle il marche.
4. « *Soldier, statesman, and alchemist—which latter was the highest development of the science-knowledge of his time* », et voir plus généralement Dr Seward's Diary, 3rd Oct.
5. J. Harker's Journal, 30th Oct, night.
6. « *We have learned to believe, all of us—is it not so? And since so, do we not see our duty? Yes! [...] And then begins our great quest.* » (Ch XVI)
7. Voir Dr Seward's diary, 1st Oct.
8. Voir la définition qu'en propose Sherlock Holmes dans *The Sign of Four*. Voir Mina Harker's Memorandum, 30th Oct, evening.

réseaux, qui ancrent le récit de détection dans la rationalité d'un univers urbain postindustriel, du télégramme au train en passant par les courses en « cab ».

À la dissémination diffuse d'une menace qui fait fi du cloisonnement étanche qui sépare l'intérieur sécurisé et normatif du foyer et l'extériorité associée à la folie et à l'irrationnel, la rhétorique du récit de détection oppose des images de clés qui ouvrent au sens propre comme au sens figuré les différents lieux où le criminel a déposé les fameuses caisses de terre nécessaires à sa survie et à celle de son entreprise[1]. Les clés qui ouvrent le tombeau de Lucy ou les repaires de Dracula permettent aux enquêteurs d'établir des preuves, de trouver des indices qui les mèneront à l'origine de la menace criminelle qui pèse sur la cité londonienne. D'autre part, l'assimilation systématique des enquêteurs à des chasseurs et leur enquête à une chasse à courre est également typique du récit policier et trahit la dualité du détective. Le passage par la métaphore de la chasse permet d'atténuer l'animalité du chien de chasse qui suit une piste. Le savoir cynégétique repose sur des qualités sensorielles et instinctives qui induisent une proximité problématique entre l'homme associé à la raison et l'animal associé à l'altérité. Cette proximité est atténuée par la noblesse d'une activité telle la chasse à courre, réservée à l'aristocratie.

Le mode policier permet donc de lancer cette longue traque qui mène les personnages jusqu'au lieu originel, la tanière du « vieux renard » située au cœur des Balkans. Nous pouvons souligner ici le mouvement centripète qui marque la fin de cette grande partie de chasse lorsque tous les poursuivants du Comte convergent vers le chariot (qui transporte l'ultime caisse contenant le vampire) pour la mise à mort, point culminant de la traque. L'hallali acquiert une dimension cathartique du fait de la théâtralité conférée à cette scène finale qui se déroule sous les yeux de deux spectateurs, Van Helsing et Mina. Cette *catharsis* nous hisse vers un niveau plus symbolique et collectif qui autorise un point de jonction entre la rhétorique policière et les dimensions morales et religieuses. L'enquête policière aboutit à la stigmatisation du criminel, qu'il soit mis à mort ou simplement puni, l'auteur du crime doit être nommé, dénoncé et accusé. De la même manière, la quête de ces nouveaux « croisés[2] » les mène jusqu'au lieu originaire de la faute.

Les deux paradoxes que nous avons mis en exergue, celui d'un recours aux croyances archaïques dans un contexte social où la raison scientifique est toute-puissante ainsi que celui de l'utilisation du raisonnement logique de l'enquête dans un contexte de quête religieuse, sont donc résolus dans le roman par une dynamique de retour à l'origine. De la

---

1. « *But think, in all probable the key of the situation is in that house in Picadilly. The count may have many houses that he has bought. Of them he will have deeds of purchase, keys and other things. [...] We shall go there and search that house; and when we learn what it holds, then we do what our friend Arthur call, in his phrases of hunt, "stop the earth", and so we run down our old fox [...].* » (J. Harker's Journal, 3rd Oct)

2. « *[...] we got out as the old knights of the Cross to redeem more. Like them we shall travel towards the sunrise ; and like them, if we fall, we fall in good cause [...]* » (M. Harker's Journal, 5th Oct, 5 p.m).

même manière, la clé qui donne l'accès à l'opposition entre *Dracula* et *Lady* passe par cette même thématique de l'origine. Lorsque Van Helsing donne un cours d'histoire sur les origines de Dracula[1], il lui confère une dimension mythique en le situant à l'origine d'une lignée, d'un peuple de l'ombre. Il transforme les origines du vampire en un récit d'instauration qui donne un modèle de référence, une origine commune à la race inhumaine menaçant la communauté humaine. Avec *Lady*, Stoker a tenté de reprendre ce fil historique et de déconstruire la dimension originaire de Dracula en lui opposant une figure de substitution qu'il a cherché à ancrer dans le mythique par un récit d'instauration d'une lignée qui mêle le sang anglo-saxon à un sang oriental et qui par là même assujettit ce peuple au joug de la nation-mère. Pour autant, *Lady* ne parvient pas à réinstaurer la logique normative d'une descendance de père en fils qui s'inscrirait dans la tradition d'une perspective temporelle et générationnelle. Pourquoi la menace vampirique reste-t-elle associée dans nos esprits à une contamination par la radiation ? Sans doute parce que c'est Van Helsing lui-même qui instaure cette image de la contamination circulaire[2], déjà perçue par Harker[3] et ensuite reprise par les personnages qui voient en lui le fondateur d'une lignée : « *the father or furtherer of a new order of beings[4]* ».

Il y a là bien plus qu'une image anecdotique car elle peut être rapprochée de celle de la toile (« *the web* »), souvent utilisée au XIXe siècle pour représenter l'évolution par la variation et l'adaptation. Nous ne devons en effet pas perdre de vue que *Dracula* est un texte tout à fait emblématique du contexte scientifique de l'époque. Il est même plus particulièrement ancré dans la fin du XIXe siècle, marquée, après la révolution darwinienne, par les premiers travaux scientifiques sur le fonctionnement du cerveau humain, dont Van Helsing et Seward sont des spécialistes. La position hégémonique de la science au XIXe siècle suscite des peurs plus ou moins acceptées et reconnues et qui se cristallisent souvent dans des figures littéraires, qu'elles soient des réactivations de figures déjà connues comme celle de Faust, ou des créations ancrées dans un contexte spécifique de l'époque, à l'image du détective. C'est ici le savant fou qui nous intéresse en ce qu'il est une résurgence de la figure mythique de Faust qui représente le désir transgressif d'accéder à la connaissance et aux pouvoirs du divin. Or, dans *Dracula*, nous n'avons pas un savant fou mais plusieurs, et la question de la folie est ici d'autant plus pertinente qu'il a déjà été montré à quel point elle infectait progressivement les personnages et le texte[5]. Dès le début du roman, Van Helsing présente les hommes comme des

---

1. Mina Harker's Journal, 30th Oct.
2. « *And so the circle goes on ever widening* » (Dr Seward's Diary, 29th Sept, night)
3. « *This was the being I was helping to transfer to London, where, perhaps for centuries to come, he might, amongst its teeming millions, satiate his lust for blood, and create a new and ever widening circle of semi-demons to batten on the helpless.* » (J. Harker's Journal, 29th June)
4. Dr Seward's Diary, 3rd Oct.
5. Voir Gilles Menegaldo, « Du texte à l'écran : Renfield et la folie », *Dracula, insémination-dissémination*, ed. D. Sipière, Collection Sterne, Presses de l'Université de Picardie, 1996.

fous[1] mais les deux personnages qui se partagent le rôle du savant fou sont Dracula et Van Helsing. La figure du savant fou serait donc bicéphale et même si l'une d'entre elle est mise à mort à la fin du roman, c'est finalement celle-là qui est devenue une figure mythique donnant lieu à de multiples réécritures littéraires ou cinématographiques au XXᵉ siècle.

L'explication d'un tel phénomène tient sans doute en partie au fait que Van Helsing n'est ni un personnage, ni un savant convaincant (comment réussir avec succès la combinaison entre les fonctions de savant, de prêtre et de détective ?). Le seul personnage réellement fascinant (parce qu'il ne s'exprime pas ?) est finalement Dracula lui-même et cela tient au fait qu'il cristallise une hantise de la dégénérescence caractéristique de la période post-darwinienne. Nordau et Lombroso sont cités dans le texte et le réseau de métaphores qui rapproche le vampire d'un criminel et d'un animal est typique de l'époque. La peur traumatique d'une régression possible vers un stade de type animal dont l'homme serait issu conduit à la fin de ce siècle à une stigmatisation de « l'imperfection » qui apparaît dans le roman lorsque Van Helsing parle de criminologie[2]. Le déterminisme qui marque son approche, typique pour l'époque, assimile de façon péremptoire et rédhibitoire criminalité et déficience mentale. Pourtant cette accumulation de traits négatifs qui font tour à tour du vampire une créature, un Antéchrist ou un criminel ne parvient pas à occulter le véritable problème que Dracula soulève dans le contexte scientifique et ontologique de l'époque, car Dracula pose en fait la question du mal originaire.

Ricœur avance que le mythe constitue le premier niveau de discours sur le mal. Avec le mythe adamique, la religion judéo-chrétienne s'ancre dans une conception anthropologique du mal qui fait remonter l'origine du mal à celle de l'humanité. Ainsi, Dieu garde son rôle de bienfaiteur absolu et éternel et l'homme devient l'incarnation d'un mal contingent et historique. Dès lors, le mal perd sa dimension originaire. La question qui se pose avec *Dracula* est la suivante : ce roman redonne-t-il une dimension originaire au mal, dimension qui irait à l'encontre du mythe adamique ? Dracula incarne en effet toutes les formes de mal possible : mal social, mal politique, mal sexuel, mal religieux, mal physique, mal moral, mais qu'en est-il du mal originaire ? Car finalement si la question du mal pose un tel problème à travers l'histoire, parfois conjointe, de la philosophie et des religions[3], c'est que le mal relève de l'innommable et de l'indicible, d'où le recours à l'image, au symbolique, au mythe pour discourir sur cette question.

Dracula est aussi et avant tout un texte qui construit un discours du « dire ». Toute la première partie du texte propose un discours fragmenté et fragmentaire où les personnages-narrateurs reviennent à l'envie sur la

---

1.   « *You deal with madmen. All men are mad in some way or the other; and inasmuch as you deal discreetly with your madmen, so deal with God's madmen, too—the rest of the world.* » (Dr Seward's Diary, 7ᵗʰ Sept)

2.   Dr Seward's Diary, 28ᵗʰ Oct.

3.   Voir *Le Mal,* textes choisis et présentés par Claire Crignon, Paris, GF Corpus, 2000, en particulier l'introduction.

difficulté à dire ou à écrire, l'impossibilité de déchiffrer, le danger ou la peur des mots. En revanche, la seconde partie du roman se fonde sur la reconstruction chronologique et logique d'une histoire cohérente à partir des différentes voix qui s'expriment dans la première partie[1]. Pour contrer la logique centrifuge de l'éclatement, de la radiation et du silence[2], Mina reconstitue « *the whole story*[3] », c'est-à-dire une polyphonie qui permet de reconstruire une image cohérente de la réalité par l'écriture puis la lecture d'un agencement des différents fragments narratifs.

Il nous semble important de faire remarquer que c'est cette visée totalisante qui permet aux protagonistes de remonter à l'origine du mal et par là-même à l'origine de la narration. Van Helsing décrit en effet son périple vers le château de Dracula comme un redoublement de la fiction[4], ce qui nous autorise à souligner à nouveau la thématique du cycle. L'indicible du mal originaire serait ainsi pallié par ce retour compulsif du même qui marque une fin de siècle encore trop ancrée dans un passé dont elle a du mal à détourner les yeux pour envisager l'avenir. Ainsi, la science moderne ne peut annihiler les croyances archaïques, le détective utilise le savoir cynégétique des premiers chasseurs et le fil diégétique fait retour sur le début de la narration. Cette dimension cyclique est fondamentale pour comprendre la dimension mythique de la figure du vampire car elle permet d'extraire la thématique centrale du mal originaire d'une contextualisation historique et autorise de fait la résurgence et la réécriture de cet indicible Tout Autre.

---

1. « *[…] they are knitting together in chronological order every scrap of evidence they have. […] [to] be able to show a whole connected narrative.* » Dr Seward's Diary, 30th Sept.
2. « *[…] He raised His hand, and seemed to call out without using any words.* » (Dr Seward's Diary, 3rd Oct)
3. Ch XIX, J. Harker's Journal, 1st Oct, 5 a.m.
4. « *By-and-by we find all the things which Jonathan have note in that wonderful diary of him.* » (Memorandum by A. Van Helsing, 4th Nov)

Quatrième partie

Lectures

Is there an Irish Dimension in *Dracula*[1]?

Cornelius Crowley

English Realities

Nobody will seriously suggest that Jane Austen's *Pride and Prejudice* is not a realist novel: a novel that is realistically and reasonably written, focusing on a crucial enterprise of choice. The task facing the heroine involves her successful evaluation of the substance of the various marriage-partners to whom she can honestly aspire. She must learn to read male intentions and male dissimulation, learn not to be taken in by the appearance of distinction; learn, eventually, to give credit to a man of plain, durable value.

Narrative realism is thus a literary practice and a literary possibility whose fate is wedded to certain concomitant social structures: (1) the proper ownership of land; (2) the proper contracting and consummation of marriage. For in the realist novel, the institution of marriage and the fixed capital of land go together "like a horse and carriage": the bond is both more binding and more socially adhesive than any articulation between love and marriage.

The task of realist narrative is consequently to plot the socially unavoidable adjustment between personal aspiration and the scope of possibilities. There is a scope, so there is room for good choices and bad choices. The texture or composition of the social order within which choice is to be exercised carries no surprises: there are no secret passageways, no short-cuts, no "jokers", no fairy-godmothers. What the hero or heroine finally achieves is the expression of what the hero or heroine has finally made of his or her "talents", of the cards that have been dealt out. There is, without question, no *deus ex machina* who will come to the rescue, and no evil genius to destroy the protagonist's honest designs. Never will the heroine find herself in a state of servitude and submission, like the Saint Teresa voluptuously sculpted by Bernini: in the thralls of an overpowering divine possession, to whom she gladly surrenders all, oblivious to the solid but charmless attributes of bourgeois self-possession.

And so narrative realism has never been a question of the meticulous delineation of surfaces and details: realism is not a "fetishist" counting of the number of baubles decorating the bride's wedding-dress. Writers of the great tradition of realism, such as Jane Austen or George Eliot, are in no sense superb "colourists": their focus is on the interplay between individual endeavour and the social texture or web. The illumination of metaphor is kept under a severe check, so much so, in the case of Jane Austen, that we have to learn to read her sentences at a steady, uniform

---

1. For a consideration of the place of *Dracula* within the tradition of Irish Gothic, see *Dracula, Mythe et métamorphoses*, Claude Fierobe (éd.), Presses Universitaires du Septentrion, 2005.

pace, insofar as meaning is accretional, patiently and laboriously gathered, in the absence of epiphany or catastrophe.

There are some readers who will resist the robust common sense of Jane Austen. Not all writers and not all readers accept a literary contract which implicitly stipulates that the task of narrative prose is a collusion in a downward, sobering adjustment to social realities, within which the limits of our self-reliance will be tested and affirmed.

The Realities of Provincial France

Nobody can seriously suggest that Gustave Flaubert's *Madame Bovary* is not a realist novel: a novel that is realistically and reasonably written, focusing on the dire consequences of a crucial enterprise of choice and decision: marriage to a well-meaning but obtuse country doctor. The realism of *Madame Bovary* diverges from that of Austen. France is not England, and, both politically and economically, society has "moved on" between the early and the middle years of the nineteenth century. There are additional, newer forms of distinction and social capital, all of this part of what Monsieur Homais calls *"le progrès"*. Flaubert is more of a colourist than Austen or George Eliot, but what we are offered is an extension of the scope of realism, certainly not a departure from its basic and rather disenchanting axiom: that narrative fiction, practised in the realist mode, focuses on the painful adjustment between expectations and possibilities. The task of the writer again involves the delineation of these strategies of adjustment. It will therefore involve the delineation of the heroine's post-marital adjustment, her adjustment to circumstance by way of a (doomed) enfranchisement of her desires.

Compared to Flaubert, Austen may appear *pudibonde*. Nevertheless, he proves as merciless in his chastisement of Emma Bovary as Austen in her reduction of Marianne Dashwood in *Sense and Sensibility*. The focusing on Emma Bovary's venturing-out into the society of Normandy, in search of a lover whose distinction of personality matches the distinction of her own aspirations—which go far beyond the mediocrity of her husband Charles—will ultimately lead to her death and, before that, to the merciless deflation of her illusions. Desire is a reality, welling up from within. Its fate is to be socially accommodated and amortised. And the implication of the last proposition is that narrative realism is a literary art of adjustment to the ineluctable modality of the (bourgeois) social order. Which involves the following corollaries, nowhere more fully borne out than in France and England: society exists, independently of, and prior to, individual will or desire. Society is not however an absolute, immutable fatality, it is amenable to change, by way of the accumulative, individual agency of modification. The difference between an English narrative realism and a French narrative realism has to do with the differences in the conditions and possibilities of the two national politics: the adjustment between individual aspiration and social conditions is, in the context of England, a generally untraumatic affair. Beyond this difference, we can note that French and English narrative fictions are both of them socially conservative, both of them normative.

Allegory, Parable: the Intimation of Something Other

Nobody can seriously suggest that the following is a passage from a realist narrative:

> While the bridegroom tarried, they all slumbered and slept. And at midnight there was a cry made, Behold, the bridegroom cometh; go ye out to meet him. Then all those virgins arose, and trimmed their lamps. And the foolish said unto the wise, Give us of your oil; for our lamps are gone out. But the wise answered, *Not so;* lest there be not enough for us and you; but go ye rather to them that sell, and buy for yourselves. And while they went to buy, the bridegroom came; and they that were ready went in with him to the marriage; and the door was shut.[1]

And yet nobody, unless desirous to be accused of impiety, will say that the passage is not pregnant with meaning. So we admit that there are sacred and profane antecedents for allegory, for our reading between the lines of any narrative the insinuations of something more ominous that what is initially manifest. The parable is not of course presenting the ten virgins, five foolish and five wise, as so many brides for this bridegroom: their function is not made clear, the text does not say that they are mere *bridesmaids*. The parable does suggest that this is no mundane monogamy and the Lord who is to come is no ordinary husband. He will come by night, and there is the suggestion of an imminent illumination and revelation that will be granted to those whom the Lord will choose as his own, who will therefore *belong to* him. Whether here or elsewhere, we read not merely to partake of a disenchanting experience of reduced expectations. On the contrary, we read avidly for the suggestion that there may be strange, *un*familiar, occult modes of exchange and commerce between a Master and those who serve Him, modes of exchange and commerce which the Enlightenment paradigm of free, consenting subjects cannot countenance.

> In the moonlight opposite me were three young women, ladies by their dress and manner. I thought at the time that I must be dreaming when I saw them, for, though the moonlight was behind them, they threw no shadow on the floor. They came close to me and looked at me for some time, and then whispered together. Two were dark, and had high aquiline noses, like the Count, and great dark, piercing, eyes, that seemed to be almost red when contrasted with the pale yellow moon... There was something about them that made me uneasy, some longing and at the same time some deadly fear. (42)

The Count will protect Jonathan Harker from the amorous intentions of the "three young women", though not by coming to his rescue, but by enforcing his own prior, preemptive claim: "This man belongs to me!" (43). Which suggests that beyond the well-plotted space where the writ of reason runs, where the bourgeois subject learns that she "belongs to"

---

1. Matthew, 25: 1-10, *The Interlinear Greek-English New Testament*, translated by Alfred Marshall, London, Bagster, 1958.

herself, there is a kingdom whose law is passion and submission rather than agency and affirmation: a space explored in the poetry of Emily Dickinson, in the meditations of certain mystics (John of the Cross, Teresa), or in *certain* passages of the Gothic novel. *Certain* passages, and within an overall economy which remains profane and solidly reasonable, as if the function of Gothic prose, within the general politics of a Protestant individualist culture, were a prophylactic one: to appropriate certain attributes and allurements of an anti-modern culture of *un*reason, so as to keep at bay the nightmares and the mystifications which the daylight of Reason proudly claims to have vanquished, but which it continues to apprehend.

Irish Unrealities

If France and England are both of them socially conservative, it is because they can both exhibit a substantially imposing social order, within which adjustments are to be made and desires are to be invested. But what of Ireland? What of its torn, inconsistent social fabric, its travesty of a great tradition of bourgeois narrative fiction? Jonathan Swift and Lawrence Sterne in the eighteenth century, precious little realist prose fiction in the nineteenth century; nothing, in any case, that is as reasonable as Austen or as ironic as Flaubert, before the late nineteenth century advent or return of the *Celtic Renaissance,* ushering in the grand style of Yeats and the neo-primitivism of Synge. And what are we to make of Joyce and Beckett? Ireland does not appear to be a site of realist prose.

Gothic is a vague, endlessly accommodating word. It can refer to *anything or anywhere that lies outside the pale of progressive reason and modernity.* Ireland can therefore be qualified—with all the potentially racist essentialisation that the gesture implies—as a *gothic, un*modern or *un*progressive country. A powerfully coercive paradigm is thus put in place. If Ireland is a gothic country, in terms of its divergence from the defining features of a bourgeois social history—a succession of social classes, each of which aspires to the exercise of political rule and cultural hegemony—, then the literature of Ireland can only be a literature of *un*social *un*realites. In other words, for better or for worse, Ireland will be labelled by others, and will Ireland proudly proclaim itself, an *un*bourgeois strange country, whose literature can only be an *un*bourgeois literature of extremity and astonishment. And so it is that in recent years, at a time when Ireland at last came to exhibit the signs of a successful economic adjustment—having drunk full of the renewing lifeblood of American capital and European subsidies—Irish cultural historiography had reached a point where it was possible to make a reappraisal of Ireland in the latter part of the nineteenth century: *Ireland since the Famine.* In these changed circumstances, it has proved possible to elaborate on the following matrix: Ireland is / was a strange, *un*bourgeois land; Ireland is / was Gothic, and so its literature is / was Gothic. Within this, it has then proved easy to accommodate Bram Stoker's *Dracula,* a book published by a subject of the British Empire who was born in Dublin in 1847, the culminating year of the Great Famine. *Dracula* is, in the narrowly generic sense, a *gothic* novel, not bound by the constitutional rights and obligations of narrative realism. Given this concomitance of *race, milieu,* and *moment,*—to use the triadic determinism of Taine - it can only be the case that *Dracula* carries an Irish "sub-text". The hidden thrust of its manifestly *un*realistic text *must* bear upon the oblique, allegorical figuring of "the condition of Ireland". For if the "condition of England" question is amenable to the reasonable prose of Elizabeth Gaskell or George Eliot, drawing on oppositions between north and south and on the complementary relation between feminine and masculine, the XIXth century "Irish question"—the question and quandary of a country prone to linguistic insecurity, and which is in the aftermath of a demographic catastrophe, whose local government and whose religious politics are irremediably insecure—, can only be addressed by way of an extravagant, art, scornful of the proprieties of realism. *Dracula's* unbourgeois improprieties can thus be taken as the symptom of the novel's wild Irishness.

We shall briefly sketch something of the political and literary texture which makes the hypothesis of an Irish dimension of *Dracula* a plausible one. (The process of connecting *Dracula* to its Irish context is, after all, *a two-way* communication: if we look for an Irish dimension in *Dracula*, we will surely find a vampirish, regenerational fantasy in Irish nationalism). Reading *Dracula* helps us to tune into the subliminal romantic thrust of the Irish literary Renaissance and Irish political nationalism. This then helps us grasp why it is that *Dracula* can speak of and to the question of Ireland. However I will suggest that if *Dracula* speaks of the question of Ireland, it is insofar as the novel addresses the burden and greatness of Empire from the point of view of the modestly heroic British subject, great in his temperance and his abstemious disinterestness. *Ireland* is just one possible mapping of the ungrateful destructiveness of those subaltern or subterranean powers against which the imperial subject has no alternative but to fight the good fight.

But first, a possible Irish dimension and Irish "intertext": a discursive matrix where the energy of literature and of politics presumes the repudiation of all logic of adjustment and accommodation. Literature and politics, far from being endeavours of individual adjustment, are, in the following instances, affairs of generation and filiation, with the generation living "here and now" in no sense to be considered as a set of free, self-reliant agents, insofar as the living are merely the current receptacles of a destiny which has preceded and which will outlive them. We quote from the seminal document of Irish nationalism, the 1916 Proclamation:

> Irishmen and Irishwomen: In the name of God and of the dead generations from which she receives her old tradition of nationhood, Ireland, through us, summons her children to her flag and strikes for her freedom.
> [...] In every generation the Irish people have asserted their right to national freedom and sovereignty: six times during the past three hundred years they have asserted it in arms. (Foster, 596)

"Dead generations", a Gothic oxymoron, is a seminal trope in the nationalist discourse. For the implication of this call to arms is that, in the particular circumstances of Ireland's *un*happy and *un*modern politics, the past is not the past, that the dead of earlier generations are in fact the *un*dead, so that the present generation cannot escape its fatal duty to "strike for her freedom".

But it is the entire rhetoric of an Irish cultural and political revivalism, contemporary to Stoker's writing of *Dracula* that draws upon the rhetorical force of *undeath*. Literary history speaks of a "Celtic twilight", of a "Celtic Renaissance" or a "Celtic Revival". Something thought to be dead, extinguished by the mundane light of progress, can be rekindled. As if revivalism were the obdurate antithesis of the linear progression of modernity. Something or someone thought to be dead is in fact *undead*, and is thus able to intrude on the urbane, after-dinner party of the late-Victorian or Edwardian era. Michael Furey is the *un*dead boy who comes to repossess Gretta Conroy at the end of Joyce's "The Dead", thus refuting Gabriel Conroy's complacent belief that his wife Gretta "belonged" to him. Gretta's words to Gabriel, as she faces him, are an admission of a secret communication of life-force between Michael Furey and her self: "I think he died for me".

In a remarkable passage in the "Cyclops" chapter in *Ulysses*, Joyce both celebrates the cosmopolitan, progressive tolerance of Bloom, opposing it to the xenophobia of the citizen, while at the same time allowing the latter to voice the nationalist claim to call up the armies of the *un*dead:

> We'll put force against force, says the citizen. We have our greater Ireland beyond the sea. They were driven out of house and home in the black '47. Their mudcabins and their shieldings by the roadside were laid low by the batteringram and the *Times* rubbed its hands and told the whitelivered Saxons there would soon be as few Irish in Ireland as redskins in America... Ay, they drove out the peasants in hordes. Twenty thousand of them died in the coffinships. But those that came to the land of the free remember the land of bondage. And they will come again and with a vengeance, no cravens, the sons of Granuaile, the champions of Kathleen ni Houlihan. (*Ulysses*, 270).

The technology of domination—hard power and "soft" power, the batteringram and the newspaper—is more secular than the syncretist panoply called on by the enemies of Count Dracula. The latter use both vanguard technology—shorthand, blood transfusions, phonograph—and the emblems of an obscurantist papism: crosses and consecrated wafers. But whether in the apprehensions of Seward and Harker, or, as here, in the defiant claims of the citizen, there is the suggestion that pacification and the onward march of empire is both a cruel enterprise of reduction carried out in the name of the "Reason of history" and an endlessly inconclusive combat, since the vanquished dead prove to be interminably *un*dead.

Strange Country: the Territory of the Gothic

Declan Kiberd's *Inventing Ireland* is the exemplary case of the recent turn in Irish cultural historiography towards a reappropriational, vampirist rereading as an allegory of Ireland of virtually any text, written by virtually any writer who "on the dotted line" of the birth-certificate is Irish. Bram Stoker only gets a walk-on part, in a digression from Kiberd's portrait of Oscar Wilde: "she (Florence Balcombe) spurned the young dandy for the more Gothic thrills of life with a minor civil servant named Bram Stoker" (34). I shall therefore take as my example of the recent Irish recovery of *Dracula* Seamus Deane's reading in *Strange Country*. The book carries a chapter entitled "Phantasmal France, Unreal Ireland". I cannot deal here with the hypothesis of France's "phantasmality". I am however repeatedly drawing on Deane's idea of an Irish *un*reality, to be contrasted with the substance of English social and narrative realities:

> Gothic fiction is devoted to the question of ownership, wills, testaments, hauntings of places formerly owned, and, in its most commercially successful manifestation, Bram Stoker's *Dracula* (1897), to the story of an absentee landlord who is dependent in his London residence on the maintenance of a supply of soil in which he might coffin himself before the dawn comes. With him, too, there is a crucial distinction between land, which he buys in England, and his soil, which he brings with him in what is a literal version of the coffin-ship—that resonant image from Famine times—that is wrecked on the Yorkshire coast, at Whitby. This peculiar version of the native soil is an inversion or perversion of the nationalist version propagated by Lalor. For, in this instance, it is the native material which is imported into the "foreign" legal system of English property relations. In addition, it is a contaminated cargo; Dracula's soil is also his filth, his containment. Attached to the soil by day... he moves, like an O'Grady version of the Celtic hero, between dusk and dawn. But landlord that he is, with all his enslaved victims, his Celtic twilight is endangered by the approach of a nationalist dawn, a Home Rule sun rising behind the old Irish Parliament... Like O'Grady's and Yeat's Anglo-Irish, he will be expelled from history to enter the never-never land of myth, demonized more effectively but also more clandestinely than by a Lalor, Mitchell, or Davitt. (89-90)

The reference to the "coffin-ship" is, as in *Ulysses,* an instance of "that resonant image from Famine times". In *Celtic Revivals,* an earlier delving into Irish literary history, Seamus Deane makes no mention of Stoker's *Dracula.* He does of course choose as the title for his book "that resonant image" from European culture's interrogation of the trope of linear progress in the decades leading up to 1914: the trope of *revival, renaissance.* For whether in politics or in culture, the preoccupation of European cultural elites between 1880 and 1914 was less with an avantgardist acceleration of the progressive linearity of history. It was more with a fantasy of replenishment and revitalisation, a return to the sacred fount of a possible regeneration: the alternative to a supposed degeneration and decadence in the ever-dilating space of urban anomia.

What had occurred between the publication of *Celtic Revivals* (1983) and *Strange Country* (1997) was the Irish reappropiation of the Great Famine and its aftermath. Terry Eagleton made his contribution to this enterprise in his book *Heathcliff and the Great Hunger* (1995). Bram Stoker here merits a two-page consideration, in terms close to those of Seamus Deane: Dracula is an "absentee landlord, deserting his Transylvanian castle to buy up property in London", who settles "in Purfleet, as a number of the Anglo-Irish gentry were to migrate from the wilds of Connaught to the watering holes of the English south coast" (215).

The phenomenon of belated rereading involved here is one which exposes the inevitable inadequacy of the normal protocols of narrative realism, when the imagination is forced to confront catastrophe and extremity. For the rereading of *Dracula* has accompanied the attempted rereading of the Irish famine, the tracing out of its secret marks in the Irish landscape and culture. The hypothesis of such a belated rereading is a simple and plausible one, a hypothesis that is invoked in all similar considerations of the problematic relation between historical catastrophe and literary figuration: *literature is an enterprise of symbolic address; famine is a singular historical catastrophe; as a mode of historical address, the force of any work of literature will be a function of its affinity with the trauma of which, indirectly or unconsciously, it is necessarily the image.* However, the very text of *Dracula* carries a warning that should dissuade us from any facile reading of Stoker's book as an allegory of catastrophe. For just as the vampire leaves no shadow or image in the mirror, there is no certainty that a trauma will leave a trace or a sign that is commensurable to the materiality of what has been inflicted and suffered.

Count Dracula is a perversely polymorphous, floating, creeping, crawling signifier. He consorts with bats and with rats, and he will consort with us. He will, I believe, play along with whatever hermeneutic projects we wish to devise. It is not, I believe, the case that *Dracula* is the oblique allegory of certain traumas suffered, in Ireland or elsewhere. It is not, I believe, the case, that, as Franco Moretti suggests, Count Dracula should be read as a "Capital Dracula…a saver, an ascetic, an upholder of the Protestant ethic" (91). It is rather the case that Count Dracula *should not* be thus read, because such a reading is a blatant instance of our search for an appeasing emblem or figure of our anxieties and resentment.

Whether in 1900 and today, *Dracula* panders to our desire for clear demarcation between our objects of pity and our objects of fear: between *pathos* and *phobos,* to use the categories of Aristotelean catharsis. The dissociation between *pathos* and *phobos* precludes *any complexification of sympathies,* such as might lead the reader beyond the satisfaction that Stoker's final pages offers to his metropolitan imperial readers. What is missing in Stoker's *Dracula* in the sublimity of Werner Herzog's intimation of domestic and civil disorder, in the scenes in *Nosferatu* showing Harker and his wife are at home, with the alien presence driving a wedge between them, or in the scenes of the town-square, as the plague-victims dance rounds before they "all fall down". *Dracula* has been a congenial, "culture-friendly" book. Generations of readers have looked on as the Count takes upon himself the anxieties of a European civilisation of progressive linearity, its anxieties born from an interminable never-ending progress that nonetheless fails to make the world a homogeneously pacified and reasonable place. For the point of view adopted by Stoker is that of the imperial, well-meaning monster-stalkers. Like the two lovers on Keats's "Grecian Urn", "always about to kiss", the agents of Reason are always about to eradicate the *un*reason of its *un*dead other:

> Here I am, sitting at a little oak table where in old times possibly some fair lady sat to pen, with much thought and many blushes, her ill-spelt love-letter, and writing in my diary in shorthand all that has happened since I closed it last. It is nineteenth century-up-to-date with a vengeance. And yet, unless my senses deceive me, the old centuries had, and have, powers of their own which mere "modernity" cannot kill. (40-41).

The limits of "mere 'modernity'" are fortunately overcome by Stoker's enemies of evil. They do so by way of the God-blest alliance between state of the art technology—both medical and communicational—and the tactical deployment of obsolete rituals: wafers and crosses. In this way, the demarcation between the powers of good and the powers of evil is finally reasserted: "And the light shineth in darkness, and the darkness comprehended it not", John, 1, 5. *Dracula* thus asserts its kinship with the narrative thrust of the late nineteenth century detective story: a forward, relentless move towards elucidation and the reduction of obscurity.

Bibliography

Deane, Seamus, *Celtic Revivals: Essays in Modern Irish Literature 1880-1980*, London, Faber, 1983.

Strange Country: Modernity and nationhood in Irish Writing since 1790, Oxford, Clarendon Press, 1997.

Eagleton, Terry, *Heathcliff and the Great Hunger: Studies in Irish Culture*, London, Verso, 1995.

Fiérobe, Claude, (éd), *Dracula, Mythe et métamorphoses*, Lille, Presses Universitaires du Septentrion, 2005.

Joyce, James, *Ulysses*, edited by Gabler, H.W., London, The Bodley Head, 1984.

Kiberd, Declan, *Inventing Ireland: The Literature of the Modern Nation*, London, Jonathan Cape, 1995.

Marshall, Alfred, *The Interlinear Greek-English New Testament*, London, Bagster, 1958

Moretti, Franco, *Signs taken for Wonders*, London, Verso, 1983.

La mise en cause de la rationalité des chasseurs de vampires : le *logos* pervers et vampirique de la fin du XIXe

Michel Naumann

Pendant très longtemps l'homme a cru que l'intelligence et la raison étaient de nature immuable, forme pure, libre des atteintes émotionnelles, transcendante devant l'histoire et les luttes. La psychanalyse a, depuis plus d'un siècle, balayé cette illusion. La raison se colore toujours plus ou moins d'impuretés. Le logos est pollué par le mythos. Mais nous sentons bien, à la lumière des grands moments de développement scientifique et rationaliste de l'histoire — la matrice égyptienne, les savants de Chine, le miracle grec, l'épanouissement de l'Islam, le jardin andalou, la Renaissance et le XVIIIe siècle — que nous ne pouvons pour autant, au nom de ses imperfections, rejeter purement et simplement l'outil rationnel. Il reste que la tâche qui consiste à dégager la raison authentique, qui se met au service des hommes, de la raison instrumentalisée par des causes douteuses, est difficile.

Si nous voulons établir de quel côté, dans le roman de Bram Stoker, *Dracula*, penchent les discours de Van Helsing qui lance les chasseurs de vampires dans une entreprise qui leur semble être une œuvre de salut public destinée à sauver l'humanité, il nous faut d'abord éclaircir les définitions qui nous permettront de reconnaître l'un ou l'autre des logos impliqués. En réfléchissant sur la pensée européenne des XIXe et XXe siècles, Maria Zambrano voyait dans l'illusion d'une rationalité pure la cause d'une mise à distance des discours démocratiques et progressistes. La raison formelle, dépassée par l'histoire, et ses discours cessèrent de refléter le mouvement de la vie concrète[1]. D'un point de vue marxiste, Georg Lukacs parvint à des conclusions très proches : durant la dernière partie du XIXe siècle, les grandes banques restructurèrent le capitalisme, désormais monopoliste et colonialiste, ce qui accrut l'effacement de la valeur d'usage au profit de la valeur d'échange, c'est-à-dire la réification de la vie et de la pensée par l'instrumentalité marchande, leur médiatisation par l'argent[2]. Marcuse affirma aussi que l'étouffement, dès cette époque, du sujet par les puissances financières et bureaucratiques rendit la répression du principe de plaisir au profit du principe de réalité moins prestigieuse que par le passé lorsque le sujet rationnel pouvait se penser comme un acteur incontournable de l'histoire[3]. Maria Zambrano voit, dans cette situation, s'affronter deux logos. L'un fonde la raison séminale, l'autre la raison sacrificielle.

La première surgit au cours d'un événement auquel se donnent les hommes parce qu'il épouse leur désir. Ils lui accordent leurs vies, leurs

---

1. Zambrano Maria, *Sentiers*, Paris, Des Femmes, 1992, pp. 35-47.
2. Lukacs Georg, *Existentialisme et marxisme*, Paris, Nagel, 1961, p. 7.
3. Marcuse Herbert, *Eros et société*, Paris, Seuil, 1969, p. 12.

capacités et leurs ressources secrètes. La raison devient ainsi créatrice du devenir de la totalité. Le processus dépouille les hommes impliqués des falsifications qui pouvaient encore les rendre captifs des mensonges des idéologies. Maria Zambrano donne comme exemple de ces événements la révolution espagnole (nous pourrions en toute légitimité penser à notre Grande révolution de 1789-94) et pour exemple d'une vie donnée le Christ. L'autre raison veut surmonter la distance qui la sépare de la vie sans se donner à de tels mouvements de l'histoire qui lui font peur et heurtent les intérêts qu'elle représente. Le devenir reste alors un devenir en puissance. La raison repose donc sur une angoisse. Maria Zambrano oppose ce sujet, qu'elle décrit comme adolescent, à la maturité virile du sujet du logos séminal. La raison qui nie la vie par incapacité à atteindre une union amoureuse avec elle se fonde sur le pouvoir de l'intelligence, le pouvoir de cacher, la répétition (Maria Zambrano montre que si le fascisme se veut un commencement il n'est guère plus qu'un recommencement lorsque Mussolini entreprend de reconstruire l'empire romain), le culte des faits qui ne sont en réalité que fabriqués par la violence même de ceux qui les invoquent, un réalisme pessimiste, parfois appuyé par une mystique de l'action, qui voit dans la brutalité l'incontournable nature de la vie. Ce qui sépare les deux rationalités est donc en définitive largement le caractère criminel de la seconde.

Auquel de ces deux courants pouvons-nous rattacher les discours et l'action des chasseurs de vampires ?

Les discours de Van Helsing

Le maître à penser du groupe de tueurs de vampires est Van Helsing. Il s'oppose à une raison étroite qui se dissimule l'évidence, la menace vampirique.

> *You are clever man, friend John; you reason well, and your wit is bold; but you are too prejudiced. You do not let your eyes see nor your ears hear, and that which is outside your daily life is not of account to you.* (170)

Le discours rationaliste ne rend donc plus compte d'une réalité complexe et surprenante. Mais pour surmonter cette faiblesse Van Helsing a recours d'une part à une autorité presque divine, puisque sa remarque évoque le Christ qui parle de ceux qui ont des yeux pour voir et des oreilles pour entendre, d'autre part à une stratégie de rétention des connaissances qu'il détient.

> *I was touched by the tenderness of his tone, and asked why. "Because I know!"* (159)

Ce qui n'est pas révélé, le secret, ou ce qui est seulement suggéré puis à moitié révélé pique la curiosité et devient d'autant plus réel qu'il n'affronte pas la conceptualisation qui l'aurait d'emblée rendu ridicule. Elle viendra en son temps lorsque le besoin d'une réponse de ce type aura émergé dans le groupe ainsi travaillé par l'approche fort adroite de Van Helsing. Il sait aussi flatter et juger ses interlocuteurs : Seward est son plus brillant disciple, Lucy est adorable et Mina est une perle rare... Il comprend de mieux en mieux ce qui les tourmente. Il sait que Mina, rongée par l'angoisse que représente pour elle le journal de son mari, Jonathan, écrit qui semble prouver la folie de cet être qui lui est si cher, ébranlée par la mort de Lucy, reçoit comme une bénédiction l'intuition de Van Helsing que les faits retracés dans le journal sont authentiques. À tous il demande moins une reconnaissance de la vérité scientifique qu'une conversion.

> *"That is good image," he said. "Well, I shall tell you. My thesis is this: I want you to believe."*
> *"To believe what?"*
> *"To believe in things that you cannot."* (172)

Mina exprime le plus clairement l'espoir qu'il a fait naître dans ce groupe d'amis, mais encore une fois nous songeons plus facilement à une bouffée irrationnelle au sein d'une secte dont le gourou, d'un simple geste, fait se lever les malades, qu'à l'acceptation d'une austère connaissance scientifique.

> *I suppose I was hysterical, for I threw myself on my knees and held up my hands to him, and implored him to make my husband well again. He took my hands and raised me up.* (165)

Seward sent confusément le caractère pathologique des théories de Van Helsing et ce n'est pas sans quelques inquiétudes qu'il soupçonne le pouvoir de l'intelligence du savant.

> *It is wonderful what a good night's sleep will do for one. Yesterday I was almost willing to accept Van Helsing's monstrous ideas; but now they seem to start out lurid before me as outrages on common sense. I have no doubt that he believes it all. I wonder if his mind can have become in any way unhinged. Surely there must be some rational explanation of all these mysterious things. Is it possible that the Professor can have done it himself? He is so abnormally clever that if he went off his head he would carry out his intent with regard to some fixed idea in a wonderful way.* (181-2)

Van Helsing a t-il donc toute sa raison ? Il pourrait avoir falsifié les preuves qu'il utilise pour convaincre. Ainsi, comme l'affirmait Maria Zambrano, le fait, l'expérience, est produit par la raison malade ou la domination de celui qui entend s'imposer : l'infériorité et la férocité que Prospero perçoit chez Caliban peuvent lui sembler des faits incontestables, mais il s'agit plutôt de conséquences de sa magie qui soumet, infériorise et contraint l'esclave à la haine et à une vie primitive. Van Helsing n'est-il pas au bord de la crise d'hystérie lors des funérailles de Lucy quand il est saisi d'un rire étrange, maladif et nerveux ? Or l'hystérie, nous disent les psychologues, est contagieuse et elle a déjà dans le passé provoqué des phénomènes qui impliquaient des groupes sociaux entiers.

S'agit-il donc d'un fou qui emporte dans son délire et ses étranges visions quelques personnes fragilisées ou, moins anecdotiquement, d'une stratégie malsaine qui tente de surmonter la crise du langage rationnel devenu désuet en le reliant aux peurs secrètes de chacun ? Les deux niveaux ainsi évoqués sont liés car lorsque la raison ou, plus exactement, de pseudo discours rationnels épousent peurs et angoisses, ils retrouvent un lien à la réalité. Certes, ils ne renouent pas avec le rapport à l'histoire et au monde qui caractérisait la rationalité des Lumières, mais ils créent un lien qui se fonde sur l'imaginaire et non sur le mouvement historique qui traduit le devenir de la totalité, sur Thanatos qui retranche et non sur Eros qui unit, sur la réactivité comme dirait Nietzsche et non sur le désir.

Si Van Helsing n'a pu surmonter la disparition de sa femme et de son fils que par un délire de persécution dont le seul mérite est d'apporter une explication au drame, en rencontrant les amis de Lucy fragilisés par la mort brutale de la jeune femme, il trouve un terrain réceptif et sort de son extrême solitude en devenant leur maître spirituel. Mais le type de réponse paranoïaque qu'il avance fonde l'unité du groupe sur la peur, la haine et la phobie. Son analyse du vampirisme semble donc un élargissement de la science, mais il pourrait aussi apparaître comme une projection phobique. Dracula est d'autant plus implacablement pourchassé qu'il est celui sur qui les membres du groupe projettent la maladie intérieure qui les ronge. Il est la condensation de leurs peurs et ils lui attribuent des caractéristiques liées à leurs propres angoisses.

En effet, l'énergie que Van Helsing reconnaît à Dracula est certes surhumaine, mais des hommes sous l'emprise d'une phobie peuvent accomplir des prouesses physiques surprenantes comme nous le prouvent les typologies des tueurs en série, souvent surnommés « vampires » par la rumeur publique. Ils traversent un continent pour tuer et se transforment en machines surpuissantes pour détruire et torturer. Ils sont rusés, intuitifs mais aussi primitifs et dénués de toute humanité. Ce qu'ils cherchent en dépeçant leurs victimes n'est rien d'autre que d'en vérifier l'animalité qui leur prouve qu'elles ne sont pas différentes d'eux, des êtres malades au niveau de la fonction symbolique censée les élever au-dessus des bêtes et des machines. En un sens ils transforment l'autre en ce qu'ils sont comme Dracula transforme ses victimes en vampires.

> He is cunning, as I know from Mr Jonathan and from the way that all along he have fooled us when he played with us for Miss Lucy's life, and we lost; and in many ways the Un-dead are strong. He have always the strength in his hand of twenty men; even we four who gave our strength to Miss Lucy it also is all to him. Besides, he can summon his wolf and I know not what. (181)

Mais nous devons aussi nous interroger sur l'énergie surhumaine des chasseurs qui poursuivent leur proie jusqu'en Bulgarie et en Roumanie, la prennent de vitesse et la détruisent. Si Dracula est une projection de leur être malade, ils partagent ses caractéristiques les plus inquiétantes qui se déploient dans l'action. Or l'impulsion en faveur d'une action immédiate, rapide et radicale, même si elle est déterminée par une impitoyable logique formelle, n'est pas sans nous poser de graves questions. L'utilité de poursuivre Dracula après sa fuite est-elle d'ailleurs si convaincante, même pour la pensée anglo-saxonne fortement marquée par la justification, chez Hobbes, de l'agression préventive ? Le placide savant est en fait un homme d'action, toujours en mouvement et sa pensée mène infailliblement à la chasse au vampire selon une logique presque compulsive qui n'est pas étrangère à celle qui saisit les tueurs en série. Déjà, lorsqu'il s'agissait de prendre une décision au sujet du corps de

Lucy, nous pouvons soupçonner cette impulsion qui finit par emporter tout le groupe parce que Van Helsing jette le poids de son autorité et parce qu'il présente l'acte à accomplir comme indispensable.

> *I have been thinking, and have made up my mind as to what is best. If I did simply follow my inclining I would do now, at this moment, what is to be done; but there are other things to follow, and things that are thousand times more difficult in that them we do not know.* (180)

Van Helsing en vient donc à décider ou à pousser ses disciples à décider d'accomplir ce que seule la justice des hommes peut faire et comme son christianisme, lourdement armé de croix et même d'indulgences venues des siècles de corruption de l'Église, nous le laisse soupçonner, il décide aussi du Paradis pour Lucy et de l'Enfer pour Dracula, ce que seul Dieu peut faire. Du point de vue littéraire il relève du surhomme dont Antonio Gramsci disait qu'il fallait peut-être plus chercher les origines du côté des feuilletons populaires français que des grands philosophes[1]. Il ajoutait que le Comte de Monte-Cristo était à cet égard plus important que Nietzsche et suggérait de lire le passage du roman intitulé « Idéologie ». Nous y voyons, devant une carte du monde, le héros discuter de droit avec le procureur de Villefort. Bien que ce dernier soit le représentant de la loi, nous savons qu'il fut coupable d'abus très graves. Il est raide, l'œil menaçant, habillé de noir avec un fil rouge comme une ligne sanguinolente : presque un vampire[2]. Monte-Cristo se décrit comme le bras de Dieu et l'homme cosmopolite qui invoque tous les systèmes juridiques du monde pour se libérer des entraves des lois nationales. Van Helsing, pour se donner une justification morale, se réfère, sans la nommer, à la logique de l'agression préventive dans l'état de nature, une théorie clairement défendue par Hobbes. Surpris par les brillantes théories du Comte, de Villefort assigne une limite à la grandeur et à l'intelligence : la fragilité du corps humain. Son père, M. Noirtier, autrefois un révolutionnaire courageux et déterminé, est désormais paralysé. Or c'est sur ce terrain que Dracula affronte ses adversaires. Jonathan et Lucy sombrent dans la torpeur. Dracula donne aussi au corps vampirique que créent ses morsures le pouvoir d'anéantir tout scrupule venu de l'éducation, des conventions et des lois. Ce qui réunit Monte-Cristo, de Villefort, Van Helsing et Dracula c'est tout simplement une mise de côté des lois ontologiques au nom d'impulsions ou de principes certes impératifs mais en réalité égocentriques.

Une raison qui ne reconnaît pas les lois ontologiques est une raison instrumentalisée, perverse et sacrificielle. Les justifications ne manquent pas qui autorisent le meurtre comme le montre Dostoïevski, dans *Crime et châtiment*, lorsqu'il suit Raskolnikof dans sa logique. L'usurière qui suce le sang des pauvres ne mérite pas de vivre ! Mais Sonia lui montre que la raison sourde au caractère inappropriable de l'autre est en elle-même un enfer et la plus sordide des prisons car elle tourne le dos au processus de filiation au monde qui nous permet de l'aimer et d'y habiter en paix.

---

1. Gramsci Antonio, *Textes*, Paris, Éditions Sociales, 1975, p. 667.
2. Dumas Alexandre, *Le Comte de Monte-Cristo*, Strasbourg, A d L, 1957, T. 1, p. 705.

Van Helsing, au contraire, développe une pensée largement fondée sur son autorité, le pouvoir de son intelligence et sa faculté de convaincre son entourage d'accepter l'impossible. Cette pensée repose sur sa folie dont les conséquences sont, aux yeux de ceux qu'il influence, autant de faits évidents. Elle tente de se mouler dans le concret de la vie produit par cette folie afin de surmonter le caractère distancié du discours rationnel classique, elle affirme la cruauté vampirique du monde que ne saurait pacifier qu'une égale cruauté, elle ouvre sur une action déterminée et, enfin, ne crée rien mais entend restaurer le passé idyllique de la jeunesse du groupe avant le malheur. Elle ressemble donc parfaitement à la pensée sacrificielle que décrit Maria Zambrano.

Société ou coalition

La raison séminale est l'expression d'une société adulte ou de secteurs avancés au sein d'une totalité en devenir. La raison sacrificielle vient d'une coalition de peurs individuelles. Les chasseurs de vampires appartiennent clairement à ce second type de regroupement. La peur suggère à la coalition des actes indéfendables par les lois d'une société et l'action suggérée par Van Helsing au sujet de Lucy est menée à terme d'une façon qui ne nous laisse aucun doute sur le caractère régressif du groupe impliqué. Seward en est profondément troublé.

> *Again I felt that horrid sense of the reality of things, in which any effort of imagination seemed out of place; and I realized distinctly the perils of the law which we were incurring in our unhallowed work.* (178)

Une société saisit donc le sens de la loi du père qui s'applique au père lui-même et prend un caractère universel. Certes imparfaite, la société se construit dans le processus œdipien : l'enfant intériorise la loi, suit la voie tracée par le père, mais s'en distingue aussi dans la rivalité œdipienne. Il devient ainsi à la fois un citoyen respectueux des libertés et créatif. Dans une coalition, il n'y a ni père digne de ce nom ni loi du père. Les chasseurs de vampires sont largement les amoureux déçus de Lucy et des hommes qui ne sont pas en mesure de conduire à terme le processus d'intégration sociale par la recherche d'une femme extérieure au groupe. Jonathan et Arthur évoquent cet échec. Dans la Bible et plus précisément dans le premier livre de Samuel, Jonathan, fils de Saül, ne put devenir roi comme son père. Il abandonna, dans un pacte qui lui était très défavorable, son royaume à David, beaucoup plus intelligent et créatif que lui. Arthur est ce roi des Celtes qui perdit sa reine au profit de Lancelot, puis son royaume. Van Helsing est-il un père ? Il n'a plus d'épouse et d'enfants, seulement de terribles regrets qu'il étouffe dans l'action justifiée selon une loi qui est plutôt celle du chef de la horde primitive imaginée par Freud que la loi du père. Nous avons donc là un groupe de frères soudé par une régression. Van Helsing est le frère aîné.

Les chasseurs de vampires vont jusque dans la tombe de Lucy lui planter un pieu dans le corps et la décapiter. Le groupe est de toute évidence celui des fils qui brandissent convulsivement, sous la forme du pieu, le phallus de la grande mère phallique archaïque. Ces frères dominés par cette image très régressive partagent — nous le comprendrons aisément — la peur et la haine de la femme extérieure qui suggère un dépassement de la phase archaïque et une amorce de phase œdipienne. Ce qui bouleverse un fragile équilibre psychologique maladif et angoissé est objet de phobies car celui qui se tient dans une position régressive voit son salut comme un anéantissement de son existence présente, certes misérable mais qu'il a généralement eu beaucoup de mal à construire. L'autre ne peut plus être perçu qu'avec les traits de celui qui focalise ces phobies : Dracula. Sa destruction tient lieu d'épanouissement, ce qui signifie que le meurtre, la torture, les jeux les plus dégradants sur le corps de la victime ou son cadavre deviennent des formes perverses de plaisir sexuel.

En quelques lignes et quelques paragraphes où l'action se précipite (p. 188), ce qui en Lucy évoque la sensualité, son aspect félin (« *as a cat* »), ses yeux (« *unclean and full of hell fire* », « *her eyes blazed with unholy light* », « *sparks of hell fire* »), ses lèvres (« *a voluptuous smile* », « *as in the passion masks of the Greek and the Japanese* »), sa démarche (« *a languorous, voluptuous grace* »), sa voix (« *something diabolically sweet in her tones", "the tingling of glass when struck* ») deviennent des objets de répulsion et de haine féroce. Les mots du passage ont tous un double sens qui unit l'horreur et la sensualité. L'oxymore est donc de mise : « *diabolically sweet.* » Les regards d'une belle tuent l'amant. La métaphore redevient ici une simple description objective qui criminalise les sens et justifie l'action des hommes venus tuer Lucy : « *If ever a face meant death—if looks could kill—we saw it at that moment.* » La jeune femme est désormais une chose (« *I call the thing that was before us Lucy because it bore her shape* ») car elle a été déshumanisée afin de pouvoir être mise à mort, pénétrée et violée par ses amants devenus ses assassins et qui s'imaginent en justiciers et sauveurs du monde.

Seward ne peut cependant cacher la transformation de l'amour en répulsion et de l'agression contre la jeune femme en plaisir sadique.

> *At that moment the remnant of my love passed into hate and loathing; had she then to be killed, I could have done it with savage delight.* (188)

Seward était le plus lucide vis-à-vis de Van Helsing et de la signification morale et philosophique de l'action proposée. Comme les autres il s'est senti possédé et il a agi, comme les tueurs en série, dans un état second, possédé par une impulsion mécanique inhumaine. Force est de constater que les mots n'ont sur lui qu'un pouvoir limité. Nous avions déjà signalé la réduction du sens métaphorique du regard meurtrier d'une belle femme en regard qui entend réellement tuer. La faiblesse du symbolique, même lorsqu'il est quantitativement abondant, caractérise les chasseurs de vampires. Si cette fonction est atrophiée, ils sont plus des machines que des humains et ils sont de ce fait soumis à la pulsion de répétition. Après Lucy d'autres victimes suivront.

Arthur est comparé à Thor, le grand Dieu germanique. Les barbares du Rhin que décrit Tacite pratiquaient les sacrifices humains et ils buvaient le sang des vaincus. Leur vision du monde était sombre et ils accueillirent souvent le salut chrétien comme un soulagement. Les guerriers étaient parfois saisis d'une fureur, comparable à celle qui emporte les chasseurs de vampires, qu'ils attribuaient à l'esprit sauvage du loup et les hommes en transe étaient redoutés. Une histoire brutale, coloniale, une morale puritaine qui discrédite la nature, un individualisme libéral fondé sur la concurrence acharnée ont assuré la pérennité de ces peurs dans l'inconscient des cultures anglo-saxonnes[1].

Ce que Van Helsing annonce après l'accomplissement de l'acte ressemble à la dépression du tueur en série suivi de l'oubli qui oblitère les remords que pourrait avoir ce type de criminel.

> *My friend Arthur, you have had sore trial; but after, when you will look back, you will see how it was necessary. You are now in the bitter waters, my child. By this time tomorrow you will, please God, have passed them, and have drunk the sweet waters; so do not mourn overmuch.* (189)

Si tous sont venus c'est certes que l'adversaire était redoutable et que Van Helsing entend souder le groupe autour d'un acte abominable, mais aussi parce qu'il veut porter à la connaissance de chacun ce qu'est un vampire. Mais il fait aussi éprouver à ses disciples un autre savoir secret. Le meurtre a une dimension cognitive pour le tueur en série. Par son pouvoir suprême de donner la mort et dans la manipulation du cadavre, il se prouve que l'autre ne lui est pas supérieur, qu'il n'est que viande. Ainsi celui qui souffre d'une faiblesse au niveau symbolique démontre que tous sont comme lui, pure matérialité mécanique et inhumaine. Les discours moraux ou religieux de ces criminels dissimulent en fait cette angoisse et ils n'ont d'autre but que de fournir des raisons et de justifier les occasions de passer à l'acte pour vérifier ce qui les hante.

Lorsque Van Helsing décrit Dracula comme une force vitale sans réflexion, ce que traduit l'absence de reflet du vampire dans un miroir, il décrit aussi inconsciemment une limite de sa personnalité, une force qui manipule ses discours moralisateurs et religieux et les rend tout à fait incapables d'influer sur ses actes parce que ces discours n'impliquent en réalité aucune prise de distance libératrice vis-à-vis des pulsions. Dans ces configurations psychologiques l'autre n'existe pas. Dracula n'a guère la parole mais les longs monologues de Van Helsing ne sont que bavardages qui cachent une complète inconscience des raisons de ses actions. L'un des mérites du roman est de montrer que l'essentiel des forces qui déterminent un homme lui sont cachées. En outre, l'effort mené au sein d'une coalition pour surmonter le caractère éthéré du discours rationaliste et scientifique dans son rapport à la réalité révèle sa nature perverse et n'aboutit qu'à soumettre le langage aux pulsions et phobies les plus dangereuses.

Le nazisme est au bout de cette dérive de la pensée occidentale comme le montre l'angoisse de l'auteur de *Mein Kampf* qui décrit non le viol de Lucy et Mina par Dracula mais son fantasme anti-sémite :

> *The black haired Jewish youth lies for hours in ambush, a satanic joy in his face, for the unsuspected girl whom he pollutes with his blood and steals from her own race. By every means, he seeks to wreck the racial bases of the*

---

1.   Duclos Denis, *Le complexe du loup-garou*, Paris, Agora, 1994.

nation he intends to subdue. Just as individually he deliberately befouls women and girls, so he never shrinks from breaking the barriers race has erected against foreign elements. It was, and is, the Jew who brought Negroes to the Rhyne, brought them with the same aim and with deliberate intent to destroy the white race he hates, by persistent bastardisation, to hurl it from the cultural and political heights it has attained, and to ascend to them as its master. He deliberately seeks to lower the race level by steady corruption of the individual...[1]

La traque, le sang, la dégradation, l'invasion, la légitimation des barrières raciales, la paranoïa et la vision de l'histoire comme choc des races... Nous reconnaissons là diverses caractéristiques des discours qui soudent la coalition des chasseurs de vampires.

Dracula fut écrit à la veille des grandes conquêtes coloniales anglaises qui mirent le pays au contact de l'autre et l'exposèrent à la colère des victimes de l'impérialisme. Ces peuples dominés semblaient moins intelligents mais plus forts. Leur résistance dans les milieux naturels hostiles qu'ils affrontaient impressionnait. Les typologies racistes de l'époque notent l'énergie des Turcs et des Japonais mais leur refuse l'intelligence abstraite des Occidentaux. Les centaures d'Asie centrale, Afghans, Russes et Tartares effrayaient. Le développement de la population indienne malgré les famines et les catastrophes provoquées par l'ingérence coloniale surprenait. À la veille de la plus puissante poussée colonialiste en Afrique les Anglais se souvenaient de la victoire des *impis* zoulou qui écrasèrent leur armée à Isandhlawana en 1879. Or cette bataille fut essentiellement gagnée grâce à l'intelligence des généraux zoulou qui trompèrent habilement l'envahisseur sur leur mouvements. Mais elle ne fut jamais attribuée par les vaincus qu'à la sauvage énergie de la race noire ! Pour Hegel l'esprit ne s'est qu'imparfaitement dégagé de la puissance de la nature chez les peuples d'Asie et surtout d'Afrique. La critique libérale de la colonisation affirmait que les Anglais seraient submergés. Ajoutons à ces peurs la montée en puissance de l'impérialisme allemand, plus avancé du point de vue scientifique et technique, plus attentif aux facteurs liés à la formation, plus créatif, mais qui semblait simultanément développer une énergie comparable à celles des peuples appelés primitifs. Les Anglais accordaient aux Allemands force vitale et discipline aveugle et ils avaient l'impression d'être, face à de tels rivaux, certes plus humains et civilisés, mais moins énergiques.

Ainsi l'ère impérialiste a-t-elle fondé sur l'éradication des peurs au prix du meurtre de l'autre la distance excessive prise par les discours rationnels vis-à-vis de la réalité. D'un côté Oscar Wilde s'amuse du caractère artificiel de la culture, de l'autre Kipling réaffirme les vieilles valeurs dans le sang et le feu de la conquête coloniale. La pensée impérialiste relève d'un logos pollué par le mythos de la supériorité occidentale selon le philosophe argentin Dussel[2] et elle promeut de ce fait

---

1. Passage cité par Roy M.N., *Œuvres complètes*, Calcutta, OUP, 2000, t. 4, p. 455.
2. Dussel Enrique, *El Encubrimiento del Otro*, Madrid, Nueva Utopia, 1992.

non une raison séminale, héritage de l'humanité, mais une raison provinciale et sacrificielle.

Stoker acceptait probablement ces théories racistes, mais en même temps, parce qu'il venait d'une île victime de tels préjugés, l'Irlande, parce qu'il fut un enfant fragile et que la maladie, qui tourmente aussi les parents du petit malade, est souvent comprise par lui comme une faute monstrueuse à leur égard, parce qu'il fut outrageusement dominé dans sa relation avec son ami, l'acteur Irving, et parce que ses pulsions insatisfaites à cause de la frigidité de son épouse faisaient de lui un monstre aux désirs honteux, il se sentait parfois proche de cet autre qui doit être sacrifié. Il voulut donc questionner le substrat de tels discours, ce qui est une fonction essentielle du genre romanesque. *Dracula* n'est certes pas une réfutation de la fausse rationalité de l'ère impérialiste et son but fut probablement de lui donner une illustration saisissante, mais il est aussi, malgré tout, un discret, subtil et ironique questionnement des motifs et des ambiguïtés des discours dominants.

Dracula de Bram Stoker: un mythe psycho-politique ?

Max Vega-Ritter

Lorsque, en 1897, paraît *Dracula* la Roumanie vient de se voir reconnaître son indépendance de la Turquie. La fin du XIXe siècle a été marquée par la lutte des nationalités balkaniques pour se dégager de l'emprise de l'Empire Austro-hongrois d'une part, et Ottoman d'autre part. La question des Balkans et le rôle de la Turquie, « l'homme malade de l'Europe » jouent alors un rôle dominant dans la politique européenne sous l'œil vigilant des « grandes puissances ». La deuxième moitié du siècle a vu la guerre de Crimée entre la Russie et la Turquie soutenue par la France et l'Angleterre, puis la guerre entre les mêmes, la Russie étant, cette fois, soutenue contre la Turquie. Par ailleurs, il faut se souvenir que, dans le même temps, l'Europe de l'Ouest est divisée en deux blocs : la Triple Alliance de l'Allemagne avec l'Autriche-Hongrie et l'Italie liée par une clause secrète de solidarité contre la France et la Triple Entente de l'Angleterre, la France et la Russie. Les nationalités des Balkans sont souvent décrites comme le chaudron d'où sortira la Première Guerre mondiale. En réalité celle-ci est d'abord l'affrontement des nationalismes et des impérialismes ouest-européens. C'est dans ce contexte de la fin du XIXe siècle et de l'avant guerre mondiale qu'a été écrit le roman de Bram Stoker.

Père archaïque et Fétichisme du Sang et de la Terre : des sources empoisonnées du nationalisme

D'emblée la dimension obscure et archaïque des nationalismes balkaniques est déployée par Bram Stoker. Dracula figure en lui-même, à lui seul, non seulement le grand ancêtre fondateur, le Père primal initiateur d'une descendance, mais tout une lignée de grands personnages quasiment mythiques par la gloire qu'ils ont acquise dans l'histoire et la célébrité qui est la leur dans l'esprit des autochtones. Dans cette auto-fondation, Dracula souligne lui-même l'importance primordiale qu'il donne au sang comme constitutif de son être, de sa gloire et de sa puissance sur le monde. Il s'agit d'une conception raciale et raciste de la généalogie. Le Comte se présente comme l'incarnation, dans et par le sang qui coule dans ses veines, de la lignée de grands nobles et de guerriers fiers et héroïques, celles des Boyards qui se sont battus comme des « lions » pour établir leur domination (Lordship). Prétendant descendre, par le sang toujours, d'Attila en personne, il revendique sa filiation par la chair avec la glorieuse tribu des islandais les Ugrib, favoris des dieux Thor et Odin, avec les Berserkers, ces guerriers qui s'identifiaient physiquement aux ours, dont ils revêtaient la fourrure, et aux Huns. C'est toujours sur son appartenance par le sang à une race de conquérants, à ceux à qui fut confiée la garde des frontières avec l'ennemi turc, à ceux à qui est revenu l'honneur de fournir les chefs, qu'il fonde la légitimité de sa tyrannie et de sa supériorité sur les hommes.

Le fétichisme du Sang va de pair avec un fétichisme de la Terre tout aussi substantiel. Dracula a besoin d'un sol sacré, du sol natal, celui où sont nés les ancêtres, pour survivre et pour agir, au point qu'il emporte avec lui, pour prendre pied en Angleterre, 50 caisses de glaise du pays natal, qu'il va disséminer à Londres comme autant de points d'implantation physique. La raison en est que « *in soil barren of holy memories it cannot rest* » (213). Il y a donc un lien essentiel entre Dracula et la terre considérée comme « sainte », « *holy* », celle des Pères glorieux auxquels il est uni par le sang. C'est couché dans une de ces caisses de terre qu'il retourne à un état de « mort vivant », « *Undead* », qui est sa condition naturelle. Il tire de cette terre une revitalisation et un renouveau de lui-même, de la substance même de son être :

> There lay the Count, but looking as if his youth had been half-renewed... the cheeks were fuller, and the white skin seemed ruby-eyed underneath; the mouth was redder. (53)

Cependant, si l'accent est mis sur les glorieux ancêtres, sur la substance même du Sang et de la Terre de la patrie, c'est comme pour compenser une infériorité ou une insuffisance voire une malédiction, peut-être celle d'appartenir à une aristocratie ou à un peuple dépassés par l'histoire. Le Comte vit isolé dans un château en ruine (20), perdu et frappé par l'abandon, les ravages du temps et des insectes (40). Les gonds de ses portes sont affaissés, ses fenêtres nues et sales, il est situé au fond d'une contrée sauvage, au milieu d'un peuple de tziganes ou de szekelys qui paraissent au diapason. Signe supplémentaire de cet archaïsme, la chambre du Comte regorge de pièces d'or romaines, anglaises etc. dont pas une seule n'a moins de trois cents ans d'âge (50).

Tout cela se passe en cette fin de XIXe siècle symbole « *with a vengeance* » de la Modernité (40), comme le signale Jonathan Harker. Celui-ci est d'ailleurs lui-même armé d'un appareil de photo Kodak dernier cri, alors qu'il rédige, remarque-t-il ironiquement, ses notes en sténographie à la table même où jadis de grandes dames écrivaient des lettres d'amour à l'orthographe approximative. Comme pour renforcer cette modernité technologique, le professeur Van Helsing enregistrera ses propos ou ceux de Mina sur des rouleaux de cire de phonographe, tandis que celle-ci tape à la machine son journal. Par ailleurs, l'arrogance de ton du Comte contraste avec l'humilité avec laquelle il demande à son hôte de corriger son anglais. Il s'agit pour lui de sortir de son pays perdu au fond des Carpates, où le service de la Poste, marque des communications modernes, n'est qu'épisodique, au milieu d'une nature inhospitalière et sauvage, pour conquérir, à sa façon, avec les armes qui sont les siennes, une place, un pouvoir dans ce qui est la métropole de la Modernité, Londres, un centre politique de première importance au monde. Entre les deux hommes, Jonathan Harker et Dracula, c'est la confrontation et l'incompréhension entre deux mondes profondément éloignés, voire même étrangers l'un à l'autre.

Une figure du Père qui unit le Diable et la Sorcière

Il faut noter aussi le caractère foncièrement ambigu du personnage du Comte. Son ancêtre campait aux frontières pour repousser l'ennemi. À l'occasion, l'un de ses grands-parents a vendu son propre camp aux turcs. Dans les veines de Dracula court le sang des vieilles sorcières qui, chassées de Scythie, s'unirent aux démons dans le désert. Dracula vient de Dracul : le Diable mais aussi dragon, une autre figure du Diable[1]. Il faut relever aussi que Dracula signifie « fils de Dracul ». Il est décrit par le professeur hollandais Van Helsing, dans le langage germanisé qui est le sien, comme ayant la force physique de 20 hommes, capable d'une ruse dépassant celle d'un mortel, « *of cunning more than mortal* » (209). Il a en effet accumulé en lui toute la ruse du temps, il dispose des ressources de la nécromancie, qui est le pouvoir de divination des morts : « *he is brute, and more than brute ; he is devil in callous, and the heart of him is not* », « *He who is not of nature has yet to obey some of nature's laws.* » (208). Il a des accointances avec le Malin, the Evil One, (208), le diable qui exige comme son dû un savant sur dix : « *In the records are such words as "stregoica"—witch; "ordog" and "pokol"—Satan and Hell.* » (208). Cependant il faut, pour asseoir son pouvoir et sa légitimité, que Dracula soit enraciné dans le Bien « *rooted in all good* ». Car « *in soil barren of holy memories it cannot rest* ». Il lui faut le terreau fertile du bien pour pouvoir prospérer.

La figure du Comte Dracula, telle qu'elle est présentée, relève donc tout à la fois de l'image concrète mais aussi de la figure mythique violente et brutale, par-delà la morale et la Loi et pourtant liée à elles. Elle est fantastique et hors des normes de la Nature. Dans son analyse *Un cas de névrose démoniaque*[2] *au XVIIe siècle* Freud voit dans la figure du Diable avec laquelle le peintre allemand Haitzmann prétendait avoir passé un pacte et dont il se croyait possédé, une figure du Père, du Père séducteur, mélange de la mère et du père, à la fois sorcière et diable. Le Comte Dracula est, de fait, dans un rapport de Père à fils avec Jonathan Harker. Ce dernier est rapidement subjugué par la puissance et la volonté impérieuse qui se dégage du Comte. Lors de sa tentative pour profiter du sommeil du Comte pour le détruire, il rencontre son regard au moment de frapper le visage haï. Les yeux du Comte le foudroient « *with all their blaze of basilisk horror* » (54). Ils paralysent son bras. La bêche tourne dans sa main et manque le visage de son ennemi. Jonathan en conclut rapidement que celui-ci est indestructible. Il réalise que le Comte a conscience de la victoire qu'il a remportée ainsi que de l'ascendant qu'il a acquis sur lui. « *He has a fearful hold upon me* » (41). Mieux : Harker se soumet à lui. Il prend même conscience que dans sa détresse c'est auprès de lui qu'il se réfugie : « *to him alone I can look for safety.* » (41) Il renonce à toute rebellion : « *it would be madness to quarrel openly with the Count whilst I am so absolutely in his power* » (44). Le sentiment de son impuissance le submerge (32) au point qu'il se sent pris comme un rat dans un piège.

1. Vlad Dracul a reçu son titre de Dracul de son introduction dans l'ordre du Dragon par le saint empereur romain germanique Sigismond.
2. *A Neurosis of Demoniacal possession in the Seventeeth Century*, Sigmund Freud, Collected Papers, vol. IV authorized translation by Joan Riviere, Londres, The Hogarth Press, p. 436.

Il s'installe donc dans un rapport de passivité acceptée avec le Comte. La somnolence le terrasse. Il a vaguement le sentiment que le Comte a dû le porter dans ses bras jusqu'à son lit et qu'il l'a déshabillé. Sa seule réaction est le plaisir de penser qu'il avait dû agir rapidement car le contenu de ses poches est intact (44). Le Comte le traite comme sa conquête : « *this man belongs to me* » et d'ajouter, lorsque les trois femmes le provoquent sur le terrain sexuel : « *I promise you that when I am done with him, you shall kiss him at your will* » (43). Il s'agit là d'une sorte d'incarnation de la figure du père séducteur et pervers et d'un rapport de soumission et de séduction passive à celle-ci. La composante sexuelle est évidente mais elle n'est peut-être pas le seul, ni même le principal élément : celui-ci est peut-être constitué d'abord par la passivité et la soumission au Père puissant et redoutable.

Cette passivité est tout autant présente et mise en évidence dans les relations avec les trois femmes vampires. Jonathan Harker se voit et se ressent dans un rapport inversé aux femmes comme un objet de jouissance pour elles. Il est dans un état de « *languorous ecstasy* », il éprouve le contact de leur désir sur la peau « *the supersensitive skin* » ou le picotement « *the tingling of his flesh* ». Il attend « *in an agony of delightful anticipation* » la pénétration des dents des femmes. La douleur et le plaisir se mêlent dans une sorte de jouissance. « *I felt in my heart a wicked, burning desire that they would kiss me with those red lips.* »

Face à ce rapport de passivité et de jouissance masochiste à la femme, le Comte projette une dimension de virilité sadique de défense contre la castration.

> *I saw his strong hand grasp the slender neck of the fair woman and with a giant's power draw it back... Never did I imagine such wrath and fury, even to the demons of the pit.* (43)

Cependant la soumission et la passivité de Jonathan Harker ne se manifestent pas seulement dans ses rapports à Dracula ou à ses créatures. Mina remarque au moment de la mort de l'homme qui a été un père pour lui et lui a laissé sa fortune, Peter Hawkins :

> *...the amount of responsibility it puts upon him makes him nervous... he begins to doubt himself.*

Et Mina ajoute :

> *my belief in him helps him to have belief in himself... The very essence of his strength is gone.* (143)

Cette incertitude sur lui-même n'est donc pas simplement occasionnée par les conditions exceptionnelles auxquelles il a été soumis mais celles-ci paraissent mettre en lumière une structure de son rapport à l'autorité et à lui-même. Inversement, Mina, par contre, est décrite par le professeur néerlandais Van Helsing comme ayant un cerveau d'homme en même temps qu'un cœur de femme (207).

Ces éléments inclinent à voir dans le personnage de Dracula davantage que l'incarnation de la figure du Père Primal, celui de la Horde primale dont Sigmund Freud brosse le tableau dans son roman ethnographique,

Totem et Tabou[1], sur l'histoire de l'émergence de l'individu moderne. Ici le roman de Bram Stoker ne serait plus à prendre seulement comme un récit fantastique mettant en scène une sexualité, voire un érotisme, pervers, décrits de façon relativement réalistes, et à prendre au mot. Il devient aussi une expression métaphorique renvoyant à une relation intime, à une figure d'autorité intérieure. Dracula devient la projection fantastique de la figure d'un Surmoi archaïque et social, historique et extérieur, mais aussi intérieur et psychologique, tout autant archaïque et féroce que le premier[2]. Jonathan intériorise progressivement la figure de Dracula dans la manière dont il le perçoit et le vit.

> *It seemed as if the whole awful creature were simply gorged with blood; he lay like a filthy leech, exhausted with his repletion. I shuddered as I bent over to touch him, and every sense in me revolted at the contact.* (53)

Dracula non seulement suce le sang de Jonathan ou Lucy et Mina mais, comme un parasite, vit sur un organisme, « *preys on their minds* », dévore leur esprit de l'intérieur, suce la substance de celui-ci, mine leur caractère et leurs émotions. Les trois personnages s'éprouvent à plusieurs reprises et même de façon croissante comme hypnotisés par Dracula. Sigmund Freud voit dans l'hypnose l'effet d'une identification-transfert sur une figure du Père[3]. Le sujet place l'hypnotiseur à la place de son Surmoi, l'instance de l'autorité intérieure formée à partir du Surmoi parental. Le Surmoi freudien peut être une instance cruelle et perverse, car elle plonge ses racines dans l'inconscient. Sous le couvert de la Loi, il peut satisfaire des pulsions perverses et violentes. Dans le cas de Mina celle-ci est soumise à la pression de deux figures paternelles : celle de l'éminent professeur néerlandais mais aussi celle du Comte. Le premier se sert de Mina pour essayer de retourner l'effet d'hypnose que le Comte met en œuvre sur elle pour lire dans le jeu de Dracula, jusqu'à ce que ce stratagème ait un rendement sans cesse décroissant : « *At sunset I try to hypnotise her, but alas! with no effect; the power has grown less and less with each day* » (314) : l'instance d'autorité représentée par Dracula s'alimente à des sources libidinales bien plus puissantes que la sienne. Au contraire du professeur néerlandais, Dracula a réussi à pénétrer en Mina et à allumer en elle des désirs qu'il est en position de contrôler et d'enflammer, selon son calcul. Dracula joue des sources libidinales profondes et abondantes issues de l'inconscient. Cependant les deux hommes, Dracula et Van Helsing, ont des positions symétriques, quoiqu'inverses, dans le Surmoi de Mina sur lequel ils prennent pied pour intimer à celle-ci des ordres et lire en elle. Le Surmoi a une fonction de contrôle et de répression, son arme est le regard inquisiteur, il est symbolisé par les yeux. Les yeux de Dracula sont particulièrement redoutables : Harker ne peut les soutenir lorsqu'il découvre Dracula à l'état de mort vivant : « *with all their blaze of basilisk horror… The sight seemed to paralyse me.* » (54) À ce jeu Mina se sent devenir impure au

---

1. Paris, Payot, 1965.
2. Cf. Michel de Certeau, *Histoire et psychanalyse entre science et fiction*, Paris, Gallimard, « Folio », 1967, p. 148.
3. « Psychologie collective et analyse du moi » in *Essais de psychanalyse*, Paris, Payot, 1967.

regard de Dieu : « *As for me, I am not worthy in His sight. Alas! I am unclean to His eyes.* » Elle sent qu'elle encourt le courroux divin (313).

Où le Fou apparaît comme le double de Dracula

L'histoire du Fou enfermé sous la surveillance du Dr Seward développe, comme en contrepoint du récit principal, une reprise sur un autre mode de la thématique qui porte celui-ci. Il y a une logique dans sa folie, « *a method in his madness* »(69) que le psychiatre essaie de saisir et d'analyser en vain. Et pourtant, à certains égards, l'asile dans lequel Renfield est enfermé est bien l'image en miroir ou le double du château des Carpates dans lequel Jonathan Harker est prisonnier. Renfield reproduit sous une forme nue et sordide, en tout cas parodique et absurde, la problématique qui assiège Jonathan Harker ou l'obsession du sang qui tyrannise Dracula. Celles-ci sont symétriques de celle qui trouble Renfield. « *Life is all I want* » (236) : répète Renfield. Après avoir avalé une mouche à miel gorgée du sang d'une charogne, il déclare que tout cela est très sain, et excellent pour la santé parce que c'est de la vie et même de la « vie vigoureuse » : cela renforce cette dernière en lui (69). La qualité qui le rachète, déclare sans rire le Dr Seward, est « *a love of animals* » (69). Le « patient Zoophage » comme l'appelle le Dr Seward attrape et nourrit des mouches qu'il offre en pâture à des araignées pour donner ensuite celles-ci à manger à des moineaux qu'il a apprivoisés et qu'il dévore tout crus avec leurs plumes pour finir. C'est le sang qui l'intéresse : « *The blood is the life* » (141). Il y a là l'écho de l'obsession de Dracula pour le sang, de même qu'on peut voir là un reflet parodique prosaïque et grotesque des liens que Dracula entretient avec les rats, les chauves-souris et les loups, le monde des animaux. Les deux personnages entretiennent des liens étroits avec le monde zoologique, ceux de Dracula sont d'ordre mythologique et imaginaire ou fantastique, ceux de Renfield sont d'ordre ancillaire, pathologique et psychiatrique.

L'obsession grotesque et sordide qui tient Renfield offre une clé pour pénétrer celle qui domine Dracula. Cette pulsion pour le sang est constituée chez l'un comme l'autre d'une contradiction : il s'agit d'absorber une force, d'ingérer littéralement une substance en tant que telle, fétichisée comme source de puissance et de vie pour se l'assimiler par la voie physique et physiologique. Cette appétence physique est cependant liée à son contraire, une pulsion de mort et de destruction. C'est ainsi que les insectes sont dévorés par les araignées et celles-ci par les moineaux élevés en colonie, lesquels sont goulûment engloutis par Renfield. Parfois la chaîne est rompue et celui-ci ingère les premiers, les secondes ou les troisièmes directement. En lui la pulsion homicide est co-existentielle ou quasiment consubstantielle à celle de vie. Deux forces, centripète et centrifuge, constituent son esprit, remarque le Dr Seward : « *when self is the fixed point the centripetal force is balanced with the centrifugal* » (62). Lorsque le point fixe est le devoir, alors son opposé, la deuxième force, règne, suprême. Renfield est alors dangereux, note le docteur.

Comme Jonathan Harker, Renfield est dans un rapport de soumission-rébellion avec l'autorité qui l'emprisonne. Il courbe l'échine devant le maître qui le domine et le tient en son pouvoir. Il est cependant dévoré par le désir de le détruire. Lorsque Dracula, après avoir acheté la maison qui jouxte celle du Dr Seward, entre en contact avec lui et passe avec lui un contrat, Renfield fait de lui son Maître, il l'appelle « *lord and master* » (261). Il bascule cependant de la position de soumission ou servilité à celle de celui qui commande son propre destin, de dieu « subjectivement » omnipotent (235). Il est en tout cas Enoch, le fils de Caïn mais aussi le père de Mathusalem, « l'homme qui marchait avec Dieu » (236). Dans un premier temps il se soumet à Dracula à qui il s'adresse comme s'il était Dieu, le fait entrer chez lui « *Come in Lord and Master* » (245). Cependant lorsqu'à la pensée du traitement que celui-ci inflige à Lucy il bascule dans la position opposée, il tente de l'empoigner et de le tuer. Sous le regard « brûlant » de Dracula, sa force s'évanouit et Dracula lui brise alors les reins.

Ce rapport de soumission-rébellion, en d'autres termes sado-masochiste, on l'a vu, apparente le fou à Jonathan Harker dans les rapports de ce dernier avec Dracula. Cependant son rapport au Sang comme substance et puissance matérielle et physique, par opposition à l'âme qu'il répudie, l'apparente à Dracula lui-même. Il en est la projection dans la folie humaine dont il incarne et éclaire la structure. Il fait apparaître dans son personnage la composante du fils dans son rapport au Père. On l'a vu plus haut : Dracula signifie Diable, le fils révolté par rapport à Dieu. Dracula, à proprement parler signifie « fils » de Dracul, du diable ou du dragon. Il est en lutte perpétuelle pour accumuler en lui la puissance représentée par le sang, puissance dont il a soif, qui lui échappe perpétuellement ou dont il est menacé d'être dépossédé quand il la tient.

Deux autres récits viennent éclairer et compléter cette organisation à la fois fantasmatique et imaginaire. Il y a celui du navire sur lequel sont acheminés les cinquante caisses de terre qui sont nécessaires à Dracula pour prendre pied en Angleterre. Le capitaine trouvé mort, attaché à la roue du gouvernail figure l'homicide de tout l'équipage, et tout particulièrement de ses seconds. La responsabilité directe de Dracula dans ces meurtres semble suggérée par les notes consignées dans le journal de bord. Le récit exprime l'horreur d'une révélation qui bouleverse les marins, les uns après les autres, celle de la présence d'un être monstrueux à bord. Le Capitaine s'est attaché lui-même à la barre pour manifester sa volonté inébranlable de demeurer à son poste et il paraît avoir pu amener au port son navire. L'épisode révèle une pulsion homicide œdipienne. Le capitaine assassiné est l'homme seul maître à bord après Dieu. Dracula subvertit la hiérarchie naturelle du groupe en le tuant et provoquant la mort de ses seconds. D'une certaine manière le capitaine, comme semblent en témoigner le crucifix et le chapelet entre les mains du cadavre, paraît avoir triomphé partiellement de cette tentative. Mort, il est demeuré fidèle à son poste de commandement. Il est resté la figure de la Loi face à la subversion par le fils. Certes Dracula accomplit le parricide, l'homicide du Père symbolique mais il échoue à occuper la place de ce dernier. Le capitaine continue dans la mort à tenir la barre jusqu'à l'arrivée au port barrant ainsi symboliquement l'accès de sa place de commandement, individuel ou social, à Dracula.

La Défaillance du Symbolique

Interdit sexuel et exclusion de Soi. Il semble qu'on touche là à la structure même de l'être symbolique de ce personnage et de ce qu'il représente. La capacité de celui-ci à démultiplier son être, à se transformer en brouillard, en chauve-souris, en rat, en loup ou en chien semble paradoxalement le signe d'une incapacité à occuper pleinement un lieu propre : le sien d'abord, celui du château livré à l'abandon et à la déréliction. Cette impossibilité l'oblige à se réfugier dans les caves, dans les tombeaux, ou dans la mort elle-même, pour y mener une vie autre qui n'est plus la vie, mais celle d'une ombre, fût-elle celle d'une vie restaurée en apparence, mais en apparence seulement, dans sa splendeur. Dans la mort, il n'est pas vraiment mort, au contraire : il est « *undead* ». Ce trait est redoublé par la transhumance clandestine de Dracula, avec ses 50 caisses de glaise, vers l'Angleterre. Là aussi l'ubiquité relative de Dracula, son caractère protéiforme, la capacité à pénétrer dans des lieux interdits ne doivent pas dissimuler que dans son être Dracula est une sorte d'errant qui paraît dénué de lieu propre, un exclu de partout, un indésirable par excellence. Son vampirisme est le signe d'une incapacité à trouver son fondement en lui-même et à générer sa propre puissance. La substitution du sang aux fluides sexuels, le sperme, et celle de la succion à l'intromission, masquent et révèlent l'interdit qui barre l'accès à la pénétration sexuelle. Pour maintenir ou produire la puissance, il dépend absolument d'autres, de la succion de leur substance vitale à laquelle il est assujetti. La perte d'autonomie que représente pour le personnage de Stoker la contrainte d'aller chasser et capter ailleurs son énergie et sa force est l'effet et la marque de ce qui est d'abord une exclusion de soi-même, de son être intérieur, du lieu symbolique du Père.

L'épisode du marin (68) dont Dracula visite la tombe sur la falaise à Whitby (rapporté par Van Helsing : 212) semble fournir encore un autre exemple de perte d'autonomie et d'asservissement à une autre personne, qui semble caractériser Dracula. Le marin s'est suicidé, en se jetant du haut de la falaise, justement en-dessous du lieu de méditation favori de Lucy et Mina, pour priver sa mère du bénéfice de la prime d'assurance placée sur lui. Il n'est pas question du Père, comme si celui-ci était définitivement exclu de l'esprit du fils, et que l'absence du Père entraînait avec elle celle du lieu symbolique du fils et de la puissance. A cette absence de lieu et de père symboliques, seuls garants de l'autonomie du fils, répondent comme en écho la réification et la fétichisation du Sang et de la Terre dans lesquels sont pris au piège et englués Dracula et son reflet Renfield, mais aussi les victimes de ce dernier.

Les symboles du château arrêté dans le temps à un autre âge, des salles aux portes verrouillées, des tombeaux ou des caisses fermées remplies de glaise roumaine, la substitution du sang au sperme, de la succion à l'intromission sont, comme la mort dans son état de « dead undead », le signe d'une exclusion de soi. Les êtres et les choses ne sont pas ce qu'ils sont ou paraissent : ils renvoient à un autre état, vrai celui-là, auquel ni Dracula ni ses victimes n'ont accès, mais auxquels ils seront finalement ramenés. La longévité hors norme de Dracula comme l'état de Lucy ou celui des femmes vampires sont le signe de l'interdiction qui pèse sur eux ou de l'impossibilité où ils sont d'habiter véritablement la condition dite naturelle ou en tout cas l'être propre, symbolisés entre autre par le sexuel mais pas seulement, dans lesquels ils apparaissent aux yeux des gens qui les entourent. La raison en est peut-être qu'ils sont empêchés d'occuper pleinement leur être intérieur en profondeur.

Le vampire vide ses victimes de leur substance vitale mais il n'en fait pas pour autant des êtres morts mais bien des morts-vivants, « Undead », qui montrent dans cette condition seconde une beauté et une vitalité d'un éclat suprême dont ils ne paraissaient pas pourvus dans leur existence, mais qui fait regretter leur disparition lorsque les victimes retournent à l'état dit normal. Dans leur tombeau ou dans leur crypte elles ont accès à une condition à la fois dangereuse, destructrice et supérieure. L'horrible est le parent ou l'envers du sublime, de l'extase ou de la transe.

La condition d'être de Dracula réside dans le fait qu'il est le double, intérieur ou extérieur, de lui-même, celui-là même que par opposition le miroir ne renvoie pas. En enfonçant le pieu dans le cœur de Lucy, en la décapitant et en faisant subir le même sort à Dracula, les amis et alliés de Van Helsing opèrent une castration réelle, imaginaire, et symbolique qui rend Lucy et Dracula à eux-mêmes, à leur condition existentielle normale ou plus probablement à l'aliénation que la société considère comme normale.

En effet, cette exclusion d'eux-mêmes, comme tous les symptômes, révèle, voire met en exergue et masque à la fois ce qui est interdit : la jouissance sexuelle et en particulier celle des femmes. Phyllis Roth a remarqué[1] combien les soubresauts de Lucy sous les agressions de ses amis avaient une signification sexuelle exaltée. C'est au moment où elle perd définitivement la vie que Lucy tombe le masque et révèle dans sa nudité un potentiel sexuel exceptionnel, qui était comme trahi déjà par les propos de la jeune femme, lorsqu'elle regrettait de ne pas pouvoir épouser tous les hommes qui la voulaient (60). Dracula amène à la lumière une sexualité interdite et l'exhibe pour mieux la rendre coupable et interdite, ce qui est la fonction même du Surmoi dont on a vu plus haut que, dans un de ses aspects, il l'incarne.

Ici, paradoxalement, Dracula est tout à la fois dans la fonction de Surmoi individuel ou collectif, qui mine le Moi et en suce secrètement la substance lorsqu'il devient trop hardi, trop licencieux au moins potentiellement, pour mieux l'affaiblir. Le personnage est cependant[2] tout autant dans la dimension du fils rebelle et criminel qui s'engage dans

---

1.   « Suddenly Sexual Women in Bram Stoker's Dracula », *Dracula*, Norton, 1997, p. 411.
2.   Gilles Menegaldo, « L'écran noir de nos terreurs », in Jean Marigny, *Dracula*, Paris, Autrement, « Figures mythiques », 1997.

les sentiers interdits, voire qui est poussé sur des chemins scabreux par l'Interdit ou le Surmoi, individuel ou social, pour mieux le punir voire le châtrer finalement. Le Surmoi peut être criminogène quand la charge de culpabilité est trop forte[1]. Le moi peut s'identifier à un Surmoi sadomasochiste au point de devenir un criminel qui se punit lui-même.

Cependant donc, c'est dans cette autre dimension, celle dans laquelle Dracula s'affirme de manière croissante comme fils rebelle et pervers, que ses poursuivants s'emploient avec vigilance à lui infliger une sur-castration en lui tranchant la gorge et en lui enfonçant un coutelas dans le cœur pour le ramener dans sa condition mortelle et le punir de sa déviance, de sa bisexualité, de son goût pour les hommes et femmes tout à la fois.

La Crypte interdite[2] et le retour du Refoulé

Ce faisant, et c'est peut-être là un des sens cachés profonds du récit, les bourreaux de Dracula accomplissent sur celui-ci un meurtre, qui pour être commis en invoquant la Loi et aux yeux de tous, en pleine lumière, n'en demeure pas moins un meurtre. Suivant la loi du retour inéluctable du refoulé, ce dernier représente le meurtre originel qui, tel le spectre de Hamlet, hante les profondeurs du roman, du personnage de Dracula et de ses satellites sans pouvoir revenir sur la scène de l'action sinon par des chemins détournés, ceux du vampirisme. De même, la mise à mort de Lucy, au contenu « explicitement sexuel » déjà évoqué plus haut, relève de la Scène Primitive freudienne[3] : « rapport sexuel entre les parents tel qu'il peut être regardé ou fantasmé par l'enfant qui l'interprète comme un acte de violence, voire de viol, de la part du père à l'égard de la mère ». Le fantasme est par définition exclu de la conscience. Le Parricide comme la Scène Primitive dessinent un espace interdit dont toute symbolisation est impossible et qui constitue le cœur même du personnage de Dracula.

Par un retournement ironique, le meurtre de l'autre que Dracula est accusé d'ourdir ainsi que le viol de la femme sont en réalité accomplis, pour la bonne cause, par ceux-là même qui se réclament de la Loi. Bien plus, le Meurtre et le Viol de la femme libèrent les victimes de n'être que des doubles, potentiels ou réels, et les rendent à eux-mêmes, c'est-à-dire au néant. Au cœur de l'espace occupé par l'ensemble des protagonistes le Meurtre et le Viol constituent les événements que ceux-ci s'emploient à occulter ou à mettre hors de toute atteinte, mais aussi à conserver, à travers des rituels qui en sont le travestissement et la célébration tout autant que la négation. Finalement, pour dissimuler l'identité des auteurs et leurs crimes, sans doute valait-il mieux les placer en pleine lumière, et en faire endosser la paternité par la bande des Justiciers eux-mêmes.

---

1.   Voir Norman. O. Brown, *Life against Death*, Wesleyan U. Press et Theodore Reik *Myth and Guilt*, New York, George Braziller, 1957.
2.   Nicholas Abraham et Maria Torok, *l'Écorce et le Noyau*, Champ, Paris, Flammarion, 1987, p. 265 « Le caveau intrapsychique… Mélancholie : du deuil au suicide ».
3.   Voir « Scène Primitive » in. E. Roudinesco, M. Plon, *Dictionnaire de la psychanalyse*, 1997, Fayard, Paris.

Après tout, les sévices infligés à Dracula et Lucy ou aux femmes vampires sont tout aussi, voire encore plus barbares, que ceux que ceux-ci infligent à leurs victimes. L'appareil de peur et de terreur que mobilise Bram Stoker parvient à peine à faire oublier que Jonathan Harker ne paraissait pas vraiment insensible au festin sexuel que les « *fair girls* » au rire de ribaude s'apprêtaient à consommer ou qu'elles s'apprêtaient à lui servir. Bien mieux, Stoker fait surgir au regard du lecteur un potentiel de jouissance sexuelle et d'initiative féminine qui demeure l'une des notes les plus authentiques et les plus neuves de ce roman si victorien. Le monde de la folie, comme au même moment avec Freud, et celui du fantastique découvrent brusquement aux regards de l'observateur des aspects du potentiel humain, masculin ou féminin, qui ne sont pas tous terrifiants même si ils sont aussi source d'inquiétude et d'interrogation.

L'Archaïsme bien dissimulé des Justiciers

L'apparition du professeur Van Helsing, d'origine hollandaise, semble coïncider avec le basculement de Dracula dans la dimension du mauvais fils, parricide pervers, exclu du symbolique. Le Dr Seward semble avoir éprouvé le besoin d'appeler à la rescousse son ami le professeur Van Helsing, censé être une sommité scientifique de notoriété internationale, pour maîtriser le surgissement de ce double fantastique autant que fantasmatique du patient zoophage qu'est finalement Dracula. Le professeur insiste sur l'arme que constitue dans leur combat le savoir (*knowledge*) (197) et sur la nécessité d'en rassembler le maximum pour vaincre Dracula. Incarnation du symbolique, Van Helsing prend donc la situation en main à partir de son arrivée à Exeter. Avec ses amis ligués par un pacte autour de lui et du Dr Seward, et de ce qu'ils représentent en termes d'autorité scientifique, il monte une offensive pour éliminer Lucy et Dracula. Il faut noter qu'ils utilisent des technologies de pointe : le phonographe pour enregistrer leurs témoignages, la sténographie et la machine à écrire pour rédiger leurs notes, les comparer et les faire circuler.

Cependant, Van Helsing a beau faire appel à la science et à la connaissance (« *we have resources of science* » (210), aux techniques de communication et d'archivage les plus modernes, il n'en demeure pas moins que ses outils les plus efficaces et les plus utilisés en fin de compte sont archaïques et tout aussi fétichistes que ceux de Dracula. Le recours au crucifix devant lequel Dracula et ses émules ou victimes défaillent, à l'Hostie consacrée, aux moyens les plus traditionnels de l'exorcisme de l'institution religieuse établie, est l'homologue de la fétichisation du Sang et de la Terre par Dracula. À cet égard le retour final en Roumanie n'est pas aussi exotique qu'il pourrait le paraître. Bram Stoker se dissimulait ainsi la nature de son nationalisme et s'épargnait de se demander si il n'était pas finalement tout aussi fétichiste et réifié. Il s'évitait de voir aussi que le meurtre salutaire et purificateur que les représentants de la Modernité anglaise ou européenne allaient perpétrer dans le pays du Voïvode n'était pas moins sanglant que ceux de ce dernier. Là, l'aveuglement devant les périls entraînés par la montée des nationalismes en Europe occidentale est manifeste. Le chaudron des Balkans allait être celui de l'Europe où allaient s'abîmer des millions d'européens. Comme dans le roman de Bram Stoker, le retour du meurtre de l'Autre depuis les profondeurs de l'inconscient collectif était en route. Les tourments des identités nationales européennes n'étaient peut-être bien que les masques de traumas anciens trop bien enfouis mais toujours trop vivants. Ceux-ci, loin d'être morts, étaient bien eux aussi des « *undead* », comme Dracula et ses « *fair girls* ». Dracula était-il aussi un mythe psycho-politique ?

Le lait volé : *Dracula*, ou l'in-fini déplacement[1]

Michel Remy

Pour paraphraser Freud, on peut dire que, davantage peut-être que tout autre type de texte, le texte fantastique montre clairement qu'un texte dit toujours autre chose que ce qu'il dit et qu'il le dit autrement. Ceci est encore plus vrai de *Dracula*, étant donné le contexte d'ordre moral victorien que de nombreux textes poétiques ou de prose poussaient dans ses derniers retranchements, moment de l'écriture où les textes adoptent des stratégies d'auto-subversion. C'est le cas du texte de *Dracula*, qui se retourne sur lui-même, s'invertit pourrait-on dire, à la dernière page. Dans le projet assez évident de l'auteur d'éliminer le Différent, celui-ci, ironiquement, fait retour et revient habiter le texte à son insu, en une stratégie lentement secrétée.

Le projet des sept personnages du livre, cinq hommes et deux femmes qui se retrouvent respectivement quatre et un à la fin de l'histoire, est bel et bien d'éliminer Dracula tant il représente, dans sa différence même, l'inassimilable, donc le Mal. Or, et cela a été amplement noté, Dracula ne se trouve que très rarement en présence de ceux qui le pourchassent, c'est-à-dire dans une situation de conflit, si ce n'est vers la fin[2]. Les seuls moments où il y a rencontre, c'est avec Jonathan Harker tout au début du livre, pour des raisons évidentes, et avec les deux femmes Lucy et Mina, mais ce sont elles qui l'invitent. Ce qui veut dire que le groupe des hommes le poursuit *en tant qu'il est absent* et tout le texte s'organise autour de cette absence, de ce blanc dont l'intensité s'accorde avec l'intensité du noir de la nuit, moment où Dracula apparaît dans toute sa lumière délétère, mais, je le répète, à distance de ceux qui veulent l'éliminer. Mon propos sera de montrer qu'à cause de cette absence radicale, principielle, l'élimination finale de Dracula est un leurre, une illusion et que ce qui créait le conflit, le Différent, au lieu d'être supprimé, s'est tout simplement déplacé.

L'écriture du Différent

Comment s'exprime le Différent ? Il n'y a pas lieu ici de remarquer tant la monstruosité de Dracula que la confusion des marques qu'elle entraîne. Par monstruosité, j'entends ce qui questionne les normes de l'être, comme, par exemple, le renversement de la temporalité (Dracula dort le jour et vit la nuit), sa rapidité de déplacement, l'établissement de nouvelles fonctions vitales (il ne se nourrit pas, n'ingère que du sang, se

---

1. Dans cet article, nous reprenons, en les développant considérablement et en les actualisant, les propos tenus lors du Colloque du CERLI. (« L'écriture du secret »), qui s'était déroulé à Nice. Le titre, provisoire alors, était « *Dracula*, ou la laître volée ». Cet article, bien évidemment, n'a jamais fait l'objet d'une publication.

2. Voir, par exemple, l'article de Max Milner, « À quoi rêvent les vampires », *Revue des Sciences Humaines*, 188 (1982-4), p. 117-137.

transforme en animal...), tous éléments qui débouchent sur un renversement des valeurs, du bien et du mal. Cette monstruosité se réfracte dans tout le texte, avant même qu'elle n'apparaisse vraiment vers la fin. Monstruosité, davantage, dans le sens où ses traces sont innombrables mais restent des traces, c'est-à-dire qu'elles ne peuvent en aucune façon signifier, traces avant le sens qui se refusent au sens. Le monstrueux du Différent, c'est le hiatus qu'il crée, l'absence de sens qu'il ouvre, plaie béante du texte, suspension de tout discours déjà-là, Différent toujours différant... Tout comme le savoir scientifique des protagonistes, la lecture trébuche. Au discours rationnel et logique de Van Helsing, du Docteur Seward et de Jonathan Harker, homme de loi (qui d'ailleurs accède à la direction de son étude notariale), à l'autorité de ces personnages s'opposent une absence des repères, une confusion des limites, contre lesquelles les trois hommes ne peuvent rien.

Dracula est le texte du doute et de l'ambiguïté. Dès le départ, s'installe une thématique de l'incertitude, du retard, de l'imprécision (voir toute la première page), suivie par une thématique de la folie et de la raison, sans qu'une frontière ne puisse vraiment être tracée entre elles ; à meilleure preuve l'obsession du Docteur Seward pour son patient et la remarque de Renfield qui, libéré de Dracula, croit toujours à Dracula (« Ce n'était pas un rêve... c'était l'affreuse réalité ») Ce doute et cette ambiguïté, qui constituent l'absence centrale du texte, les traces qui refusent de faire sens, tout cela secrète un manque fondamental. Il n'y a pas de discours qui tienne...

L'écriture du manque

La confusion des limites qu'assure Dracula est inséparable d'un glissement d'ordre libidinal. Les discours d'ordre qui visent des solutions se heurtent aux intensités libidinales qui visent la dissolution. Entre Eros et Thanatos, le texte s'articule autour d'un manque constitutif inséparable du désir. Certes, on a abondamment glosé sur l'érotisme à fleur de peau qui caractérise les personnages, d'abord Jonathan Harker et les trois femmes vampires auxquelles il s'abandonne, puis la chaste Lucy Westenra qui ne prend corps, littéralement, que lorsqu'elle est vampirisée, et enfin Mina. Mais l'on peut aller plus loin. Le paradoxe de la poursuite obsessionnelle de Dracula par les différents personnages, c'est que, fascinés par un manque secret, inavouable, neutralisé en quelque sorte dans son objectivation, ils poursuivent en fait une absence en eux-mêmes et ce qui menace leur identité, leur Même. Dracula sera ainsi tué non pas tant par vengeance ou salubrité publique (ceci est le premier niveau de lecture), mais parce qu'ils ont retrouvé ce qui leur manque, sans pour autant pouvoir le dire, pouvoir se l'avouer.

Ce qui fascine chez Dracula, c'est d'abord le manque à être. Dracula est, et n'est pas. Il est, pour utiliser le terme derridien, la *différance*, celui par lequel la différence advient, le mouvement par lequel du jeu apparaît dans les beaux systèmes qui tentent de le réduire. En Dracula, le sujet et la substance se séparent, il est un sujet sans substance, se constituant et se divisant sans cesse, en rupture de la chaîne darwinienne des êtres. Il est en lui-même espacement, c'est-à-dire qu'il crée l'espace, il est un « devenir-espace du temps » ou « devenir-temps de l'espace », espacement et temporisation, pour suivre Derrida[1], deux termes utiles lorsque l'on pense à sa traversée fulgurante de l'espace, à son impossible quête de présence, lui qui ne cesse d'avoir perdu cette présence et qui défie tout être qui ose être présent à soi. Dracula est la trace qui n'annonce pas l'être, mais qui l'excède, car elle ne cesse de s'effacer. Dracula ne pourra jamais se refléter dans un miroir.

Ce qui manque chez nos « héros » britanniques, c'est ce qui est en excès chez Dracula et qui est l'impensable. Car le pensable est ce que Dracula déborde. Ce n'est pas une coïncidence si les lieux clos où l'on tient enfermées, pour les protéger, les victimes potentielles du Comte, sont débordés par les victimes elles-mêmes à travers l'invitation qu'elles lancent au Comte, cédant à la tentation de l'impensable au risque de leur vie. Ce consentement du sujet a pour conséquences immédiates le franchissement des limites et une circulation folle du refoulé qui déborde le sujet et crée des situations extrêmes où les termes n'ont plus le même sens, la mort, la vie, le jour, la nuit, l'âme, le corps... comme si le fantasme passait à la surface. Cette circulation du refoulé, de l'objet absent, de Dracula, trouve son expression symbolique dans la circulation du sang. Dracula, c'est le triomphe du flux insaisissable, flux de sang, de libido ou d'écriture, flux qui emporte l'œuvre au-delà d'elle-même, flux sans direction (« *We ask none to believe us* » dit la note de fin). De sorte que le seul langage qui, au fond, domine, c'est celui du corps, langage in-su, non répertoriable, non lexicalisable, du Désir.

L'écriture du corps

Aucun mot ne peut avoir raison de Dracula ou sceller une quelconque autorité sur lui. Il s'agit bien de la lutte du corps contre le discours scientifique, monologique, la lutte d'un corps qui, si on le regarde en face, nous renvoie à notre manque, corps sans substance, en constant glissement. Tant et si bien que les mots ne réfléchissent que doute et incertitude. Le langage, impuissant à dire le refoulé, jette un doute sur lui-même. Les deux notes qui encadrent le texte insistent presque contradictoirement l'une, en exergue, sur l'exactitude stricte des documents présentés, l'autre, à la fin, sur l'absence de besoin de preuves. Mais cela va plus loin. Quand on approche du secret ultime, là où le texte se ressource sans cesse, alors, le langage abdique et cède la place au silence, les mots, les lettres disparaissent dans les flux corporels et passionnels. Lorsque Renfield, dans la lettre du Docteur Seward du 1er Octobre, s'écrie : « *I don't want any souls, indeed! ... I couldn't eat them or—* » (Norton p.236), l'absence du mot « *drink* » en fait l'un des pôles du refoulement. De même, un autre mot se trouve dans cette situation ;

---

1.   Jacques Derrida, « La différance », in *Marges de la philosophie*, Paris, Éditions de Minuit (1972), p. 8 en particulier.

lorsque Mina raconte le début de sa vampirisation, le refoulement est aussi révélateur :

> *When the blood began to spurt out, he took my hands in one of his, holding them tight, and with the other seized my neck and pressed my mouth to the wound, so that I must either suffocate or swallow some of the—Oh, my God, my God!* (252)

Le mot « *blood* » est-il imprononçable? Nous ne le pensons pas, puisqu'il est tout à fait normalement prononcé au début de la phrase. Il s'agit donc d'autre chose, encore plus secret, encore plus caché. Or cette phrase nous remémore une autre déclaration, passée inaperçue, mais qui, par la répétition dont elle est ici l'objet, reprend toute sa valeur. En effet, dans le passage qui raconte exactement la même scène, mais vue par le Docteur Seward et relatée dans son journal à la même date, une image est utilisée par le docteur afin de nous faire accéder au sens profond de la scène, image qui, naturellement, signifie davantage qu'elle ne dit (p. 336). C'est l'image du petit chat qui lape le lait :

> *The attitude of the two had a terrible resemblance to a child forcing a kitten's nose into a saucer of milk to compel it to drink.* (247)

La position que Dracula force Mina à prendre, à deux pas de son mari affalé sur le lit, malade et affaibli, évoque, on l'a abondamment noté, une position ouvertement érotique, mais nous aimerions aller un peu plus loin en relevant que l'image nous amène à voir dans ce lait le liquide spermatique, séminal, au sens large aussi, le « terrible » liquide qui ne cesse de semer ses sèmes dans l'absence d'un sens univoque et de lettres qui soient fiables. Nous sommes ici dans le blanc laiteux de ce qui ne peut se dire, dans le blanc de l'inter-dit, dans le déplacement et l'espacement des lettres et des mots, où se diluent l'être et les lettres... Le mot-valise que nous suggérions dans notre intervention en 1994 pourrait à ce propos cristalliser ce déplacement pluriel : *laître*.

Une écriture du déplacement

Quel plus beau déplacement que celui que représente la naissance du petit Quincey, l'une des trois nouvelles que nous annonce la note ajoutée comme une arrière-pensée à la fin du livre, comme si l'essentiel n'avait pas encore été dit, comme s'il fallait, du moins, le répéter. Double déplacement d'ailleurs, triple même, nous allons le voir. D'abord, l'enfant est appelé Quincey, du nom de l'ami tué par les séides de Dracula, donc métonymiquement par Dracula lui-même, ensuite, le groupe retourne sept ans plus tard sur les lieux en Transylvanie, ces deux éléments indiquant le désir fantasmatique de retrouver l'objet perdu, Dracula. Celui-ci revient donc, mais ailleurs, déplacé , à travers toute une série de dénis. En effet, d'un côté, nous venons, en tant que lecteurs, de lire d'innombrables documents de tous ordres et pourtant, dit Van Helsing à la toute dernière page, « *there is hardly one authentic document!* », corroboré par le célèbre « *we want no proofs* », c'est-à-dire nous ne voulons pas, nous n'avons pas besoin... Tout, en effet, est remplacé, condensé par « *this boy* » ; c'est lui l'héritier, le dépositaire de tout ce qui s'est passé et en particulier de ce qu'a été sa mère, c'est lui l'héritier du désir de sa mère. Il est le nouveau corps qui cristallise l'être et le non-être, le plein de preuves et le vide de preuves, le masculin et le féminin. Ses noms renvoient à ce cercle constamment décentré d'amis et son nom renvoie à un mort. Il est vivant-mort.

Émergeant à la fin en une sorte de symbole de l'unité scellée mais ambiguë, il ne peut que renvoyer à Dracula qui, à sa façon, assurait l'unité du groupe, qui est mort en même temps que Quincey et sur les traces duquel on revient sept ans après jour pour jour. Or, c'est à ce point précis du texte que l'on assiste, dans le non-dit du texte, à un autre curieux déplacement qui, très profondément, porte toute l'ambiguïté du texte de Stoker : il révèle que ce texte fonctionne autour d'un intervalle, d'un blanc en un déplacement *qui ne s'arrête pas avec le texte*. Concluons.

La lettre écarlate, lettre du sans

Écriture du Différent, écriture du manque, écriture du corps, écriture du déplacement, ces quatre aspects fusionnent dans une combinatoire portée par une seule lettre : la lettre a.

Premier point : ce qui, morphologiquement, réitère et « corporalise » l'ambivalence de Dracula, c'est le -a final qui a beaucoup intrigué et a été vu soit comme marque du masculin dans les langues slaves (cas génitif de Drakul, d'où fils de Drakul, le personnage historique de Vlad ou autre nom du diable), soit comme marque du féminin, comme en latin. La plupart des critiques rejettent la deuxième possibilité qui, pourtant, s'impose obscurément à quiconque n'est pas familier des langues slaves. Mais ce -a retentit dans le texte. Avec lui, le nom de Dracula s'espace de lui-même ; lui qui à la fois dépend du sang des autres qu'il suce goulûment, mais qui les ré-engendre aussitôt, est autant génitif que géniteur, masculin que féminin. Échappant à la fixité du discours grammatical, le -a excessif de son nom donne la clé du déplacement. N'y voyons là aucun jeu de mots, mais bien une coïncidence, le -a de son nom renvoie à *l'objet a* lacanien.

Deuxième point : Il est important de se souvenir que tout le mouvement final qui se résout dans la mort de Dracula est centré sur la sauvegarde de l'âme de Mina. C'est elle qui est en jeu (« at *stake* »…), par opposition à ce qu'a été Lucy, lumière qu'on a laissée s'éteindre. N'oublions pas non plus l'équivalence biblique de l'âme et du sang (*Levitique*, XVII, 11-12).

Troisième point : la mort de Dracula est assurée de deux façons. Certes, un couteau lui est fiché en plein cœur mais, bizarrement, on lui tranche aussi la gorge simultanément. Acte superflu, en excès, qui attire donc notre attention. C'est Jonathan, le mari de Mina, qui lui tranche la gorge, acte capital on en convient. En effet, en coupant la gorge, on fait revenir Dracula à une certaine normalité (« *there was in his face a look of peace* », p. 325), à son univocité. Dracula, ambivalent, est redevenu Drakul, amputé de cette lettre finale, qui est aussi lettre *capitale*, inaugurale. Où cette lettre est-elle allée ?

Quatrième point: Tout a donc été fait pour Mina ; c'est pour elle que Dracula a été tué (par son mari, évidemment, rival de Dracula) et c'est donc elle qui va hériter de ce petit -a , recouvrant ainsi toute la pureté de son âme. Nous suggérons que son nom, Mina, réordonné en *nima*, est réaffecté du même coup d'un *a* tout normalement initial, en *anima*. Lettre volée ?... Ce qui était en excès chez Dracula, c'est ce qui manquait à Mina. L'âme de Mina n'est-elle pas le sang de Dracula, ce qui lui manque, à lui, son « *sans* » ?

Cinquième point : Il y a plus encore. Car le texte se retourne. C'est en accouchant du petit Quincey, le jour anniversaire de la mort de celui dont on lui a donné le nom, que Mina semble concrétiser ce recouvrement de l'âme. Le petit Quincey, il est précisé dans la Note de fin, cristallise l'âme de tout le groupe en en portant les noms (« *his bundle of names links all our little band of men together, but we call him Quincey* »). Par ce nom, il hérite de l'âme de Quincey Morris et il se rendra compte plus tard, dit Van Helsing énigmatiquement, du courage et de l'amour de sa mère. Mais pour qui est cet amour ? Pour Jonathan ? Pour les membres du groupe qui lui ont tous donné leur propre sang en des transfusions, là aussi, ambiguës, ces hommes « *(who) so loved her, that they did dare much for her sake* » (p. 327) ? N'est-on pas en train d'oublier qu'en faisant passer le -a final en un -a initial, en faisant de la fin un début, nous revenons en boucle au commencement de l'histoire, comme si de rien n'était — et en effet, les personnages qui retournent sur les lieux du début s'aperçoivent *qu'il ne reste rien*.

En tuant Dracula, on croit que l'on a stoppé le glissement infernal, mais on ne voit pas que ce petit -a, ce signe du désir, cette trace du manque, se réintroduit secrètement dans un autre espace où il va à nouveau introduire du jeu. Quincey est le fils fantasmatique de Dracula, et, à l'issue d'une filiation diabolique et d'ordre tératologique, tout comme le petit -a dérobé et réaffecté, il est l'être, *laître*, volé.

Dracula : le mauvais œil

Sophie Marret

Le voyage aux Carpates

Il faut suivre pas à pas l'entrée de Jonathan Harker aux Carpates pour voir ce qui se dessine à l'orée de *Dracula*[1]. Le voyage aux Carpates nous explique Jonathan Harker, nous conduit au cœur « d'une sorte de tourbillon imaginaire » : « *I read that every known superstition in the world is gathered into the horseshoe of the Carpathians, as if it were the centre of some sort of imaginative whirlpool* » (D, p. 10). Dès lors, l'accent est porté non seulement sur la superstition de la population des Carpates, mais sur l'effet de ce voyage sur Jonathan Harker qui perd ses repères habituels et parvient tout juste à comprendre ce qu'on lui dit. Il souligne par ailleurs les tromperies de l'imagination qui nous fait prendre les populations de l'Est pour des barbares : « *On the stage they would be set down at once as some old Oriental band of brigands. They are however, I am told, very harmless and rather wanting in natural self-assertion* » (D, p. 10). L'accent semble d'emblée porté sur le fantasme, interrogeant la vérité. Jonathan Harker se trouve en proie à un sentiment de malaise, d'inquiétante étrangeté, avant même de rencontrer le Comte : « *Whether it is the old lady's fear, I do not know, but I am not feeling as easy in my mind as usual* » (D, p. 13). À propos de son arrivée au château il indique : « *There are many odd things to put down* » (D, p. 13). Le voyage aux Carpates est bien une plongée dans le monde de l'imaginaire, de l'étrange, voire du surnaturel, mais la superstition ne suffit pas à expliquer les sentiments qui s'emparent de Jonathan Harker. Les frontières topographiques délimitent en réalité deux « espaces psychiques ».

Les modifications que le voyage suscite concernent en premier lieu les sentiments qui agitent Jonathan, confronté à de l'incompréhensible ainsi qu'à un affolement progressif de son imagination. Le jeune homme qui mentionne dans son journal l'affection qu'il porte à sa future épouse, Mina, laisse déjà percer, au hasard de ses remarques, le regard empreint d'un désir coupable, qu'il porte sur les femmes : « *The women looked pretty, except when you got near them, but they were all very clumsy about the waist. They had all white sleeves of some kind or other, and most of them had big belts with a lot of strips of something fluttering from them like the dresses in a ballet, but of course petticoats under them* » (D, p. 10). La réflexion est celle d'un Victorien dont le regard est attiré par quelque chose d'indéfinissable, flottant autour de la taille des belles qu'il s'empresse de recouvrir d'un jupon. Le voyage aux Carpates est un voyage au pays des sens, dans un univers interdit.

En outre, Jonathan Harker se rend dans une contrée qui résiste à la science et à la rationalité. Ce n'est pas seulement un monde où règne la

---

1. Bram Stoker, *Dracula*, Norton.

superstition mais un pays où les trains ne sont pas à l'heure: « *it seems to me that the further East you go, the more unpunctual are the trains* » (D, p. 11). Ici, la rationalité scientifique se trouve mise à mal. Jonathan Harker rejette toute explication biologique au trouble qu'il éprouve :

> *There are many odd things to put down, and, lest who reads them may fancy that I dined too well before I left Bistritz, let me put down my dinner exactly. I dined on what they call "robber steak" — bits of bacon, onion, and beef, seasoned with red pepper, and strung on sticks and roasted over the fire, in the simple style of the London cat's-meat! The wine was Golden Mediasch, which produces a queer sting on the tongue, which is, however, not disagreeable. I had only a couple of glasses of this, and nothing else.* (D, p. 13)

Ici, l'explication scientifique elle-même relève de la fantaisie, il nous faut bien admettre qu'il y *a* des choses étranges et inexplicables, ce que la suite du récit s'attachera à souligner. Cet univers enfin, conformément à l'approche de l'époque, est lié au dérèglement mental. Jonathan Harker s'appuie sur la terminologie psychiatrique pour parler d'une vieille femme qu'il rencontre :

> *Just before I was leaving, the old lady came up to my room and said in a very hysterical way: "must you go? Oh young Herr, must you go?" She was in such an excited state that she seemed to have lost her grip of what German she knew, and mixed it all up with some other language which I did not know at all.* (D, p. 12)

L'emploi du terme « *hysterical* » est certes assez large en anglais, mais la terminologie psychiatrique est ici essentielle dans un roman dont l'un des narrateurs principaux est un psychiatre, le Docteur Seward, qui consigne par écrit l'observation de l'un de ses patients.

La réflexion qui se déploie dans *Dracula*, concernant les limites de la science, s'avère l'occasion de mettre en cause une partition trop rapide entre raison et folie, ouvrant à l'intuition de la division du sujet[1]. Les coordonnées de la découverte freudienne s'y dessinent. N'oublions pas que Bram Stoker publia *Dracula* deux ans après que Freud ait achevé les *Études sur l'hystérie*[2] (dont il n'avait pas connaissance). Le texte apparaît comme le lieu du déploiement d'un savoir concernant l'inconscient, qui porte notamment sur l'intuition du réel et de la cause de l'angoisse que ses élaborations discursives n'épuisent pas.

Dans les Carpates, souligne encore Jonathan Harker, on parle une langue étrangère. La signification lui échappe :

> *I could hear a lot of words often repeated, queer words, for there were many nationalities in the crowd; so I quietly got my polyglot dictionary from my bag and looked them out. I must say they were not cheering to me, for amongst them were "ordog" — Satan, "polok" — hell, "sregoica" — witch, "vrolok" and "vlkoslak" — both of which mean the same thing, one being Slovak and the other Servian for something that is either were-wolf or vampire.* (D, p. 13-14*)

---

1.   Cf. Sophie Marret, « Dracula : la science et le mythe », in *Otrante, Art et littérature fantastiques*, n° 10, printemps 1998, *Claude Seignolle*, revue publiée par le Groupe d'Étude des Esthétiques de l'Étrange et du Fantastique de Fontenay, avec le concours du centre National du Livre, Presses de L'École Normale Supérieure de Fontenay-St Cloud, pp. 215 à 229.

2.   Sigmund Freud, *Les études sur l'hystérie* (1895), Paris, PUF, bibliothèque de psychanalyse.

Il découvre avec horreur ce que veulent dire ces mots étrangers. Le paysage lui évoque alors les langues de feu de la pentecôte : « *In and out amongst the green hills of what they call here the "Mittel land" ran the road, losing itself as it swept round the grassy curve, or was shut out by the straggling ends of pinewoods, which here and there ran down the hillsides like tongues of flame* » (D, p.14). Le pluriel des langues, instauré à Babel, s'oppose ici au verbe, au Logos. L'image biblique situe la rencontre de Dracula, du côté du divin, au delà de la barrière des langues. Jonathan Harker éprouve alors le sentiment d'entrer au jardin d'Eden, il qualifie le château de « *God's own seat* » (D, p. 15). La rencontre de Dracula est ainsi placée sous le signe de l'incompréhensible, de l'impossible à dire, à travers la mention des langues étrangères et de l'au-delà du signifiant, à travers la référence au divin. Plus proche de Babel enfin, l'univers du roman s'attachera à mettre le verbe à mal. L'approche du château et de son hôte s'avère dès lors un voyage vers le réel. L'apparition de la petite flamme bleue et des loups, autre incarnation de Dracula, en sont le signe, supportant l'intuition que l'angoisse résulte de la présentification d'un objet réel, du retour du refoulé originaire, qu'elle tient à une confrontation au désir de l'Autre.

L'objet d'angoisse

Lorsqu'il analyse le sentiment d'inquiétante étrangeté à partir de l'étude d'une nouvelle d'Hoffman, Freud indique que celui-ci est lié au complexe de castration ainsi qu'au « retour permanent du même[1] ». « Il est sans doute exact que l'inquiétante étrangeté est le *Heimlich-Heimisch* qui a subi un refoulement et qui a fait retour à partir de là, et que tout ce qui est étrangement inquiétant remplit cette condition[2] ». Il rapporte ainsi ce sentiment au retour du refoulé originaire. Suivant ses pas, Lacan souligne que l'angoisse se produit quand le manque manque, quand l'objet *a*, cause du désir, vient se présentifier pour le sujet[3]. On vérifie en effet, au long du récit, que Dracula occupe bien cette place de l'objet d'angoisse, que le retour du vampire du royaume des morts évoque celui du refoulé originaire. On comprend dès lors, également, que Dracula incarne les limites de la science, en ce qu'il figure un incernable réel, produit de l'opération signifiante, l'impossible même, qui objecte à l'un des fondements théoriques du discours scientifique selon lequel tout réel est rationnel. La figure de Dracula évoque l'objet d'angoisse que l'écriture du roman tente de cerner et d'annuler. L'enjeu de la défaite du vampire est de porter le réel au symbolique, ou tout du moins de renouer ces deux dimensions et de faire advenir la castration de l'Autre.

Le surgissement de l'objet d'angoisse s'articule en effet à une interrogation portée sur le désir de l'Autre. « Quand l'appui du manque vient à faire défaut, indique Jean-Claude Maleval, l'objet réel peut surgir

---

1.   Sigmund Freud, « l'inquiétante étrangeté » (1919), in *L'inquiétante étrangeté et autres essais*, Paris, Gallimard, « Folio », p. 236.
2.   *Ibid.*, p. 252.
3.   Jacques Lacan, *Le séminaire X, L'angoisse*, (1962-63), texte établi par Jacques-Alain Miller, Paris, Seuil, 2004.

sous des masques d'épouvante[1] ». la présentification de l'objet *a* est corrélative d'une vacillation du fantasme qui échoue dès lors à parer à la jouissance de l'Autre. À cette place vient volontiers une image d'un Autre au désir sans limites, le père réel de *Totem et tabou*[2] qui jouit de toutes les femmes. Dracula incarne cette figure à la jouissance énigmatique. Sa défaite ne sera rendue possible que lorsque les protagonistes seront conduits à se rendre compte que l'Autre est manquant, que Dracula n'est pas la figure toute puissante qu'ils imaginaient. Le roman progresse alors de la fascination produite par l'énigme du désir de l'Autre, qui va de pair avec le surgissement de l'objet d'angoisse, à l'assomption du manque dans l'Autre et de la castration qui fait choir l'objet d'angoisse. La solution entrevue dans le roman s'avère dévoiler le savoir inconscient du névrosé. Son affleurement au fil de l'intrigue ne doit toutefois pas être confondu avec les solutions mises en œuvre par Bram Stoker dans l'écriture pour parer à la vacillation du fantasme, le roman nomme la chose (Dracula) et l'image (sous l'espèce du vampire), pour éradiquer le Réel, le recouvrir par le Symbolique et l'Imaginaire.

Le regard

L'approche du château des Carpates produit chez Jonathan Harker un sentiment d'angoisse. Il survient lorsque se présentifie le Réel. Ses compagnons de voyage se signent pour le protéger du mauvais œil :

> One by one, several of the passengers offered me gifts [...]; these were certainly of an odd and varied kind, but each was given in simple good faith, with a kindly word, and a blessing, and that strange mixture of fear-meaning movements which I had seen outside the hotel at Bistritz — the sign of the cross and the guard against the evil eye, (D, p. 16)

Il s'agit là d'une première allusion au déploiement d'une stratégie symbolique qui vise à parer au surgissement de l'objet réel. En effet, le mauvais œil n'est pas de l'ordre d'une réalité matérielle, il fait consister la première identification de Dracula à l'objet regard. Il évoque l'impossible à dire : en dépit des questions de Jonathan Harker, les passagers refusent d'apporter une quelconque explication. Ce qu'il va rencontrer se situe au-delà des limites du rationalisable, du signifiant. Il se heurte dès lors au silence des passagers.

À l'approche du château surgit une petite flamme bleue, une flamme sans lumière : « *it must have been very faint, for it did not seem to illumine the place around it at all* » (D, p. 19). Elle lui apparaît comme une illusion, un cauchemar : « *looking back it is like a sort of awful nightmare* » (D, p. 19). En sa présence, se produisent en effet d'étranges phénomènes optiques : Jonathan Harker la perçoit à travers le corps du cocher. Plus qu'une réalité matérielle, elle se présente comme une hallucination dont on ne peut toutefois douter de la manifestation réelle. Dracula d'ailleurs le confirmera lorsqu'il expliquera à Jonathan Harker qu'elle surgit à l'endroit d'un trésor enfoui. Elle évoque à son tour, la présentification de

---

1.   Jean-Claude Maleval, *Logique du délire*, Paris, Masson, 1996, p. 54.
2.   Sigmund Freud, *Totem et Tabou*, (1912), Paris, Payot, 1947.

l'objet regard, comme l'une des manifestations de Dracula (identifié par les passagers au mauvais œil). Alors surgissent les loups, figure de l'Autre jouisseur, autre incarnation encore de Dracula, comme l'évoquent les canines du vampire. Il ne fait pas de doute que l'apparition de l'objet d'angoisse s'articule au redoublement d'une interrogation concernant l'énigmatique désir de l'Autre.

Que Dracula évoque voire incarne l'objet regard se constate encore dans l'une des caractéristiques essentielles du vampire : il n'a pas de reflet dans le miroir. Il se situe au-delà de l'imaginaire, du spécularisable : « *This time there could be no error, for the man was close to me, and I could see him over my shoulder. But there was no reflection of him in the mirror!* » (D, p. 31). Le miroir est d'ailleurs qualifié par Dracula de « *foul bauble of man's vanity* » (D, p. 31). Il pointe là la dimension spéculaire du moi et situe le sujet au-delà du miroir.

Dans cette scène, Jonathan Harker qui vient de se couper avec son rasoir, se laisse surprendre par le comte. À l'instant où il figure un Autre inquiétant prêt à fondre sur lui pour boire son sang, Dracula est identifié par Jonathan à la concupiscence de ses yeux qui lui évoquent un regard démoniaque : « *When the count saw my face, his eyes blazed with a sort of demoniac fury, and he suddenly made a grab at my throat* » (D, p. 31). La vue du sang pousse Dracula à le boire. Cet objet semble ici articulé au registre de la pulsion scopique. L'évocation du trésor enfoui, indiqué par la flamme bleue, n'était-elle pas, elle-même, associée à celle du sang des hommes dont est nourrie la terre des Carpates ?

> *"That treasure has been hidden", he went on, "in the region through which you came last night, there can be but little doubt; for it was the ground fought over for centuries by the Wallachian, the Saxon and the Turk. Why, there is hardly a foot of soil in all this region that has not been enriched by the blood of men, patriots or invaders."* (D, p. 27)

Le sang est un objet enfoui, au-delà du champ spéculaire, il est un objet non phallique, non désirable, un objet d'angoisse, l'objet de la jouissance de Dracula qui dans cette scène incarne aussi l'Autre à la jouissance sans limites. Seul le crucifix brandi par Jonathan Harker arrêtera le Prince des ténèbres, et empêchera que celui-ci se trouve identifié à son sang, voué à être l'objet de la jouissance de l'Autre. La scène évoque la fonction séparatrice de la castration symbolique, qui limite la jouissance de l'Autre, introduit le manque, en séparant le sujet de l'objet. Jonathan Harker se trouve lui-même à distance du regard démoniaque de Dracula, protégé de lui.

Le vampire n'a pas d'image, il n'a pas non plus d'ombre : « *He throws no shadows* » (D, p. 211). Il est « *undead* », un revenant, un mort revenu de la mort. Comment mieux approcher la manifestation de l'objet réel cause de l'angoisse qu'il incarne ? Lucy vampirisée est à plusieurs reprises qualifiée de chose : « *When Lucy—I call the thing that was before us Lucy because it bore her shape* » (D, p. 188). « *For she is not a grinning devil now—not any more a foul Thing for all eternity* » (D, p. 2193), s'exclame Van Helsing après leur première victoire sur ces créatures.

D'ailleurs, le problème de Dracula est de revenir à sa place : « *Count Dracula's problem is to get back to his own place* » (D, p. 304). Cet énoncé semble témoigner de l'intuition que l'objet *a* manque fondamentalement à sa place, mais aussi que l'objet d'angoisse lui ne manque pas alors qu'il devrait être refoulé. Les protagonistes contribueront à faire retourner Dracula au royaume des morts, à faire advenir le refoulement de l'objet.

À travers la figure de Dracula, l'objet réel se trouve maintes fois convoqué sous l'espèce du regard. Mina, qui va assister à l'une des rencontres de Lucy avec le vampire, songe : « *it seemed as if the stranger had great eyes like burning flames; but a second look dispelled the illusion* » (D, p. 91). Les yeux de Dracula se trouvent à nouveau associés à la flamme ainsi qu'au thème de l'illusion, signes d'une présence inquiétante mais aussi d'un trésor enfoui. Le regard de Dracula, associé à ces flammes qui surgissent à l'endroit des yeux et qui ne sont qu'illusion, se trouve évoquer fortement la présentification de l'objet *a*. Elles apparaissent comme un signal de la présence d'un objet manquant.

Telle est en outre la façon dont Jonathan Harker, entre vie et mort, a parfois le sentiment de revoir le vampire : « *He thought he saw someone who recalled something terrible, something which led to his brain fever* » (D, p. 165). Le vampire n'est qu'une image qui évoque un objet incernable par le signifiant, un objet d'horreur hallucinatoire. L'hallucination est visuelle et semble indiquer que l'image masque un objet scopique, comme si le regard se trouvait convoqué.

Le désir

Ainsi comprend-on encore que l'arrivée au château des Carpates confronte Jonathan Harker à son désir, comme le lui fait entendre Dracula à travers les paroles de bienvenue qu'il lui adresse. « *Welcome to my house! Enter freely and of your own will!* » (D, p. 22). L'accent porté sur le désir de Jonathan Harker est aussitôt associé à une demande de castration : « *Welcome to my house. Come freely. Go safely. And leave something of the happiness you bring* » (D, p. 22). Pour Jonathan Harker, Dracula évoque la pulsion et la mort :

> *He made no motion of stepping to meet me, but stood like a statue, as though his gesture of welcome had fixed him into stone. The instant, however, that I had stepped over the threshold, he moved impulsively forward, and holding out his hand grasped mine with a strength which made me wince, an effect which was not lessened by the fact that it seemed as cold as ice—more like the hand of a dead than a living man.* (D, p. 15)

Dracula est une créature presqu'inhumaine qui impulsivement l'étreint avec force, si bien qu'il lui semble être en présence de la mort. La description de cette première approche du vampire semble tout particulièrement évoquer une rencontre avec l'objet d'angoisse. L'histoire de Jonathan Harker évoque le risque qu'encourt le sujet de se trouver identifié à l'objet *a* lorsque celui-ci semble lui apparaître du fait d'une vacillation du fantasme. L'inquiétude de Jonathan Harker face au déchaînement de son désir sexuel lorsqu'il se retrouve confronté aux femmes-vampires, n'est pas seulement celle d'un Victorien bien pensant, elle évoque celle d'un névrosé pour qui le désir dans son rapport à la castration s'avère problématique.

L'Autre

Aussi le surgissement de la figure de l'Autre jouisseur et castrateur trouve-t-il, dans le roman, sa logique. Dracula se présente tour à tour comme un Autre divin ou démoniaque. Renfield voit en lui son maître : « *the master is at hand* » (D, p. 96), dit-il au docteur Seward. Jonathan s'exclame « *my God* », lorsqu'il l'aperçoit. Son château est qualifié de « *God's seat* », son œil malin est celui du diable, son sourire est « *malignant and saturnine* » (D, p. 29). Il descend d'ailleurs d'une noble lignée soupçonnée d'avoir pactisé avec le diable : « *The Draculas were, says Arminius, a great and noble race, though now and again were scions who were held by their coevals to have had dealings with the Evil One* » (D, p. 212). Tel un roi, Dracula emploie le pluriel de majesté : « *Whenever he spoke of his house he always said, "we", and spoke almost in the plural, like a king speaking* », (D, p. 33). Il appartient à la lignée des tyrans, des surhommes (D, p. 33).

L'Autre de la jouissance, sans manque, s'oppose à l'Autre du signifiant. Si Dracula est identifié à la gloire de son nom et de sa lignée, il précise également : « *in our veins flows the blood of many brave races who fought as the lion fights, for lordship* » (D, p. 33), ce qui était symbolique, serait-il devenu réel ? La frontière entre les deux registres semble en tout cas ici franchie. De ce sang, en outre, Dracula s'abreuve. Quel genre d'homme est-ce là, s'interroge alors Jonathan Harker : « *What manner of a man is this, or what manner of creature is it in the semblance of a man?* » (D, p. 39). « *What it was, whether man or beast, I could not tell* » (D, p. 87), écrit Mina. Il est un loup aux mains velues : « *there were hairs in the center of the palm* », (D, p. 24), pourvu de « *sharp canine teeth* » (D, p. 27). Il apparaît à Jonathan Harker sous l'aspect d'une chauve-souris (D, p. 39). Cette animalisation contribue à le déshumaniser, à le rendre plus inquiétant à renforcer la figure de l'Autre jouisseur qu'il incarne : le docteur Seward le compare à un autre moment à une panthère ainsi qu' à un lion et le qualifie de monstre.

Il indique à Jonathan Harker qu'à Londres, son but est de devenir une incarnation de l'Autre absolu, de celui qui n'existe pas ; tel Ulysse il deviendra « personne », c'est à cette fin qu'il veut maîtriser parfaitement la langue pour ne pas être repéré comme étranger :

> did I move and speak in your London, none there are who would not know me for a stranger. That is not enough for me. Here I am noble. But I am Boyar; the common people know me, and I am master But a stranger in a strange land, he is no one ; men know him not—and to know not is to care not for. I am content if I am like the rest, so that no man stops if he sees me, or pause in his speaking if he hear my words, to say "Ha, ha! a stranger!" I have been so long master that I would be master still—or at least that none other should be master of me. (26)

Les paroles de Dracula laissent filtrer son véritable propos : en étant presqu'inexistant, inconnu, personne ne peut être son maître, il veut non seulement rester maître, mais aboutir à une maîtrise totale et expansioniste. Il prouvera que l'on a tort de ne pas se méfier de l'Autre, il révèlera ce qu'il en est de sa jouissance sans limites. Incarnation de l'Autre jouisseur, il n'a ni besoins, ni désirs, il ne mange ni ne boit. Il ne s'abreuve que de l'objet non phallicisé de sa jouissance que représente le sang, il n'a que faire de substituts phalliques. Sa vision pousse impulsivement Dracula à s'en abreuver alors même qu'il cherchait à ne pas dévoiler son vampirisme. Ces impulsions vampiriques soulignent que le sang est l'objet d'une jouissance immédiate, que Dracula ne peut en être séparé, d'ailleurs il rappelle que le sang des autres coule en lui, ce qui souligne également que, par son vampirisme, il échappe à la castration.

La figure de l'Autre jouisseur se retrouve encore en son double et disciple zoophage dont le docteur Seward indique : « *what he desires is to absorb as many lives as he can* » (D, p. 71). Ainsi Dracula est-il un maître absolu, le maître des loups : « *what does it mean that he could control the wolves, as he did, by only holding up his hand in silence?* » (D, p. 32), s'interroge Jonathan Harker. Sa colère et sa fureur lui semblent presque surnaturelles, au-delà de tout entendement : « *never did I imagine such wrath and fury, even in the demons of the pit* » (D, p. 43), indique encore Jonathan Harker.

Dracula est également une figure interdictrice. Il avertit Jonathan Harker qu'il ne doit pas s'aventurer dans certaines chambres du château. Ce dernier d'ailleurs s'étonne de ses compétence en matière juridique et l'imagine en homme de loi : « *he would have made a wonderful solicitor, for there was nothing that he did not think of or foresee. For a man who was never in the country, and who did not evidently do much in the way of business, his knowledge and acumen were wonderful* » (D, p. 37). Dracula incarne bien pour lui, l'Autre de la loi, dont Jonathan a par ailleurs lui-même fait profession. Il le présente comme un maître en la matière, mais il est un père castrateur terrifiant comme le soulignent ses propres paroles lorsqu'il invite Jonathan à pénétrer dans le château : « *Welcome to my house. Come freely. Go safely. And leave something of the happiness you bring* », (D, p. 22). « *You cannot deceive me my friend; I know too much* » (D, p. 17), dit-il par ailleurs au conducteur de la diligence de Jonathan Harker, sous les traits d'un autre conducteur.

Dracula voudrait que son désir soit le seul maître, comme il l'indique à Jonathan lorsqu'il lui explique pourquoi il l'a fait venir d'Angleterre : « *Now here let me say frankly, lest you should think it strange that I have sought the services of one so far off from London instead of someone resident there, that my motive was that no local interest might be served save my wish only* » (D, p. 36).

Le premier portrait de Dracula brossé par le docteur Van Helsing tend à en faire une figure du père réel, de celui qui échappe à la castration. Il incarne le premier versant des formules lacaniennes de la sexuation, côté homme, $\exists x \, \overline{\Phi x}$:[1]

---

1. Je renvoie ici à la logique de la sexuation élaborée par Lacan dans son séminaire *Encore* (1972-73, Paris, Seuil, 1975), cette première formule symbolise la place de l'exception paternelle, du père réel qui échappe à la castration.

> *The nosferatu do not die like the bee when he sting once. He is only stronger; and being stronger, have yet more power to work evil. This vampire which is amongst us is of himself so strong in person as twenty men; he is of cunning more than mortal, for his cunning be the growth of ages; he have still the aids of necromancy, which is, as his etimology imply, the divination by the dead, and all the dead that he can come nigh to are for him at commend; he is brute, and more than brute; he is devil in callous, and the heart of him is not; he can, within limitations, appear at will when, and where, and in any of the forms that are to him; he can, within his range, direct the elements: the storm, the fog, the thunder; he can command all the meaner things: the rat, and the owl, and the bat—the moth, and the fox, and the wolf; he can grow and become small; and he can at times vanish and come unknown. How then are we to begin our strife to destroy him?* (D, p. 209).

Il incarne le point par lequel l'Autre touche au réel. Seward en parle en termes de « présence Réelle » : « *his Real Presence* » (D, p. 98) expression d'ordinaire employée pour Dieu. Même s'il ne s'agit pas de la même appréhension du concept de réel que pour la psychanalyse, il n'est pas question ici de réalité matérielle, mais d'une présence plus diffuse, au delà de la représentation. La théologie semble approcher par là l'intuition que l'Autre est réel (au sens de Lacan), une intuition à laquelle Bram Stoker a recours dans sa construction du vampire comme incarnation du père réel.

Le manque dans l'Autre

L'exposé de Van Helsing nous laisse toutefois déjà entendre que Dracula est soumis à certaines limitations. En effet, il va s'agir pour lui d'enseigner aux autres les limites du vampire pour parvenir à le combattre. Sa défaite tient dans l'assomption du manque dans l'Autre. Sitôt achevé le portrait d'un maître tout puissant, Van Helsing s'attache à décrire ses failles. La seconde partie du portrait du vampire rappelle l'autre formule concernant la sexuation côté homme : $\forall x\, \overline{\Phi x}$:[1]

> *he can do all these things, yet he is not free. Nay, he is even more prisoner than the slave of the galley, than the madman in his cell. He cannot go where he lists; he who is not of nature has yet to obey some of nature's laws—why we know not.* (D, p. 211).

Van Helsing souligne que la castration échappe à l'ordre rationnel. Notons en outre la formidable intuition qui semble se profiler dans ces lignes concernant la mise en rapport de la folie et d'une carence concernant la castration, ce que Lacan implique lorsqu'il écrit que « le fou c'est l'homme libre[2] ».

Quelques indices permettaient déjà d'indiquer les limites du vampire à l'orée du roman. Dracula avait avoué à Jonathan Harker qu'il n'avait pas la maîtrise de l'anglais : « *True, I know the grammar and the words, but yet I know not how to speak them* ». (D, p. 26). La carence dont il parle est à situer du côté de l'énonciation. Il semble que là encore se profile l'intuition que l'énonciation est ce qui fait problème lorsque l'Autre est sans manque,

---

1. Cette formule indique que tous les hommes sont soumis à la castration.
2. Jacques Lacan, « Petit discours aux psychiatres », conférence inédite du 10 novembre 1967.

que la castration ne localise pas la jouissance du sujet en un objet, empêchant que l'énonciation soit lestée. Ce constat, en tout cas, est aussitôt interprété par lui comme un défaut de maîtrise, une limite dont il souhaite s'affranchir. En outre, s'il a une bonne connaissance de la loi, il n'en est toutefois pas le maître, puisqu'il doit s'informer du droit anglais auprès de Jonathan Harker : « *he began asking me questions on legal matters and on the doing of certain kinds of business* » (D, p. 36). Lui-même enfin énoncera la faiblesse qui le constitue comme sujet du manque : « *I too can love* » (D, p. 43). Il répond à Jonathan Harker qui lui avait lancé : « *You yourself never loved; you never love* » (D, p. 43). Le démenti de Dracula, sans autre prolongement du point de vue de l'intrigue (puisqu'il n'est jamais question d'amour, le concernant), souligne combien le père réel est une construction fantasmatique, dont les protagonistes devront se défaire pour venir à bout du vampire. Connaissant ses limites, les héros persisteront à le croire tout puissant (de même que le lecteur) jusqu'à ce que Van Helsing les énonce clairement. Celui-ci confirmera : Dracula n'est pas libre, il tombe sous le coup de la loi et n'échappe pas à la castration. « *He is finite* », indiquera-t-il encore, invalidant les comparaisons antérieures avec Dieu qui, lui, est infini. Enfin, Van Helsing compare son intellect avec celui d'un enfant : « *The Count's child-thought see nothing; therefore he speak so free* » (D, p. 295), en référence aux théories de la dégénérescence de Nordau et de Lombroso, il explique, « *This criminal of ours is predestinate to crime also; he too have child-brain* » (D, p. 396). Dracula se trouve donc contraint à effectuer un apprentissage expérimental : « *Do you not see how, of late, this monster has been creeping into knowledge experimentally* » (D, p. 264).

Réel, Symbolique, Imaginaire

La défaite de Dracula est donc rendue possible par la reconnaissance de ses limites, par l'assomption du manque dans l'Autre. De même, la fonction du crucifix, qui protègera Jonathan Harker de la morsure du vampire, indiquait déjà que le symbolique peut lui barrer l'accès à l'objet de sa jouissance. La véritable solution sera donc ainsi trouvée du côté du symbolique. C'est pourquoi le roman met en place une stratégie d'écriture qui porte un savoir concernant le manque dans l'Autre qui fait échec à l'irruption de l'objet d'angoisse.

D'autres objets toutefois, tels l'ail et la rose, peuvent contribuer à tenir le vampire à distance, dont il nous faut saisir le statut. Comme le crucifix, ce sont des objets transformés en signes, de sorte que Jonathan Harker s'interroge : « *Is it that there is something in the essence of the thing itself, or that it is a medium, a tangible help, in conveying memories of sympathy and comfort?* » (D, p. 33). L'attirail magique de la superstition semble, en effet, témoigner d'une fragilité du symbolique. L'ail, dont l'odeur nauséabonde évoque la présentification d'un objet réel et fait fuir le vampire, semble condenser le réel et le symbolique par le biais la représentation imaginaire qu'est la gousse d'ail. La rose semble plutôt condenser le symbolique et l'imaginaire (en tant qu'elle est symbole de beauté).

Puisque leur vertu est de protéger de l'irruption de l'objet d'angoisse, en tout cas, le symbolique à travers l'usage de ces objets semble ne pouvoir être approché qu'à travers l'imaginaire et le réel. Jacques-Alain Miller indiquait récemment comment l'introduction de l'objet *a* dans le séminaire de Lacan sur l'angoisse est un coup porté à la toute puissance du symbolique, partant à celle du père[1]. Fragilité contingente du symbolique suivant le premier enseignement de Lacan ou atteinte à sa toute-puissance suivant ses pas ultérieurs, l'impossibilité à porter tout le réel au signifiant reste présente dans le fait qu'il leur faudra en passer par une castration réelle de l'Autre jouisseur pour le vaincre. L'assomption du manque dans l'Autre contribue à sa défaite, mais celle-ci n'est achevée que lorsque le vampire a la tête tranchée et qu'ils lui prélèvent le coeur, comme il le font également pour Lucy. Le sentiment d'étrangeté que produisent les archaïsmes et les fautes d'anglais de Dracula et de Van Helsing semblent participer d'une déstabilisation du lecteur, évoquant un ordre signifiant mis à mal, impuissant à tenir tout le réel sous contrôle. Le rêve de Mina, la nuit où le vampire lui rend visite, témoigne à son tour de la faillite du symbolique à parer à la présentification de l'objet réel dans ce cas. La vapeur qui s'immisce par les fentes de la porte, indique bien que le symbolique faillit à refouler entièrement l'objet : « *The mist grew thicker and thicker, and I could see now how it came in, for I could see it like smoke—or with the white energy of boiling water—pouring in, not through the window, but through the joinings of the doors. It got thicker and thicker, till it seemed it became concentrated into a sort of pillar of cloud in the room, through the top of which I could see the light of the gas shining like a red eye* ». L'opposition entre la forme interrogative de l'énoncé dans lequel Mina s'interroge sur le sens de la phrase qu'elle voit et le « but » qui débute la phrase suivante rendent compte que l'enjeu du rêve se situe dans une dialectique entre les écritures (l'écriture) et l'objet d'angoisse :

> *Things began to whirl through my brain just as the cloudy column was now whirling in the room, and through it all came the scriptural words "a pillar of cloud by day and of fire by night". Was it indeed some spiritual guidance that was coming to me in my sleep? But the pillar was composed of both the day and the night guiding, for the fire was in the red eye, which at the thought got a new fascination for me; till, as I looked, the fire divided, and seemed to shine on me through the fog like two red eyes, such as Lucy told me of in her momentary mental wandering, when, on the cliff, the dying sunlight struck the windows of St Mary's Church. Suddenly the horror burst upon me that it was thus that Jonathan had seen those awful women growing into reality through the whirling mist in the moonlight, and in my dream I must have fainted, for all became black darkness.* (D, p. 227)

C'est par une stratégie d'écriture, en effet, que Bram Stoker, à son tour, met en scène la défaite de l'angoisse, le refoulement de l'objet. Bram Stoker, en outre, cherche à produire de l'angoisse par une stratégie imaginaire et symbolique. Mais le texte vise aussi à la restauration d'un ordre symbolique triomphant du réel, dont l'auteur pressent qu'elle passe par une assomption du manque dans l'Autre. Aussi le mythe répète, dès

---

1. Jacques-Alain Miller, « Introduction à la lecture du Séminaire *l'Angoisse* de Jacques Lacan », in *La Cause Freudienne*, n° 58, Paris, Navarin, diffusion Seuil.

lors, le meurtre du père de la horde de *Totem et Tabou*, il fait advenir imaginairement la castration de l'Autre et finit par célébrer les pouvoirs de Dieu érigé en Totem (les protagonistes en deviennent les missionnaires).

Il n'est pas certain toutefois que la figure de Dieu ne soit pas une autre incarnation d'un idéal de l'Autre mis à mal par le savoir sur le réel qui se dégage dans le texte. La comparaison avec Dieu soutient d'ailleurs l'identification de Dracula à l'Autre jouisseur, en soulignant sa toute puissance. D'une part, l'assomption du manque dans l'Autre et de la castration ne semblent qu'entrevus dans le roman, comme solution à l'angoisse. La fin du récit semble plutôt aller à l'encontre de cette assomption. L'intrigue s'appuie sur une castration réelle de l'Autre, qui, sur le plan de l'écriture du roman, n'est qu'une solution imaginaire. Nous avons souligné, d'autre part, que la fin du roman semble revenir sur les intuitions concernant le sujet de l'inconscient au profit d'un discours rationaliste qui inclut la métaphysique[1]. Elle repose sur une tentative de nommer la chose, en définissant rationnellement le vampire, en lui assignant un nom et en le cernant dans une catégorie définissable. Toutefois, le roman tentant de réaffirmer la toute puissance de l'ordre signifiant, ne présente-t-il pas dans le même temps un savoir sur ses limites ? Le récit s'achève sur l'hypothèse de la subsistance d'autres vampires semblables, autres manifestations de l'Autre jouisseur, marquant le défaut d'assomption du manque dans l'Autre ou manifestation du réel inéliminable ? Le savoir concernant l'inconscient reste seulement entrevu dans *Dracula*, Bram Stoker y déploie en revanche une stratégie d'écriture qui vise à tenir le réel en échec, voire à parer à ce savoir, d'où le caractère un peu décevant et conventionnel de la fin. À l'inverse, la puissance du récit semble bien tenir au déploiement entre ses lignes d'un savoir sur le réel.

---

1.   Cf. Sophie Marret, «Dracula : la science et le mythe», in *op. cit.*

Bram Stoker's *Dracula*
or Femininity as a Forsaken Fairy Tale

Catherine Lanone

Francis Ford Coppola's adaptation of *Dracula* flaunts its desire to recreate the atmosphere of the original novel. Yet many a spectator has been baffled by the fact that the submissive title, *Bram Stoker's Dracula*, appears onscreen after a powerful but entirely apocryphal prelude, a baroque variation on the crimson legend of Vlad the Impaler. For all its visual glamour[1], the film finds it necessary to frame the story, and thereby distort it. Coppola's film remains a dark adulterous fairy tale, in which the princess must find her prince, if only to cut off his head. Mina may retain her typewriter, but instead of copying and knitting the tale she tears off pages from her diary and languidly throws them into the sea—such pages depict her romance with her prince rather than the hunt for the monster. The most intense visual effects of the film highlight the motif of the eye, haunting and evanescent, flickering, mutating from a peacock's tail to a train tunnel at dusk to a parodic divine gaze in the sky to a picture or a glass of absinth. The movie stages the return of the woman as same and other, Mina / Elizabeta, and the hypnotic gaze is hers as much as *Dracula*'s. Mina's eye and the spiral of her double identity descend from Hitchcock's *Vertigo* as much as Stoker's *Dracula*. Stoker's novel, on the contrary, strays from such a romantic scenario. Thus the nineteenth-century novel might present a more ambiguous, a more challenging view of femininity than Coppola's late twentieth-century movie.

Coppola's master narrative, staging the reunion between Cinderella-Mina and her lost Prince[2], runs counter to the wry treatment of fairy-tale allusions within the novel. *Dracula* opens by toeing the Gothic line: in a far away country a helpless character is deceived into entering a dark castle of doom, surrounded by sublime vistas of snow-capped mountains, sinuous rills and fathomless chasms. The maze is dramatized in a conventional way, through the epizeuxis—"doors, doors, doors everywhere, and all locked[3]"—or the melodramatic polyptoton and exclamation—"the castle is a veritable prison, and I am a prisoner!" (32).

---

1. And that colourful glamour is an interesting variation on Gothic darkness, which manages to remain true to the spirit of the Gothic "sickening descent into desintegration", to borrow Baldick's definition (Chris Baldick (ed.), *The Oxford Book of Gothic Tales*, Oxford, O.U.P, 1992, p. xix) ; indeed, to quote Fred Botting, "Gothic signifies a writing of excess" (Fred Botting, *Gothic*, London, Routledge, 1996, p. 1), and Coppola's eye for colour creates a fitting economy of baroque excess.
2. The fairy-tale structure is preserved in Coppola's movie, where tears turn into diamonds, and Mina kisses her dying beast in the end, so that he may turn into a Prince again, a direct echo of Cocteau's *Beauty and the Beast*. I am grateful to discussions with Gilles Menegaldo concerning this point.
3. Bram Stoker, *Dracula* [1897], Norton Critical Edition, New York, Norton, 1997, p. 31.

Uncharacteristically, however, the helpless victim is male. In the magnificent derelict castle, where the tapestries and curtains are more ancient than at Hampton Court, there is a touch of "Beauty and the Beast" in the way food and drink appear though there are no servants. The tale is twisted in two ways, since this is stage-managed and the count plays both male and female roles: he is the bearded driver, but also presumably Jonathan's cook and maid, as he is seen making his bed; gendered anxiety is enhanced by unstable social roles.

Shape-shifting, from prince to beast and vice versa, remains a key element of the mock fairy-tale scenario, a theme movies will thrive on, as Dracula turns into wolf or bat. He may also dissolve into mist, like his female alter egoes. There is true magic in the way the "floating motes of dust" ripple in the moonbeams, when the nebulous shapes of the three female vampires begin to appear, with a visual softness, a mesmerising beauty emphasized by the play on [d] and [kw]: "Quicker and quicker danced the dust, and the moonbeams seemed to quiver as they went by me into the mass of gloom beyond" (48). Lucy's narration ends with similar specks floating in the window, in a mysterious blue halo[1].

If dematerialized entrances mimic the flight of fairies, the text is permeated by allusions to other well-known tales. The Count whiles away his nights entertaining Jonathan in the fashion of the *Arabian Nights*. Characteristically the oriental image is distorted as the female role of Scheherazade is split between the Count—who tells fascinating war stories—and Jonathan who saves his life every night, but by being a good listener (isn't his name Harker?). The image disturbs gender boundaries, while implying some kind of desire and pleasure, a pleasure acknowledged by Jonathan, who confesses that he is mesmerized by the tales of his host. The days, however, are more chilling.

Like Bluebeard, the Count is always "busy" elsewhere in the daytime, presumably sleeping or hunting for food, and he always warns Harker never to peer beyond the locked doors of the castle: "You may go anywhere you wish in the castle, except where the doors are locked, where of course you will not wish to go" (26). The Gothic feeling of enclosure is tinged with tantalizing temptation. Of course Jonathan disobeys, breaks into a room, and begins to write his diary in shorthand, still feeling very much in control: "It is nineteenth century up-to-date with a vengeance" he claims (40). But the ancient "memories" mentioned by the count, the three ladies (Bluebeard's former wives?) soon materialize to confront him, in the vortex of attraction and repulsion which Kristeva defines as abjection. Two of the bodies are old, as befits decayed corpses, one is pretty as a fairy, endowed with golden locks and sapphire eyes. In a famous scene of sexual inversion, the attractive undead begins to kiss Jonathan whose skin becomes hypersensitive, whose heart beats

---

1. Magic begins when blue flames appear by the way to signal buried treasures. Later in Dracula's chamber Harker will collect the gold which is carelessly left in heaps of ancient coins (Franco Moretti has underlined the commercial and capitalistic metaphors at work; see Franco Moretti, *Dracula and Capitalism*, in Glennis Byron (ed.), *Dracula*, New Casebooks, London, Macmillan, 1999, pp. 43-54).

faster and faster till he swoons in "languorous ecstasy". The Bluebeard motif becomes explicitly erotic; the Count returns not as the executioner but as the saviour, in the nick of time. He challenges the weird sisters ("Yes, I too can love; you yourselves can tell it from the past", 43), suggesting an erotic connection both with the pretty vampire and the swooning man. In the sweet sickening chamber, the Bluebeard pattern places Jonathan in the uneasy position of the doomed wife, erotically open to both male and female predation.

Fairy tales reappear when Dracula reaches England. This time, the pattern is signalled before and after the episode. Because Van Helsing has blocked Lucy's room with garlic, Dracula seeks the assistance of a wolf. Though the wolf is ominously called "Bersercker"[1], a newspaper cutting claims the animal is as familiar as little "Red Riding Hood's quondam friend" (129). As in the tale, the mother-figure[2] is killed by the intrusion of the wolf in order to allow the seduction of the "little girl"[3] , but she also becomes a very helpful accomplice, in a rather strange "smothering" process ("there was some spell upon me, and dear mother's poor body" (131), says Lucy in a significant zeugma). Stoker here probes with humour into the latent content of the tale, the uneasy connection between sex and motherly authority. After all, who sent the girl through the wood in the first place?

The play on *Red Riding Hood* was perhaps inevitable in a plot dwelling on sexual appetites. But the effect seems marred by the strange mixture of genres. Lucy wakes up and rushes for help, yet instantly orders the maids to have a drink. When they fail to come back, Lucy understands that the sherry has been tampered with, and that she is all alone. The reader may well be puzzled by the laudanum in the sherry. Must we presume that Dracula slipped into the house like a second-class villain to drug the wine, when he is endowed with such powerful hypnotic powers that Jonathan remains in a trance while Mina is vamped in their very bed? Must we presume that the wolf did it? While the wolf and the materialization of Dracula belong to the supernatural, Stoker clumsily pastes in an episode which seems to belong to the detective genre.

The laudanum, of course, belongs to the novel's obsession both with fluids and sleep. But Stoker may well have scattered the maids' bodies on the floor for another reason. When Seward arrives the next day, he rings and knocks three times, without response, and begins to fear that he is standing before "a house of death" (133). Like the prince in the *Sleeping Beauty*, he seeks a "means of ingress", but finds none. Van Helsing appears to provide him with a magical "small surgical saw" (133), in order to cut through the thorns, or rather the window bars. Then, like the prince before them, they make their way through the kitchen, and instead of rushing directly to Lucy 's bedroom (for surely they know the way by

---

1. The name connects the wolf with the long list of Dracula's ancestors.
2. As in the tale, the mother-figure must disappear. Like Lady Verinder in *The Moonstone,* Mrs Westenra develops a heart complaint just when her daughter is slyly (or symbolically) seduced.
3. This is the nickname Quincey gives her.

now) they try "all the rooms as [they go] along" (133), including all the
servants' quarters, before they find in the dining-room the bodies of the
women sleeping stertorously. The whole process is rather unlikely
(Leonard Wolf tried with his students to cut bars with a surgical saw and
ascertained that the deed would take hours indeed[1]). Actually, the scene
turns Seward into a failed fairy-tale hero. The fairy-tale motif mocks the
efforts of the chivalrous protectors, suggesting that such gendered,
"chivalrous" protection is ultimately a deceptive, limitative, paralysing
structure, which is not so far from the vampire's own evil predation.

Hence the obsessive motif of the "Sleeping Beauty", which recurs
under various guises, connecting Dracula's deadly kisses with the kiss of
life, *i.e.* blood transfusions which are explicitly linked with sexual
intercourse, before the final twist in Lucy's tomb, where active
penetration replaces the chaste kiss, and the body wakes in a tortured
agony which perversely mimics ecstasy. Coppola places Lucy in a glass
coffin, picking up the Snow White and Sleeping Beauty motif in a very
visual way.

Thus familiar echoes add a subtle twist to the uncanny myth. Fairy
tales, as twentieth-century feminist writers like Angela Carter or
Margaret Atwood remind us, are a way of exposing patriarchal structures
and (dis)locating gendered anxieties. Such allusions help us to pay
attention to the definition of gender roles in the novel, which is more
complex than it may seem at first sight.

Part of *Dracula*'s timeless appeal comes from the way in which the
novel allows the reader to circulate among identifications which
challenge gendered boundaries. Bodies become a series of tropes which
may be combined to disguise, represent, unleash and repress desire at the
same time, as in the famous scene where Dracula breast-feeds Mina with
his own blood, a scene of multiple inversions—blood is like a saucer of
milk, and the victim preys on the vampire's blood[2].

There has been keen critical interest in the novel's ambiguous
treatment of sexuality. Christopher Craft, for instance, points out the
"oscillation between vampiric transgression and medical correction[3]" and
insists on the way in which "Dracula, after all, kisses these women out of
their passivity[4]". The novel reflects, and responds to, the anxieties of the
late 1890's before the rise of that "New Woman" Mina refers to rather so
disparagingly. For Rebecca Pope, the novel displays the way in which

1. See Leonard Wolf, *The Essential Dracula*, Harmondsworth, Penguin, 1993
2. Stoker's scene is disturbing and voyeuristic; Coppola tones it down by making Jonathan
    come in with the others, as Mina sucks Dracula's blood lovingly and ecstatically.
    Interestingly enough, both actors and director felt that the scene was not working; they had
    to add the bat suit to make Oldman repulsive enough to justify the "crew of light"s
    expressions of horror. Romance tends to turn the scene into somewhat banal adultery,
    belittling the intrusion of Otherness.
3. Christopher Craft, "'Kiss Me with Those Red Lips': Gender and Inversion in Bram Stoker's
    Dracula", in Glennis Byron (ed.), *Dracula*, New Casebooks, London, Macmillan, 1999, p. 100.
4. Christopher Craft, "'Kiss Me with Those Red Lips': Gender and Inversion in Bram Stoker's
    Dracula", p. 103.

"under patriarchy women are to be marked and read[1]" (78). From the start, the fair-haired lovely Lucy is no Victorian angel. The letter she addresses Mina becomes the playful text articulating unspeakable female desire, as she wishes she could marry all of her suitors (an idea which may be connected with Mina's sarcastic reflexion on the New Woman's ridiculous wish to see—to know—her husband in bed before marriage). The restless Lucy, whose sleepwalking may be seen as a metaphor of desire, is granted her wish for pre-marital sex through vampiric intercourse[2] and blood transfusions; in case the sexual symbolism of transfusions is missed by the reader, Van Helsing spells it out, with a *jouissance* which leaves him in stitches. For calling out to Arthur with open, "hungry" arms, Lucy is staked, beheaded, her mouth filled with garlic (that should keep her quiet)—so that her face is at last angelic, though marred by the traces of human imperfection.

Mina is a more ambiguous case, as she replaces Lucy as the agent of female seduction linking the homoerotic brotherhood of her keepers and protectors. For Wilhelmina has a will of her own—and she is a married woman. As such, she is free from wanton desire, her transgression lies elsewhere, in her brain. For Mina has a "man's brain", according to Van Helsing (207). She can read, write, typewrite, and thereby might unwrite gendered types. In a novel which abides by contemporary taxonomies (though the count is centuries old, he can still be conveniently classified as a criminal with a child-brain, of the degenerate type defined by Lombroso or Nordau), such a thought remains disquieting. Van Helsing pays lip service to the complex patchwork of texts edited by Mina, a collection which leads to the discovery that Dracula hides next door (indeed, this deduction might well be Mina's own guess). But as Rebecca Pope points out, Van Helsing's reading of Mina's text instantly becomes "a 'writing' of her: he makes her into signifier[3]". Mina's diary supposedly proves that she is a good woman, a "good lesson for the children that are to be" (166). The key Victorian signifier "angel" aptly undoes Mina's "man's brain": it now appears that her complex detection is nothing but an angelic exposure of her own life ("such things that angels can read", 165). And Mina is quickly silenced by this "chivalrous care" (214), though it is a "bitter pill" for her to swallow (214).

Interestingly enough, it is when Mina is thus written out by chivalry and sentenced to passivity that she unconsciously opens up to the vampire (in her case, the subconscious link that invites him in is not sleepwalking but Renfield, a rent in reason which allows defilement). Soiled, marked as sinful by the crimson sign / letter on her forehead,

---

1. Rebecca A. Pope, "Writing and Biting in *Dracula*", in Glennis Byron (ed.), *Dracula*, New Casebooks, London, Macmillan, 1999, p. 78.
2. *Dracula* is a tale of abjection, because all boundaries of the proper body are defiled and transgressed. Bodies are punctured, to bear the signature of evil. Lucy, the lady of light, is transformed into a "nightmare" of herself, the "bloofer lady" of darkness. Her fair hair turns black, of course, to signal that she has been altered. Kristeva puns on the symptoms of abjection by using the French word *"altéré"*, meaning both changed and thirsty. Here Lucy embraces babies, no longer to nurture them but to feed on them.
3. Rebecca A. Pope, "Writing and Biting in *Dracula*", p. 73.

Mina does not crush little children like Lucy, the woeful "bloofer lady". Her transgression remains mostly mental: at dawn and dusk, during these liminal moments of intermediate, translucent light, Mina's mind becomes fully other, under the hypnotic regulation of Van Helsing's ministrations. At dusk and dawn, she becomes one with the vampire, in a dark semiotic circle surrounded by the sound of lapping water. Whereas the men still wonder whether to trust her lest they might overburden her fragile female brain, she is the only one who seems able to read maps and reason out the enemy's strategy. Her entry in her journal or "memorandum" is a model of logic; no longer a mere amanuensis, Mina has stolen men's logic, and argues her case pointedly, complete with figures and letters ("(a)", "(b)", "(x)", "(y)", "(z)" "Firstly", "Secondly"), before reaching her powerful conclusion: "My surmise is, this" (304-305). The italics emphasize the mathematical transfusion of male structures within Mina's more feminine, submissive speech. Thus, like Dracula, Mina leads away from the more easily navigated Pruth, towards the Sereth: "The loop it makes is manifestly as close to Dracula's castle as can be got by water" (306). The loop it makes, indeed, is as close as we may get to female emancipation in Stoker's text. Once more, however, Mina is quickly expelled from her own revisionary typewriting. She follows Van Helsing to ensure the destruction of the three female vampires and remains duly enclosed within a holy circle of snow mingled with crushed wafers. Outside, the vampiric apparitions may well call out to their "sister". Mina is circumscribed, purified, her miraculously clean forehead becomes the blank page upon which her future may be written out as a proper woman, wife and mother, whose typewriter conveniently vanishes. The last "note" is Jonathan's, and the last words are Van Helsing's. The papers she edited are now discarded as hopelessly second-hand: "in all the mass of material of which the record is composed, there is hardly one authentic document; nothing but a mass of type-writing" (326). Thus, through the characters of Lucy and Mina, the fairy tale of Victorian femininity, of the Angel in the House, is both seriously disrupted and conspicuously upheld.

The instability of boundaries, whether gendered or otherwise, is embodied by Dracula of course, but also perhaps by Renfield, who hovers between reason and madness, and functions as a crucial (missing) link in the novel. Renfield is a puzzling lunatic. He knows so much about Dracula that all film-makers who mention him turn him into Jonathan's predecessor, a partner in the law firm doomed by his visit to the Carpathians. But the book offers no such logical explanation. Renfield knows about Dracula simply because he knows. Seward handles his case study in an extremely convincing pre-Freudian way, yet he fails to sew together the clues, to see forward, to draw any conclusion whatsoever. With a touch of fascinated voyeurism, Seward remains a passive observer of the symptoms of madness, just as he ignores the madman's sincere desperate warnings.

In a text in which the sane protagonists give way to brain fever, like Harker, or to fits of "hysterical" anxiety or laughter, like Van Helsing,

Renfield suffers from a very Victorian kind of disease. He seems to be conducting his own macabre evolutionary experiment. He keeps neat though cryptic accounts in his little notebook. He breeds and swallows spiders, flies, sparrows; by swallowing live birds and vomiting feathers, Renfield in a way turns himself into the cat he was denied, a symbol of energy which must be leashed and repressed. Renfield is less Dracula's pawn than the missing link connecting Dracula with the book's proper characters, no longer the lusty Lucy but Seward and Mina.

Renfield first appears in the narration when Lucy has refused Seward's proposal, and the good doctor is manfully conquering his melancholy. He even refrains from taking a sleeping draught, as artificial sleep might soil his pure adoration for Lucy. But while Seward controls his craving, Renfield lets loose his animal appetite. Renfield is the madman in the cellar, the counterpart of the madwoman in the attic. He embodies the aggressiveness the doctor must repress, though it glimmered in the proposal scene as Seward unconsciously waved his surgical lancet, as if to pierce Lucy with it. Renfield is a puzzling madman because he is the double of the gentlemen in our story. Narratively he functions as a metonymy for Dracula, like rats and other vermin, and as such the doctors leave him to die on his own, paying no attention to his pain. But somatically and semiotically Renfield shifts, or rather evolves, from madman to true gentleman. Like a quick-change artist, he perfectly apes gallant behaviour towards Mina, mocking Seward, perhaps, as one of the inmates of the asylum who will never learn. Like Lucy or Mina, Renfield is a split character, a Mr Hyde who lets the vampire in, at the very moment when the men have gallantly decided that Mina should not be troubled any more by the gruesome story and should remain alone and unprotected in her bedroom, while the men, as men are wont to do, go out and face the danger. Renfield is the scapegoat who allows Mina both to be attacked and saved; his acquaintance with Dracula enacts Mina's own, unspoken, dark desires.

To conclude, although the text does celebrate the triumph of progress, it gives free range to occult powers and seems to allow deep contradictions, a result, perhaps, of the narrative strategy which painfully puts together the dismembered text. Indeed, according to Victor Sage, the Gothic tradition involves a "fragmentation of the reader's response", using "multiple subjective testimony" as a narrative strategy in order to "throw into question the cultural guarantees of belief in a dividing line between superstition (the past, the other) and rationality (the present, the reader[1])". Dracula has no shadow and leaves no reflection in a mirror, perhaps because all the other characters do reflect him in a glass darkly. The "undead" challenges much more than the taboo distinction between life and death. Indeed, it threatens to turn nineteenth-century England into a waste land by staging the fear of reverse contamination and

---

1. Victor Sage, "Empire Gothic: Explanation and Epiphany in Kipling, Conan Doyle and Chesterton", in Clive Bloom (ed.), *Creepers*, London, Pluto Press, 1993, p. 3.

colonization[1]. Simultaneously, the text stresses gendered boundaries, yet aggressive female sexuality and homoerotic bonding[2] steal the show, as Nina Auerbach points out: "Despite the dominance of the wicked old Count in the popular folklore Bram Stoker's novel inspired, in *Dracula* itself women secretively take the novel away from him" (Auerbach 22). One may regret that Coppola should have chosen to cast the novel within a more romantic mould, so much so that even in Transylvania the Count is given a majestic, heart-shaped hairdo connoting a monstrous broken heart. But if the ambiguous portrayal of femininity no longer steals the show, luscious visual effects do. Rather than the anxiety aroused by improper femininity, the film reflects the equation between love and death which AIDS triggered. Such is the price to be paid, perhaps, for the Count to remain "undead", as his viewpoint becomes more crucial than the women's. To borrow Margaret Atwood's words in *Negociating with the Dead*, "all must commit acts of larceny, or else reclamation, depending how you look at it. The dead may guard the treasure, but it's useless treasure unless it can be brought back into the land of the living and allowed to enter time once more—which means to enter the realm of the audience, the realm of the readers, the realm of change[3]."

1. Dracula brings his boxes of dirt with him, contaminating England with a foreign soil which must be "sterilized". See Stephen Arata's superb analysis of colonial anxiety: Stephen D. Arata, "The Occidental Tourist: *Dracula* and the Anxiety of Reverse Colonialisation", in Glennis Byron (ed.), *Dracula*, New Casebooks, London, Macmillan, 1999, pp. 119-144.
2. *Dracula* teasingly leads the reader to expect male penetration, especially when Dracula claims Jonathan as his in the castle, in front of the female vampires. Male bonding is also crucial in the novel, as the men allude to their past (including the unlikely episode of Seward sucking poison out of Van Helsing's blood). Besides, all men love the same woman, whether Lucy or Mina, so that we seem to have what René Girard calls mimetic desire, as if the men met through the woman. Thus Mina very properly bears in the end a child who seems to belong to all of them. See also Talia Scaffer, "The Homoerotic History of *Dracula*", in *Dracula*, Norton Critical Edition, pp. 470-482.
3. Margaret Atwood, *Negociating with the Dead*, Cambridge, Cambridge University Press, 2002, pp. 178-9.

Transition
Du roman aux films

Entre Stoker et Coppola : un siècle de cinéma

Dominique Sipière

Un fleuve de récits coule entre le roman de Stoker et le film de Coppola et ils en sont comme la source et l'embouchure provisoire. On aimerait y naviguer plus longtemps, mais on doit ici se contenter d'escales allusives dont on espère qu'elles susciteront quelques vocations exploratrices. Il faut d'emblée constater quelques évidences : d'abord, le vampire *bouge* encore et le Dracula de ces pages est déjà très différent de celui de 1992, à l'époque de la sortie du film de Coppola ; ensuite, la plupart des films ne sont pas seulement des adaptations du roman mais des réécritures de films antérieurs ; enfin, le critère de la *fidélité* du cinéma aux romans a pris un sacré coup de vieux en dix ans.

Avant d'étudier le film de Coppola, il est donc nécessaire de se persuader que le roman *existe* pour nous parce qu'il a été adapté au théâtre, puis au cinéma, et que la longue vie filmique du Comte n'a cessé de modifier le sens du livre de Stoker. Ce curieux dialogue entre un roman à succès et ses relectures illustre bien le travail de certains mythes au vingtième siècle : Coppola, en particulier, en prétendant *revenir* aux origines et à l'original, nous oblige en réalité à effectuer un long retour, une remontée à rebours des multiples images d'un siècle.

Ces pages cherchent à tracer quelques projets de travail : chaque film offre l'occasion de reconstruire les préoccupations de l'époque de sa fabrication ; mais il témoigne aussi d'une conception à la fois datée et théorisable (c'est-à-dire hors du temps) de ce qu'est le cinéma. Enfin, il dessine des figures de l'altérité qui répondent aux inquiétudes d'époques révolues avant de nous renseigner, justement, sur l'enchaînement des périodes et sur une forme de permanence du regard humain sur lui-même. Bref, les films permettent d'interroger les *structures,* les *idéologies* et les *conceptions esthétiques* de la fiction du vingtième siècle. Le projet est intimidant et on va à peine l'effleurer ici. On partira de la bonne liste de films de l'édition Norton[1] (p. 404) et de la belle étude de Nina Auerbach (389-404), en ajoutant l'analyse du film de Tod Browning de 1931 par Gregory A. Waller (382). On préférera ici le panorama enthousiaste de Silver et Ursini à la genèse méticuleuse décrite par Skal (voir bibliographie générale).

Une forte identité. Bien sûr, chacun de ces films, au-delà du titre qui impose toujours la double *signature* du Comte (Dracula, aka Nosferatu) préserve un noyau dur narratif sans lequel on ne pourrait pas l'intégrer dans le présent recueil, sauf à considérer les *sequels* et les *spoofs*. La stabilité du mythe doit beaucoup à la lisibilité de son *intrigue*, à quelques bases diégétiques (*personnages, espace* et *temps*) et, surtout, à la

---

1. Les films les plus faciles à trouver sont ceux de Murnau (1922), Browning (1931), Fisher (1958), Herzog (1979) et Coppola (1992). Curtis (1974, VHS) et Badham (1979, DVD zone 1) sont plus rares et je n'ai pas encore pu voir le film TV de Phillip Saville de 1977.

permanence de *structures*, de *motifs* et de *thèmes* qu'il convient de rappeler brièvement.

L'intrigue reprend donc toujours[1] le voyage d'un citadin qui va négocier l'investissement immobilier du vieux Comte étranger, désireux de s'installer dans la ville moderne. Cet envoyé est bientôt séquestré et vampirisé mais, le plus souvent, il réussit à s'échapper quand Dracula part pour la ville. Là, le vampire s'en prend à *deux femmes* de l'entourage de ce premier voyageur. Quand la première (Lucy) est attaquée par Dracula, un spécialiste (Van Helsing) est appelé, mais elle succombe et devient elle même un vampire. Alors, les hommes se groupent autour de la seconde femme (Mina) qui est déjà menacée. Ils la protègent, poursuivent Dracula dans son château où ils finissent par le détruire. (Les films allemands suppriment le retour au château. Dracula meurt alors dans la maison de Mina-Lucy). Même si le vampire semble toujours disparaître, sa fin est un bon exemple de la stabilité des motifs et de la fluidité des lectures du mythe : il est retenu jusqu'au lever du jour qui lui est fatal, mais aucun film ne donne la même valeur à la relation entre Mina et Dracula dans la scène finale...

Structures. Si on groupe les fonctions des personnages par deux, on remarque que trois fonctions sont incarnées par trois couples logiques de personnages, l'un bon, l'autre mauvais : les éclaireurs (Renfield / Harker) ; les femmes (Lucy / Mina) et les mâles dominants (Dracula / Van Helsing). Cet axe est d'abord manichéen puisqu'il oppose le bien et le mal, mais il suggère aussi qu'on trace *une ligne* plus claire entre les deux univers, que cette ligne traverse l'espace et le temps, qu'elle passe entre les sexes et en chacun d'entre nous. Bref, plus la ligne est appuyée, plus elle est faite pour être transgressée. Ainsi, selon les films, certains personnages franchiront plusieurs fois cette frontière, jusqu'à ce que le récit les fixe d'un côté ou de l'autre. Voici leurs positions de départ telles que les indique Stoker. Tout est fait pour donner envie de transgresser la frontière ou de la mettre en question :

		éclaireurs	*femmes*	*« mâles dominants »*
BIEN	Jour	Harker	Mina	Van Helsing
MAL	Nuit	Renfield	Lucy	Dracula

Chaque lecture gère à sa façon la position et les franchissements de la ligne. Harker vampirisé tombe dans la nuit (dans Fisher et Curtis), la revendique (Herzog) ou en triomphe (Stoker). Souvent, sa victoire reste ambiguë : le Harker (cocu aveuglé) de Badham n'a pas vu le sourire amoureux de Lucy et celui de Coppola s'assume en mari « complaisant[2] »... De même, l'évolution des récits fait presque permuter les statuts de Van Helsing (idéal du savant américain chez Browning) en savant allumé chez Coppola (mais il l'est déjà dans le roman), dépassé et incompétent dans Herzog, ou pathétiquement impuissant sous les traits

---

1. Ou plutôt, devrait reprendre, car on verra que chaque film se permet ses propres licences narratives.
2. Tod Browning brouille un peu les cartes en séparant Renfield (qui succombe) et Harker (resté en Angleterre) dont le triomphe est alors rendu plus facile.

d'un Laurence Olivier vieillissant dans le film de Badham. De héros d'un western transylvanien en 1931, les Van Helsing du cinéma sont de plus en plus rabaissés au rang de faire valoir.

Si on revient au manichéisme du « mythe sot » victorien tel que le décrit Jean-Jacques Lecercle on est frappé par sa véritable *obsession binaire* qui oppose l'Homme à la Femme, le jour à la nuit, la mort à la vie... La femme victorienne elle même est condamnée à des choix binaires inconfortables : vierge ou prostituée, mère ou vieille fille, inaccessible ou « femme perdue[1] »... Lecercle montre comment, au contraire, le mythe archaïque qui irrigue les *Dracula* repose sur une forte opposition entre *eux* et *nous*, les intrus qu'il faut exorciser et les purs qu'il faut protéger. Or, et c'est toute la force du récit « un peu sot » quand il devient un mythe, le récit draculéen vise à *dépasser le binaire* en introduisant le troisième terme symbolique de l'émissaire sacrifié — à la place de l'ennemi. C'est bien grâce à l'exhibition de la différence entre eux et nous que peut émerger une chance de gérer symboliquement la crise de sorcellerie. De telle sorte que le propos de ces mythes est de travailler les *axes* du binaire pour les exhiber, les franchir, les pénétrer, s'en extraire, les réduire, les effacer ou les rétablir, afin d'en *jouir* encore un peu... On comprend mieux ainsi que ces *histoires de seuils* fassent preuve de tant de dynamisme et de vitalité.

L'altérité dans les Dracula

La plupart des spectateurs qui ont vu le film de Coppola avant de lire le roman partent d'une évidence trompeuse selon laquelle le Vampire serait un faux méchant, un *Good Bad Guy* que l'amour ramènerait — façon gangster au grand cœur — vers un honorable destin. Ce gros contresens est au cœur de la trajectoire de Dracula et de quelques autre « monstres » tout au long du vingtième siècle. Au contraire, James Donald[2] part de l'altérité absolue du vampire et il remarque, en citant Fredric Jameson, qu'elle ne se limite pas à l'horreur et au rejet de l'autre parce qu'il est « *evil because he is Other, alien, different, strange, unclean, and unfamiliar*[3] ». Ken Gelder, de son côté, note que Harker est particulièrement troublé de voir Dracula s'enfuir dans *ses propres vêtements* car, conclut-il, « *it is still possible to read the vampire as Self-image* ». Dans les films, l'altérité de Dracula a donc deux versants, une altérité extérieure et sa contrepartie intérieure, dans cet ordre chronologique.

Altérité extérieure. Il semble en effet assez normal de trouver l'*altérité extérieure* dans les plus anciennes adaptations cinématographiques de *Dracula*. Marigny note, à propos de la version Browning[4] de 1931 :

> L'effondrement des cours de Wall Street en 1929 a ruiné des millions de personnes. Pour le grand public américain, Dracula, plus encore que les

1.   Je développe l'obsession binaire des *Dracula* dans un article paru à Lille III, 2005.
2.   James Donald, « The Fantastic, the Sublime and the Popular or, What's at stake in Vampire Films? », in *Fantasy & the Cinema*, Londres, BFI, 1989, pp. 233-251. Cité par Ken Gelder, *Reading the Vampire*, Routledge, 1994, p 42.
3.   Frederic Jameson, « Magical Narratives », in *The Political Unconscious: Narrative as a Socially Symbolic Act*, Cornell University Press (cité dans Ken Gelder, p. 43)
4.   *Dracula*, Tod Browning, 1931, avec Bela Lugosi.

autres monstres du cinéma, cristallise sur sa personne toute la haine et l'angoisse que provoque la crise économique ; Il est la représentation emblématique de l'étranger détesté que l'on rend responsable de tous les maux de la société[1]...

Le personnage de Stoker est vu comme une image du capitaliste solitaire et despotique qui ne joue pas le jeu naturel de la compétition bourgeoise[2]. Ce qui aboutit à une lecture en apparence *antisémite* du *Nosferatu* de Murnau[3], dont le profil rappelle évidemment les représentations du XIXᵉ siècle d'usuriers qui réclament leur livre de sang... On verra que c'est notre propre regard qui est ainsi exposé[4]. Bela Lugosi (1931) est plus séduisant et il suscite peut être également une sorte de rivalité sexuelle de la part des spectateurs américains des années trente. C'est évidemment cette séduction dangereuse qui fait la réussite de Christopher Lee dans les films de la Hammer : il semble que Terence Fisher ait voulu que les femmes se sentent attirées par cet étranger, sorte de Don Juan triste qui *reviendrait* après son festin de pierre. Cela dit, la peur et la répulsion sous jacentes qu'inspire l'étranger ne demandent qu'à ressurgir dans des films plus simples ou simplistes (*Van Helsing*)

L'altérité « extérieure » remplit ainsi des fonctions sociales et narratives assez lisibles : elle donne l'occasion à un *groupe de se définir* par rapport à une aversion ou un danger communs. *Dracula* permet au rationalisme de mieux se situer, comme la définition de la folie permet de dire ce qui est « normal », ou l' « incorrection politique » prétend décider de ce qui est politiquement correct, donc exigible. Ceux qui ont repéré l'altérité lancent alors l'assaut, en groupe ou en bandes : mais, alors que les premiers *Dracula* (surtout *Nosferatu*) partagent avec les premiers *Frankenstein* la chasse au monstre par une foule à connotation germanique, cet aspect collectif disparaît progressivement au profit du groupe restreint d'initiés, « *The Crew of Light* » issu du roman de Stoker. L'existence de deux camps induit ensuite, mécaniquement, la possibilité d'en changer, le thème des transfuges, des glissements d'identification, première tentative pour traiter la tension créée par l'altérité. Enfin, la dualité agressive engendre son contraire au niveau d'un couple dans les nombreuses variantes de ce qu'on peut appeler le topos de *Romeo et Juliette* : le couple porte en lui la contradiction pour la dépasser, le plus souvent dans la mort. Les lectures de *Dracula* reprennent la plupart de ces tensions et de leurs tentatives de résolution.

Mais cette altérité extérieure exprime également une nouvelle position de certains autres personnages à l'intérieur de l'univers apparent (la famille victorienne). Auerbach décrit joliment le sentiment de transgression diffuse que les films de la Hammer suscitaient chez les étudiantes américaines des années soixante[5]. Rétrospectivement elle

---

1. Jean Marigny, *Sang pour sang, le réveil des vampires*, Gallimard, « Découvertes », 1993, p. 91.
2. Voir Franco Moretti, cité dans Gelder, pages 17 à 19.
3. F.W.Murnau, *Nosferatu, eine Symphonie des Grauens*, 1922.
4. Article Lille III signalé plus haut.
5. Auerbach : « *For most of the young women who, like me, loved Hammer films in the 1960s and weren't sure why, these grins of aroused discovery were subliminal surprises in a waste of staked*

comprend le caractère libérateur des scènes où Lucy attend Dracula, caresse ses propres blessures et arrache les signes qui devraient la « protéger » de ses désirs. Elle note que le vampire (Christopher Lee) « *is an emanation of the anger, pride and sexuality that lie dormant in the women themselves* » (394) et que Lucy n'ouvre pas la fenêtre que pour Dracula, mais aussi pour « *her adult self* ». L'altérité du vampire l'éclaire sur sa propre identité.

Altérité intérieure. Plus que les récits allemands sur le Double c'est l'histoire de *Jekyll et Hyde* qui sert désormais de fond structural à l'idée que l'*Autre est en nous*. Mais l'altérité de Dracula opère différemment. Il n'y a pas identification entre Dracula et le lecteur mais révélation en lui de quelque chose de caché, un trouble, le réveil d'un sentiment familier. Si je ne le connais pas, j'ai pourtant l'impression de le *reconnaître*... Ce « déjà vu » décrit par Freud fait remonter une relation cachée enfouie dans le passé et c'est pour cela qu'il est important que le vampire vienne d'un passé archaïque, pas seulement de l'Histoire collective, mais du scénario individuel. Ce sont les peurs de l'enfance que ce *revenant* ressuscite, mais elles ont quelque chose de si familier qu'elles posent bien des questions au lecteur, liées au temps et au désir sexuel.

Le sentiment d'un *retour du refoulé* constitue une structure prête à accueillir plusieurs types de souvenirs et de désirs. On pense d'abord au thème récurrent dans les romans des XVIIIe et XIXe siècles du retour de l'identité cachée, de l'origine honteuse occultée par l'oubli. (Il y a aussi dans le retour de Dracula quelque chose de l'irruption de Magwitch dans la vie de Pip : c'est à « ce monde là » que je dois ce que je suis devenu). Mais le refoulé ne concerne pas que l'identité du sujet, il désigne également ses investissements affectifs et sexuels, ses interdits et ses peurs. Si Dracula est presque toujours identifiable à une figure paternelle ou maternelle (*Carmilla*) qui confirment ses deux versants œdipiens, il peut surtout, par delà les représentations œdipiennes traditionnelles, incarner diverses formes de *désir impossible*, soit qu'il ne puisse être identifié, soit qu'il ne puisse être assumé. L'affirmation radicale de l'altérité du vampire — son haleine repoussante — peut être lue comme l'inquiétude devant l'attirance qu'il inspire. Il n'est pas utile d'aller plus loin ici car la richesse du récit tient justement dans les ambiguïtés construites autour de l'altérité du vampire. Les différentes lectures cinématographiques n'ont pas manqué d'exploiter les deux formes d'altérité (extérieure et intérieure) en créant des tensions différentes selon les récits et en proposant des résolutions narratives riches et diverses de ces tensions.

Usages et réductions de l'altérité dans les films

L'utilisation symbolique de l'altérité du vampire culmine dans la relation finale entre Mina et Dracula, traitée en deux temps qui, selon les versions, séparent plus ou moins la *séduction* de Mina et la *mort* d u

---

bimbos » (396). Mais elle ne dit pas qu'au même moment de jeunes Français éprouvaient à peu près la même chose.

vampire. Pour analyser cette relation il est utile de revenir sur la triple tension narrative construite autour du vampire, dans ses rapports individuels avec chacune de ses *victimes*, puis dans la réaction des *autres personnages* en tant que groupe qui se défend et attaque et, enfin, dans les diverses synthèses qui semblent s'opérer à travers le *couple Mina-Dracula*.

Les victimes-partenaires de Dracula. Si on accepte que la série de victimes répond à une logique narrative, on remarque une progression faite de ressemblances et de différences dans chaque couple : Jonathan Harker, Renfield, Lucy et Mina. La première victime (dans l'ordre du récit) est Harker qui se trouve séquestré, puis vampirisé par le Comte. Son *journal* renvoie évidemment aux séquestrations de jeunes filles par de sombres châtelains dans les romans gothiques. Mais il y a une différence considérable : l'héroïne à laquelle le lecteur s'identifiait en sachant qu'elle trouverait l'amour à la fin du roman est devenue *un jeune homme*. Enfermé dans sa chambre, il comprend qu'un autre homme y a eu accès et a laissé sur lui la trace sanglante de son passage et qu'il devient ainsi l'objet d'un désir physique auquel il est soumis et se trouve même être le rival des autres partenaires sexuelles de Dracula, un parmi d'autres... Étrange fantasme à peine voilé que le sort de Renfield rend plus trouble encore : celui que le vampire a séduit et abandonné est désormais une épave tombée dans l'idolâtrie de son « Maître ».

Il me semble que ce fond initial des relations entre Dracula et ses victimes éclaire déjà ce que sera le couple principal Mina-Dracula, mais l'opposition entre Lucy et Mina est plus explicite encore. A l'horreur de voir l'autre s'imposer en soi, Lucy substitue la souffrance d'un désir qui ne peut que la souiller et la tuer. Elle offre à Mina et au lecteur l'image-annonce de celle qui a succombé. Ainsi préparée, repérée, presque « balisée », la relation entre Dracula et Mina est un peu la nôtre : elle sait, elle veut résister, mais elle subit à la fois les attaques du vampire et de ses propres pulsions exprimées de façon très diverse selon les films. Seules les versions allemandes séparent nettement l'étreinte entre Mina et Dracula de l'idée que la jeune femme a déjà été contaminée contre son gré : ailleurs, Mina est d'abord prise dans une sorte de traquenard (version gothique de la flèche de Cupidon?) qui fait d'elle un être double, à la fois investie par le vampire et pourtant décidée à lui résister.

Les *adversaires du vampire* renvoient un écho de sa nature et de sa relation avec Mina. Aux deux extrémités des conceptions du récit, les films allemands s'opposent à ceux de Fisher et Badham, tandis que Curtis et Coppola se rapprochent délibérément du roman de Stoker. Dans Murnau et Herzog le vampire ne s'attaque pas seulement à des individus ou à ceux qui lui barrent la route. Il menace la foule anonyme d'une société toute entière. Si Murnau reprend à Stoker l'image des rats, c'est pour amplifier la diffusion du Mal par le sang à travers le fléau moyenâgeux de la Peste. L'altérité concerne donc tout un peuple face à une émanation diabolique, elle oppose des chrétiens à un Antéchrist.

Les films de Fisher, au contraire, semblent éviter toute dimension métaphysique de la relation entre Dracula et le groupe d'hommes qui tentent de l'empêcher de nuire. Dans une société bourgeoise fin de siècle, ces hommes affaiblis voient leurs femmes leur échapper. Hutchings[1] suggère qu'en 1957 la femme anglaise s'est acquis une autonomie nouvelle grâce à son rôle pendant la guerre et que les deux seuls mâles actifs de *Horror of Dracula*, Van Helsing et le Comte, sont des « *accomplished penetrators of the female body* » (le pieu et les crocs), des patriarches de l'âge ancien. Cette idée est illustrée dans la scène où Dracula séduit Mina pendant que son mari (ici Holmwood) fait les cent pas à l'extérieur de sa propre maison, comme un cocu de vaudeville. La logique narrative d'un Dracula d'abord séducteur de femmes pousse même Badham à transformer les maris de Lucy et Mina en figures paternelles avec le Dr Seward (Donald Pleasance) dans le rôle du père de Lucy et Van Helsing (Laurence Olivier) dans celui de Mina. On est évidemment très loin du roman que Coppola suit plus fidèlement de ce point de vue. Les ennemis de Dracula n'y sont plus la foule et Mina n'y est plus seule à résister « efficacement » (films allemands) avec l'aide de Van Helsing (Fisher et Curtis).

C'est Coppola qui retrouve le plus « fidèlement » la « *Crew of Light* » du roman, diversifiée et montrant des rivaux sexuellement plausibles face à Dracula. Seul Harker, déjà mort dans Fisher et Curtis, y est très affaibli, un peu féminin avec ses cheveux blanchis par son contact avec le Comte. Cette opposition clairement tranchée entre un vieillard et des jeunes gens vigoureux semble donc annoncer un retour en force d'une réelle altérité de Dracula. Mais cette fidélité formelle est contredite par des déplacements thématiques déjà à l'œuvre dès le début du film.

Le couple Mina-Dracula et la fin du Vampire. Toutes les versions tendent vers une double résolution des tensions du récit, d'abord dans la scène où Dracula serre Mina dans ses bras puis, à la fin, avec l'élimination du vampire, l'expulsion de l'Autre hors de notre univers. Certains confondent ces deux moments (les films allemands) d'autres les séparent totalement (Fisher et Curtis), d'autres, enfin, les articulent de diverses façons (Dans Badham, Dracula fuit l'Angleterre dans le même cercueil que Lucy).

Les films allemands enchaînent délibérément l'étreinte de Mina et de Nosferatu sur la disparition du vampire et concentrent ainsi toutes les forces sur le couple en réduisant Van Helsing au rang d'accessoire. C'est toujours en lisant le *Livre des Vampires* que Mina (qui peut aussi s'appeler Nina, Helen ou Lucy !) comprend qu'elle doit agir seule et piéger Nosferatu. Tout converge alors : le caractère collectif du fléau, la tristesse et la solitude du vampire évocatrice de celle du Satan d'un récit chrétien, le sacrifice rituel de la femme pure qui s'offre à la souillure et à la mort pour sauver la nation. Il y a de la *Jeanne d'Arc* dans cette Mina dont le sacrifice sauve un peuple entier. Herzog, plus pessimiste, plus fasciné par le destin de l'Allemagne, fait renaître le Mal en Harker, plus jeune et plus dangereux, tandis que la société impuissante décide de faire arrêter Van Helsing, ici rationaliste. Un vieillard dérisoire reçoit même l'ordre de l'incarcérer sans arme et sans gardiens… Youssef Ishagpour parle à juste

---

1.   Peter Hutchings, *Hammer and Beyond, The British Horror film*, Manchester University Press, 1993, p. 118 et 119.

titre de *Magnificat du Mal* et l'altérité est plus menaçante que jamais puisqu'elle habite le peuple lui même.

Mais l'insistance d'Herzog sur l'attraction sexuelle éprouvée par Nosferatu suggère une relecture du film de Murnau qu'il prétend suivre fidèlement. Bien sûr, Mina se sacrifie pour sauver les siens, mais ses crises de somnambulisme venues du roman sont ambiguës. Au plan 250 (p. 339)[1] c'est bien à Harker qu'elle pense quand elle crie « Jonathan, Jonathan, entends moi ! » comme pour l'avertir de la venue du vampire. Mais au plan 406, quand elle se lève en disant « Il vient. Je dois aller à sa rencontre » on peut glisser de Harker à Nosferatu ; d'autant plus que Renfield, lui, appelle explicitement son « *Maître* ». Ceci rend plus incertaine la lecture des images d'hésitation de Mina quand elle ouvre sa fenêtre au vampire : a-t-elle décidé de se sacrifier, ou cède-t-elle à une attirance plus trouble? C'est ainsi que la réciprocité de la relation Mina-Dracula et son inscription dans une *sorte de destin* s'insinue dès les films les plus anciens. Elle ne fera que grandir par la suite, au risque de vider le mythe de son sens premier.

Le film de Fisher, on l'a dit, est à l'opposé de celui de Murnau. D'abord, il sépare complètement la mort de Dracula de la séduction de Mina ; ensuite Mina, après être tombée dans le piège d'un faux rendez-vous, a des airs de bourgeoise satisfaite de son aventure sexuelle. Ses sourires entendus et l'accueil qu'elle fait au Comte n'évoquent en rien le sacrifice d'une vierge. Quand Van Helsing poursuit Dracula qui, comme Don Juan, a *enlevé* Mina, il utilise les règles de survie des vampires, comme dans un récit d'aventures : Dracula tombe au contact d'un crucifix improvisé et s'effrite à la lumière du jour. Sa puissance maléfique disparaît avec lui et la trace de brûlure s'efface sur Mina. Bref la tension, la crise et la résolution finale préservent l'altérité du vampire, à la fois sexuelle et morale, par la lutte, l'élimination et l'effacement des marques de sa présence. Si la Mina de Fisher n'a aucune prédestination à tomber dans les bras du Comte, c'est sans doute que sa séduction naturelle lui suffit. Mais le film reprend tout de même l'idée d'une contamination préalable, d'une forme d'antériorité du Mal, avec Lucy qui est déjà atteinte quand on la voit pour la première fois (Badham utilise le même procédé). Cette structure se retrouve de façon significativement différente dans plusieurs autres films.

L'annonce d'un couple Mina-Dracula s'exprime par une image cinématographique forte, celle du *médaillon* ou de la photographie que Harker apporte au château de Dracula. Seul Badham, qui débute en Angleterre et évacue ainsi le voyage de Harker, n'utilise pas l'annonce de l'attirance du vampire pour Mina. Dans Murnau, Herzog et Fisher, le Comte découvre la beauté de la future épouse de Harker : « *Est-ce là votre femme ? Quel cou splendide...* » dit le premier Nosferatu (plan 200, page 332). Or, dans Curtis et Coppola cette simple annonce narrative devient un signe du destin, non plus l'instant d'une *découverte*, mais celui d'une *reconnaissance*. Le scénario de Matheson est entièrement construit sur l'idée que Dracula a perdu la femme qu'il aimait et que Lucy, future

---

1.   Voir M. Bouvier et J.L. Leutrat, « Nosferatu », *Cahiers du Cinéma*, Gallimard, 1981.

épouse de Harker, en est le sosie ou la réincarnation qu'il a reconnue sur une coupure de journal avant que Harker ne soit convoqué au château. Autrement dit, cette ressemblance est le *point de départ* du récit, la cause du drame, et le film y insiste grâce à l'attitude de Dracula quand il voit le visage de Lucy sur fond de mélodie de boite à musique. Dans le salon du Comte, un grand tableau qui évoque Velasquez montre Dracula en armure devant la belle femme qui l'attend et qui est le portrait de la moderne Lucy. Ce changement narratif par rapport à Stoker entraîne une modification fondamentale de la structure de l'altérité dans le mythe en donnant des raisons simplement *humaines* aux attaques de Dracula : dans le film de Curtis, il s'installe à Carfax pour reconquérir celle qu'il a aimée et perdue et pour la ramener presque « légitimement » dans son univers. Il ressent donc le travail de purification de Van Helsing, qui transperce Lucy avec son pieu, comme un vol et une injustice. On lui a dérobé celle qu'il venait simplement de récupérer et il se met à détruire par dépit et par esprit de vengeance, un peu comme le monstre de *Frankenstein*. La fin sépare donc l'étreinte avec « Mina », qui remplace Lucy dans ce film, et l'élimination lyrique du vampire par Van Helsing devant le tableau du passé. Le générique de fin est centré sur le malheur de Dracula et vise une sorte de pitié grâce à un retour de la boite à musique qui semblait surgir des souvenirs du malheureux Comte. Ainsi, le film de Curtis, malgré la puissance de son personnage, déplace l'altérité du vampire en l'humanisant et en la banalisant. Non seulement il avait ses raisons, mais la fin du film lui donne le dernier mot.

Avec Coppola[1], qui présente des événements souvent beaucoup plus proches de ceux du roman que tous les autres films précédents, le travail de réduction de l'altérité est achevé et on passe d'une horreur ambiguë à la compassion, non sans grand dommage pour le mythe fondamental. La révélation du médaillon induisait déjà l'idée que le couple Mina-Dracula se connaissait avant l'entrée dans le récit et que le destin ne pouvait que les réunir. Coppola ajoute un *prologue explicatif* qui réduit l'altérité du vampire de trois façons : d'abord, comme dans Curtis, parce qu'il justifie sa recherche de Mina qu'il considère comme légitimement sienne; ensuite parce qu'il explique l'origine de son altérité par une malédiction divine, une révolte certes coupable mais qui, comme après toute punition, peut être pardonnée ; enfin parce qu'il centre le récit sur le destin du vampire, même s'il ne va pas jusqu'à nous faire partager son point de vue (comme dans le film tiré du roman d'Ann Rice). Le destin du couple est rappelé avec insistance tout au long du film : une même comédienne, donc une même voix, joue Elisabeta et Mina qui, elle aussi, reconnaît progressivement son amour lointain : « *My God, who are you; I know you* » (50') Même Renfield a compris ce qui dépasse les personnages quand il dit à Mina : « *You are The Bride* » (1:27). La réalité de ce couple prévaut sur les autres clivages de temps et de société, comme dans les multiples variantes de *Roméo et Juliette*. L'altérité de Dracula, au contraire, est en partie sapée par son apparence polymorphe de beau vieillard presque

---

1.   Voir Gilles Menegaldo « Du texte à l'image : figurations du fantastique » in *Dracula, Cahier de l'Herne* n° 68, 1997.

féminin dans son raffinement, de jeune homme et de monstre animal, comme si cette partie damnée de lui même n'était qu'un accident, une *possession*, mais pas dans sa vraie nature.

En centrant l'intérêt sur Dracula, Coppola vide son altérité : ce qui est monstrueux en lui est comme une punition, une maladie infligée, l'Autre en lui, comme l'apparence de la Bête dans le conte pour enfants. Dracula se souvient de l'origine de son mal, de son état antérieur et il en rend Dieu responsable : « *Look what your God has done to me!* ». Quand on reprend les scènes de l'étreinte et de la mort de Dracula on n'est donc pas surpris de voir qu'elle sont plus développées que dans tout autre film et qu'elles sont entièrement centrées sur le destin du couple. L'étreinte a été longuement préparée dans une sorte d'envoûtement progressif de Mina par son propre passé. Sur le lit, Mina déjà mariée à Harker accueille Dracula sans savoir ce qu'il est, mais quand il le lui confesse avec rage et douleur elle avoue l'aimer malgré elle et, dans une lecture contraire au texte de Stoker, c'est elle qui demande à boire le sang du vampire afin de le rejoindre : « *Take me out of this Death* », ce qui revient à dire que notre monde est celui où elle se sent morte sans lui. Comme l'indique le sous titre du film (« *Love never dies* ») on a évidemment quitté le mythe initial pour celui des amants éternels dans la mort et l'évocation fugace des risques du SIDA n'est qu'un avatar — une actualisation — des images d'unions fatales en littérature et au cinéma.

La scène finale renforce le déplacement de l'altérité au profit d'un sentiment de synthèse et de clôture satisfaisantes pour l'esprit. Quand la *Crew of Light* (Van Helsing, l'Américain, Holmwood, Seward et Harker) et Mina rejoignent Dracula à la porte de son château, le Comte est mortellement blessé d'un coup de sabre. Au moment où il va l'achever, Mina demande à Harker s'il lui réservera le même sort quand son tour viendra. Harker hésite, puis la laisse partir seule avec Dracula. Coppola indique par cette rupture avec les autres versions que Harker tolère et bénit un autre couple que le sien, celui du passé, et qu'il reconnaît ainsi la double union de Mina, la séparation de plusieurs niveaux dans ses amours. Comme au Moyen Age, il accepte une sorte de synthèse entre la sexualité quotidienne de son propre mariage avec Mina et ce que le Roman Courtois appelait la « *Fine Amor* » entre Mina et Dracula. C'est le retour des triangles [Arthur-Guenièvre-Lancelot] ou [Edgar-Catherine-Heathcliff]. Il y a renversement de légitimité : la relation avec le vampire, cet autre qui crée le trouble en moi, devient ici un rêve légitimé, plus idéalisé que la pratique quotidienne de la sexualité puisqu'il est renvoyé dans l'ailleurs d'un destin supérieur.

La force et la séduction du film de Coppola est peut être ailleurs, dans sa « polyphanie » et dans l'extraordinaire travail sur la mémoire du cinéma, qui a pu irriter certains et que l'on a sans doute un peu vite réduite au « post modernisme » du moment. Si, à un siècle de distance, les deux auteurs ont également *séduit* et suscité des résistances, ils l'ont fait avec les armes de leur temps.

Dracula du texte à l'écran : Stoker et Coppola en regard

Gilles Menegaldo

Francis Ford Coppola revendique par un titre provocateur la filiation avec Bram Stoker et vise aussi à synthétiser, voire à surpasser un siècle de versions cinématographiques. L'adaptation comporte ici une dimension de réception et d'appropriation d'un héritage culturel qui va au-delà du texte source et se traduit en particulier dans un dense réseau référentiel et citationnel. Il faudrait donc aussi parler de remake dans ce cas, d'où la nécessité de prendre en compte non seulement l'hypotexte, mais aussi les adaptations précédentes, qui contribuent à enrichir la relecture par Coppola d'un mythe en plein renouveau au moment où le cinéaste a l'initiative de ce projet dont la visée commerciale n'empêche pas l'ambition.

L'adaptation de Coppola participe ainsi d'un processus de transformation et de réception qui inclut une relecture du texte de Stoker et des autres versions filmiques qui fournissent des éléments narratifs, des motifs visuels et sonores et constituent un réservoir potentiel d'images. Le réalisateur peut exploiter consciemment cet héritage, ou l'ignorer. Coppola revendique dans divers entretiens certains emprunts, mais il passe sous silence l'existence de films[1] qui ont, bien avant lui, déjà modifié sensiblement la représentation du vampire, comme ceux de Dan Curtis et de John Badham. Remarquons pour finir la parenté entre deux œuvres produites dans deux fins de siècle différentes, pour Stoker la fin du XIXe et l'avènement de la modernité en même temps que le déclin de l'empire britannique, pour Coppola la presque fin du XXe siècle, période de nostalgie et d'imitation coïncidant avec le retour de mythes modernes, dont celui du vampire, incarné de manière emblématique par le comte Dracula. Le film, souvent décrié à sa sortie par la critique pour son caractère « opératique » et mégalomaniaque autant que pour son style excessif, paroxystique, maniériste au mieux, maniéré au pire, est devenu un classique et presque un film culte.

Le titre[2] *Bram Stoker's Dracula* suggère la restauration du mythe à sa « pureté » d'origine et implique que les versions antérieures ne rendent pas justice au roman de Stoker. Coppola légitime sa démarche en visant deux objectifs : mettre en relief l'originalité de sa version par rapport aux autres et affirmer son authenticité par un retour aux sources. Ceci lui permet de récupérer le prestige d'une œuvre devenue classique, en se démarquant des films antérieurs (il rend cependant un hommage appuyé à Murnau) et l'aura mythique du personnage historique, Vlad Tepes auquel il entend rendre justice. La proximité entre texte et film que promet le titre est effective, mais relative. Le scénario de Hart suit d'assez près la trame événementielle de Stoker, mais introduit aussi des

---

1.   Voir l'article de D. Sipière.
2.   Le titre initial était *Dracula: the Untold Story*. Il était peut-être plus pertinent.

modifications cruciales. La lecture par Coppola du mythe de Dracula relève clairement de la distorsion, de la subversion, voire de l'inversion du récit originel.

La reconstitution du matériau romanesque

Coppola marque son retour à l'œuvre de Stoker en recréant le contexte victorien fin de siècle (le temps diégétique coïncide avec la date de publication du roman) et en réintégrant des épisodes et des personnages occultés dans la plupart des adaptations antérieures. La première partie du film, à l'exclusion du prologue médiéval, met en scène (de manière plus ou moins elliptique) les principales péripéties consignées dans le journal de Jonathan : voyage en train puis en diligence, passage du col de Borgo, accueil du comte, épisode du rasage et du miroir brisé, agression des trois femmes vampires, sans oublier certaines scènes emblématiques : le passage des « enfants de la nuit », la descente de Dracula le long des murs du château, tête en bas, à la manière d'un lézard, indice troublant de sa nature ambiguë. La deuxième partie met en scène le milieu bourgeois victorien où évoluent les personnages principaux qui retrouvent leurs noms d'origine, parfois modifiés (Murnau) ou inversés (Badham). Coppola réintroduit plus clairement les distinctions sociales (et morales) entre Lucy Westenra, jeune oisive fortunée et frivole et Mina Harker issue d'un milieu plus modeste et qui exerce le métier d'institutrice. Il met aussi en scène la rivalité amoureuse entre les trois prétendants de Lucy. Arthur Holmwood, devenu Lord Godalming (la référence au père d'Arthur disparaît), figure les valeurs d'une aristocratie fortunée, John Seward, directeur de l'asile d'aliénés tout proche de Carfax, future résidence de Dracula, incarne le savoir positiviste s'exerçant dans le domaine récent de la science psychiatrique. Enfin Quincey Morris, représenté pour la première fois, en tant que tel[1] à l'écran, symbolise la puissance américaine émergeante et les valeurs aventureuses du pionnier. Par le choix des décors, des costumes et des accessoires, Coppola marque ces distinctions et rend compte du contexte social et idéologique du roman. Holmwood richement vêtu, hautain et ironique et Morris, Texan archétypal avec son chapeau à larges bords et son *Bowie-knife*, se différencient de Seward, plus modeste dans sa mise et son discours. Coppola redonne aussi à Van Helsing une ambiguïté déjà présente dans le roman mais souvent occultée dans les films antérieurs.

Restitution de la dimension géographique et du motif du déplacement

Dans le *Dracula* de Stoker, le déplacement géographique structure le roman en trois mouvements principaux correspondant à trois voyages. Le premier est celui de Jonathan Harker, « *solicitor* » envoyé par son employeur en mission en Transylvanie et contraint de séjourner au

---

1. Le personnage apparaît déjà en tant qu'Américain dans *Count Dracula* (1977), la version télévisuelle de Philip Saville mais sous le nom de Quincey Holmwood, curieux amalgame avec Arthur, le fiancé de Lucy Westenra dans le roman.

château du comte Dracula son client, qui se révèle être une créature surnaturelle, un non-mort (« *undead* »). Ce dernier se rend par voie de mer en Angleterre, vampirise les marins et débarque (sous la forme d'un loup) à Whitby où il attaque sa première victime, Lucy Westenra, puis il se rend à Londres où, ayant transformé Lucy en « *bloofer lady* », il vampirise Mina Harker et tente d'étendre son emprise par contamination. Ce projet est mis en échec par un groupe (« the Crew of Light », réuni autour du professeur Van Helsing, qui le contraint, ses différents refuges étant localisés et détruits, à regagner sa terre natale pour se régénérer. Cette fuite entraîne le groupe de chasseurs lancé à sa poursuite dans un troisième voyage qui se conclut par l'élimination du vampire.

Coppola restitue l'essentiel des déplacements, donne une place importante au voyage de retour, rétablissant un équilibre perdu et préservant la construction symétrique et la circularité. La dimension géographique est signifiée par toute une série de procédés. Le commentaire fait explicitement référence aux moyens de transport utilisés, aux itinéraires et aux horaires. L'image montre non seulement la diligence classique mais aussi les voyages en bateau, train ou cheval des protagonistes. Les noms de lieux utilisés dans le roman (Varna, Galatz, Bistritza, Borgo) sont cités et localisés. La carte d'Europe centrale s'affiche en surimpression sur le visage de Jonathan, ellipse temporelle commode, mais aussi suggestion déjà de l'influence du topos sur la psyché. L'immense carte de Londres affichée par Dracula dans son château, lui permettant de localiser ses propriétés, témoigne de la volonté de Coppola de rendre compte de l'importance de l'appropriation légale du territoire, prélude à d'autres formes de possession des corps et des esprits.

Mise en évidence du dispositif narratif

Coppola tente de rendre compte du caractère polyphonique et subjectif d'un roman dépourvu de voix auctoriale, constitué de différents journaux intimes, de lettres, de télégrammes, de memoranda, de coupures de presse sans compter divers documents administratifs accréditant l'authenticité de l'expérience. Le cinéaste a d'abord recours à la voix narrative off, celle de Jonathan Harker consignant ses observations sur un carnet montré à l'écran, celle de Mina qui tape son journal sur une machine à écrire dont on voit les touches filmées en gros plan, celle du Dr Seward qui enregistre sur les cylindres d'un gramophone ses impressions sur l'étrange cas de Renfield, maniaque zoophage. Coppola modifie cependant sensiblement le dispositif en conférant au personnage de Van Helsing un statut énonciatif privilégié. En effet, le savant prend ici en charge la narration du récit à un niveau supérieur d'énonciation, bien après l'expérience vécue, ce qui crée une distance entre événement et narration alors que Stoker vise toujours à limiter l'écart temporel, suscitant un effet d'immédiateté et d'urgence. Ceci reste vrai dans le film, mais dans une moindre mesure. La voix de Van Helsing ouvre[1] le film,

---

1.   Dans le script initial de James Hart, on le voyait lire, au début du film, des extraits d'un ouvrage sur le prince Vlad et énoncer l'exergue du roman concernant « l'agencement

assurant le commentaire de l'épisode historique. C'est lui qui apparaît comme dépositaire du savoir ultime sur l'événement et intervient à divers moments du film pour présenter les faits et donner des informations sur la nature du vampire. Il prend aussi en charge la lecture du journal de bord du capitaine de la *Demeter*) et annonce le moment de sa propre implication dans la diégèse.

Van Helsing est ainsi chez Coppola le seul personnage qui assume une fonction narrative privilégiée et rétrospective. John Seward, narrateur privilégié dans le roman, est dépossédé de ce rôle. Lucy ne l'assume jamais et nous n'avons pas accès à son intériorité, ce qui en fait essentiellement un objet de désir et non un sujet et contribue à accentuer l'écart avec le personnage de Mina Harker qui conserve son statut de narratrice (elle exprime ses pensées et ses sentiments en voix off, et on la voit à plusieurs reprises taper à la machine ou écrire des lettres), mais accède aussi à une certaine forme d'héroïsme romanesque. Coppola traduit aussi visuellement la perspective subjective présente chez Stoker en jouant sur la notion de point de vue. Il a recours à cet effet à la focalisation interne par les principaux protagonistes (par exemple Mina contemplant à distance la vampirisation de Lucy) mais il innove en faisant aussi de Dracula une instance regardante en particulier par des plans en caméra subjective.

En dépit de ces références à la technique narrative, au caractère épistolaire du roman, à l'utilisation d'instruments tels la machine à écrire, le gramophone, le télégraphe, le film ne peut rendre compte de la complexité narrative du roman. Il néglige également le jeu sur la circulation de l'information, l'échange de documents, la distinction entre originaux et copies, les différentes formes de consignation des faits : la sténographie employée par Jonathan et Mina (illisible pour Dracula et Van Helsing), l'écriture manuscrite et la typographie. Le rôle capital de Mina qui dans le roman, rassemble les documents, les transcrit et les fait circuler afin que l'ensemble du groupe dispose du même savoir, est également occulté.

La transformation du matériau romanesque

Coppola se livre à une série de transformations (suppression, addition, déplacement, condensation, amplification) qui contribuent à réorienter la lecture du spectateur. Compte tenu du volume du roman, la sélection s'avère indispensable. Le scénario, très elliptique, ne fait qu'évoquer visuellement le voyage de Jonathan en Transylvanie, retenant quelques phrases emblématiques comme la remarque de Harker sur le passage de l'Ouest à l'Est, la réplique de la jeune bohémienne (« *The Dead travel fast* ») et bien sûr la lettre de Dracula, fortement mise en valeur par la mise en scène. Coppola supprime même la scène pourtant emblématique de l'auberge souvent présente dans les films antérieurs et passe directement du train à la diligence et au passage du col de Borgo. Il ne reste plus trace

ordonné » des documents. Ce plan a disparu dans la version définitive. Un examen comparatif du script et du film révèle de nombreuses différences.

des nombreux commentaires anthropologiques (et culinaires) de Jonathan. Contrairement à Murnau et Herzog qui conservent une valeur documentaire en utilisant des décors naturels, en confrontant Harker à la population locale (épisode des tziganes chez Herzog), Coppola privilégie l'artifice et la stylisation des décors en studio. Le réalisateur et son scénariste suppriment une bonne partie du contenu des lettres et ne conservent que ce qui permet de reconnaître le texte source. La dimension descriptive du roman est réduite au minimum. Ainsi, l'arrivée de la *Demeter* donne lieu dans le roman à une description romantique et lyrique qui s'étale sur plusieurs pages. Dans le film, elle est représentée en quelques plans. Toutes les observations faites par Seward sur son patient Renfield sont éliminées (à l'exception de la référence à la zoophagie) ainsi que les nombreuses réflexions et interrogations de Mina sur le cas de Lucy et les descriptions de son état par cette dernière. Les longs discours et commentaires de Van Helsing sont également supprimés. Coppola se débarrasse aussi de très nombreux personnages secondaires comme le père d'Arthur Holmwood, la mère de Lucy, le vieux marin Swales (et son argot), le gardien du zoo etc. Il conserve par contre le personnage de sœur Agathe qui sert son propos. Coppola élimine aussi quelques scènes essentielles, en particulier celle où Harker frappe Dracula dans son cercueil, lui laissant une large cicatrice au front et celle de la trépanation de Renfield et du discours tenu ensuite par le malade guéri de sa folie.

Pour gagner aussi du temps et accentuer la dramatisation, Coppola a également recours à la condensation qui peut prendre diverses formes. Il s'agit d'abord de condensation temporelle Ainsi la vampirisation de Lucy est sensiblement accélérée par rapport au roman où elle s'étend sur plusieurs semaines (du 8 août au 20 septembre) et où surtout la multiplicité des scènes et des témoignages écrits donne l'impression d'un long et lent processus, alternant périodes de dégradation et périodes d'amélioration. De la même manière, la maladie mentale de Renfield s'étend sur plusieurs mois et son évolution est ponctuée par les nombreuses entrées que Seward y consacre dans son journal. Dans le film, cette impression de durée disparaît compte tenu aussi de la présence très épisodique de Renfield. Enfin, la troisième partie du roman consacrée à la poursuite de Dracula en Transylvanie, est aussi nettement condensée, du fait là encore de la quasi disparition des marqueurs temporels.

La condensation concerne également les lieux. Le meilleur exemple est l'amalgame entre Whitby et Hillingham. Coppola condense en un seul *topos* dramatique ces deux lieux du roman, et privilégie Hillingham, résidence de la famille Westenra au détriment du port de Whitby où se déroulent certains des épisodes les plus intenses du roman, l'arrivée du bateau en pleine tempête et la scène de la première vampirisation de Lucy en particulier. Coppola joue sur la proximité spatiale (comme Badham avant lui) et mélange les traits caractéristiques des deux lieux, la riche demeure victorienne avec ses salons de réception et la chambre de Lucy et le cadre portuaire de Whitby mais aussi son ambiance romantique et insolite. Ainsi, le réalisateur retient du site de Whitby la présence de l'océan, tout proche. Quand la *Demeter*, la goélette qui porte Dracula pénètre dans le port de Londres, on distingue, à l'arrière plan, sur une falaise lointaine, la maison de Lucy illuminée de l'intérieur et par les éclairs de l'orage. La dimension verticale de Whitby (les escaliers qui mènent du port en contrebas au cimetière et aux ruines de l'abbaye, lieu privilégié de promenade pour Lucy et Mina avant d'être le théâtre de l'agression vampirique) est transposée dans le domaine d'Hillingham qui condense différents topoï dramatiques. Le jardin comporte un escalier abrupt qui mène au cimetière familial en contre-bas. La célèbre scène du roman où Mina, témoin de la crise de somnambulisme de Lucy, traverse le port pour aller sur la falaise où se trouve le cimetière, est rendue dans le film par la descente précipitée de Mina le long des marches abruptes qui la conduisent à la pierre tombale où elle contemple Lucy vampirisée par Dracula. Le jardin comporte aussi une pièce d'eau et un labyrinthe végétal (écho de celui de Kubrick dans *The Shining* ?) qui sert de cadre à une scène sensuelle (inventée par Coppola) entre Lucy et Mina excitées par l'orage et qui se conclut par un baiser sur la bouche (très peu victorien) sous le regard satisfait de Dracula dont le visage s'inscrit de profil dans le ciel tourmenté. Cette condensation des lieux permet à Coppola de faire des économies de décor mais aussi de concentrer le drame et de rendre crédible les déplacements véloces du vampire (filmé en caméra subjective) du fait de sa constante proximité spatiale. Le montage alterné entre différentes scènes, en particulier au moment de l'arrivée de la *Demeter*, et lors de la « mise à mort de Lucy », condamnée par Dracula contribue à un télescopage dramatique, exprimant la simultanéité et traduisant l'effacement des frontières spatiales.

L'épisode de la « purification » de Lucy devenue vampire illustre la condensation narrative. Coppola supprime toutes les références médiatiques à la « *Bloofer Lady* » qui attire les jeunes enfants pour sucer leur sang (coupures de presse, témoignages divers, visite d'une des victimes à l'hôpital), et ne retient qu'un plan de Lucy portant un enfant dans ses bras. De plus, il concentre les événements en une seule scène, refusant la stratégie stokerienne de fragmentation et de retardement visant à entretenir un climat de suspense et d'énigme. En effet, le roman comporte cinq expéditions dans la crypte où repose Lucy entre le 26 et le 29 septembre. La première suit la visite à l'hôpital, concerne seulement Seward et Van Helsing et vise à constater l'absence du corps dans le cercueil la nuit. À cette occasion, Lucy est aperçue sous la forme d'une « traînée blanche ». La visite suivante, de jour, vient mettre en évidence la présence du corps, coupant court aux tentatives de rationalisation de Seward. Par contre, le corps et le visage de Lucy ne portent aucun des signes caractéristiques du vampirisme. Elle conserve une beauté naturelle qui justifie le trouble de Seward et motive l'explication de Van Helsing. Ensuite, ce dernier se rend seul au cimetière afin de passer la nuit dans la crypte pour se livrer à des examens et aussi empêcher que Lucy ne sorte du cercueil, exacerbant ainsi la frénésie du vampire confronté à un obstacle matériel s'opposant à la satisfaction de ses désirs. La quatrième expédition concerne l'ensemble du groupe, à l'exclusion de Mina et vise à faire constater la présence surnaturelle et malfaisante du vampire en action afin de convaincre les sceptiques. C'est seulement le lendemain, de jour, qu'Arthur Holmwood, assisté de Van Helsing, grand prêtre initiateur, accomplit le rituel de purification en plongeant un pieu dans le cœur du vampire. Le visage de Lucy retrouve alors sa beauté et son innocence premières. Stoker ménage soigneusement la progression pour amener un final très ritualisé dont le sens symbolique est souligné par une rhétorique spiritualiste.

La séquence unique qui synthétise toutes ces scènes ne peut rendre compte de la démarche graduelle et prudente de Van Helsing et des difficultés qu'il rencontre face à l'incrédulité du groupe. La mise en scène cherche cependant à traduire le conflit entre le professeur et Arthur par un montage en champ contre champ et un cadrage serré qui les valorise au détriment de Seward et Quincey, souvent hors champ ou en amorce du cadre. L'arrivée, accompagnée d'une musique cristalline, de Lucy vêtue de son excentrique robe de mariée à grande collerette, portant un bébé dans ses bras, est filmée à l'envers pour suggérer une idée d'apesanteur. Le rituel n'offre aucune surprise si ce n'est le jet de sang projeté au visage de Van Helsing et aussi l'idée d'un savoir de Dracula qui transcende les limites spatiales puisque l'on voit son visage furieux au moment où Van Helsing tranche la tête de Lucy. La brièveté des plans montés cut suggère la simultanéité des actions et contraste avec le plan suivant, plus onirique, de la tête sanglante projetée dans l'espace au ralenti. Le visage apaisé de Lucy est évoqué en un plan flash rétrospectif (image mentale de Van Helsing) dans la séquence suivante et ne constitue pas comme chez Fisher un temps fort de l'événement. Le montage serré impartit heureusement un rythme rapide à une scène qui manque d'intensité par rapport à son équivalent romanesque et ne fait pas oublier la version, plus dérangeante, de Terence Fisher.

Le motif de la transfusion sanguine offre un autre exemple de condensation narrative. Dans le roman, il donne lieu à quatre scènes et elle concerne non seulement les trois prétendants, mais aussi Van Helsing qui, ayant donné son sang, assimile cet acte à un « mariage » et se définit comme bigame potentiel. La transfusion, au delà de sa nécessité médicale, est un enjeu qui cristallise la rivalité amoureuse entre Arthur, Seward et Quincey Morris. Elle est ainsi, en dehors de sa fonction utilitaire et salvatrice, perçue comme le substitut d'une relation amoureuse, voire d'une possession sexuelle où le sang donné serait identifié à un autre don, interdit, celui du sperme. Elle illustre aussi une certaine forme d'échange entre figures masculines, signe d'un sous-texte homosexuel latent. Coppola, curieusement, n'exploite pas cet aspect, équivoque sinon sulfureux, du roman. La circulation du sang par voie de transfusion entre Lucy et ses prétendants est expédiée en une courte scène où Arthur fait office de donneur, remplaçant au dernier moment Seward. Il ne reste de la riche polysémie du roman que l'évocation fugitive de la jalousie de Seward à l'égard d'Holmwood (il enfonce la seringue dans le bras d'Arthur d'un geste assez brutal) et le caractère un peu archaïque de l'opération.

Coppola modifie aussi l'ordre de certaines scènes du roman. La diégèse moderne du film s'ouvre non pas sur le journal de Jonathan mais sur une scène énigmatique où Renfield (Tom Waits) filmé dans sa cellule évoque sa soumission à un « Maître » inconnu. L'emploi d'une courte focale qui déforme les lignes et d'angles extrêmes accentue le caractère insolite de la scène qui baigne dans un chromatisme bleuté, couleur souvent associée à Dracula dans le film. Coppola déplace aussi la scène où Van Helsing éclate d'un rire hystérique. Dans le roman, elle se situe juste après l'enterrement de Lucy (célèbre tirade du « King Laugh »). Dans le film, la scène équivalente a lieu avant la mort de Lucy et elle est associée à la lecture d'un livre sur les vampires qui mentionne en particulier Vlad Tepes. Ces déplacements sont nombreux et je n'en signale que quelques exemples.

Coppola amplifie ou exacerbe des traits déjà présents dans le roman. Dès l'entrée en scène de Dracula (déguisé en cocher improbable), il accentue le caractère monstrueux du vampire en supprimant sa réplique (remplacée par un grognement animal) et en ne montrant pas son visage. Il illustre l'idée de force prodigieuse déjà présente dans le roman en dotant Dracula d'un bras surpuissant et extensible qui vient saisir Harker à l'extérieur du véhicule et le propulser à l'intérieur, signe d'une évidente surnature. Même amplification avec l'épisode de la lumière bleue. Chez Stoker, il s'agit d'une présence discrète, à peine visible : « *a faint flickering blue flame* » qui signale un trésor caché. Chez Coppola, l'explication n'est pas donnée, mais la scène devient spectaculaire avec une série de gigantesques cercles concentriques qui s'élèvent à plusieurs mètres au-dessus du sol. Coppola amplifie assez systématiquement la dimension merveilleuse[1], surnaturelle et présente un monde quasi magique régi par des lois autres. Ainsi, quand Harker visite les appartements des femmes, il ouvre une bouteille de parfum et les gouttes de liquides sont aspirées vers le haut, au mépris de la loi sur la gravitation. L'une des femmes vampire fait fondre d'un simple geste la croix qui protége Harker. Quand le Dracula romanesque jette le miroir de Jonathan par la fenêtre, son équivalent filmique le fait éclater à distance. Pour séduire Mina, le prince Vlad transforme une larme en poignée de diamants.

La notion de déplacement surnaturel est aussi accentuée dans le film par l'entremise de trucages simples mais efficaces. Dans son château, Dracula donne l'impression de glisser et non de marcher et le film suggère une vitesse d'évolution proche de l'ubiquité. Ainsi au moment où Harker se rase, la main de Dracula se pose sur son épaule. Le plan est construit en profondeur de champ. Au premier plan, la main prédatrice de Dracula, au plan médian, Harker de dos, au fond du cadre, Harker se reflétant dans le miroir et passant la lame du rasoir sur son cou. Quand il se retourne, Dracula est à distance, sur le seuil de la porte, signe d'une vélocité exceptionnelle traduite par un changement abrupt de cadrage. De même quand Dracula vient surprendre ses femmes, sa vélocité est quasi magique. Une autre manière de traduire cette vitesse surnaturelle

---

1. D'où les références au conte de fée et l'influence très présente des films de Cocteau, en particulier *La Belle et la Bête*.

consiste en l'utilisation du procédé de pixilation auquel Coppola a recours pour les différents déplacements du vampire sous sa forme animale et prédatrice. La surnature du vampire est aussi signifiée par l'ombre portée, souvent détachée du corps e qui semble jouir d'une autonomie de mouvement. Dracula se joue aussi des frontières spatiales. Alors que Harker est dans le train lisant sa missive, ses yeux s'inscrivent en surimpression dans le ciel et semblent surveiller le jeune homme. Plus tard au château, son ombre jalouse et prédatrice vient se porter au cou de Harker qui vient de lui annoncer son futur mariage avec Mina. La même ombre s'insinue dans le salon de Hillingham, s'appropriant par avance le corps de Mina et plongeant la pièce dans la pénombre pendant que la voix du vampire murmure en roumain « tu es l'amour de ma vie ». Au plan suivant, le visage de Dracula, vieux et ridé, surgit en gros plan entre deux aplats noirs, signe de son emprise à distance.

Une autre amplification marquante concerne la dimension érotique. Avec la scène de vampirisation de Harker par les trois femmes (« *Brides* » dans le script) de Dracula, Coppola propose au spectateur une scène de viol dont le caractère paroxystique est illustré par une caméra qui filme les corps enchevêtrés, s'attarde en plan serré sur les dents qui déchirent la chair, les lèvres sanglantes. Le montage dynamique, les variations d'angle incessantes, les sons diégétiques (bruit de succion, claquement des lèvres, râles, gémissements) expriment la frénésie sexuelle d'une scène dont l'esthétique doit beaucoup à la peinture symboliste[1].

Lucy Westenra, première victime du vampire est présentée comme une coquette séductrice, bien qu'encore ingénue, irrésistiblement attirée par les plaisirs de la chair, ce qui est souligné par la présence dans sa maison d'un volume des *Mille et une Nuits* orné de gravures licencieuses. Lucy évoque l'amour charnel, rêvé sinon vécu, et elle contraste non sans malice la machine à écrire et l'acte sexuel, l'une des activités se faisant au détriment de l'autre. Sa robe décolletée et sa chevelure rousse flamboyante tombant sur les épaules contrastent vivement avec la robe bleue (mariale) et sage de Mina dont les cheveux sont domestiqués en chignon. Le comportement de Lucy avec ses prétendants explicite le contenu érotique latent du roman. Elle fait l'éloge de la virilité de Quincey (« *He is so strong, like a wild stallion between my legs* ») et caresse non sans équivoque le long *bowie-knife* qu'il porte à la ceinture, analogue transparent d'un autre objet du désir. Elle sait aussi jouer de la confusion et du désir frustré de Seward bien avant la vampirisation. C'est cependant l'arrivée de Dracula qui, logiquement, déchaîne sa sensualité, exprimée dans une gestuelle éloquente. À l'approche du vampire, elle stimule par des caresses son propre corps tendu, ondulant, convulsé. Sa respiration est haletante, entrecoupée de gémissements. La caméra, en cadre serré, montre le sourire lascif qui passe sur son visage, dévoile ses formes, à travers les tissus transparents. La couleur rouge orange de la chemise de nuit, en harmonie avec les cheveux, accentue la symbolique sexuelle associée au personnage. L'attitude de Mina est d'abord très

---

1. Gustav Klimt, Fernand Khnopff et Gustave Moreau ont inspiré de nombreux décors et costumes.

contrastée avec celle de Lucy, par sa sobriété vestimentaire, sa réserve, son discours plus normatif, voire prude, sur les choses du sexe, en conformité avec l'idéologie victorienne et aussi avec son modèle romanesque. L'évolution du scénario fait de Mina une amoureuse passionnée qui se donne à Dracula, mais plus tard séduit également Van Helsing avant de tenter de le mordre, vision fortement biaisée du roman mais qui s'explique par la subversion du mythe Draculéen entreprise par Coppola.

La romantisation du mythe vampirique

La plupart des scènes ajoutées par Coppola participent d'une lecture subversive du mythe. Le prologue historique situé en Roumanie en 1462 correspond en partie à une mise en images des propos tenus par Dracula dans le roman et s'inspire de la biographie (et de la légende) de Vlad Tepes mais il a aussi pour fonction, outre sa dimension spectaculaire, de justifier le comportement du guerrier et d'expliquer sa nature vampirique. C'est parce que sa femme Elizabeta se suicide, abusée par de fausses nouvelles, que Draculea, victorieux sur le champ de bataille se sent trahi par son Dieu et se révolte contre lui, défiant le ciel les bras levés (filmé en plongée[1] zénithale), transperçant la croix de son épée et se livrant à un rituel blasphématoire. La croix empalée, les cierges et l'œil de l'ange en prière déversent des flots de sang. Draculea boit une coupe de sang mêlé d'eau bénite et profère, en roumain, « Le sang est la vie et j'en ferai la mienne ». Le sang qui envahit le sol de la chapelle et atteint le cadavre de sa femme fait cependant reculer le guerrier comme s'il ne s'attendait pas à l'ampleur de la « réaction » divine. Sa condition tragique est ainsi signifiée et son état vampirique est clairement lié à l'amour fou qu'il porte à sa femme morte, par delà les siècles (« *I have crossed oceans of time* [...] ». L'astuce de Coppola est d'avoir fait de Mina Harker la réincarnation[2] d'Elizabeta (les deux personnages sont joués par Winona Ryder) ce qui donne lieu à la relecture de certaines scènes emblématiques du roman et à l'ajout de scènes inédites. Parmi celles-ci figurent deux scènes maintes fois commentées. La scène du cinématographe montre comment Dracula, métamorphosé en dandy romantique, masquant ses yeux par des verres teintés à la dernière mode, se sert de l'invention la plus récente, mais aussi de la fascination archaïque exercée par le loup, pour affirmer son pouvoir de séduction. Les images mouvantes du cinéma, qu'il s'agisse de vignettes érotiques ou des plans d'un train[3] surgissant à vive allure, ne sont que la toile de fond d'une autre scène. Le prince Vlad propose à Mina une illusion plus séductrice que les images du cinéma des premiers temps et la fourrure du loup blanc est plus sensuelle que les corps nus aperçus sur l'écran, mais c'est Coppola qui

---

1. Plan repris à l'identique quand Dracula, frustré par le départ de Mina, invoque les vents.
2. Idée empruntée au *Dracula* de Dan Curtis qui déjà en 1977 exploite le motif de la réincarnation et de l'amour romantique éprouvé par le vampire (Jack Palance à contre emploi).
3. Hommage évident aux Frères Lumière et à leur film *Arrivée du train en gare de la Ciotat*.

filme cette scène, affirmant le pouvoir de ses propres images. L'autre séquence est celle où Dracula séduit Mina en lui faisant boire l'absinthe, la liqueur verte des fées. Elle se déroule dans le cadre raffiné du *Rule's café* et conduit à la prise de conscience par Mina de son incarnation antérieure, ce qui se traduit par des images mentales projetées en surimpression sur les murs de la pièce.

Parmi les scènes du roman réécrites par Coppola figure l'unique scène de vampirisation de Mina Harker par Dracula. Chez Stoker, la scène qui a lieu en présence de Jonathan endormi est rapportée d'abord par Seward, ensuite par Mina. Dans les deux cas, le récit insiste sur le caractère brutal de l'agression mais aussi sur le sentiment de répulsion profonde éprouvé par la victime contrainte de boire le sang corrompu du vampire. Cette scène empreinte d'un érotisme sadique est totalement inversée dans le film. C'est Mina qui, ayant surmonté la révélation de la nature monstrueuse du prince (« *I am nothing, lifeless, soulless, hated and feared, I am dead to all the world* »), insiste pour que l'échange soit consommé. Au contraire, la réticence de Dracula s'exprime quand il tourne le dos à sa victime (geste inédit), puis s'interrompt en pleine jouissance, refusant, au nom de l'amour de la condamner pour l'éternité. Dracula est donc ici doté d'un sens moral (inédit) qui freine son désir et c'est Mina qui reprend l'initiative, plaquant sa bouche sur l'entaille d'où s'écoule un sang noir. Le spectateur voyeur est invité à contempler une scène de quasi fellation (le déplacement est évident) filmée en plan serré accompagnée de râles et gémissements orgasmiques. Au moment où Dracula, la tête renversée, dans un état proche de l'extase, étreint Mina de toutes ses forces, il rugit, à l'approche du groupe qui enfonce la porte et voit Mina, seule sur son lit, dans un état de transe. Dracula n'est pas devenu invisible, il est seulement sorti du champ et il y rentre brutalement par le bord supérieur du cadre, de nouveau métamorphosé en chauve-souris humanoïde qui s'exprime d'une voix basse et rauque, défiant Van Helsing. Coppola joue habilement de ces effets de rupture, de ce contraste entre les incarnations humaines et non humaines de Dracula et à plusieurs reprises, il établit une analogie entre la métamorphose du vampire ou de ses victimes et le processus de transformation / mutation qui affecte l'image et le son.

Contrairement au roman et aux autres adaptations filmiques, les hommes restent à l'écart de la scène finale, laissant la place à Mina qui se livre à un rituel conventionnel (la lame enfoncée, la tête coupée) mais dont le sens est subverti. Jonathan assume cette distance quand il empêche ses compagnons de poursuivre Mina et Dracula blessé : « Non laissez les partir. Notre œuvre est terminée, la sienne vient de commencer ». La séquence s'ouvre sur un plan en contre-plongée verticale sur la coupole de la chapelle qui représente la montée au ciel du couple Vlad / Elizabeta. Un plan en plongée sur le couple « actuel » signifie l'écart mais amorce aussi un lien. Dracula, comme le Christ, évoque l'abandon de Dieu (« *Where is my god?, he has forsaken me* »). En embrassant sur les lèvres un Dracula hideusement vieilli, abject, réduit à l'état de momie sanglante, Mina provoque une métamorphose inversée inédite au cinéma. La lumière qui s'allume miraculeusement, loin de détruire le vampire, de dissoudre son enveloppe corporelle (comme chez Murnau et Fisher) lui redonne une apparence humaine et la beauté de la maturité. Elle éclaire la face horrible et squelettique et la transforme (par morphing) en un visage apaisé. Coppola renverse ainsi le stéréotype habituel de la « purification » des victimes du vampire obtenue par l'enfoncement du pieu. La rédemption vient du ciel, de la lumière (et de dieu) et l'amour pur de la femme en est l'agent. Mina réaffirme un autre cliché : « notre amour est plus fort que la mort » et répond à la prière de Dracula (« *Give me peace!* ») en enfonçant la lame dans son corps jusqu'à la garde. Le film se termine sur un nouveau plan de la fresque filmée en contre-plongée verticale mais cette fois en travelling arrière, dans un mouvement qui suggère l'assomption[1] du couple ici bas enfin réuni.

Ainsi, dans *Bram Stoker's Dracula*, Coppola effectue une relecture du roman de Stoker, assez éloignée des promesses du titre, mais adaptée au public, populaire ou sophistiqué, d'une époque postmoderne. Au-delà des similitudes soulignées, le film apparaît surtout comme une entreprise de révision du mythe qui se fonde partiellement sur des aspects occultés (le point de vue de Dracula) ou implicites du roman, mais très largement aussi sur des films (Curtis, Badham) et des textes (Fred Saberhagen, Ann Rice) qui ont avant lui déjà opéré un renversement de point de vue et transformé un monstre d'altérité en icône romantique. Coppola ajoute un sens du spectaculaire servi par une mise en scène[2] virtuose qui refuse tout réalisme et affirme son artifice, et une réflexion métafilmique sur les pouvoirs de l'image et de son propre cinéma. On peut regretter avec Jean-Louis Bourget, la « vampirisation du passé[3] », déplorer le caractère ouvertement mélodramatique et sentimental de certaines scènes et l'absence d'un vampire vraiment terrifiant, mais la vision que nous offre Coppola du mythe draculéen, iconoclaste à bien des égards, a le mérite de montrer son pouvoir d'envoûtement et sa plasticité qui lui permet encore de séduire le public des salles de cinéma.

---

1. Toute cette scène s'inspire de *La Belle et la Bête* : lumières qui s'allument toutes seules, métamorphose du monstre en humain causée par un baiser (ou un regard). Le plan final de Dracula reproduit sur un mode métaphorique l'envol réel du couple chez Cocteau.
2. Voir les articles consacrés au montage et à la couleur dans ce volume.
3. Voir son article « Dracula Barocchus finisecularis », *Positif* n° 383, janvier 1993.

Sixième partie

Éclairages sur le film

Bram Stoker's Dracula de Coppola : du mythe de cinéma au mythe du cinéma

Philippe Ortoli

C'est en tant que découverte scientifique à visées spectaculaires que le cinématographe s'invite dans le film de Coppola, entre autres nouveautés par rapport au roman de Stoker qu'il transpose. Cette façon d'intégrer le médium au cœur de la fiction, en détaillant ses appâts inauguraux, et ce, lors d'une séquence-clef (Mina succombe, pour la première fois, au charme de Dracula qui se refuse à la mordre, sous un chapiteau dévolu à la projection de l'invention des Lumière), est plus qu'un clin d'œil de cinéaste. Effectivement, *Bram Stoker's Dracula* propose l'exploration de l'art qui le fonde, et s'inscrit dans la perspective, dite « moderne » qui consiste à prendre pour sujet d'une œuvre la forme artistique de laquelle elle participe.

On peut lire cette volonté sous son parrainage historique : le Comte sanguinaire et le Septième Art naissent tous deux à la fin du XIXe siècle et, puisque le réalisateur truffe son œuvre de renvois aux peintres symbolistes contemporains de l'histoire qu'il visite (Kupka, Klimt, Khnopff ou Moreau), il peut sembler logique que son tissu référentiel englobe ce nouveau moyen de représentation. Préciosité viscontienne au crédit de laquelle il faut rajouter les déclarations de l'auteur quant à son emploi de trucages réalisés dans la caméra (jeux de miroirs, rétroprojection, etc...), sans égard pour des techniques plus récentes (l'incrustation par exemple) ? L'aspect ornemental voire formaliste que l'on prête à *Bram Stoker's Dracula* tient beaucoup à ce souci d'afficher la réflexion d'une période artistique dans un de ses plus fameux mythes, comme si l'éclosion — littéraire — de ce dernier était la manifestation d'un creuset esthétique global. Première preuve en est donnée lors de l'arrivée du noble sanguinaire à Londres, se déroulant dans une absence notable de sons à l'exception du cri d'un vendeur de journaux vantant les attraits du cinématographe naissant : la scène (débutant par une ouverture en iris, marque typique des productions muettes) est filmée à une cadence calquée sur celle des bobines « primitives » (16i/s, au lieu des 24 habituelles), l'accélération des silhouettes (dont celle de Dracula) accentuant l'idée qu'elles sont les produits de cette nouvelle technique. De la même manière, quand, en un plan fugace, on voit que l'écran de l'attraction cinématographique reprend, en les miniaturisant, les ombres chinoises sur fond rouge à travers lesquelles, au début du film, on distingue le chevalier Dracula vaincre sauvagement les Turcs, l'écho entre les deux séquences révèle, à travers leurs différences de taille, que le monde du vampire, celui dans lequel il baigne et se révèle, est un monde de projection et d'artifices : un monde de cinéma.

L'écran magique

Cette impression se prolonge lorsque le cinéaste filme le sanglant noctambule en train d'admirer les vues coquines de la lanterne magique dont le contenu a trait au désir, concrétisé puis détruit (un homme admire et caresse des jeunes femmes dénudées qui s'évaporent brutalement pour laisser place à son épouse, moins séduisante). Donner à contempler l'objet de l'Eros, puis le transformer en une perception déplaisante, prouve, déjà, les capacités du cinéma à extérioriser le travail du rêve jusque dans l'éveil, grâce au procédé classique de l'apparition-disparition. Ce procédé promeut la fluidité sur la matière, en une vision onirique dont les éléments figurés importent moins que la liaison qui les installe dans le même univers : la permanence, chez le bourgeois rêveur du petit film, des bras ceignant les hanches de ses beautés nocturnes comme la taille de son laideron d'épouse, implique une constance du geste. À travers elle, l'accent est mis sur ce qui change, sur ce qui, littéralement, défigure puis transfigure, autrement dit, sur ce qu'on ne perçoit que sous l'angle du fugitif et auquel le « trucage » apporte ici une présence.

La maîtrise de ce qui décompose, altère, ou embellit sur ce qui expose un ensemble stable et solidaire de qualités identifiables est l'attribut d'un personnage qui va jusqu'à nier la fixité suprême de la mort. De là à lire dans le vampirisme la matrice même de la machine à enregistrer et à projeter qu'est le cinéma, il n'y a qu'un pas que certains[1] franchissent, tant il est vrai qu'il s'agit bien, ici, de se repaître d'une vie dont on capture les soubresauts pour en transcrire le spectre sur une toile plane. Au-delà de son attirail (canines proéminentes, cape sombre et éclairs zébrant le ciel quand ses victimes arrivent près de son château), la mythologie de Dracula décline, elle aussi, l'idée que la création ne peut se renouveler qu'en ingérant d'autres forces que la sienne propre. Ce qui permet à Coppola de lier ainsi ces deux inventions, et de les inscrire dans une réflexion commune, tient dans le fameux prologue qu'il a rajouté au récit originel. Il y identifie le premier être dont Dracula boit le sang à Dieu, et, surtout, assimile la cause première de cet acte sacrilège à une déchirure (le héros se damne parce que son divin maître refuse, par la voix des prêtres, d'accueillir son épouse adorée qui s'est suicidée). Dès lors qu'il comprend que l'éternité de son amour est proscrite, il décide de s'en bâtir une autre, substituant le mouvement continu (il doit, sans cesse, absorber le sang de ses victimes pour perdurer) à la promesse de la suspension édénique qui ne sera plus envisageable, désormais, que par le biais de la peinture (la fresque, le voyant flotter dans l'air avec Elizabeta). Les activités nocturnes du vampire sont vouées à l'échec, car bâties sur une contradiction : l'homme ne peut être homme et dieu.

Le cinéma est l'expression privilégiée de pareille volonté tragique : sa mécanique même s'articule, suivant deux opérations fondamentales, l'une, située du côté de l'appareil, consistant à faire défiler des photo-

---

1. Nous pensons particulièrement à Philippe Arnaud dans son article, « Les vampires : l'être radiographié, le corps dans tous ses états », dans Aumont, Jaques (dirigé par) *L'invention de la figure humaine*, Conférences du Collège d'histoire de l'art cinématographique 1994-1995, Cinémathèque Française, 1995, p. 308.

grammes, chacun étant séparé de son voisin d'un 24e de seconde, à une certaine cadence, l'autre, émanant du spectateur qui, par une disposition propre, perçoit, devant cet entraînement de vues immobiles, l'illusion d'une continuité animée. Autrement dit, pour que fonctionne ce leurre (et tout ce qu'il enfante, à commencer par l'idée d'un monde pourvu de vie), il faut, à sa source, trois données : une (infime) différence entre plusieurs unités qui les consacre comme dissemblables, une vitesse suffisante pour abolir cet écart, et, enfin, une tendance psycho-physiologique permettant au sujet à qui s'adresse ce dispositif de croire que ce qu'il voit est bien un Tout et non une suite d'hétérogénéités[1]. Il nous semble que toute la puissance du cinéma de fiction tient dans le développement de ce principe[2], qu'il s'agisse de le pousser au paroxysme (en accentuant la réalité de l'illusion) ou de le dénoncer (en jouant sur l'illusion de la réalité) : *Bram Stoker's Dracula* prend résolument le parti, comme nous l'avons déjà dit, de l'exhibition de cette différence constitutive de son art. Il la formule en une véritable esthétique qui manifeste son protagoniste principal et éponyme et ce, suivant plusieurs modalités.

Pouvoirs de la référence

Nous commencerons par celle qui concerne son aspect référentiel. Nous laisserons de côté la nature globale du projet qui peut se concevoir, lui-même, certes en tant qu'adaptation, mais, immanquablement aussi, comme héritier d'une imagerie cinématographique déjà constituée, pour nous concentrer sur ce qui est externe au mythe de Dracula. Nous avons déjà évoqué quelques noms de peintres : nous nous devons d'y rajouter la liste impressionnante des allusions à d'autres productions cinématographiques, relevant du merveilleux (Méliès, *La Belle et la Bête* de Cocteau, *Excalibur* de Boorman et ses chevaliers sur fond rougeoyant), de l'épouvante (*L'Exorciste* de Friedkin et sa jeune possédée vomissant à la face du prêtre, *Halloween* de Carpenter et sa caméra subjective épousant les déplacements du « monstre »), du fantastique (le jardin-labyrinthe du *Shining* de Kubrick), en constatant qu'elles puisent dans divers réalisateurs et époques. Mais, à décompter les citations, à pointer les reflets, on n'en tire, au mieux, qu'un précipité érudit, une cartographie maniériste qui peut

---

1.   Pour les questions liées à la nature du mouvement tel qu'il s'exprime dans le cinéma, nous renvoyons bien évidemment à Bergson, Henri (*L'évolution créatrice*, PUF, 1994 (première édition : 1941), particulièrement p. 304) et à Deleuze, Gilles, *L'Image-mouvement*, Minuit, 1983, particulièrement les pages 9 à 22.

2.   Nous parlons ici de la différence comme concept fondamental, (au sens aristotélicien : « On dit des choses qu'elles sont Différentes, lorsqu'elles sont Autres, tout en étant d'ailleurs identiques sous un certain point de vue [...] », *Métaphysique*, L.Δ, ch IX, 1018a, Pocket (« Agora »), 1991 (trad. : Barthélémy-Saint-Hilaire, première édition de cette traduction : 1879), p. 182) et non pas simplement comme intervenant dans le mécanisme de projection cinématographique. Par ailleurs, nous maintenons son pouvoir au cœur du cinéma de fiction : la conception documentaire du cinéma fait, elle, intervenir le rapport que nous décryptons d'une manière inversée puisque, plus la différence est exhibée (présence du cinéaste à l'écran, regard-caméra des personnages qui ne jouent pas), plus le coefficient de croyance du spectateur envers ce qu'il voit est grand.

très vite se réduire au vide décoratif[1]. On pourra également avancer l'adjectif post-moderne comme attribut d'une telle œuvre[2] et on sera alors confronté aux antiennes qui sévissent dans la critique cinématographique depuis l'époque du western italien, glosant sur le clinquant méta-discursif de certaines œuvres qui la contraint, au mieux à jouer aux candidats d'un improbable quizz (reconnaître le cliché fondateur), au pire à déplorer l'époque où les images «étaient » au lieu de « renvoyer à »…

Foin de ces larmes dogmatiques : pour l'heure, ce qui nous intéresse ici, c'est de réfléchir à la nature du rapport que Coppola établit entre ses plans et les modèles qu'il retravaille : nous nous appuierons sur un seul exemple, celui qui concerne le château du Comte tel qu'il apparaît à Harker, puis à Mina, et à son assise, le tableau de Kupka (*Le défi ou l'idole noire*[3]), notre but n'étant pas d'étendre à l'ensemble de l'œuvre nos conclusions spécifiques (toutes les allusions du film n'ont pas, pour nous, la même qualité expressive) mais de détecter, à travers elles, le prototype de l'acte même qui consiste à « se référer à ».

Voir l'image sous l'image en un palimpseste de pellicule implique d'admettre qu'elle est création et, donc, de ne plus y croire en tant que monde en-soi : cela implique aussi de réfléchir sur la pratique de l'imitation différentielle. Tout artiste qui façonne (en le reproduisant d'une manière suffisamment éloquente) un modèle préexistant, suggère, par sa production, qu'un invisible se niche dans le visible qu'il propose, à la fois écho de la première image et copie non actualisée de la seconde.

Son épaisseur consacre une conception du visible en tant que « détroit entre des horizons extérieurs et des horizons intérieurs toujours béants », « moins couleur ou chose, donc, que différence entre des choses et des couleurs »[4]. Mais comment en rendre compte puisque, par sa définition-même, cette dimension figurale est réfractaire au discours, qu'elle témoigne de la difficulté à parler du « voir », quand celui-ci est identifié à un « bruit couvrant une voix »[5] ? Sûrement, sans doute, en cherchant la persistance de ces murmures dans le tissu des plans.

Ainsi, le château de Dracula, sorte de monstrueuse silhouette décharnée et profilée qui paraît trôner en attente de victimes, se détache sur les différents fonds que sollicitent ses interventions dans le film (bleu enveloppant lors de l'arrivée d'Harker, rougeoyant sur lourd fond gris d'orage quand il évoque les tortures sexuelles auxquelles est soumis l'infortuné employé, enneigé et crépusculaire quand il scande

---

1. « L'œuvre maniériste n'a rien à dire, sauf la manière de dire ce rien », Dubois, Claude-Gilbert, *Le Maniérisme*, PUF, 1979, p. 15.

2. Rappelons la belle formule de Jean-Loup Bourget : « Le cinéma postmoderne est-il si exsangue qu'il lui faille ainsi vampiriser son passé ? », « Dracula, Barocchus finisecularis », dans *Positif* n° 383, janvier 1993, p. 29.

3. Nous travaillons sur la reproduction de cette toile (1903) dans Gibson, Michel, *Le Symbolisme*, Taschen, 1994, p.157.

4. Merleau-Ponty, Maurice, *Le Visible et L'Invisible*, Gallimard « Tel », 1964, p. 175.

5. Lyotard, Jean-François, *Discours, Figure*, Klincksieck, 2002 (première édition : 1971), p. 15. Par ailleurs, pour une exploration plus synthétique du concept de figural, nous renvoyons à l'ouvrage dirigé par Dominique Château et François Aubral, *Figure, figural*, L'Harmattan (« Ouverture philosophique »), 2001, et, particulièrement à l'article de François Aubral, « Variations figurales », p. 197.

l'inéluctable fin du maître des ténèbres). L'inaltérabilité de sa silhouette massive l'identifie, en premier lieu, à un ornement générique : le fait que la singulière demeure se trouve au bout d'une route, régnant sur les précipices et surplombant les autres monts entrevus derrière elle, en fait l'emblème immédiatement repérable de toute une tradition du film d'épouvante tissée de maisons isolées et agressives. Sa forme longiligne et ses reliefs se prêtent particulièrement à l'anthropomorphisme dans la mesure où l'on peut y discerner — à l'état de cristallisation momentanée — des mains osseuses et un visage aux contours saillants : le château est, de tous les signes qui dénotent le Comte (du loup aux trois goules), le plus impressionnant, car il possède une constance figurative dans les vignettes qui le montrent. C'est, ici, la fixité même des plans, l'artificialité revendiquée du décor[1] qui, en figeant tout devenir, en entretenant la pose face au mouvement du monde (les nuages, le carrosse ou les flocons de neige), convoquent la référence picturale, et donnent à penser l'écart entre celle-ci et son résultat cinématographique comme le territoire même du pouvoir. Le château invoque son nécessaire modèle comme une énigme à déceler, un hiéroglyphe dont la caractéristique principale tient dans le fait qu'elle appartient au monde de l'irréversible.

L'éternité de la forteresse peinte trouve sa force en ce qu'elle s'insère dans un dispositif bâti sur le transitoire : de là, sa puissance démiurgique, mais également son désespoir puisqu'elle n'est que relique d'une dimension où son autorité de Sphinx ne voyait nul frémissement la contredire. C'est la suggestion de cet entre-deux, réminiscence d'un réservoir de visions, qui provoque ce sentiment démiurgique et pathétique. Comparer les deux images (un seul modèle pour, au moins, quatre « copies ») est un exercice qui aboutit, de fait, à en extraire, hiérarchiquement, la principale : le sentiment de déterritorialisation de la peinture induit une intense mélancolie, faisant du cinéma le site d'une nostalgie indicible. La demeure-idole extériorise un monde perdu décelé sous le régime d'une différence qui signe, en même temps que sa beauté convulsive, son désenchantement.

Coppola présente ainsi une œuvre traversée d'éclairs antérieurs qui envisage, par son travail sur la reprise, la connaissance de l'écart comme principe de force et de douleur.

Le retour du même

À la différence du mode référentiel, les différentes variations de ce principe, que nous allons évoquer ici, tirent leur singularité d'un rapport entretenu entre des images appartenant chacune au film lui-même. Nous commencerons par évoquer le phénomène de la répétition, introduit par la modification (encore une différence dans la ressemblance !) que le film fait subir à son sujet original, via une ouverture introduisant le mythe de l'éternel retour : il est un fait qu'en posant son prologue et en en rappelant des extraits dans le reste du métrage, souvent sous forme de médaillons inscrits à même le plan, Coppola fait de la réitération un motif. On a

---

1.   La technique utilisée est celle du *Matte Painting*…

l'impression de voir le film composer une suite d'échos, certains stables (Mina évoquant Elizabeta, qui apparaît alors à même le plan / La chapelle où se déroule la damnation du début et que l'on retrouve dans la profondeur du champ qui voit arriver Harker au cœur de la demeure du Comte), d'autres beaucoup moins (la chute d'Elizabeta, en une plongée refusant de visualiser sa terminaison, se voyant reproduite lors du jet des trois têtes coupées par Van Helsing, ou de la mort d'un bohémien abattu par Harker / la présence, en profondeur de champ du déchaînement blasphématoire de Dracula, du prêtre énonçant la loi de Dieu à laquelle correspond la position de Van Helsing quand il vient tuer le vampire, momentanément transformé en chauve-souris, ces deux personnages de soldats chrétiens étant incarnés par le même comédien, Anthony Hopkins). Cette suite d'actualisations successives indique que la perception peine à se retrouver, qu'il lui faut sans cesse se métamorphoser pour s'en approcher et que c'est dans cette différence permanente inscrite au sein de la ressemblance que le mouvement s'affirme à la fois comme subjectif (c'est bien l'esprit du Comte qui se manifeste) et dépersonnalisé, puisque le monde filmique tout entier semble prendre à sa charge les vues du héros. Dracula devient symptôme de l'impuissance du cinéma à accéder à la perfection (celui de la similitude complète, de l'emboîtement définitif de toutes les images en une seule) et des pouvoirs qui lui sont dévolus pour l'approcher. De ce fait, parvenir à dominer les écarts n'engage pas que l'allusion intra et intertextuelle : c'est aussi une affaire de composition, quand il s'agit de l'inscrire dans la perspective — plus convenue — de la métamorphose visuelle.

Nous entendons par cette dernière toute opération ayant pour but la transformation d'une chose en une autre, inscrite, soit au sein d'un plan, soit au cœur de la succession de plusieurs d'entre eux. L'enjeu est d'induire la vision fluide de l'univers en envisageant ce dernier comme une série d'unités spatio-temporelles chargées de délimiter une trajectoire pulsionnelle qui les détruit et les unit tout à la fois : nous allons, sans caractère d'exhaustivité, relever les différentes modalités par lesquelles s'incarne un tel tracé.

Altération et mutation des plans

Partons de la différence telle qu'elle se donne à voir à travers le montage. Coppola surenchérit sur les effets capables de la mettre en valeur : s'il les surligne ainsi, c'est que leurs motifs (ceux chargés d'effectuer le pont entre deux plans) sont majoritairement rattachés à Dracula, devenant, à de nombreuses reprises, par délégation, le lien même. Ainsi en va-t-il des cas où la jonction est effectuée par une forme circulaire (parfois ovoïde), renvoyant, de manière générale, à un œil matriciel, métaphore exacerbée d'un double pouvoir, celui d'une créature et d'un art accomplissant le fantasme du panoptisme comme corrélat de l'omniscience (tout voir, c'est la clef de tout dominer) : le détail de la parure d'un paon se déployant derrière le baiser d'Harker à Mina, évoquant un iris maquillé, se voit ainsi transformé en ouverture d'un tunnel dans lequel passe le train du jeune employé en route pour le château du Comte ; le cercle de feu tracé par Van Helsing devient celui du soleil finissant ; le gouvernail du bateau décimé par Dracula est prolongé par la lune noyée de nuages. Ces orbes, vides ou pleins, figent, temporairement, les pouvoirs du Comte (y compris lorsqu'ils guident le geste de Van Helsing, qui le combat avec ses propres armes) mais ne sauraient être uniques. Plus idoines encore semblent être les raccords où la logique d'association de deux plans se fait par le biais d'un mouvement dont l'instigateur est le Comte : ce dernier se lève de sa tombe / Lucy descend l'escalier pour dire à Mina qu'elle va se marier ; Dracula amène Mina voir le cinématographe en marchant de droite à gauche / le docteur vient tenter de guérir Lucy en arrivant de gauche à droite… Cette liaison se retrouve chaque fois que l'avancée du prince de la nuit est suggérée par une caméra subjective aux mouvements saccadés : quand cet élan est donné comme se déployant vers la profondeur, à une vitesse surnaturelle, celui de Lucy est décrypté, lui, en un cheminement inverse (elle vient vers l'en-deçà de la caméra). C'est bien un souffle qui marque la différence et rend les images instables, comme parcourues en leur centre d'une déflagration impalpable, esquissant l'invisible comme précepte-maître[1].

L'énergie figurale se propage, ici, à travers des éléments capables de la rendre visible, mais, lorsque le contrôle de l'écart entre deux images s'effectue par des fondus-enchaînés et des surimpressions, elle se love dans les plis du plan : ainsi, pour prendre un seul exemple, quand les pleurs de Dracula se colorent d'encre violette, en adéquation avec la substance dont a usé Mina pour lui écrire sa (vaine) lettre de rupture, l'image de leur chute sur la feuille s'estompe lentement, sa disparition recouvrant un plan voyant les pages tracées par Mina jetées dans l'océan : la continuité dans la rupture est bien établie par une ponctuation qui suggère le double mouvement de mort et de naissance, cette fusion témoigne que ces métamorphoses sont soumises à un regard intérieur (tout comme les traces de morsure de Lucy « coulées » dans les yeux du loup ouvrant le plan suivant, ou l'iris de Mina dissout dans le fond du verre d'absinthe qui lui succède). C'est bien évidemment Dracula, le principe unificateur de ces fondus-enchaînés, lui qui, en dirigeant ainsi la lecture des photogrammes, ramène cette jonction à son berceau magique, loin de la simple fonction rhétorique où la pratique du discours filmique l'a progressivement enferrée[2]. De même, lorsque l'orage menace Mina et Lucy et que le ciel lourd de nuages voit les yeux du Comte émerger de sa colère, ou lorsque le visage démoniaque du chevalier déchu vogue sur le bleu de la nuit qui bénit le baiser saphique des deux amies, la condensa-

---

1. De la même manière, les trois fiancées de Dracula apparaissent d'abord comme des souffles (leurs voix susurrantes et l'empreinte que leurs mouvements laissent sur les drap où se tient le pauvre Harker explicitant l'antériorité de l'invisible sur le visible).

2. En ce sens, Coppola entreprend de dépouiller cette figure cinématographique de son usage rhétorique pour rappeler combien elle s'enracine dans une vision magique primitive : il démontre, en un chemin involutif, les propositions d'Edgar Morin (*ibidem*, p. 182) pour qui le processus du cinéma aboutit, d'une célébration fusionnelle homme-monde, à un logos et un langage.

tion des pouvoirs via la surimpression de Dracula permet l'altération de l'image préalable (il semble imprimé dans l'univers).

Des compositions creusées de l'intérieur

La domination de l'instant où s'opère le passage entre un état A et un état B s'exerce également à l'intérieur du champ, et ce suivant deux axes. Le premier concerne les métamorphoses physiques (celles du vampire, tour à tour vieillard inquiétant, dandy séducteur, bête repoussante, chauve-souris géante) inhérentes aux attributs du personnage : elles sont sans doute les éléments les plus visibles du pouvoir du Comte car elles exposent ses modalités dominant sa propre chair devenue réceptacle d'une énergie démesurée pouvant aller jusqu'à la décomposition pure et simple (voir son corps mué en myriade de rats fuyant en tous sens). Ces moments mettent en question la stabilité de la notion de figure en ébranlant son principe d'identité : on en trouve des échos dans toutes les scènes du film mettant en jeu (formel) des personnages face à des miroirs (le docteur et son reflet distordu vu dans le microphone ; l'image cinématographique érotique se diffusant dans deux glaces ; Mina se découvrant réfléchie dans un miroir qui, en outre, fait apparaître son squelette sous sa chair). Ce système de déformation incluant l'objet et sa copie reproduit le cinéma, lieu du reflet et de la distorsion s'il en est : il étend aussi le pouvoir du Comte à l'univers qu'il hante, le mettant en doute quant à ses repères. Ce n'est alors que logique si le vampire ne supporte aucun miroir, puisqu'il apparaît lui-même comme son propre instrument réfléchissant, incarnation de la frontière de tain métaphorique qui gouverne ses transmutations.

Et l'ombre fut...

Il s'agit bien de déstabiliser le fixe (et ses corrélats rationnels, sociaux, religieux) et, pour cela, déconstruire l'accord passé, par le cinéma, entre les corps et la lumière : quand l'ombre de Dracula envahit les physiques et les décors, en totale dissociation d'avec son support physique (sur Harker, sur Mina, sur Lucy), le plan paraît s'ouvrir de l'intérieur, montrer que son unité résulte de deux facteurs menacés de désagrégation. Cette figure (bien évidemment héritée de Murnau) se retrouve dans le prologue où c'est la silhouette du croissant islamique qui se profile sur la carte, dans la salle où Dracula et Mina boivent de l'absinthe tandis que des silhouettes sombres dansent derrière les baies vitrées : l'élément optique semble extirpé de la forme plastique et, faisant cavalier seul, subsume celle-ci dans son royaume. L'ombre menaçante n'est pas simple allégeance à la tradition « expressionniste » du genre : elle célèbre un ballet d'ectoplasmes, un carrousel de revenants dont le Comte est, en définitive, le plus beau représentant : n'acquiert-il pas sa force guerrière, bien avant sa damnation, dès le moment où sa victoire sanglante contre les Turcs s'effectue en ombres chinoises ? Diriger les ombres, c'est diriger la lumière (voir la scène où Dracula fait valser Mina dans un décor éclairé seulement de bougies) : les ténèbres qui annoncent le monstrueux transylvanien participent d'une puissance de déflagration, de ternissement, voire d'annihilation des corps qui assure la domination de l'informe sur la forme[1]. À notre sens, cette domination n'est pas à prendre dans son seul sens symbolique : elle actualise la conscience accrue d'être envahi progressivement par la mort, sans doute la figure ultime de toutes ces transformations. On peut chercher qui de l'obscurité ou de l'illumination est première à se poser sur le monde[2], mais il est évident que, si l'on conçoit que c'est sur un fond sombre que se détache la lumière, le mythe de Dracula, tel qu'il est réécrit par Coppola, devient le mythe du cinéma. On nous raconte bien la naissance d'un mécanisme capable, non pas de pallier la défaite que proclame la métamorphose sombre à laquelle nous sommes promis mais, bien d'attribuer des contours temporaires à sa poussée. Son héros assoiffé entend dominer ce mouvement, sous ses aspects terrifiants comme salvateurs[3], et devient donc blason d'un art tragique, puisque, sachant que ce que visent, par dessus tout, ses manœuvres d'assujettissement — la pérennisation du désir — est hors de sa portée, car appartenant à un espace-temps immobile, celui du tableau.

Voilà pourquoi *Bram Stoker's Dracula* est si surchargé de signes renvoyant à la lanterne magique : la mise en valeur ostentatoire de la différence qui la fonde creuse une douleur ancienne qui est celle de son vampire hurlant devant la trahison de Dieu. C'est bien la perte qui sculpte obstinément la lumière de l'écran...

Bibliographie

Aristote, *Métaphysique*, L.Δ, ch IX, 1018a, Pocket (« Agora »), 1991 (trad. : Barthélémy-Saint-Hilaire-première édition de cette traduction : 1879).

Arnaud, Philippe, « Les vampires : l'être radiographié, le corps dans tous ses états », dans Aumont, Jaques (dirigé par) *L'invention de la figure humaine*, Conférences du Collège d'histoire de l'art cinématographique 1994-1995, Cinémathèque Française, 1995.

Bergson, Henri, *L'évolution créatrice*, PUF, 1994 (première édition : 1941).

Bourget, Jean-Loup, « Dracula, Barocchus finisecularis », dans *Positif* n° 383, janvier 1993,

Chateau, Dominique et Aubral, François, *Figure, figural*, L'Harmattan, « Ouverture philosophique », 2001.

Deleuze, Gilles, *L'Image-mouvement*, Minuit, 1983.

Dubois, Claude-Gilbert, *Le Maniérisme*, PUF, 1979.

Gibson, Michel, *Le Symbolisme*, Taschen, 1994

Lévinas, Emmanuel, *Nouvelles Lectures Talmudiques*, Minuit, 1996.

Lyotard, Jean-François, *Discours, Figure*, Klincksieck, 2002 (première édition : 1971),

Merleau-Ponty, Maurice, *Le Visible et l'Invisible*, Gallimard, « Tel », 1964, p. 175.

---

1. Symptomatiquement, Lyotard écrit, en exergue de l'ouvrage où il formule le concept de figural : « Ce livre-ci est une défense de l'œil, sa localisation. Il a pour proie l'ombre. », *Discours, Figure, op. cit.*, p. 13.
2. Question qui est reprise et développé dans Lévinas, Emmanuel, *Nouvelles Lectures Talmudiques*, Minuit, 1996, p. 55-56.
3. Il est évident que notre théorie d'un Dracula incarnation d'une pulsion figurale pourrait se prêter à une lecture d'allégorisation (plus ou moins littéralisée) sexuelle.

Colour in Coppola's *Bram Stoker's Dracula*: the Illusion of Reality and the Reality of Illusion

Raphaëlle Costa de Beauregard

The characteristic of Bram Stoker's novel is, from my point of view in this paper, its focus on the mind (Carter, 101-118), rather than on the myth of life after death in its vampiric mode as had been achieved earlier in the century (Reynolds, 80-104). The plural focalisation which characterizes the novel is found in the version by Coppola in the devices which reveal the presence of the camera as an observant eye. The characters' point of view is mediated by a voice over effect which is mostly Jonathan Harker's in the first part, and Mina's but also Dr Seward's. These voices are diegetised by shots showing them writing or recording, such as Jonathan's notebook, Mina's typewriter or Dr Seward whom we see speaking into his phonograph recorder.

Thus can it be said that these minds are screened: we recognize their voices in a developing audio-visual trio, or quartet, if Anthony Hopkins's voice as the impersonal narrating voice (prologue, and other moments of "authorial intrusion" (Cowie, 254; Schumacher, 450) is included. For us spectators, these are the voices of different minds, an effect which inscribes a web of references on the silver screen; on this audio-visual canvas other voices are grafted with an anchorage in specific locales such as Dracula's castle (Dracula's voice as educated aristocrat), Lucy's Tudor mansion (Lucy's voice as a provocative and even hysterical overgrown teenager), Seward's lunatic asylum (Renfield's imprecations), Carfax Chapel next to it (usually ominously silent), and London streets (the humming of distant crowds). Other sounds are equally significant of a locale such as the howling wolves which signify Dracula's presence, and by contrast, the ominously silent bats (for example the snarling but inaudible bat which greets Jonathan upon his arrival). Though it might be added that the silent bat is also the cause of the sound at the window several times, as, for instance, when Dr Seward examines Lucy and notices that "there came a sort of dull flapping or buffeting at the window... the noise was made by a great bat" (Stoker, *Dracula*, Norton 144).

Interestingly, it is this carefully woven system of echoes and references which allows us to follow the fast unravelling of events and the speed of some scenes at moments of actual storm: the attack on Lucy by the wolf which kills her, for example, is edited in parallel with Mina's wedding in Transylvania in an Orthodox church, and we know enough to attend the two events despite their distance in locale and disparity in tone : one pertains to gothic horror, the other to "exotic" respectability. In the novel, there is an interesting instance of the power which the voice of a speaker has to depict his feelings. Mina has listened to Dr Seward's recorded diary and she exclaims:

...your wonderful machine [...] told me, in its very tones, the anguish of your
heart. It was like a soul crying out to almighty God. No one must hear them
spoken ever again. [...] I have copied out the words on my typewriter, and
none other need now hear your heart beat a I did (*Dracula*, 197).

This remark is a striking forerunner of what cinema was to do with the
talkies after 1927. Though one might disagree with the film as a true
adaptation of the novel as suggested by the film's title (Joslin, 109) it does
make us spectators "hear how the characters' heart beats" by using the
voice over device. However, it is the chromatic composition of the film
which plays a major part in our capacity to identify the different
fragments of narration, as well as the metamorphoses which the two
female protagonists Lucy and Mina undergo as a result of their encounter
with Dracula (Schumacher, 453).

Colour as a Major Cinematographic Language

From its very beginnings, cinema used colour as a way of suggesting
the truth of the photograph, as well as helping the viewer to understand
the main protagonist's plight (Aumont, 30-50). Griffith's *Broken Blossoms*
(1919) uses blue for the night, brown for interiors, grey for the street in
day time, red for passion and imagination. The earlier Cecil B. DeMille
silent *Whispering Chorus* (1918) also uses colour to give reality to the black
and white celluloid canvas, in which once again sepia, blue and grey refer
to different moments of the day and night, and different locales as indoor
vs outdoor, while red refers to the passions of the heroine's mind.

In *The Cheat*, another even earlier DeMille silent (1915), the heroine is
divided between her duty to her husband and her vanity, but
interestingly, this sin is also embodied in her victimization by a
dangerous seducer whose impersonation is by Sessue Hayakawa. The
famous star's pale white face and handsome Japanese features, and very
mysterious smile, conveys an impression of thinly veiled threat along
with great sex appeal. To me, the star achieves in this film the first
visualization of the future Hollywood vampire, as opposed to the
European Nosferatu iconography.

These references to early cinema highlight the presence of cinema in
the film. Moreover, Bram Stoker's novel is contemporary to the birth of
cinema in 1895. The cinematographer is the pretext for a sequence at the
movies which links the illusion of reality that the master illusionist
Dracula achieves with an entirely appropriate topical reference. In this
sequence, colours are graded, from a set of greyish monochrome screens
in the background on which several scenes are projected simultaneously,
to a set of slightly more chromatically determined silhouettes depicting
the London crowd of early filmgoers, and Dracula's counterfeit as Prince
Vlad or Prince Charming stands out in grey but for the intense blue of his
glasses which achieve a mesmeric effect of displacement of his actual
brown eyes above. Lucy stands out sharply due to the green dress she is
wearing, which makes her movements among the crowd extremely
noticeable. Green is indeed her characteristic colour, as opposed to white
which characterizes Lucy.

It might be suggested that she wears green to indicate her lack of sexual awareness as opposed to her hysterical friend Lucy. However, I think this is too restrictive. The film shows a strong awareness of the use of colour in French Nouvelle Vague cinema and the New Hollywood cinema. As shown by studies of colour in Nicholas Ray and Vincente Minnelli (Godard; Domarchi), colour was given a new legitimacy as film art in reaction to noir film in the 1960s. But of course green has a great wealth of connotations, a fact which is a reminder that colours are devoid of meaning, and only become a vehicle for significance as an artefact. Due to their insertion within a construct, they gather either euphoric or dysphoric value, an emotional significance which, in addition, can also be inverted within the development of discourse. However, the natural ambivalence or non-marked status of colours remains always accessible as a primary experience to each individual viewer, so that, like sounds, colours always address us directly and subjectively. It is also this 'natural ambivalence' which allows colours in context to express duality, division, and conflict more generally (see for instance Expressionism).

This newly found legitimacy of colour as a language in its own right is usually associated with Kandinsky's work at the Bauhaus. It should also be linked, I believe, with the 1880s re-discovery of Goethe's influential treatise, and is, as far as I can see, a device which induces an ambivalent interpretation in the film's reception. On one hand, one sees the film as the reconstruction of Victorian ideas—which is dominant in the novel—and colour is a sign of the enslavement of the woman to the powers of the senses which Dracula symbolizes. On the other hand, one can see colour in the film from a feminist and psychoanalytical point of view, as a sign of a legitimate liberation of women from social taboos and inhibitions. I believe this is the ambivalent significance of colour in the film which is evinced by the use of red. Lucy's red hair colour, in the first scene introducing her as Mina's wealthy upper class friend in a white negligé, is transferred to her red dress in the sleepwalking scene, before migrating to Mina's equally red dress as she dances with "Prince Charming" and nearly gets "kissed". To her, he is Prince Charming who appears without warning and courts her with passion, which we do not see Jonathan doing; instead we have seen Jonathan postponing his marriage in a rather cool manner as Mina's own desperate attempt to be kissed by him clearly underscores. In contrast with Jonathan's apparent lack of passion in the film, Prince Charming is a clever seducer who uses the white wolf's mediating presence as a means of making her discover pleasure: the camera close in on her gloved green hand which gradually quickens to the pleasure of the senses as she strokes its fur and meets her seducer's hand at the same time.

Vivid primary colours (red, blue, yellow, and their complementary colours, purple, orange, and green) are therefore used as a language by which we share the two heroines' minds as they discover and enjoy the freedom of sexual arousal and become "available" mature young women. However, in the Victorian 1880s context, colour meant decadence for the conservative middle class moralists who, for example, sent Wilde to gaol.

It is necessary therefore to examine why colour was given a strong moral prejudice, and a brief study of the Pre-Raphaelite revolution in painting which was initiated in 1848 will help us to do so.

Colour and Desire

Let me recall here the three major changes which were then decided by the young artists of this group. First, instead of depth, a close background such as a curtain or a wall was preferred, which limited space to a narrow frontal stage. Second, instead of the then prevailing chiaroscuro, primary colours were to be used in their "natural" purity. Third, a carefully restrained use of stage props as synecdoches was advocated in order to feature the sitter's psychology or dramatic situation. Hence, as I see it, this change in taste, though not easily understood at the time, promoted a new taste which was characterized by a claustrophobic space with a strong reflexivity rendering the canvas itself visible, by vivid colours giving visibility to secret aspects of ordinary everyday reality such as the colour of blood, as well as a passion for scattering signs and clues inviting the viewer to a complex decoding of the picture. The Victorian iconography has been thoroughly researched for the film, but it seems to me that a preference for the Pre-Raphaelite iconography has prevailed, the three stylistic features which have been recalled above being especially appropriate to the subject matter.

A clear instance of this choice is found in the faces and ornaments of the three female vampires whose favourite haunt is Dracula's castle. Their apparition when they attempt to seduce the remarkably frigid Jonathan clearly demonstrates a resemblance to the females from Burne-Jones's "femmes fatales" and Medusa heads (Wood, 124-5 & 133). The portrait of the mythic couple of Perseus and Medusa is part of the subtext of the film iconography, but so is the equally mythic pair formed by Orfeo and Eurydice, though it is inverted—since Orfeo comes from the land of the dead to seek Eurydice in this case, as Vlad seeks the reincarnation of Elizabeta in Mina. The development of the romance by the script writer seems to be quite appropriate in a Victorian reconstruction of the theatre going public who attended Stoker's London productions in the 1880s. The scene stands out as a ghastly vision which the altogether naïve and misinformed members of the Dracula hunting party come upon as a truly 'primitive scene' of lust, as they open the door of the couple's bedroom:

> By her side stood a tall, thin man, clad in black. [...] His eyes flamed red with devilish passion; the great nostrils of the white aquiline nose opened wide and quivered at the edges; and the white sharp teeth, behind the full lips of the blood-dripping mouth, champed together like those of a wild beast. [...] the moonlight suddenly failed, as a great black cloud sailed across the sky. (*Dracula*, 247)

The chromatic composition in black and white is enhanced by the spots of vivid red, while the frontal gaze at the visitors' eyes mesmerizes them into stupefaction and horror: they discover that the heroine of their chivalric pursuit is "tainted", though not by rape, as in Lucy's case, but rather by adultery, at least in the film. Indeed, the film uses the same chromatic white and red for Mina who, though a married woman, is here seen as a neglected wife—her husband is in another bed—yielding to her passion for her Prince, *i. e.* for her fascinating lover. The division of the character between the dutiful wife or "angel in the house" and the enamoured *"femme fatale"* is characteristic of Victorian views upon women. The colour combination vividly underlines the contradiction between white Love and red Eros. The camera work emphasizes the possibility that the scene is experienced by Mina as a mere dream: her lover suddenly intrudes upon the screen, as if summoned into existence by her erotic dream, while the camera has closed in on her hand making gestures which recall Lucy's earlier erotic fantasies—hinting at masturbation (Skal, 280-1). The lover thus appears as if he were a mere ghoul (Bronfen), and later, the camera again frames Mina alone, gesturing towards empty space as he has suddenly disappeared from the shot in which we expected to see him standing.

The first sequence in the film which is devoted to the two young women, in the intimacy of their common curiosity about sexuality, enhances the difference between them by their language, a difference which is otherwise rendered by the colour of their dresses. By the time we get to the framing of Mina in the above quoted portrait, all the signs of her gradual metamorphosis into a Pre-Raphaelite "femme fatale" are visible, as she, too, is now free from the nineteenth century corset and her black hair is loose. In the last sequence but one, as she reaches a state of nearly complete transformation into a vampire, or "modern emancipated female", depending on the view we take of the event, she is fully dressed in black—a colour Lucy never wears—her black hair loosely flowing down her back. She then "shamelessly" or "freely" addresses Van Helsing as a potential sexual partner: this scene is a digression from the source text which adds to our understanding of her full blossoming into an adult. This prepares us for her final liberating act as, in a scene which is an expressively articulate reference to "Beauty and the Beast", she kisses the "Thing", who, unsurprisingly, recovers his youthful aspect and asks her to set him free—after another kiss. She first thrusts "Jonathan's great knife" with surprising strength right through his breast—a rather unnecessary insert comically testifies to the success of her deed—and then, with an equally mighty pull and swish she beheads the corpse.

It seems at first that red has now become the specific colour of Dracula's body: however, the golden hue of his long robe is brought into full view by a reframing of the camera, which zooms back while panning to the right, and the initial ambiguous red coat is temporarily forgotten. Mina's white forehead, which still bore the red trace of the Holy Host, recovers its original purity. The film closely follows the use of colours which is found in the novel to describe Dracula's face:

> His waxen hue became greenish-yellow by the contrast of his burning eyes, and the red scar on the forehead showed on the pallid skin like a palpitating wound. (*Dracula*, 267)

On the screen, Mina's forehead too is a pallid skin on which a red scar is like a palpitating wound; it is the scar of the burning Host, while Dracula's scar is due to Jonathan's earlier attempt to strike him. These scars on the mythical couple's foreheads enhance the reading of *Dracula* as a novel of the mind which I have adopted in this paper. The novel as well as the film each use chromatic compositions which cater to the cultural expectations of readers and moviegoers of their respective times (Marsh, pl.123; Wood, 108).

Colour therefore both dramatizes the two young women's awakening to the life of romance and sexuality, and allows us to share some of their mental images as when they seem to visualize Dracula's face and eyes in the skies of sunset. The novel already uses the descriptions of sunset skies, as well as full moons, to give a sense of the paranormal. This is the time of the unnatural reversal of day and night, of activity and sleep, which governs the life of the UnDead. Already in the novel, the blue and red chromatic pair stigmatizes this inversion, and the film follows the text instead of borrowing from other filmic sources.

> Before the sun dipped below the black mass of Kettleness, standing boldly athwart the western sky, its downward way was marked by myriad clouds of every sunset-colour—flame, purple, pink, green, violet, and all the tints of gold; with here and there masses not large, but seemingly of absolute blackness, in all sorts of shapes, as well outlined as colossal silhouettes. The experience was not lost on the painters [...] The wind fell away entirely during the evening, and at midnight there was a dead calm, a sultry heat [...] the only sail noticeable was a foreign schooner... (*Dracula*, p. 75-6)

The description explicitly quotes the "atmospheric landscapes" invented by J. M. W. Turner in the 1840s, and one is reminded of his seascapes by the conflicting black and red and the single sail on the sea. The use of red and blue as conflicting primary colours is a characteristic of the novel's settings for the materialization of Dracula's presence and his vanishing, a choice which may have been linked to the re-discovery of Turner's non figurative landscapes. In these large oil paintings, the struggle between good and evil, life and death, is expressed by strongly contrasted primary colours, that is to say red and blue (*Rain, Steam and Speed*, 1844, for example).

In the novel as well as in the film, the dynamism of the skies, mostly dark blue clouds against a red sunset—or an equally red dawn, and the swiftness of the wind, are all Dracula's doing, as when he sets sail for Varna again. He restores his energy by the blood of live bodies—as illustrated by his monstrous creature, the zoophagous (life-eating) maniac Renfield, but he also does this by sleeping in earth brought from his homeland, sacred Catholic consecrated earth. In the novel, he is turned to dust once his soul is set free, and, whereas the film does hint at a glorious resurrection by the gold mantle he is wearing, his head and hands are nevertheless several times set in earth.

Colour as post-modernist collage: *Dracula* and the marvellous

The long chase of the penultimate sequence in the film is visualized as a dramatic transcription of the phrase: "They are racing for the sunset" (Stoker, *Dracula*, 322). The icon of the golden red solar disc moving from left to right on the screen, as from East to West, and struggling against the very clouds, as it were, produces a remarkably sensational visual spectacle of great beauty and rich in mythological connotations, among which the Cyclop's eye is prominent. The last chase between the riders and the carriage in which Dracula is travelling under the protection of his fearful gypsies is interpreted by the scriptwriter as a Western pursuit: the riders and the gypsies wear furs and are reminiscent of Hollywood John Ford epic scenes. The sudden change in the palette of the film which is now white (due to the snow) and sepia (due to the colour of furs and horses) creates a surprising break in the tone due to the intrusion of Far West iconography within the weird Transylvanian mountains. In the novel as in the film, the modern train is replaced by an outdated coach, which underscores the time gap as well as the space gap between England (London and Whitby in the novel; London only, in the film) and Transylvania.

However, in the film, because of the use of cinematography to feature this time and space gap, it seems that the screen invites us here to assume the truth of a hybridization of space and time: as a result, rather than showing the gap, the cinematography seems to bridge it in a grotesquely playful manner. Significantly, the paranormal in the film is mainly conveyed by blue and red landscapes and skies; the arrival of the *Demeter* in London is an instance of the collage effect of the paranormal world upon the world of ordinary life, with the result of a visual anamorphosis, since we are empowered to see together the photographic illusion of the city in the background and the non-analogous design of the supernatural ship in the foreground. Here are a few examples of the visual anamorphoses which produce hybrid worlds. For instance, the camera shows us the two girls suddenly seeing what looks like a gigantic face with bright eyes gazing at them in the clouds. As to the garden, when it is shot from a high angle, it suddenly becomes a green maze which is endowed with nightmarish connotations as we see Mina losing her way in her pursuit of Lucy. More strikingly still, an earlier shot from a completely different angle, as viewed by Mina who is peering in the night to see Lucy, suggests that there is no depth in this magic garden. The slow and weird disappearance of Lucy's scarlet dress, behind the green box tree hedge, as if the object were preternaturally autonomous, suggests the sudden translation of the spectator into the world of the marvellous.

We have already seen a special effect of the same kind as Dracula's long red mantle seems to linger independently, when he answers the "sweet music" from the wolves. What follows is even more surprising, since he soon reappears on all fours, in a shot from a high angle. It suddenly seems that the vertical wall were a floor on which he were progressing from the top left of the screen to the bottom right. The use of vivid red in that sequence adds to the uncanny impression of the shooting angle, supposedly in internal ocularization (Jost) on Jonathan who is looking through the window, but totally without spatial relation to the room in which he stands prisoner. Only the intense beauty of the colour red prevents one from laughing at the ludicrous behaviour thus attributed to the Count who suddenly looks like a rat.

Indeed the way colour is used throughout the film steeps its whole atmosphere in the marvellous (Carter, 7) imaginary world of the folk tale, a genre which motivates the otherwise inexplicable collage by inserts of explicit quotations from *Beauty and the Beast* (last sequence, Mina's magic kiss on the Beast' bloody lips), from *Sleeping Beauty and Prince Charming* (Mina and Prince Charming, also the subject of a series of paintings by Burne-Jones, 1873-1890), and *Little Red Riding Hood* (Lucy's unhappy meeting of the wolf-vampire in the green maze). *Bram Stoker's Dracula* is, I suggest, rather than a horror gothic film, a horrific "fairy tale", which accounts for the irritation of serious minded specialists of the novel. The departure in the genre, from a serious scary horror interpretation to the freely inventive fantasy world of the fairy tale, however, I believe, is not only a commercial choice to attract teenage audiences. The central issue is not whether the viewer believes or not in the reality of Dracula, because it is assumed we do not. Colour, as a result, is used in the film less to suggest the verisimilitude of the setting and characters than to make us enjoy what is assumed to be only a fairy tale.

And yet there remains to examine what fairy-tales are for. The approach which I shall follow here is inspired from intertextual analysis, mainly a study of surprise: not surprise in surprising events but surprise in the sudden break of the discursive coherence of the story-telling itself. These suddenly obscure passages are the upsurge of deeper layers of coherence which, as unwonted memories will surface in dreams, are suddenly pushed to the surface of the storytelling which addresses us. It has been suggested above that the smooth flow of the film surface is as it were punctured by collage effects of a rather unaccountably surprising nature. Though it might be argued that the collage effect creates a world of pure fantasy by rejecting the illusion of reality which we are accustomed to find in cinema, on account of the analogy produced by the photosensitivity of the film, yet this collage also draws our attention to a subtext which is repressed.

In the first appearance of Count Dracula in the film, the costume designer has created a visual type which contributed to the reputation of the film, by its sensational metamorphosis of the black and white bloody toothed monster, the earlier features of Dracula on screen into an amiable old man with white hair in the form of two towering buns above his ears, wearing a majestic scarlet coat or robe with a train (Joslin; Miller). I would be tempted to see this costume as the complex hybridization of Japanese iconography: the hair style and the coat is a white variation on Japanese ladies' black hairdo with needles as hairpins, and the long robe when viewed frontally is also Japanese in style: these Eastern visual features were therefore foreign to Dracula fans, and re-activated the sense of Otherness which the character embodies with great popular success.

However, the visual style of the character also appeals to American film viewers because it is a travesty of yet another traditional iconography of Otherness, mainly the Roman catholic Pope's attire: though the Pope is in white, the use of red and purple in cardinals and other Vatican emissaries has been a regular feature of Romish superstition in Anglo American fantasies about Romish sins. The marvellous folktale dimension of the film would thus not only provide an entertaining, even, to some viewers, hilarious screening of a Dracula comics, but would also delve deep in religious traditions, and, in so doing, open up the whole film to a representation of cultural anxieties about superstition, as well as invasion, which have been part of the common cultural legacy of the Reform in England since the 1500s, and provide a channel for the expression of their modern equivalents.

Superstition is a Roman Catholic sin from the early days of anti-catholic propaganda (Sage, 127-131 & ill.); it allowed for the full expression of sado-masochistic tendencies. It is summed up in the vampiric formula "the blood is the life" which is recurrent in the novel (*Dracula*, p. 130, etc.), and even justifies Renfield's zoophagic pleasures. True enough, gratuitous gore effects in the film can be embarrassing because repulsive but also grotesque and laughable. The most telling example is that of red blood as food as when the vampire women feed on the baby which Dracula gives them. The fact this seems to be presented as pure fun, as testified by Dracula's benign smile as he hears the baby's wails, as opposed to a totally deformed shot of Jonathan's face supposedly expressing his feeling of horror, is upsetting but unconvincing, which is appropriate to a "fairy-tale". However our embarrassment is also caused by the hiatus or break in the text coherence which the collage of a horror shot (Jonathan's distorted face) and a pleasant one (Dracula's benevolent smile) creates. In the break between the two visual codes, one is tempted to read the surfacing of an inhibited subtext, the sub-text of protestant propaganda against Romish superstition[1].

Strikingly, moreover, the farcical consumption by the female vampires of a live baby can, in my opinion, actually be seen both ways: from a Protestant point of view, as a caricatural analogy between Holy Communion and Cannibalism, and, from a Roman Catholic point of view, as the sacrilegious profanation of the rite by the Devil. It seems to me that this is possibly one of the explanations for the huge response of viewers to the film in a country like the USA (Blake; Black), where both religious traditions have been kept thoroughly alive.

---

1.   Let us remember that the core of the debate is transubstantiation—*i. e.* the real presence of the flesh and blood of Christ in the Host and Wine of Holy Communion for Catholics, and, for Protestants, mere superstition. The myth of the Vampire can be read as the embodiment of the protestant theory of Romish superstition, which is a gruesome rewriting of the religious ritual by an imagination guided by the fear of Otherness (see Sage).

In addition to the religious motif of superstition, which would need a more extensive treatment than is possible here, colour in the film also alludes to red blood as disease and thus empowers the viewer with an unconscious dealing with yet another subtext, the discourse of the media and public opinion on modern fears, concerning degeneracy, and disease. The novel already expresses a concern for awful diseases, though it is mainly restricted to venereal diseases. However van Helsing's pun on the near homophones civilization / Syphilization, an addition to the text in the film, creates the sense of a break, or a joke in bad taste. The subtext which surfaces is double: in the nineteenth century, what is inhibited here is the then tragically widespread experience of consumption (expulsion of lung haemorrhage by the mouth) which is altogether silenced in van Helsing "great laugh". Instead, Van Helsing jokes about a disease which is the fruit of sexual adventures; but venereal disease caused degeneracy among families descendants and its contamination being explained by "impure" sexual intercourse, created a permanent fear of sexuality. In the film another subtext is silenced, the apparition of AIDS. The film incorporates several inserts showing still shots of haemoglobin viewed with a magnifying glass, as sharp red globules invading the whole screen. As to the featuring of the blood circulation in the transfusion sequence, its romantic transposition as "the blood is the life" when Lucy's lover gives his blood to save her, and its demonic equivalent as Dracula drinks Mina's blood but also gives his blood for her to drink, is equally distressing in a context of AIDS transmission by this means.

Maybe the related motif of English fear of invasion is also a part of the underlying subtexts which preside over the use of colour in the film. In addition to the haemoglobin shots, red sometimes invades the screen so thoroughly as to blind us. The stream of blood invades the whole screen from the top of the frame as Elizabeta's face is shot in a high angle close shot, and Vlad is told of her excommunication. Later in the film, blood is again figured as a blood stream invading the entire surface of the screen, when Lucy as dead bride and vampire vomits blood at Van Helsing (maybe suggestive of the "silenced" consumption epidemic in the Victorian context). Here again a break in our expectations occurs when Van Helsing shows absolutely no sign of being aware he is covered with spewed blood. Once again we sense that an inhibited common knowledge is surfacing, related to the fear of invasion, in this case, of family life by a "cannibal" as the image of Otherness. Indeed, the invasion motif too is a traditional fear in English history which relates to the myth of the Vampire, who invades England from his far off country to feed on the "pure" blood of the English. Invasion is closely associated with the vampire in his animal form as well, in the novel by the image of the dog leaping from the ship, and, in the film, when the huge dark brown batman transforms himself into a heap of brown rats which fill in the whole screen, empowering us with a nightmarish vision of invasion.

Conclusion

To sum up, in the film, colour creates a sense of pervasive evil as it hints at the presence of the Un-Dead throughout. Colour underlines the metamorphoses of the characters and visualizes their separate destinies—Lucy from white to red to white again and red, Mina from green to red to black. Colour also underscores visual anamorphoses which introduce effects of defamiliarization within the illusion of reality. Moreover, colour induces shifts from euphoric pleasure to dysphoric bloodcurdling effects, as in the colour white: innocent Lucy in white is changed into vampiric Lucy wearing a chilling frost like, strongly dysphoric, wedding dress (Bronfen, 258-264).

As a result, though we enjoy the fairy tale, we cannot evade serious contemporary issues which surface in the film whenever our expectations are not met by the story-telling: whenever the deconstruction effect catches us unawares, so to speak, we are left in no doubt, not as to the reality of vampires, but about the truth of the atrocious portrait of human nature which the film gives. If the splendid colour schemes in the film allow us to escape the reality we know of, the vision of mankind which the colours depict is all too real. Dracula's words have a truth in them which only a fairy tale will allow us to hear uncensored: "My revenge is just begun! I spread it over centuries, and time is on my side" (*Dracula*, p. 267).

Bibliography

Aumont, Jacques, ed., *La Couleur en Cinéma*, Milan, Mazzotta & Paris, Cinémathèque française, 1995.

Bernardoni, J., *The New Hollywood – What the Movies Did with the New Freedoms of the Seventies*, Jefferson & London, McFarland, 1991.

Black, Gregory D., *Hollywood Censored – Morality Codes, Catholics, and the Movies*, Cambridge, Cambridge University Press, 1994.

Blake, Richard A., *After Image – The Indelible Catholic Imagination of Six American Filmmakers*, Chicago, Loyola Press, 2000.

Bronfen, Elisabeth, *Over Her Dead Body, Death, Feminity and the Aesthetic*, Manchester, Manchester University Press, 1992.

Bullen, J.B., *The Expressive Eye – Fiction and Perception in the Work of Thomas Hardy*, Oxford, Clarendon Press, 1986.

Carter, Margaret L., *Specter or Delusion? The Supernatural in Gothic Fiction*, Ann Arbor, UMI Research Press (1986) 1987.

Cowie, Peter, *Coppola*, London, Faber and Faber (1989), 1998.

Joslin, Lyndon W., *Count Dracula Goes to the Movies – Stoker's Novel Adapted – 1922-1995*, Jefferson & London, McFarland, 1999.

Jost, François, *L'œil -caméra*, Lyon, P.U.L., 1991.

Goethe, *Traité des couleurs*, tr. fr. Henriette Bideau, Paris, Triades (1973), 2000.

Marsh, Jan, *Pre-Raphaelite Women*, London, Weidenfeld and Nicolson, 1987.

Miller, Elizabeth, *Dracula*, New York, Parkstone Press, 2000.

Reynolds, Peter, ed. *Novel Images – Literature in Performance*, London, Routledge, 1993.

Sage, Victor, *Horror Fiction in the Protestant Tradition*, Basingstoke, Macmillan Press, 1988.

Schumacher, Michael, *Francis Ford Coppola – A Film-Maker's Life*, London, Bloomsbury Publishing, (1999) 2000.

Skal, David. J., *Hollywood Gothic – The Tangled Web of Dracula–From Novel to Stage to Screen*, New York, Faber and Faber, (1990) 2004.

Wood, Christopher, *The Pre-Raphaelites*, London, Weidenfeld &Nicolson, (1981), 1983.

Articles

Domarchi, Jean, « Vincente Minnelli's Lust For Life / La vie passionnée de Vincent van Gogh », *Cahiers du Cinéma*, n° 68, February 1957, p. 44-6.

Godard, Jean-Luc, « La nuit, l'éclipse , l'aurore – Entretien avec Michelangelo Antonioni », *Cahiers du Cinéma* n° 160, Nov ; 1964, pp. 8-17,

Godard, Jean-Luc, « Rien que le cinéma - *Hot Blood / L'Ardente Gitane*, film américain de Nicholas Ray en Technicolor », *Cahiers du Cinéma*, n° 68, February 1957, p. 42-4.

Dracula : ultime variation du pouvoir dans l'œuvre de Francis Ford Coppola

Gaëlle Lombard

Dracula vérifie les adages autrefois défendus par Truffaut, Chabrol et Astruc au nom de la Politique des auteurs[1], spécifiant que, quel que soit son matériau, le style d'une personnalité artistique parvient toujours à s'y imprimer. Qu'il y ait, derrière le film de Coppola, un lourd passé littéraire et cinéphilique ou qu'il apparaisse comme une commande ne change rien à l'affaire : il bâtit bien une nouvelle pierre dans l'œuvre du cinéaste. Aussi, c'est par rapport à cette dernière que nous allons tenter de l'étudier.

Énonçons une proposition générale : les histoires que racontent les films de Coppola mettent en situations et en actions des protagonistes refusant les règles d'un univers corrompu et décidés à le contrer. Kurtz, dans *Apocalypse Now* (1979), Corleone dans les *Parrain* (*The Godfather*, 1972 1974, 1990), Tucker dans le film éponyme (1988) ou Motorcycle Boy dans *Rusty James* (*Rumble Fish*, 1983) sont ainsi des héros engagés dans un combat tragique qui creuse, en même temps que leur grandeur, l'inéluctabilité de leur perte.

Le déicide, formulation ultime de la révolte

Dracula, en reprenant le roman de Stoker, mais en lui ajoutant un prologue sorti des abysses de la légende originelle, replace cette aspiration, génitrice de tant de mythes, en exergue de son récit. Le personnage est le serviteur loyal d'une religion chrétienne conçue comme moteur du monde. C'est parce que les lois de cette dernière damnent la femme qu'il aime à cause de son suicide qu'il choisit de se dresser contre elle en un acte suprême. Cet acte, peint de manière inaugurale dans le film, désigne le sacrifice de Dieu lui-même condensé en un motif, l'écoulement sans fin du sang, qui contamine l'ensemble des plans d'une oppressante dominante rouge. Cette tonalité, mêlant la guerre, l'amour perdu et le déicide (du moins envisagé), devient alors le fil d'Ariane qui relie les éléments d'une déchirure. Elle renvoie à son support primal, le liquide écarlate que le héros a fait jaillir de la croix, filmé comme une source vive : c'est qu'il révèle l'intérieur de la forme sacrée que, telle la toile d'un écran, Dracula crève au sommet de sa fureur blasphématoire.

---

1. Rappelons les phrases synthétiques d'Alexandre Astruc, dans *Les Cahiers du cinéma* n° 39 d'octobre 1954, à propos d'Hitchcock et de la cohérence de son œuvre : « Quand un homme depuis trente ans, et à travers cinquante films, raconte à peu près toujours la même histoire — celle d'une âme aux prises avec le mal — et maintient le long de cette ligne unique le même style fait essentiellement d'une façon exemplaire de dépouiller les personnages et de les plonger dans l'univers abstrait de leurs passions, il me paraît difficile de ne pas admettre que l'on se trouve pour une fois en face de ce qu'il y a après tout de plus rare dans cette industrie : un auteur de films ».

Le coup d'épée du Comte désigne l'appropriation d'un contenu, principe même de la vie dont Dieu est le centre, comme modalité de révolte : il ne cessera, dès lors, d'avoir besoin de cette force qu'il ira puiser dans les corps de la société victorienne, digne représentante du Créateur. Coppola place le désespoir au fondement du pouvoir surhumain qui, en retour, condamne son possesseur à la damnation (puisqu'il implique la rébellion contre l'autorité suprême).

Ce thème sous-jacent au film est une obsession de l'auteur qui a bel et bien plié (vampirisé ?) Stoker à son style et fait siennes ses hantises. Mais la représentation d'un tabou, dont le franchissement garantit une puissance diabolique, ne nous intéresse pas simplement en tant que donnée thématique. Elle interroge directement le cinéma dans sa puissance : comment transcrire, par des images et des sons, cette énergie qui, plus que les résultats qu'elle autorise, consacre la gloire de la créature, en même temps que sa chute ?

Pour tenter d'y répondre, il nous faut revenir en détails sur les autres films du réalisateur. Nous partirons d'occurrences simples, au premier chef desquelles se retrouve la permanence du lien entretenu par une figure centrale et un système dont elle dépend. De même qu'avant d'être le « Prince de la nuit », le noble vampire était au service de Dieu, chaque héros de Coppola se trouve, au début des fictions, sous la tutelle d'une instance régissant sa vie. Pour prendre les exemples les plus divers, constatons que Natalie dans *Les Gens de la pluie* (*The Rain People*, 1969) ou Hank et Frannie dans *Coup de cœur* (*One from the Heart*, 1982) se plient aux lois du mariage ou du concubinage devenu synonyme de perte, à la fois de leur identité et du sentiment amoureux, que la famille, thème majeur chez le cinéaste, est l'instance autarcique et aliénante qui conditionne les comportements de Bernard dans *Big Boy* (*You're a Big Boy now*, 1966), de Billy dans *Dementia 13* (1963), des Corleone dans la trilogie des *Parrain*. Mais de façon plus générale, c'est la société toute entière qui est peinte comme entretenant avec le protagoniste principal des rapports coercitifs extrêmement forts. Nous rappellerons différents représentants : l'adulte dans *Outsiders* (*The Outsiders*, 1982) ou *Rusty James*, qui n'hésite pas à abattre les jeunes « rebelles sans cause » que sont les héros, les lobbies aux intérêts économiques plus ou moins clairs mis en évidence dans *Tucker* (*Tucker : The Man and his dream*, 1988), mais aussi, d'une certaine manière, dans *L'idéaliste* (*The Rainmaker*, 1997), *Conversation secrète* (*The Conversation*, 1974) ou *Cotton Club* (*The Cotton Club*, 1984) dans lequel l'autoritarisme se propage dans des entreprises occultes, voire criminelles. Nous pouvons, encore, élargir cette mainmise à des institutions plus vastes, à savoir celle, politique, qui pérennise l'évolution des protagonistes au sein de la corruption, tels les sénateurs dans *Le Parrain 2*, ou celle, militaire, voyant l'Armée, tenant d'un pouvoir censé garantir la stabilité de la Nation, installer les personnages au cœur même de la déréliction de sa brutalité constitutive, comme dans *Jardins de Pierre* (*Gardens of Stone*, 1987) ou *Apocalypse Now* (1979).

Ces organisations, si elles expriment les diverses strates d'une société, ne sont pas les seules structures oppressives. De la même manière que le prêtre damnant Elizabeta dans une profondeur de champ emblématique de sa position de gardien (il est le garant de la fermeture du lieu sacré où se déchaînera la violence de Vlad) n'est nullement la représentation définitive de l'Ordre qu'il sert, d'autres instances que celles qui définissent leur simple place dans le « niveau informatif[1] » du film pèsent sur la vie des personnages. Nous pensons particulièrement aux affres du temps, dans *Peggy Sue s'est mariée* (*Peggy Sue Got Married*, 1986) et *Jack* (1996), où ce dernier revêt une présence manifeste, celle d'un ennemi, qui assujettit, enfonce les personnages dans un désarroi qu'ils ne parviendront que très difficilement à dépasser (l'héroïne du premier effectue un voyage dans le passé pour tenter de changer le cours des choses ; le héros du second, atteint d'un vieillissement prématuré, essaie de mêler l'enfant à l'adulte en une improbable fusion). C'est qu'il y a bien, derrière ces forces aliénantes, la suggestion d'une configuration vouant les protagonistes à une finitude première (celle d'une forme consciente de sa limitation) et à ses corollaires (les divers modèles sociaux).

Le vampirisme comme arme littérale

C'est contre ces principes que les héros coppoliens, à l'image de Dracula, souhaitent se révolter, afin d'acquérir leur indépendance. Il semblerait qu'à travers l'utilisation du mythe transylvanien, Coppola ait trouvé la possibilité de conjoindre le centre (Dieu) et ses divers attributs (la société victorienne), en exprimant leur union de manière littérale. L'utilisation du décorum traditionnellement symbolique du vampire (les crucifix, l'ail, ou le pieu fiché dans le cœur comme fétiches) lui permet de rendre visible une oppression qui, ailleurs, est de l'ordre de l'implicite. De ce fait, la révolte se dote ici, grâce à son ancrage originel, d'une imagerie de la transgression : le vampirisme apparaît alors comme l'illustration la plus évidente d'une rébellion qui engage aussi bien le récit que le monde filmique.

C'est effectivement la figure qui nous paraît la mieux condenser le parcours de Kurtz dans *Apocalypse Now* ou de Michael Corleone dans la trilogie du *Parrain*[2]. Ces derniers semblent être parvenus à exercer la même puissance englobante que celle de l'Ordre social et / ou religieux qui les entoure, puisqu'ils règnent chacun sur un micro-système crapuleux ou occulte, nœud gordien d'un circuit qui alimente leur force. Dracula règne sur la vermine, les goules et les animaux nocturnes ; Kurtz dirige une tribu d'indigènes fanatisés, Corleone un clan de gangsters. Leur principe premier réside dans le fait d'ingérer la force des adversaires qu'ils éliminent.

---

1. C'est le premier niveau de sens d'une image suivant Barthes, celui « où se rassemble toute la connaissance que m'apportent le décor, les costumes, les personnages, leurs rapports, leur insertion dans une anecdote que je connais », Barthes, Roland, « Le troisième sens », dans *L'obvie et l'obtus*, Paris, Seuil, « Essais », 1992 (première édition, 1982 ; première édition de l'article dans *Les Cahiers du cinéma*, 1970), p. 43.
2. Nous nous limiterons, pour cet article, à ces quatre films comme exemples extérieurs à *Dracula* : la place nous manque pour étendre nos réflexions à tout le corpus coppolien.

Ainsi, dans *Apocalypse Now*, le colonel Kurtz ne voit qu'une échappatoire possible, pour retrouver une identité menacée par l'armée à qui il reproche sa fondamentale tromperie (maquiller ses fins barbares par des alibis civilisateurs[1]) : se retourner contre le système qui l'a conditionné, voire fabriqué, et faire cavalier seul, dans la jungle du Cambodge, érigeant une véritable dictature dont il est le seul tenant, à l'instar de Dracula. Tout comme le Comte, Kurtz, par l'accumulation de son savoir guerrier, va recréer une autre armée, en construisant et agrandissant un territoire dont il sera le maître absolu (la jungle cambodgienne, comme la région des Carpates) et où il aura, lui aussi, le droit de vie et de mort sur les individus qui y pénétreront.

Mais, au-delà de cette remarque préliminaire, si une comparaison avec Dracula doit être établie, c'est dans la façon dont les deux protagonistes diffusent leur pouvoir au sein des images et surtout entre elles. Puisque la révolte s'établit contre un système de représentations, il est logique qu'elle emprunte les instruments de cette dernière, tels qu'ils s'expriment à travers le cinéma, pour se révéler. Ainsi, ce sont les films dans leur globalité qui se trouvent vampirisés par la présence de ces deux héros : cette pratique s'élargit à tous les éléments du dispositif, aussi bien plastiques (montage, cadre, décor, couleur, organisation des plans...) que sonores (bruit, musique, dialogues et leurs effets). Grâce à ces créations, le cinéma, oscillant entre réalité et imaginaire, entre naturel et surnaturel, visible et invisible, rend favorable la suggestion d'un entre-deux, dont Dracula et Kurtz, débarrassés ici de leur corporéité, sont les maîtres, par diverses opérations menaçant l'ordre du figuratif.

Dracula, lui, introduit partout dans le film, aussi bien par le biais du montage (les fondus enchaînés ou les surimpressions, par exemple), de la couleur (le rouge, celui des vêtements entre autres), de la musique (les thèmes qui sont attribués à sa personne se diffusent hors de sa présence) que par les diverses métamorphoses physiques comprises dans ses attributs, une omniscience évanescente (ressentie par les autres personnages comme par le spectateur). Pour Kurtz, le phénomène se produit d'une façon moins ostentatoire : alors même qu'il n'apparaît qu'à la fin du film, sa présence est signifiée, de toute part, durant tout le film et ce dès l'instant où Willard (le militaire désigné par le commandement pour éliminer le colonel) se met en route pour le retrouver et le tuer : le son (la voix-off de Kurtz et celle de Willard tentant de dresser son

---

1. Le film, inspiré d'*Au Cœur des ténèbres* de Joseph Conrad, présente un militaire d'exception qui déserte et devient le dictateur d'une tribu d'indigènes cambodgiens : il est intéressant de mesurer combien les raisons de cette « folie » ne sont pas liées à un quelconque dégoût de la guerre inspiré du constat de ses atrocités, mais bien à la volonté de briser le déni (essentiel) entretenu par tout conflit mené au nom de la civilisation, à savoir la dissimulation de la violence crue par les rituels qui la légitiment (cette critique de l'armée comme représentation implique aussi que le film change, en cours de route, de régime générique, du film de guerre au film d'aventures, voire d'épouvante). Pareillement, Vlad devient Dracula lorsqu'il constate que le rituel chrétien n'accepte pas (par le biais de la damnation de son épouse suicidée) l'intégration de l'horreur de la mort brutale dans son déroulement. Le Comte sanguinaire partage avec le gradé tyrannique la vision critique d'un ordre refusant d'admettre la destruction qu'il engendre dans son entreprise de codification.

portrait), l'obscurité de plus en plus signifiante qui envahit progressivement l'itinéraire de la mission, les coloris criards et exacerbés par lesquels est annoncée la guerre telle une orgie psychédélique, sont autant d'éléments de manifestation de l'esprit de Kurtz.

Déduire une présence dans l'absence, c'est aussi le mode opératoire choisi par Coppola pour installer sa figure de proue, celle du *Parrain*. Dans la trilogie, la vampirisation, toujours métaphorique, est ce qui caractérise le mieux des personnages qui ont élaboré leur propre structure autoritaire. Deux créatures, préfigurant Dracula, s'y dressent. La première, Vito Corleone, dôme tutélaire de l'édifice humain qu'est son clan, même s'il est instigateur de corruption, s'appuie sur les fruits de cette dernière pour consolider les attaches de sa filiation : il est le représentant d'un ordre (familial, social et religieux), qui le sacralise comme réceptacle du sang animant la descendance multiple qu'il dirige. De fait, la position qu'il observe dans le champ est symptomatique du pouvoir conféré par les vertus englobantes : arpentant les bords du cadre, afin de laisser une partie du champ libre pour la venue d'un autre personnage, il enveloppe les plans les plus divers, et s'en sacre garant, gardien d'un équilibre qu'il protège contre l'intrusion du sang impur. La composition de l'image annonce en cela certains plans de *Dracula*, comme celui où l'ombre du Comte plane sur Harker, alors que son corps en est éloigné, ou celui dans lequel ses yeux se superposent au ciel menaçant la joviale insouciance de Lucy et de Mina : c'est sur ce motif de l'encerclement que son fils, Michael Corleone parviendra à perpétuer le pouvoir de son père. Mais, à sa différence, il n'hésitera pas à faire couler le sang pour signifier sa force et son autorité. La séquence du massacre final du *Parrain*, là où, pendant le baptême de son fils, Michael fait abattre tous ses adversaires en est une possible illustration.

Le montage parallèle consacre l'hégémonie de Michael sur le monde du crime par le versement de l'hémoglobine suggéré en quelques plans : des taches sur des vêtements, de timides giclées, mais aucune focalisation efficiente de l'objectif ou du montage sur lui. Le sang n'est envisagé qu'en tant que résultante du mouvement, il s'impose moins comme un jaillissement qu'une coloration. C'est le rythme du montage qui empêche toute concentration sur lui puisque, pris dans un tourbillon, celui des protagonistes qui se tournent et se retournent à chaque intrusion des balles dans les corps, comme celui des plans entre eux, l'œil du spectateur n'a pas le temps de réagir aux irruptions sanguinaires qui se retrouvent quasiment volatilisées sous la vivacité des enchaînements. Dans les raccords qui relient les actions et les gestes sacrés du baptême, la présence du liquide se trouve, chaque fois, métaphoriquement, absorbée par les plans de Michael qui semble accroître sa force de la sorte. Coppola, dans les films suivants de la trilogie, reprendra ces figures de montage qui relient meurtres et cérémonie sacrée ou profane, avec Michael en leur centre et qui consacrent l'imagerie du vampire, le héros paraissant absorber la sève de ses ennemis en une opération que suggère la succession des plans. Il est intéressant de voir que cette illustration symbolique contrecarre, d'ailleurs, le souci principal du héros qui est d'envisager son « empire » bâti sur des valeurs traditionnelles, religieuses et morales d'où est exclue toute violence apparente. Dracula n'agit pas autrement quand il demande à Mina, son visage se superposant rapidement en une image subliminale sur la gueule de la bête immonde en train d'abuser de Lucy, de ne pas le voir sous une apparence aussi monstrueuse : cet artifice de la dissimulation est un gage de puissance.

Ainsi, il importe pour Michael Corleone de récupérer la force vitale, de l'injecter dans la matrice familiale, pour lui faire emprunter un parcours invisible destiné à la rendre pure, c'est-à-dire constitutive du pouvoir du clan. Le sacrifice des nombreux malfrats sur l'autel du pouvoir mafieux est ainsi un sacrifice singulier où le sang versé se retrouve directement vecteur de force, tout comme le plasma de Lucy l'est pour le Comte ou les vues plongeantes sur les indigènes pendus pour Kurtz.

Coppola se plaît donc à donner à lire la révolte de ses créatures comme empruntant les mêmes paramètres que ceux qui les asservissent, diégétiquement d'abord (elles sont le centre vital de l'univers qu'elles ont recréé), cinématographiquement ensuite puisqu'elles règnent sur et entre ces unités filmiques minimales que sont les plans. Mais il se plaît aussi à décrire leur inéluctable chute et combien elles sont, en définitive, englouties par ce qu'elles ont elles-mêmes créé.

Tragique et cinéma

Nous avons évoqué, en commençant, la dimension tragique comme creuset constitutif de cette œuvre : revenons donc à ces fondements, ceux qui désignent la source de la malédiction encourue par les protagonistes. On s'aperçoit que, comme pour le prologue de *Dracula*, elle consacre toujours une image de sang omniprésente, la première qui marque le refus de l'assujettissement. Pour trouver celle du *Parrain*, il faut aller jusqu'au cœur du *Parrain II* dans cette scène où Vito jeune éventre l'assassin de son père, et lire dans la plaie alors tracée l'annonce de la tache souillant définitivement la poitrine de la fille de Michael, à la fin du *Parrain III*. On peut aisément comparer ce circuit de la blessure (celle qu'ouvre le héros contre l'ordre sera la même qui le marquera à la fin) à celui de *Dracula*, débutant sur une brutale éventration (la croix percée en son cœur) et se clôturant sur une décapitation (le Comte se faisant trancher la tête par Mina), et même à celui, plus singulier, d'*Apocalypse Now*[1].

---

1. La plaie originelle de Kurtz s'égrène le long de l'écoute, sur un magnétophone obstinément cadré, de sa voix caverneuse, entrecoupée de larsens et de bruits de fond, racontant son cauchemar (celui d'un escargot rampant sur le fil d'un rasoir). La violence de cette première intrusion tient dans le fait que son étrangeté se superpose sur un montage morcelant le décor où elle surgit (le QG où s'expose la mission) en gros, voire très gros plans des personnages ou des objets (le badge du commandant, la tête de la crevette servie à table) qui déstabilise l'univers militaire, le démonte de l'intérieur en lui refusant la vision unitaire d'un plan harmonieux. Kurtz finira, symboliquement, tué par une arme blanche qui le révèlera comme un tout hétérogène.

On peut voir, dans la résonance qu'entretiennent ces trois passages, une variation du célèbre « Le sang appelle le sang[1] », mais ce serait restreindre l'interprétation à son seul niveau symbolique.

Les échos entretenus ici (entre la blessure de Don Ciccio et la tâche sur la robe de Mary, entre le sang jailli de la croix et celui issu de la tête tranchée du Comte, entre les gros plans des militaires déstabilisés par la voix de Kurtz et le visage agonisant de ce dernier isolé de son corps) le sont par un dispositif installant la différence dans la répétition. Ce qui en trace la liaison est la violence. Le sang apparaît toujours comme la résultante de la pénétration de la chair par un quelconque moyen, et révèle une réalité organique dont le cinéma copie l'importance : qui saigne témoigne de son appartenance au vivant. Anéantir l'enveloppe charnelle, rappeler sa vulnérabilité, ramène, par analogie, toute créature filmique à un statut de mortel et, plus profondément, à celui d'une construction qui peut aussi se défaire. Il y a du rituel dans cette opération et l'on peut s'interroger sur la valeur accordée à l'épanchement du liquide. On y lit alors la représentation d'un moment symbolique, qui est celui du sacrifice[2].

Lorsque l'on parle de sacrifice sous son versant religieux (son creuset natal), on évoque, tout autant que l'acte, son destinateur et destinataire, puisque c'est en tant que mise en image d'un archétype (obéissance à Dieu ou naissance du monde) orchestrée par le représentant de la communauté dans laquelle il s'exerce, qu'il se conçoit. La séquence-clef est celle de la fin *d'Apocalypse Now* dans laquelle Kurtz, le militaire-dictateur, est abattu par Willard, son bourreau-disciple, tandis que la tribu des indigènes, sur laquelle il règne, tue, en la découpant, une vache sacrée. Cette optique d'évacuation de l'organique est une manifestation du sang sur le mode qui n'est pas simplement celui de la dénégation hollywoodienne, mais, bien, de l'ingestion primitive. Les giclées d'étincelles (le sabre de Willard) composent, en ce sens, une possible métamorphose du fluide en énergie pure, flamboyante, solaire. Le dispositif reprend, en cet instant, ce que le héros lui a ravi le laissant à son pauvre statut de corps immobile et disloqué. En ce sens, la fin de *Dracula* qui, après la décapitation du héros, le réinstalle dans le cadre de l'image picturale (Elizabeta et lui unis pour l'éternité dans la fresque), pousse, de manière extrême, ce discours métaphorique d'un châtiment exercé par un ordre qui est autant celui de Dieu que celui du cinéma, voulant rappeler, en convoquant les motifs les plus spectaculaires de son rapport analogique au vivant qu'il est le véritable créateur du mouvement

---

1. Phrase de l'homme de main de Don Tommasino dans *Le Parrain III*, appelant à la vengeance de la mort de son maître. On peut aussi évoquer Roger Caillois, *L'homme et le sacré*, Paris, Gallimard, « Folio / Essais », 2000 (première édition Gallimard, 1950), p. 111-112 : « Entre phratries rivales et associées, le sang appelle le sang ; s'il a coulé dans l'une par le fait de l'autre, les membres de celle-ci, atteints dans leur être, ne connaissent point de repos qu'ils n'aient obtenu en prestation équivalente le sang qui apaisera le mort et surtout satisfera à la loi d'équilibre qui préside aux rapports des groupes complémentaires ».

2. Eliade, Mircea, *Forgerons et alchimistes*, Paris, Flammarion, 1977, p. 24 : « La vie ne peut s'engendrer qu'à partir d'une autre vie qu'on immole » ou p. 26 : « La création est un sacrifice. On n'arrive à animer ce qu'on a créé qu'en lui transmettant sa propre vie ».

donnant à ses créatures la tentation de l'autonomie figurative. De ce fait, le dernier plan de notre film qui laisse place à la concrétisation, hors de toute attente, apportée par la gloire du divin Bien sur le Mal, signe, par la mise en gravure, la fin de la métamorphose perpétuelle, pour pénétrer dans un monde clos, figé sur une bienveillante stabilité. En entrant dans la peinture, temps absolu, espace immuable, Coppola abandonne l'image-mouvement, et c'est en tant que représentant même de son pouvoir qu'il y a sacrifié sa créature (comme Corleone perdu dans le plan large le voyant mort sur sa chaise, ou le gros plan sur Kurtz de profil).

C'est à nous que s'adressent ces cérémonies profanes et, plus exactement, à notre rapport à l'image comme miroir possible : Coppola, en mettant en scène ces condamnations, ne filme pas que l'espace d'un châtiment. Il précise le territoire de l'image comme le croisement d'un visible et d'un invisible et nous dit que, lorsque « ce que nous voyons est supporté par une œuvre de perte et quand de cela quelque chose reste[1] », c'est le manque tout entier qui nous fixe et, avec lui, notre propre peur de sujet mortel. Le cinéaste décrit ainsi la genèse de sa matière première (l'image cinématographique relais de l'image symbolique) comme la résultante d'un sacrifice. À cet instant, le sang cesse d'être le fluide qui doit rasséréner le héros pour se coaguler en une simple trace. Elle est le résidu laissé par le vivant sur l'imaginaire qui prend en charge sa part la plus évoluée, l'homme, pour la figer alors en image. Mais au nom de quoi ? On s'aperçoit que ce qui arrête les itinéraires de Corleone, Dracula ou de Kurtz, c'est leur croyance en la possibilité de fonder un univers en-soi, qui n'entretiendrait plus, avec l'ordre dominant qui les entoure (armée, société américaine ou victorienne, Dieu), les rapports permettant à ce dernier de s'auto-conserver. Les seules « bonnes » images, celles qui assurent la pérennisation des archétypes qu'elles supportent, sont alors celles qui sont nécessaires aux valeurs consacrées d'une vision du monde profondément conservatrice, liée avant tout à la fixité[2]. Croire à la mobilité des clichés à travers une figure qui rend visible ces derniers, c'est alors accepter qu'elles cristallisent notre échec à être plus que mortel.

Coppola s'est ainsi attelé à transcrire la passion de personnages aux ambitions démiurgiques, vaincus par une entité absolue qui les renvoie à leur humanité. Voilà, à notre avis, pourquoi *Dracula* est une véritable somme dans sa carrière : il fallait convoquer le plus célèbre archétype d'immortel maléfique pour découvrir que l'origine de tout photogramme (et des symboles qu'il peut enfanter) s'abreuve à la source de nos propres pertes…

---

1. Didi-Huberman, George, *Ce que nous voyons, ce qui nous regarde*, Paris, Minuit, 1992.
2. Au sens de préservation de l'équilibre, et non pas au sens politique.

Bibliographie

Astruc, Alexandre, « Quand un homme », *Les Cahiers du cinéma*, n° 39, d'octobre 1954.

Barthes, Roland, « Le troisième sens », *L'obvie et l'obtus*, Paris, Seuil, « Essais », 1992 (première édition, 1982 ; première édition de l'article dans *Les Cahiers du cinéma*, 1970).

Caillois, Roger, *L'homme et le sacré*, Paris, Gallimard, « Folio / Essais », 2000 (première édition : Gallimard, 1950).

Eliade, Mircea, *Forgerons et alchimistes*, Paris, Flammarion, 1977.

Érotisme et identité

Lydia Martin

Jusqu'en 1975, des salles de cinéma spécialisé proposaient conjointement films fantastiques et films érotiques, le fantastique permettant une mise à distance qui autorise l'émergence de fantasmes. La peur et la visualisation de fantasmes, l'angoisse et le désir, les rapports attraction-répulsion provoquent le même type de jouissance chez le public. Cette association se retrouve dans les films de vampires qui, à leurs débuts, tout en maintenant un style érotique, utilisaient la veine fantastique pour contourner la censure.

Les années 1980-1990 ont vu se préciser une nouvelle orientation du mythe du vampire caractérisée par une humanisation du héros dépossédé de son donjuanisme. Il devient une figure mélancolique, susceptible d'aimer passionnément. Le *Dracula* de Coppola mêle ainsi fantastique et érotisme sur une esthétique fin de siècle décadent. Les ingrédients érotiques se multiplient, créant une perte des repères chez des personnages animés par leurs passions ou par leur quête scientifique visant à définir les natures humaine, sexuelle, vampirique.

L'érotisme ou la perte des repères

Perte des repères religieux

La scène d'ouverture nous propulse dans un XVe siècle en proie au chaos où se mêlent cruauté et frénésie, couleurs incandescentes et bruits assourdissants, engendrant un Dracula défenseur de la chrétienté, dont la fureur n'a d'égale que sa passion pour sa promise. Les scènes de bataille le montrent traversant l'écran de gauche à droite, déplacement qui symbolise sa progression vers la victoire. Le sadisme des empalements commis au nom d'une chrétienté indifférente offre l'image d'un héros profitant de la guerre pour extérioriser des instincts que l'on pourrait qualifier d'homosexuels. Un érotisme symbolique se développe ici dans un monde exclusivement masculin. La scène d'ouverture où Elisabeta tente de retenir le guerrier — possédé par l'idée du sang — place les deux protagonistes dans une polarité bien distincte : d'une part, l'archétype du mâle, dont l'armure rouge orangé qui reproduit une musculature peu commune, symbolise le désir sanguinaire ; d'autre part, l'archétype de la féminité avec la vierge apeurée dont la main blanche effleure la cuirasse. La couleur de leurs vêtements renforce cette polarité : le rouge, teinte primaire, et le vert, teinte secondaire, sont complémentaires ; le rouge, symbole de la violence, se rattache au pôle masculin tandis que le vert sombre témoigne du caractère effacé de la femme.

Cette ouverture place le couple sous le signe d'une religiosité remise en cause par le truchement d'une dichotomie entre le bien et le mal dont les frontières s'estompent. La religiosité guerrière masculine se heurte aux préceptes de l'église qui condamne Elisabeta après son suicide, déclenchant les blasphèmes de Vlad contre Dieu. L'utilisation d'un plan en plongée qui écrase le héros revenu victorieux, et les bras qu'il lève vers la caméra sous-entendent la présence d'un être supérieur arbitrant la scène. L'épée phallique qu'il plante dans la croix reprend le thème de l'empalement tout en établissant un rapport avec la fiancée allongée devant elle, morte vierge. L'acte sexuel n'a pu s'accomplir, et l'épée opère un viol et une défloration métaphoriques de la croix dressée entre les deux amants, d'où le symbolisme du sang qui jaillit de l'entaille avant de se répandre autour du corps inerte d'Elisabeta tandis qu'un mince filet de sang s'échappe de ses lèvres entrouvertes[1].

Dans cette scène subversive d'eucharistie, les rapports entre sang et corps restent primordiaux ; l'armure de Dracula, telle une seconde peau, rappelle les illustrations de *Anatomy of the Human Body* de Henry Gray, en particulier celles qui se rattachent à la description des muscles[2]. Les liens étroits qui se tissent entre l'armure et le corps du guerrier sont renforcés par la fascination sensuelle qu'ils semblent exercer sur la jeune femme.

La mise à mort de Lucy offre une autre confrontation blasphématoire entre le religieux et l'érotisme par le biais du montage alterné. Contrairement au roman, elle s'opère au moment du mariage de Mina et de Jonathan[3]. Ce montage alterné met en parallèle les deux scènes fondées sur un rituel bien établi : le mariage, dans le calme d'une église, s'oppose à la violence et au déchaînement de la passion entre Lucy et le loup. La bande son est dominée, pendant le mariage, par le chant discret d'une religieuse et les paroles assourdies du prêtre, en roumain, tandis que les gestes modérés empêchent le contact physique ; Mina, protégée par son voile, n'a pas pour Jonathan les mêmes regards fiévreux, promesses de sensualité, qu'elle adressait au prince. Cette scène nous ramène au blasphème initial de Dracula cerné d'objets sacrés. Coppola sépare clairement, par le truchement du montage alterné, le bien et le mal, Dieu et Satan ou, du moins, sa personnification ; en effet, Dracula transfère les rituels religieux dans un contexte diabolique, en subvertissant le christianisme : tandis que le prêtre bénit le mariage, il se livre à une messe noire où il condamne Lucy à éprouver une soif éternelle de sang. Lorsqu'il prononce le mot « sang », la scène bascule à nouveau du côté du mariage : le prêtre fait communier Mina et Jonathan qui boivent dans le même calice. L'érotisme de la scène dans laquelle

---

1. Le statut d'Elisabeta est ambigu : est-elle la fiancée ou l'épouse de Dracula ? Dans la VO, est utilisé le mot « *bride* », soit future mariée ou jeune mariée, deux traductions possibles. Dans la VF, la voix-off emploie « promise ». Dans sa lettre posthume, la phrase « Puisse Dieu nous unir au paradis » (« *May God unite us in heaven* ») laisserait entendre qu'ils ne l'ont pas été sur terre. Donc, selon l'interprétation, il y a viol métaphorique de la croix avec ou sans défloration.

2. Les illustrations sont visibles sur internet aux adresses suivantes : http://education.yahoo.com/reference/gray/illustrations/index ou www.bartleby.com/107/indexillus.html. Voir en particulier les illustrations 410, 392, 412, 418.

3. Cette confrontation entre les saints sacrements et la brutalité avait déjà été exploitée par Coppola à la fin de *The Godfather* lors d'une scène de baptême entrecoupée de meurtres, selon un montage alterné.

apparaît Dracula contamine la scène parallèle du mariage : le baiser de Mina et de Jonathan se charge progressivement d'une sensualité inattendue, tandis que le loup dévore une Lucy consentante, dans un acte de vampirisme exacerbé qui se pare de nuances sexuelles rendues explicites par l'alternance avec la scène du baiser. On assiste alors à une subversion des rituels religieux par le biais de la parodie chrétienne, et à celle des codes puritains par le truchement de l'expression visuelle et sonore du désir, typique du néogothique.

> Christ was a humble carpenter; Dracula a glorious aristocrat. Christ offers light and hope, and was resurrected at dawn: Dracula rises at sunset and thrives in darkness. Christ's death at the "stake" was the moment of his rebirth: for the vampire, the stake heralds "death" and oblivion. Christ offered his own life so that others might live: Dracula takes the lives of many so that he might live. The blood of Christ is drunk at the Eucharist by the faithful; Dracula reverses the process and drinks from them. Both preach resurrection and immortality, the one offering spiritual purity, the other physical excess[1].

L'explosion finale orgasmique, avec le sang qui gicle dans toute la chambre, participe à un érotisme visuel et cinématographique (orgasme du cinéphile) ; elle est accompagnée musicalement par un *fortissimo* en accord avec la nature excessive de l'expression picturale.

Perte des repères hiérarchiques

Le thème du sang rejoint la peinture de la société victorienne qui se meurt, avec la naissance d'un nouvel ordre social et la remise en question des anciennes hiérarchies dominées par l'aristocratie. Le sang est primordial dans la définition du pouvoir des classes dont il est le fondement. Or, le vampire tel qu'il a été créé par Bram Stoker provient d'une classe sociale privilégiée qui, elle aussi, touche à sa fin. L'érotisme permet de suggérer symboliquement la perversion et la gangrène qui affectent ces classes à une époque où l'eugénisme est remis en question par les théories scientifiques darwiniennes ; or, le sang, tel qu'il est associé au vampirisme, est toujours un sang malade, contaminé. La science vient opposer sa rationalité à la pureté perverse des croyances ancestrales établissant une hiérarchie à sauvegarder coûte que coûte. C'est ainsi que Lucy, malgré la fascination sexuelle qu'exerce sur elle le Texan, choisit pour époux le seul noble parmi ses trois soupirants. Dracula qui séduit les femmes avec une facilité déconcertante devient en cela une menace pour l'Angleterre victorienne.

L'érotisme entre Dracula et Lucy culmine dans la scène de la mise à mort de la jeune femme. L'approche du vampire est marquée par le réveil de Lucy et le dévoilement progressif de son corps tandis que ses gémissements et ses attouchements s'accentuent. La dichotomie entre répression et érotisme se lit dans l'opposition entre le drap blanc qui dissimule ses jambes et son déshabillé rouge qui laisse entrevoir sa poitrine par transparence. Dracula provoque l'excitation de Lucy dont le souffle se fait court tandis qu'elle promène ses mains sur son propre

---

1. Clive Leatherdale, *Dracula: The Novel and the Legend. A Study of Bram Stoker's Gothic Masterpiece*, Brighton, Desert Island Books, 1985, p. 190.

corps en adoptant des poses langoureuses. Sa chemise s'écarte, dévoilant un sein nu. Le travelling avant et le travail de post-production qui a accéléré certains instants de l'approche du vampire de façon à provoquer un mouvement saccadé nous placent en focalisation interne : on suit ses pas dont la rapidité (au début du film, une jeune femme avait mis en garde Jonathan : « *The dead travel fast* ») et l'irrégularité dégagent une force surnaturelle ainsi qu'une énergie sexuelle contenue.

Perte des repères sexuels

Dans le roman, le passage où Jonathan devient la proie des concubines de Dracula constitue un des moments les plus érotiques. Sa résistance est mise à l'épreuve (le vocabulaire employé témoigne du sentiment qu'il a de mal agir) mais il succombe à la tentation érotique, à la tentation vampirique. La perte des repères sexuels s'opère : la femme est celle qui projette ses fantasmes sur l'homme-objet masochiste. C'est ainsi que Jonathan, tel une jeune vierge effarouchée, épie l'avancée des femmes vampires par-dessous ses cils :

> I lay quiet, looking out under my eyelashes in an agony of delightful anticipation. [...] I was afraid to raise my eyelids, but looked out and saw perfectly under the lashes. [...] I closed my eyes in a languorous ecstacy and waited—waited with beating heart[1].

Son angoisse à l'évocation du « *wicked and [...] burning desire* » qui l'assaille reflète la répression à l'œuvre dans la société victorienne. Le film va traduire cette inversion des sexes en faisant surgir la première femme vampire entre les jambes de Jonathan, comme d'un utérus.

Perte des repères géographiques

La structure narrative de *Dracula* repose sur les déplacements géographiques des protagonistes. Coppola a maintenu tous les allers-retours entre l'Angleterre et la Transylvanie. Le premier voyage de Jonathan vers les Carpates prend l'aspect d'un parcours initiatique, dans la lignée du Grand Tour du XVIIIᵉ siècle, mais le trajet canonique est dévié et l'entraîne en des terres méconnues. Si le Grand Tour visait à éduquer les jeunes gens de bonne famille dans les domaines esthétiques et culturels, le périple de Jonathan ne l'amène pas à se confronter à des peuplades et à des coutumes diverses et variées[2]. Son apprentissage sera de nature érotique, par l'entremise des femmes vampires. La délocalisation justifie alors tous les excès. En revanche, l'érotisme est importé en Angleterre par Dracula qui initie Lucy et Mina. Lors du dîner pour lequel Mina a revêtu une robe du même rouge que le déshabillé de Lucy, trois lettres, SIN, se détachent symboliquement sur l'étiquette de la bouteille d'absinthe, « *the aphrodisiac of the self* » selon Dracula, prélude à la remémoration des événements de 1462. Étrangement, la musique se teinte de nuances inhabituelles : elle devient romantique du fait de l'ajout

1.   Bram Stoker, *Dracula*, New York / London, Norton, 1997, pp. 42-43.
2.   Contrairement à Hutter dans *Nosferatu* de Murnau, dont le voyage justifiait la peinture de sociétés aux mœurs originales.

d'un hautbois, instrument expressif au timbre mélancolique, approprié pour accompagner les violons afin de rendre l'émotion des deux personnages. Le jeu sur les demi-tons, récurrent dans la bande originale, est identique à celui de la scène du harem mais il ne s'agit plus d'un simple travail sur le chromatisme visant à traduire un malaise : le but est de suggérer le romantisme de la scène, lié à la remémoration douloureuse du passé. Le thème subit un infléchissement analogue quand Dracula rejoint Mina sous forme de brume : les cordes jouent une mélodie mélancolique doublée par la flûte ; les demi-tons et les notes suraiguës du violon appuyé par les cuivres qui, dans les passages sombres, instauraient un malaise, s'adoucissent, le violon exprimant par des vibratos expressifs le dilemme de Mina.

La scène voluptueuse du harem crée un érotisme exotique rappelant le *dis-placement* typique des XVIIIe et XIXe siècles qui permettait aux écrivains de critiquer les excès de leur époque en échappant à la censure. Projeter le récit dans un autre espace facilite l'émergence de l'érotisme. La porte en ogive, suggestive, qui donne accès à ce lieu mystérieux, n'est pas de pierre brute comme dans les châteaux médiévaux de l'Europe occidentale, elle est surmontée d'inscriptions et d'ornements suggérant l'immersion proche dans un contexte oriental d'une féerie satanique : un lit immense à même le sol, recouvert de tissus fluides et mouvants d'où émergeront les femmes vampires, de sombres et lourdes tentures aux reflets chatoyants qui estompent les murs et créent un espace irréel, l'angoisse vague de l'attente au sein de cet immense lupanar où trois superbes et dangereuses créatures aux seins nus, dont les coiffures, les bijoux et les jupes évoquent l'Orient, offriront à la victime subjuguée et consentante plusieurs petites morts.

Dans cette séquence, la musique joue sur les chromatismes. Les *glissandi* des violons, instruments les plus appropriés pour rendre une progression, s'harmonisent avec le surgissement et les mouvements langoureux des femmes vampires et reproduisent sous forme musicale soupirs et gémissements. La montée de la mélodie dans les aigus traduit la montée du désir, tandis que le thème en *ostinato* sur les notes Mi, Fa#, Sol, Fa# suit un *crescendo* qui culmine en *forte* sur des notes suraiguës des violons. Quand Dracula survient, mettant fin à la scène de vampirisme, les cuivres qui étaient apparus pendant le *crescendo* sont doublés par un violoncelle reprenant le thème dans le grave, symbole du calme revenu.

Désir masculin et désir féminin : l'érotisme comme conquête

Les échanges de regards sont porteurs de messages fréquemment explicites dans cette société victorienne réprimée sexuellement. Dans la scène du jardin, l'échange de regards entre Mina et Dracula est placé sous le signe du refus de se fier à sa perception visuelle. Elle vient de poursuivre Lucy dans un labyrinthe végétal, métaphore des méandres de l'esprit, pour la trouver en train de s'accoupler bestialement avec un monstre. Il la regarde alors, et des lumières rosées sont projetées sur elle pour signifier une reconnaissance qui lui échappe. Elle perçoit, l'espace d'un instant, comme le spectateur, le visage de Dracula jeune qui se substitue à celui du monstre. Il s'adresse à sa mémoire comme dans un rêve, et c'est l'argument qu'elle donnera à Lucy pour justifier la scène primitive qui vient de se dérouler : elle rejettera l'horreur dans un autre degré de signification, celui de l'onirisme, pour excuser et masquer la violence des pulsions sexuelles de son amie. *Le Cauchemar* de J. H. Füssli[1] semble avoir trouvé une seconde vie dans cette scène où l'incube se livre, sous les yeux de Mina, à une relation sexuelle véritable. L'érotisme bascule du côté du pôle féminin, et c'est le désir féminin qui est incarné par le monstre.

Lucy est le personnage concerné par l'expression la plus directe de l'érotisme féminin. Mina est le témoin privilégié de son libertinage verbal. Lucy demande ainsi à Quincey en se pressant contre lui si elle peut « la toucher » avant d'évoquer sa grande taille. De quoi s'agit-il donc ? De son couteau de chasse. La version illustrée de dessins pornographiques des *Mille et une nuits* que les deux amies feuillettent ensemble oriente le discours de Lucy vers une lecture libertine dont elle s'amuse. La couleur rousse de ses cheveux, ses décolletés provocants en désaccord avec sa voix enfantine font d'elle une femme enfant qui se joue des hommes en utilisant ses attraits pour les séduire. Or, Dracula, qui incarne un érotisme typiquement masculin, cherche auprès d'elle une conquête de l'érotisme féminin. Il quitte son château à l'architecture phallique : perché au sommet d'un roc, flanqué d'un précipice qui marque à la fois la frontière avec un autre monde et l'absence d'échappatoire, le bâtiment est dominé par une tour surmontée d'une coupole qui lui confère la forme d'un pénis. L'arrivée de Jonathan Harker est suivie d'un plan en contre-plongée du bâtiment facilitant l'émergence de la notion d'érection. Une fois en Angleterre, Dracula pénètre dans le parc fleuri de la demeure de Lucy, zone féminine par excellence où le spectateur l'a vue auparavant courir sous la pluie avec Mina qu'elle a embrassée au cours d'une scène homo-érotique qui offre un pendant à celles de Dracula et de Harker, comme celle du rasage ; cette poursuite hystérique des deux femmes dans le labyrinthe s'était déroulée sous les yeux de Dracula dont le visage apparaissait en surimpression au sommet du cadre[2]. Le regard qu'il portait alors sur elles et sa position dominante faisaient de lui l'équivalent d'un dieu de la sensualité, et la pluie qu'il leur envoyait avait pour but d'exciter leurs sens, non de les purifier. Le fait qu'elles aient été filmées dans le même cadre avait ôté le caractère inquiétant qu'aurait pu revêtir une contre-plongée les ayant isolées et écrasées.

La fontaine devant la fenêtre de Lucy offre une corrélation entre l'élément féminin, l'eau, et l'élément masculin, la pointe au centre de la vasque, pointe dont la taille varie au cours du film, courte quand le monstre s'approche pour la première fois de sa fenêtre, grande quand Lucy descend les marches du perron pour le rejoindre. La progression de

---

1. Johann Heinrich Füssli, *Le Cauchemar*, 1790-1791 (huile sur toile, 76,5 x 63,5 cm ; Francfort-sur-le-Main, Freies Dt. Hochstift).

2. Or la surimpression est utilisée par le mouvement impressionniste français afin de symboliser la religion.

Lucy dans le jardin correspond à une mise à nu graduelle de la jeune femme par les éléments déchaînés : son châle glisse, dévoilant un décolleté audacieux, mis en valeur par sa taille fine, et le vent fait danser sa jupe qui laisse apparaître des jambes fuselées ; pendant l'accouplement, son bustier déchiré découvre ses seins. La couleur de sa tenue peut surprendre, surtout si l'on songe à celle de Mina : la rousse est vêtue de rouge, la brune de bleu. L'inversion des associations traditionnelles s'harmonise pourtant avec la personnalité des jeunes femmes : le rouge exprime le côté déluré de Lucy, la libertine, tandis que le bleu pâle illustre la réserve de Mina. Néanmoins, l'érotisme vestimentaire ne se limite pas au personnage de Lucy : la chemise de nuit de Mina joue sur la transparence et dévoile son corps ; lors de sa course dans les escaliers, le mouvement de ses seins indique qu'elle est nue sous sa fine chemise. Le fait que les deux femmes errent dans un labyrinthe où elles sont filmées cette fois à tour de rôle et en plongée de façon récurrente suggère leur isolement et leur fragilité.

Pourquoi ce loup-garou au visage de chauve-souris pour représenter le vampire ? Le cheminement de Dracula s'oriente vers un but qui devient peu à peu explicite : la frustration de l'homme réside dans son impossibilité d'accéder à l'érotisme féminin, d'où les empalements, l'épée plantée dans la croix à la mort de la promise, ou le pieu que le fiancé de Lucy lui enfonce dans le cœur alors qu'il n'a pas pu la connaître sexuellement, Dracula l'ayant ravie pour en faire un vampire… autant de métaphores de cette frustration face à un domaine qui leur est inaccessible. Le film entier peut se lire comme une conquête de l'érotisme féminin par la gent masculine. C'est au moment où il admet être une bête que Dracula parvient à s'échapper de la représentation masculine pour atteindre une identité pré-humaine où la différence sexuelle n'est plus évidente ; et c'est alors seulement qu'il peut avoir un rapport sexuel avec une femme. Pourquoi, dans la scène du harem, ce don qu'il fait du bébé à ses concubines n'indiquerait-il pas son incapacité à les satisfaire sexuellement ? Les codes chrétiens sont subvertis : Dracula ne donne pas la vie par le biais de ses femmes, il vole au contraire les vies des autres afin d'assurer sa pérennité. Si l'érotisme peut représenter de prime abord la dégénérescence et la décadence, il offre au refoulé, par le truchement de la figure vampirique, une manière de s'exprimer, de ressurgir dans le réel.

L'érotisme et le sexe se renvoient l'un à l'autre en assurant un accès à la connaissance. Quand elle revient de Transylvanie où elle a épousé Jonathan, Mina a perdu sa virginité.

> Now that I am married I begin to understand the nature of my feelings for my strange friend.

Alors qu'elle prononce cette phrase, un travelling descendant de la caméra fait surgir graduellement au premier plan un obélisque phallique à côté duquel se tient Dracula. Mina, la femme enfant effacée, se virilise au cours du film, volant à Dracula le rôle de l'homme dans le couple, du collectionneur de conquêtes féminines. L'inversion des sexes s'opère dans la scène où il la rejoint de nuit sous forme de brume. Les couvertures se soulèvent tandis que Mina gémit doucement ; Dracula se matérialise sur elle, entre ses jambes. Peu après, il est celui qui détourne le visage pour lui avouer la honte que lui inspire ce qu'il est devenu. Mina le supplie alors de faire d'elle un vampire : elle lui suce le sang dans une scène de fellation métaphorique, tandis que Dracula tente faiblement de lui résister : « Non, non », répète-t-il en succombant au plaisir. Comme Jonathan, Dracula se métamorphose en homme-objet, en jouet sexuel masochiste qu'utilise Mina. C'est par elle que surviendra l'ultime avatar du vampire dont elle réveillera la nature pure en n'hésitant pas, dans une scène d'érotisme macabre, à l'embrasser alors qu'il se putréfie : la belle embrasse la bête et son prince réapparaît[1]. La manière dont elle lui donne la mort lui confère une fois de plus le rôle de la dominatrice : c'est avec une force surnaturelle qu'elle lui enfonce une lame phallique dans le corps avant de lui trancher la tête, en un geste qui n'est pas sans rappeler la vierge vengeresse incarnée par Judith qui, selon la théorie freudienne à la base de la sexualisation de l'épisode biblique, a utilisé sa virginité, offerte à Holopherne, le général assyrien, pour lui couper la tête, le castrant ainsi symboliquement. La femme n'est plus cette vierge tremblante qui attend, victime offerte, la visite nocturne du séducteur. La puissance féminine s'affirme dans toute sa vigueur, constituant un danger pour celle de l'homme. Et elle sera sa fin.

Un film érotique ?

Force est de constater que Coppola joue sur la panoplie de l'érotisme : jeunes femmes légèrement vêtues, attouchements, postures alanguies, réflexions osées, couleurs provocantes, musique appropriée, fantasmes et vices divers : sadomasochisme, scoptophilie, algolagnie, fétichisme, zoophilie, lactaphilie, nécrophilie, spectrophilie, domination, soumission. Cette palette d'ingrédients érotiques donne-t-elle pour autant naissance à un film de facture érotique ? Les métaphores et les comparaisons érotiques comme religieuses se multiplient au point de devenir redondantes et de faire basculer le film dans l'exagération, le fétichisme et même l'ironie. Il faut ainsi distinguer la réflexion érotique, certes très poussée, des effets érotiques.

L'érotisme, tel qu'il est exploité dans ce film, est régressif. En effet, l'acte vampirique est souvent associé à la succion du bébé. Le sang est mis en parallèle avec le lait maternel, et certains photogrammes orientent vers cette lecture : les deux trous dans le cou de Lucy sont au centre de deux cercles pigmentés par l'infection, aréoles entourant les mamelons de la femme qui deviennent, par un fondu enchaîné, les yeux brillants du loup. Le parallèle est clair : comme le lait pour le nouveau-né, le sang fournit au vampire sa nourriture connotée sexuellement ; la quête du sang assurant la pérennité du vampire symbolise une soif sexuelle jamais étanchée et qu'il faut assouvir chaque nuit. Les canines phalliques, en pénétrant la chair de jeunes femmes soumises, engendrent une jouissance

---

1.   Une structure en boucle ramène Eros-Dracula et Thanatos-Elisabeta dans la même chapelle, mais avec des rôles inversés.

que reflètent des jeux de physionomie analogues à ceux des films où est mis en scène l'acte sexuel. Cette morsure qui devient, par la métaphore du loup dans la version de Coppola, dévoration-défloration est pourtant qualifiée de « baiser » du vampire ; on en revient à cette idée de stade oral.

Pourtant, au-delà de la visualisation répétée de voluptés transgressives émerge une sensualité plus subtile. La scène du cinématographe offre un résumé de la tension inhérente à l'érotisme, entre la monstration et la suggestion. Tandis que Dracula se livre à son entreprise de séduction qu'il ne pourra d'ailleurs mener à bien en raison de sa nouvelle nature de vampire amoureux et mélancolique, le film joue sur deux plans puisqu'on voit défiler dans le fond de la salle un film érotique en noir et blanc. Dracula le romantique entraîne Mina à un bien étrange spectacle... Mais le loup qui surgit permet de basculer vers un érotisme tout en suggestions : Mina promène la main dans sa fourrure — une main gantée puisqu'elle évolue dans un cadre victorien répressif — avec une satisfaction qui assimile cet acte à une jouissance. On sait quelle utilisation la littérature et le cinéma ont fait de la fourrure et de la soie. Tandis que Mina et le prince caressent le loup, leurs mains se frôlent ; il la regarde de plus en plus intensément, et, par un transfert, c'est lui qu'elle caresse ; la transformation de Dracula en loup renforce ce rapprochement.

Une euphémisation du thème de la transfusion

Étrange que Coppola, n'occultant aucune expression visuelle de l'érotisme dans une recherche parfois un peu scolaire, ait laissé de côté la thématique de la transfusion pourtant très connotée sexuellement chez Stoker. Van Helsing souligne la nature perverse de la transfusion qu'il assimile à un acte amoureux, intimant le silence à Seward qui a donné de son sang à Lucy :

> *If our young lover should turn up unexpected, as before, no word to him. It would at once frighten him and enjealous him, too*[1].

La caméra passe rapidement sur l'aiguille qui pénètre le bras blanc de Lucy, et il n'est fait aucune exploitation du mélange des sangs des quatre donneurs à l'intérieur du corps de la jeune femme.

> *... that poor pretty creature that we all love has had put into her veins within that time the blood of four strong men*[2].

Les transfusions à répétition du roman semblent faire métaphoriquement de Lucy une prostituée passant d'homme en homme, ce que le film a occulté. Coppola a, pour ainsi dire, systématisé l'érotisme, mais les ficelles sont trop visibles, d'autant que l'équipe de tournage semble avoir pris plaisir à certaines plaisanteries dignes de « potaches », la plus évidente étant celle de l'obélisque filmé depuis une grue dont le mouvement descendant fait surgir le monument au premier plan tandis que Dracula observe la calèche où Mina commente son éveil à la sexualité et le désir qu'elle éprouve pour lui.

---

1. *Dracula*, p. 119.
2. *Ibidem*, p. 138.

Dracula est sous-tendu par plusieurs genres cinématographiques. Cette pluralité de facettes s'harmonise avec la perte de repères déjà évoquée mais remet aussi en question la nature érotique du film telle qu'elle est revendiquée par le réalisateur :

Je voulais ce film comme un grand rêve érotique[1].

Le château de Dracula renvoie aux contes de fées, et la poursuite finale dans la neige au western. *Dracula* se présente comme un exercice de style combinant les recettes des films antérieurs de vampires vampirisés par Coppola dont le travail entretient un rapport érotique avec les *Dracula* précédents. L'attachement quasi excessif du réalisateur à la beauté esthétique de toutes ces scènes, cette volonté, en fait, de privilégier à ce point la forme, n'amenuisent-ils pas la veine érotique, l'intensif l'emportant sur l'intense ?

---

1.   F. F. Coppola, in *Studio Magazine*, n° 69, janvier 1993, p. 92.

Le Démon de l'analogie :
poétique du montage et contamination[1]
Nicole Cloarec

Lorsque que Francis Ford Coppola et le scénariste James V. Hart eurent à convaincre les producteurs de la pertinence d'une nouvelle version de *Dracula*, l'argument principal qu'ils avancèrent fut qu'aucune des quelques deux cent adaptations de *Dracula* au cinéma[2] n'avait rendu justice au roman de Bram Stoker. Il est donc surprenant que le retour revendiqué au texte s'ouvre par un retour aux sources d'une tout autre nature, celles de l'histoire devenue légende. Séparé du corps du film par le titre qui affiche ostensiblement son allégeance au romancier irlandais, le prologue établit une opposition tranchée entre deux lieux et deux époques : la Transylvanie de 1462 et l'Angleterre de 1897. Ce faisant, le prologue sert de matrice au principe transgressif qui anime *Dracula*. Le vampire, c'est bien connu, est un être qui abolit les frontières, à commencer par celle qui sépare les vivants des défunts. Loin d'être un simple ajout ou un complément greffé dans un souci d'inclure différentes versions du mythe, le prologue participe pleinement à la thématique centrale du franchissement des frontières. L'ellipse monumentale que crée l'avant-propos[3] est ainsi nécessaire à la dynamique du récit, tout entière vouée au recouvrement du second par le premier.

Si l'une des premières fonctions du prologue est d'offrir une caution d'authenticité pseudo-historique à l'adaptation soit disant fidèle du roman[4], cet effet de miroir n'implique cependant pas l'étanchéité des deux récits. Bien au contraire, l'avant-propos s'insinue dans le corps du film, d'une part en imposant une structure d'ensemble circulaire, d'autre part en instaurant un certain nombre de figures affectant le montage du film lui-même, très largement subordonné au principe de l'analogie. Véritable démon, l'analogie contamine la thématique tout autant que l'aspect formel du film, la première étant soumise à une série d'échos et à la circulation de motifs[5], le second dominé par la collusion d'éléments

1. Les références au film sont notées entre crochets ; les citations du roman sont tirées de l'édition Norton, 1997.
2. D'après Dr Donald A. Reed, Président de la Count Dracula Society, interviewé dans le documentaire « Dracula : l'homme, le mythe la légende », DVD Columbia Tristar Home Video, 2003.
3. Jacqueline Nacache qualifie le prologue de protubérance par rapport à la temporalité du récit, « temps mort-vivant, temps rappelé-oublié qui accompagne le film comme un écho » *Hollywood, l'ellipse et l'infilmé*, Paris, L'Harmattan, 2001, p. 116.
4. Voir à ce sujet l'article de Gilles Menegaldo « Du texte à l'image : figurations du fantastique » in *Dracula, Cahier de l'Herne* n° 68, 1997.
5. Outre les échos de personnages joués par un même acteur, le prologue condense maintes figures qu'il s'agira de déployer au cours du récit : ainsi des ombres chinoises qui figurent la bataille contre les Ottomans, que l'on retrouve en véritable spectacle dans la baraque foraine [50:06 et 51:05] puis en fin de récit lorsque les trois femmes vampires attaquent le cheval devant Mina et Van Helsing [1:47:25].

étrangers les uns aux autres. En d'autres termes, le travail de montage va consister à lier ce qui est disjoint, à unifier le disparate et l'hétérogène, et ceci, à travers quatre figures remarquables en ce qu'elles rendent manifestes les procédés d'énonciation : le montage parallèle (*parallel editing*), la surimpression (*superimposition*), le fondu enchaîné (*dissolve* ou *lap dissolve*) et ses variantes, telles le fondu au noir (*fade out*), enfin le montage *cut* (*straight cut*) par analogie.

Examinons les tout premiers plans du prologue. Celui-ci s'ouvre sur l'image d'une coupole surmontée d'une croix, filmée en plan large et en contre-plongée. La croix, occupant la partie supérieure de l'écran, est située à la frontière d'un ciel sombre et d'une masse de nuages plus clairs, auxquels se fond une fumée. Cette dernière servira littéralement de *sfumato* entraînant une série de fondus enchaînés. Ainsi le deuxième plan fait apparaître en plan serré la même croix qui peu à peu est recouverte de fumée. La croix est de nouveau filmée sur fond rouge dans le troisième plan mais cette fois en chute libre, que souligne la plongée verticale. Enfin, à l'issu d'un troisième fondu, émerge à l'endroit où s'était fracassée la croix un croissant ottoman surmontant désormais le dôme tel qu'il était filmé au premier plan. Ainsi la rupture initiale du récit qui condense en quatre plans et deux métonymies remarquables le tournant historique que fut la chute de Constantinople en 1462 est prise dans le flux continu des fondus enchaînés. Ceux-ci non seulement occultent la rupture entre les plans, mais ces derniers sont encore liés par un point quasiment fixe à l'écran qu'occupent respectivement la croix et le croissant. Tout en permettant de visualiser plastiquement le passage du temps, le fondu enchaîné ou au noir feint d'éliminer la collure du montage en suggérant qu'une image se métamorphose en une autre à partir exclusivement d'elle-même. L'altérité du nouveau plan est ainsi comme « vampirisée », dissoute dans le Même. Telle est l'ambivalence du fondu enchaîné : alors même qu'il rend manifeste la violence transgressive du lien que l'énonciation impose entre les plans, le fondu est doté, nous dit Jean Douchet, « d'une fonction aliénante où le réel de la vie, son caractère brut [est] vampirisé par une réalité fictionnelle lisse et fluide qui captive entièrement le spectateur[1] ».

Reprenons le fil du prologue : sur un fond de carte d'Europe centrale se projette l'ombre victorieuse du croissant ottoman, sur lesquels se superposent un bras armé ainsi que les ombres dansantes de flammes, lesquelles viennent envahir l'écran au plan suivant derrière l'enseigne du dragon réduite à une ombre chinoise. La superposition d'images, tout en s'inscrivant dans la continuité des fondus enchaînés, fige le mouvement qui leur est propre. Figure permettant une concentration extrême de temps et d'espaces différents, elle correspond à un montage de surface plutôt qu'à un montage dans le plan dont le support canonique est la profondeur de champ. *Dracula* utilise de fait très peu la profondeur de champ : tout se joue à la surface du plan qui devient surface de projection. À cet égard, le parti pris de filmer la bataille comme un théâtre

---

1. « Les Fantômes de la surimpression », *Cahiers du Cinéma* n° 465, mars 1993, p. 50.

d'ombres chinoises ne correspond pas seulement à une stylisation de la violence mais bien à la logique expressive du film.

Depuis l'époque du muet, les surimpressions sont classiquement associées aux manifestations de la pensée — rêves, fantasmes et autres états mentaux des personnages. Coppola n'hésite pas à introduire ce procédé d'une manière très crue[1] (quitte à le raffiner à d'autres moments du film) : à l'issue de la bataille contre les Ottomans, alors que Dracula remercie Dieu de son aide apparaît à sa droite en surimpression le visage d'Elisabetha vers lequel le guerrier se tourne [2:40]. Ce procédé sera repris à chaque évocation de la princesse, à l'exception d'un seul plan de coupe pris entre deux plans rapprochés du visage du Comte [1:03:37]. La surimpression fait ainsi émerger le passé dans le présent diégétique. Elle permet de signifier la prégnance de ce passé qui remonte à la surface de l'écran, insérant dans le corps du film autant d'images du prologue enfouies comme en un palimpseste. Figure privilégiée qui lie les amants au-delà des contraintes spatiales et temporelles, elle est reprise en chiasme lorsque le visage du Comte apparaît en surimpression au côté de Mina dans le salon avant même que le personnage du Comte, alors assis en face de la jeune femme, n'entre dans le cadre [1:02:38], puis, le temps d'un éclair de pensée, lorsque Dracula la contemple à son chevet lors de la visite de Van Helsing [1:39:02].

De façon plus subtile, la surimpression coïncide parfois avec un effet de réflexion optique. Alors qu'un fondu juxtapose la signature de Dracula et le visage de Harker finissant de lire la lettre [9:00], ce dernier, pris dans un cadre circulaire, se révèle n'être qu'un reflet sur le verre du médaillon de Mina. Harker sert ici visuellement d'entremetteur entre Dracula et Mina qui occupent brièvement la même image. Du fait de leur puissance visuelle de condensation, fondus et surimpressions servent de façon récurrente pour signifier l'appropriation de Mina par Dracula, et le recouvrement de la jeune femme victorienne par la princesse défunte. Le portrait de Mina est particulièrement propice à cet effet. Il apparaît de nouveau en fondu sous le pouce gauche de Dracula qui appose son sceau sur le titre de sa nouvelle propriété londonienne dont l'image remplace progressivement celle du médaillon, alors que la contiguïté est encore soulignée par le son distant d'un soupir féminin [15:07].

Écart majeur par rapport au livre, les effets de montage s'évertuent à rapprocher les amants. Tous deux sont éternisés par des représentations graphiques qui s'animent à l'issue d'un fondu enchaîné. Le Comte sort ainsi d'un insert de la gravure du livre que consulte Van Helsing et qui montre Dracula, assis devant une table garnie, se restaurant sur un champ de bataille transformé en forêt de corps empalés [1:11:36]. Plus loin, le médaillon de Mina abandonné aux flammes dans l'abbaye laisse place au visage de la jeune femme alitée [1:39:02]. Leur séparation est scellée par un fondu en chiasme lorsque la larme de sang couleur d'encre qui infiltre le billet d'adieu adressé au Comte se transforme en un cercle de mer bleue sur laquelle flottent les pages du journal de Mina [1:12:07].

---

1.   Largement tombée en désuétude dans les années 1960, cette figure fut remise au goût du jour par Coppola dans son film *One From the Heart* (1982).

Lors de leur rendez-vous dans le salon [1:01:08], les transitions en fondus enchaînés entre le Comte et Mina sont parmi les plus beaux effets formels du film. La circulation des fluides — l'absinthe virant au flux sanguin — est entièrement soumise à la circularité. Filmé en très gros plan, un œil à l'iris marron s'ouvre, dont la pupille se métamorphose en une coupe ronde filmée en plongée verticale. S'y superposent le liquide versé et l'écran noyé d'absinthe ; à mesure que le verre s'emplit, comme sous l'effet d'une loupe, l'étiquette est sujette à un véritable effet de recadrage où seules restent visibles les lettres « SIN ». Plus loin, un très gros plan d'une pupille entourée cette fois d'un iris bleu se fond en gouttes d'absinthe dorées qui prennent la forme d'hématies prises dans un flux continu pour finir, à l'issue d'un autre fondu, par se cristalliser de nouveau en pupille, dans l'œil de nouveau marron de Mina. Les flous visuels suggèrent la suspension du temps au point que l'image, alors que le Comte passe sa main baguée à hauteur de son visage, perd toute figuration et devient une pure composition de lumières colorées [1:02:36].

La figure circulaire joue ainsi un rôle primordial dans les effets de transitions. Afin d'effacer la rupture spatio-temporelle initiale, le récit tout entier est pris dans une structure d'ensemble circulaire et régressive[1], à tel point que le plan final, qui dénote pourtant une rupture autrement remarquable dans le temps, celui éternel des Amants, est soigneusement amené en continuité, d'abord par l'entremise d'un raccord regard puis au moyen d'un mouvement avant de la caméra vers la fresque circulaire du plafond.

Ce n'est donc pas un hasard si le motif du cercle apparaît lors des franchissements des frontières. Alors que Jonathan fait ses adieux à sa fiancée [7:42], des plumes de paon viennent s'interposer devant le couple, se déployant tel un éventail ; à l'issue d'un lent travelling avant, le cadre se resserre sur un ocelle d'où émerge en fondu enchaîné la sortie d'un tunnel de voie ferrée. Alors que Harker quitte l'occident pour l'inquiétant orient, la frontière est doublement annihilée, prise à la fois dans le flux continu du fondu et de l'analogie formelle du cercle. De fait, les déplacements s'avèrent propices aux superpositions et fondus. Ceux-ci traduisent visuellement l'expérience du passage tout en soulignant la dimension d'infraction spatio-temporelle. Le voyage de Jonathan vers le Château [8:04] offre un exemple de superpositions multiples : quatre images sont ainsi unifiées par la dominante chromatique rouge-brun. Deux partitions se superposent, l'une verticale qui sépare le visage de Harker à gauche de la voie ferrée filmée de face à droite, l'autre horizontale où les deux tiers inférieurs sont occupés par le journal ouvert, le tiers supérieur par le train filmé cette fois latéralement et se déplaçant de gauche à droite, dessinant une ombre noire sur fond rouge. Dans un cas comme dans l'autre, les vues extérieures et intérieures occupent le

---

1. Jean-Louis Leutrat, dans *Vie des fantômes. Le fantastique au cinéma*, note : « Le retour est un grand thème cinématographique, l'éternel retour… Ramener à la vie, donner une seconde chance de vivre, réinsuffler la vie à un matériel usagé, mort, mettre en mouvement les morts-vivants, les zombies, les momies […] tels sont des sujets auxquels le cinéma a familiarisé. » Paris, *Cahiers du Cinéma*, 1995, p. 41.

même espace, si bien que toute notion de frontière est transgressée, donnant lieu à la très belle image de l'ombre du train qui évolue sur le journal de Harker.

Référence directe au roman, le motif de l'écriture et de la correspondance est un support privilégié pour les surimpressions. On serait tenté d'y chercher un équivalent visuel du caractère polyphonique du roman, qui reste un ensemble de fragments, collage d'écrits et de voix différentes. Or, si le film reproduit la tension propre au texte entre fragments et continuité, il en inverse les termes : alors que le roman propose, malgré une narration fragmentaire, une continuité diégétique[1], la diégèse du film accumule les ruptures et les limites infranchissables d'un monde à un autre, mais c'est le montage, instance de l'énonciation, qui s'ingénie à établir des liens sémantiques, des enjambements rythmiques, des recouvrements formels.

Alors que dans le roman, les différentes voix narratives s'unissent pour exclure Dracula, l'étranger, le monstrueux parce qu'il est par essence un personnage sans substance, un signifiant vide qui peut endosser une variété de formes et agir comme agent de contamination, de liaisons transgressives, de reproduction parasite, le film de Coppola d'une part humanise le Comte, l'incarne en héros romantique, d'autre part l'assimile totalement aux métamorphoses visuelles. En particulier, Jean-Philippe Trias l'a souligné, le vampire se métamorphose en brumes et autres effets atmosphériques dont l'équivalent visuel n'est autre que le fondu[2].

Le monstrueux de la contamination s'est déplacé au niveau de l'énonciation, dans la forme même du film et en particulier dans les effets de montage qui favorisent les rapprochements transgressifs. Le fondu enchaîné qui transforme les plaies vives de la morsure au cou de Lucy en deux points lumineux qui sont les yeux du loup égaré dans le nickelodéon [49:06] produit un effet proprement monstrueux alors qu'une lumière vive semble émaner des deux perforations dans la chair. Cependant, les effets de contamination et les rapprochements transgressifs ne sont pas l'apanage du fondu enchaîné et la transgression peut parfois même faire sourire, sans pour autant perdre de son pouvoir d'horreur : ainsi du raccord dans le mouvement qui semble projeter la tête décapitée de Lucy dans le plan suivant, et semble atterrir sur la table de l'auberge, se transformant au passage en rôti de bœuf saignant [1:24:15].

Enfin, *Dracula* ne serait pas signé Coppola sans un exemple symphonique de montage parallèle[3]. Créateur de tension dramatique qui

---

1. Je renvoie sur ce point à l'article de Denis Mellier « Dracula et les machines ou comment faire du Comte un roman ? », in *Textes fantômes. Fantastique et autoréférence*, Paris, Kimé, 2001 : « À lire la construction complexe de *Dracula* on s'attendrait à un dialogue des voix narratives, jouant de leurs écarts, poussant le lecteur à l'interprétation de leurs différences. C'est, à l'inverse, un monologue victorien que l'on entend. » (p. 69)

2. « La brume, ou son équivalent visuel, le fondu, commandent aux éléments, les enchaînent ou bien les fondent (le ciel devient eau, le feu soleil,…) et raccordent les images dans le tourbillon du regard de Dracula. » « Les yeux dans la brume », *Cinergon* n° 10, 2000, p. 81.

3. Depuis le premier *Godfather*, Coppola est devenu coutumier de ce genre d'effets de montage, parfois peut-être un peu faciles. C'est un montage parallèle entre le rituel du baptême et le massacre du clan adverse qui clôt *The Godfather* (1972). De même, *The*

culmine en un véritable point d'orgue, le montage parallèle peut aussi être le biais de mises en relations sémantiques. Moment charnière du récit, l'ultime attaque de Dracula contre Lucy est montée en alternance avec la cérémonie de mariage orthodoxe unissant Mina et Jonathan Harker. [1:15:00]. Au-delà d'une interprétation psychologique possible, le montage rapproche ainsi dangereusement la communion des époux qui boivent tour à tour dans la même coupe et l'union dans la malédiction « à la faim éternelle de sang humain », puis le baiser des jeunes mariés et le mouvement du loup égorgeant Lucy.

Le même procédé de montage parallèle relie la scène du labyrinthe et celle de la tempête annonçant l'arrivée de Dracula en Angleterre [36:08]. Ici, les deux lieux sont de plus unis par le mimétisme de la caméra qui chavire comme un roulis en pleine mer. Or, cet effet mimétique est quelque peu superfétatoire quant à la création de suspens ou même de sens ; c'est bien le procédé ostensible et quelque peu naïf qui prime ici, à l'image de la surimpression du visage en profil du Comte qui surplombe latéralement les deux jeunes femmes dans le jardin de Hillingham. Certes, la surimpression, tout comme celle des yeux de Dracula observant Jonathan Harker dans le train, traduit l'omnipotence du personnage et introduit une ironie dramatique, toutefois peu surprenante tant l'histoire est familière ; aussi sa nécessité est-elle davantage à rechercher dans l'assimilation qui s'établit entre le personnage de Dracula et les perturbations de la représentation, notamment à travers l'exhibition des trucages cinématographiques.

Lorsque Mina découvre Lucy sous l'emprise de Dracula transformé en homme-loup, la vision subjective de ce dernier, marquée par un rapide zoom avant, « déshabille » littéralement la jeune femme dont le réseau sanguin apparaît comme en transparence [40:52]. Suit l'insertion très rapide, entre deux plans du visage animal, d'un plan montrant le visage humain du jeune Dracula, tel un éclair aveuglant qui provoque par la suite un fondu au blanc [41:00], véritable syncope dictée par l'injonction du Comte à Mina : « *Don't see me* ». Cet ordre sera renouvelé et inversé lors de leur première rencontre dans les rues de Londres. Cette fois, l'impératif « *See me. See me now.* » affecte la vitesse du défilement filmique alors que le premier regard lancé par Mina est filmé au ralenti [43:32]. Ce n'est d'ailleurs pas l'unique perturbation du défilement filmique : à deux reprises, un bouquet [56:16] puis un buisson de fleurs [1:14:45] se fanent presque instantanément au passage de Dracula qui provoque le montage accéléré de plans discontinus, permettant de rendre visible un processus d'ordinaire imperceptible (nous y reviendrons). De même, la séquence de la rencontre dans les rues de Londres débute en adoptant la vitesse sautillante des films muets, annoncée par l'insert de manchettes de

---

Godfather 2 (1974) se termine sur les images alternées de Vito Corleone jeune qui part conquérir l'Amérique et son fils Michael, abandonné de tous. La fin d'*Apocalypse Now* (1979) montre en alternance le sacrifice du caribou et le meurtre de Kurtz. Pour citer un dernier exemple, dans *Cotton Club* (1983), des rafales de mitraillettes ponctuent un numéro de claquettes endiablé.

journaux dont l'image jaunie exhibe un grain grossier et, dans la bande son, par le ronflement régulier d'un projecteur [42:38].

On a souvent commenté la scène où Dracula emmène Mina découvrir « *the greatest attraction of the century* ». La scène, en célébrant la magie primitive des débuts du cinéma, offre une mise en abyme limpide des pouvoirs attribués au personnage de Dracula lui-même. Le spectacle projeté dans la salle, sur un écran qui se dédouble, est filmé en plan fixe et montre un homme assis qui enlace deux jeunes femmes très légèrement vêtues. L'intrigue réside tout entière en un unique plan de coupe qui amène, dans un plan fixe identique, le même homme s'apercevant avec dégoût qu'en réalité il enlace une femme beaucoup moins jeune et nettement moins jolie. Si la petite histoire attribue la naissance de la saute d'image à un accident de montage transformant soudainement, place de l'Opéra, un omnibus en corbillard, Georges Sadoul relate que Méliès, deux jours après cet incident, en fait la base même de ses premiers trucages, « les premières métamorphoses d'hommes en femmes et les premières disparitions subites qui eurent, au début, un si grand succès[1]. »

Plus qu'à un hommage[2], le film procède à une véritable assimilation du personnage aux pouvoirs magiques du cinéma. Comme le souligne Jean–François Rauger, « le vampire est ici un médium, assimilé totalement à celui dont la naissance marquera la fin du XIXe siècle : le cinéma[3] ». Dracula incarne la dimension la plus simple et la plus troublante du montage cinématographique, qui est aussi celle du fantastique : celle de l'apparaître et du disparaître[4]. La capacité du cinéma de faire apparaître ou disparaître des êtres à volonté permet les trucages les plus élémentaires et sans doute les plus efficaces qui soient car ils se jouent des conventions de lecture que les règles classiques de raccord (*cutting to continuity*) ont établies pour gommer autant que faire se peut les perturbations induites par les changements de plans. Le spectateur est ainsi plusieurs fois victime avec Harker de raccords illogiques. Aussi bien au moment où l'ombre du Comte se dissocie de son corps que lorsque Jonathan se rase, les raccords regard dévoilent une logique spatiale déréglée, d'autant que dans le premier cas la coïncidence des points de vue se révèle faussée, Harker adoptant totalement la perspective du spectateur alors qu'il lui fait théoriquement face. L'ubiquité du personnage affecte tout autant la logique du raccord dans le mouvement lorsque Mina, fuyant le Comte, disparaît au coin d'une rue pour se retrouver de nouveau face à lui [44:44]. Enfin, l'autre « Maître » qu'est Van Helsing[5] s'adonne au même tour de passe-passe dans l'espace d'un

---

1. *Georges Méliès*, Paris, Seghers, 1970, p. 107.
2. Si le spectacle d'un train arrivant face à la caméra [49:40 et 51:24] constitue un hommage évident aux frères Lumière, on peut voir une allusion directe aux trucages de Méliès dans l'apparition d'une jeune femme debout dans un cercueil et dont le squelette devient visible [51:02].
3. « La Forme-vampire », *Cahiers du Cinéma* n° 463, janvier 1993, p. 50.
4. Jean-Louis Leutrat a consacré son ouvrage *Vie des fantômes* (*op. cit.*) au développement de cette idée.
5. Le parallèle entre Van Helsing et Dracula a fait l'objet de nombreux commentaires. De la même façon que Renfield parle à son « Maître », Seward appelle Van Helsing « *my old friend and master* » (p. 105).

simple champ-contre champ, afin d'illustrer son propos auprès de son disciple : « *Do you not think there are things in this universe which you cannot understand and which are true?* » [59:58]

On le voit clairement, la question de la croyance, si prégnante dans le roman[1], est déplacée au médium cinématographique lui-même. La nature fantastique de Dracula s'exhibe dans l'artifice assumé de la mise en scène, le parti pris d'utiliser, à l'époque des images de synthèse, des vieux procédés de trucages mettant en évidence l'arbitraire du dispositif. À cet égard, le recours à des ponctuations archaïsantes traduit bien la double volonté de lier sans toutefois gommer cette opération de collure. Toute une batterie de figures de transition est ainsi empruntée au cinéma muet et à celui des années 1930 : ouvertures et fermetures à l'iris (*iris-in / iris-out*)[2], fondus au noir (*fade out*) et son inverse, l'apparition progressive de l'image (*fade in*), effets de volets latéraux (*wipe-like effects*) lorsque qu'une surface vient obturer le premier plan[3], autant de procédés fortement marqués et remarquables, qui ne peuvent manquer d'attirer l'attention sur eux-mêmes, exhibant leur propre artificialité.

Ces ponctuations génèrent des séquences au rythme plutôt ample et posé, qui contrastent vivement avec les passages au montage accéléré et découpé à l'extrême. La fin du prologue souligne l'extrême violence du sacrilège : après une série de rapides champs–contre-champs marquant de façon classique l'affrontement, une suite de plans rapprochés très brefs détaille successivement la croix profanée qui commence à saigner, le visage d'une statue d'ange versant des larmes de sang, un cierge pleurant des flots de sang, un calice en plongée recueillant le flot hématique — toutes manifestations liées par le même mouvement de flux sanguin. Mais les séquences visuellement les plus violentes sont sans conteste liées au point de vue subjectif de Dracula animal, notamment lors des différentes attaques[4]. Ce mouvement accéléré, dû à un procédé de pixilation qui sélectionne en alternance des images isolées en discontinu et une succession de prises en un temps très réduit, produit la sensation de partager une perception animale, éprouvante à l'œil humain. L'introduction de ces moments, véritables surgissements de violence

---

1. Toute la stratégie déployée par Van Helsing contre le vampire repose sur la foi inconditionnelle qu'il doit susciter chez ses compagnons : « *And there may be more times when I shall want you to trust when you cannot—and may not—and must not yet understand.* » (p. 153). Cette foi qu'il définit plus loin : « *that which enables us to believe things which we know to be untrue.* » (p. 172).

2. On trouve une fermeture à l'iris montrant Dracula exultant devant la rage désespérée de Harker, suivie d'une ouverture à l'iris sur la lettre adressée à Mina [34:09]. Autres occurrences : l'ouverture sur l'iris trouant le plan de Londres [41:58], puis celle qui introduit le pastiche de film muet dans les rues de Londres [42:45].

3. La robe du prêtre orthodoxe interprété par Anthony Hopkins vient ainsi occuper l'intégralité de l'écran [3:31].

4. L'attaque du vigile avant l'assaut final contre Lucy [1:15:06] utilise à la fois un montage très haché et de très gros plans détaillant les yeux, le visage, la main, l'œil, la fenêtre éclairée, la main à terre, la même main cette fois éclaboussée de sang. Les passages représentant la vision subjective de Dracula animal débutent à son arrivée à Londres [38:40], se poursuivent lors des assauts contre Lucy [55:09 et 1:14:45], puis lorsque le vampire se transforme en chauve-souris-vapeur verte [1:30:45] ; enfin la vision est transmise à Mina un court instant lors de la course poursuite finale [1:49:20].

animale à l'écran, semblerait donc réintroduire une altérité radicale au sein du récit. Il n'en est rien. En vérité, ces moments font partie du même processus de contrôle du temps imposé par le vampire. Le temps du récit comme celui de la narration sont manipulés au gré du Comte[1], provoquant aussi bien la suspension vaporeuse qui entoure Mina que la fenaison instantanée d'un bouquet de roses. Le Comte ne confesse-t-il pas à Mina : « *I have crossed oceans of time to find you* » ?

Dracula démontre, s'il en était besoin, combien le montage, en créant des relations signifiantes et émotionnelles, détient un immense pouvoir discursif. Dans le film de Coppola, ce pouvoir se manifeste dans l'obsession de relier le discontinu. Plus encore, le film puise dans diverses versions du mythe et emprunte à des styles hétéroclites — du fantastique poétique à la Cocteau au *gore,* comme le souligne Jean-François Rauger[2] — que le montage est chargé de lier. Sous le couvert d'un retour au texte, le film se présente comme la somme de toutes les traditions qui ont informé *Dracula* et que *Dracula* a investies. Jean-Louis Leutrat en vient même à déclarer : « On aboutit parfois à un rapiéçage, à des films faits de morceaux empruntés à droite, à gauche, des sortes de monstres de Frankenstein filmiques : le montage qui était au départ de l'idée du savant et lui permettait de donner vie se retourne et produit des objets "morts-vivants" tels que le *Dracula* de Coppola, œuvre-somme en ce qu'elle accumule toutes les références possibles, "textuelles" ou non, mais jusqu'à un point qui frôle l'indigestion. »[3]

Cette critique est largement fondée ; cependant, malgré l'hétérogénéité des références et la disparité des styles adoptés, il demeure une profonde unité attachée à l'interprétation des attributs du vampire. Ce dernier, loin d'être l'Absent du roman, l'Autre sans voix, envahit ici la surface des plans et gouverne leurs articulations. On voit l'ampleur du retournement — voire du contresens — d'un prétendu retour au texte. L'instance narrative ne s'oppose plus au vampire, figure de l'indicible et de la différence, mais est prise en charge par le Comte lui-même. La stratégie qui visait à éliminer Dracula, fondée sur la répétition et la convergence[4], est détournée à son propre avantage. Ce faisant, Dracula reste toutefois prisonnier du texte filmique. En cela, le *Dracula* de Coppola reste

---

1. Dans un récit où le temps joue un rôle déterminant, et *a fortiori* dans un récit filmique, le contrôle du temps équivaut à la maîtrise du montage et donc de la narration, en dépit des quelques commentaires omniscients de Van Helsing.
2. « *Dracula* est visiblement le résultat d'un projet démiurgique et mégalomane qui envisage d'absorber rien moins que tout ce qui l'a précédé. [...] toutes les versions du mythe sont convoquées, télescopées, mélangées. On passe ainsi du grotesque browningien au pseudo-romantisme à la Herzog, de l'hyperréalisme des effets spéciaux du cinéma américain actuel au kitsch d'un Ken Russell. Le merveilleux à la Cocteau côtoie le gore. » Jean-François Rauger, « La Forme-vampire », *op. cit.,* p. 51.
3. *Vie des fantômes, op. cit.,* p. 149.
4. « Tout l'effort des victoriens sera d'opposer à Dracula, figure de la divergence et de l'hétérogénéité des temps, des lieux et des désirs, une entreprise de la convergence et de la répétition des récits par laquelle leur somme est constituée, au fil du roman, en un texte continu. » Denis Mellier, *Textes fantômes, op. cit.,* p. 70.

tributaire du *Nosferatu* de Murnau. Ce n'est décidément pas un hasard si la première version filmique est aussi celle qui fait mourir le Comte par la lumière du jour[1]. Le vampire de Coppola est avant tout un être de cinéma qui vit des rouages de ce *medium*.

---

1. « ... si, comme le remarque encore Jean-Louis Schefer, « la lumière mange ce qu'elle montre », Dracula est le pur manifeste d'une telle théorie : comme personnage, il est une allégorie de la nuit, comme forme, il est une épiphanie du cinéma. » Julien Modot, « Les promeneurs de la nuit », *Cinergon* n°8/9, 1999/2000, p. 60.

The Exoticism of Evil. The Spectator as Vampire.
Francis Ford Coppola's *Bram Stoker's Dracula*

Eithne O'Neill

> "Nothing that I know touches it..." "He passed his hand over his eyes... "
> "For sheer terror?" I remember asking.
> "For dreadful, dreadfulness!"
> "Oh! How delicious", cried one of the women.
>
> Henry James, *The Turn of the Screw*, 1898

Between dusk and dawn, a Rumanian Count lives off the blood drunk from a virgin's proffered neck. Corrupted, the victim becomes a vampire in turn. To preserve the noble race of men, the evil-doers must come to a sticky end. And so they do, the male being decapitated, the female, impaled.

A flamboyant variation on this ghoulish yarn of grisly fates, Coppola's film is based on a figure that has but one peer. Victorian Dracula is the late Gothic counterpart of the unnamed monster jointly born of Mary Shelley's Romantic imagination and her own invention, overweening Frankenstein[1]. To his disciples, Coppola's Dracula promises life eternal, echoing the scientist's defiant cry in Branagh's *Mary Shelley's Frankenstein*, co-produced by Coppola: "No-one need ever die." Inasmuch as the vampire in *Nosferatu* (1922), Murnau's clandestine refashioning of Stoker's *Dracula*, played by the aptly named actor Max Schreck, is a speechless spook from the tomb, he resembles the grunting robotic freak that is Boris Karloff in James Whale's *Frankenstein* and *The Bride of Frankenstein* (1932, 1935). Despite Karloff's King Kong brawn, his aquiline nose, hairline, close-set eyes and fixed gaze make him a distant cousin of smooth-talking Bela Lugosi, whose baleful scowl and beetling brow in Tod Browning's *Dracula* (1931) have earned him the nickname of Public Vampire Number One[2].

Thematic and visual similarities notwithstanding, these evil wretches belong to separate lineages. A braided cape over a satin-lined cutaway proclaims Lugosi's demonic aristocracy, while Robert de Niro is an alien with massive defects. Concocted from "rifled cadavers", Frankenstein's

1. Cf. Twitchell: "The vampire is an eidolon of Romantic consciousness." "The Vampire Myth by *Dracula*", in *The Vampire and the Critics, op. cit.*, 109-115. The first single male vampire in literature is said to be *The Vampyre*, James Polidori, 1819, published a year after *Frankenstein, or The Modern Prometheus*, as Alain Garsault reminds us, while underlining the humanity of Dracula, *Positif, op.cit.*, 30.

2. The caption for a photograph reproduced in Skal's *Dark Carnival, op. cit.*, 201. Lugosi had turned down the role of the monster in *Frankenstein*. The two actors afterwards became frequent screen-partners.

creature, though he remind his maker that he is a "fallen angel", is doomed to remain a fiend. Whereas Dracula, once a man, it seems, is a human who entertains monstrous leanings. Embodied with impish suavity by Oldman, this Dracula's melancholy moments make him all the more poignant, akin to the civilised beings we are. Or claim to be. Yet, whatever the embellishments, Dracula, by virtue of his refusal of death, by his battening on the living, is on two accounts an emissary of Evil.

As a myriad of screen *Draculas* goes to show, it is, nevertheless, the vampire's wickedness that enthralls. Enjoying Coppola's portrayal of villainous wizardry, like the female listener in the framing device of James's novel, the filmgoer may smack his or her lip. At the prospect of titillation by luscious meats, of being kissed to death by an exotic foreigner? Crossing the boundaries of morals and customs, exoticism is a vehicle of the transgressive.

The term "exotic" rests here on a threefold meaning. The epithet is derived from the Greek *exôticos* for stranger, and designates that which comes from abroad. It thus applies directly to the Dracula subject-matter. From this, the second connotation arises, since, in English and French usage alike, the exotic largely refers to the visible signs and outer trappings of the Other. Seen in this light, exoticism lends itself with peculiar appropriateness to the visual media, to a register of Romanticism in Western Painting, for example, and to the popular medium that is the Seventh Art[1]. When backing up the genre of fantastic cinema, as is the case with *Bram Stoker's Dracula*, the exotic is potent stuff. In the common parlance, again of both languages, the term "exotic" implies that the strange is exaggeratedly, even extravagantly so. Describing a woman, for instance, the adjective exotic conjures up female otherness, a flaunting of sexuality, customarily deemed out of bounds.Witness the recourse to "Orientalism" in cinema, to set up the domain where essentially male fantasies are given freer rein[2]. Taunting three men, flame-haired Lucy is a flirt, the perfect fodder for vampiric lust. Dark-haired Mina boasts a more mysterious allure. Accordingly, to a consideration of Coppola's style, the exotic as flamboyance will provide a frame. In the context of late Gothic church architecture, English and French, the adjective *flamboyant* refers to the upward and outward thrust of the ornamental fillets and snuffers[3]. Echoing Nathaniel's cries in the Romantic writer, E.T. Hoffmann's "The Sand-Man," *Bram Stoker's Dracula* whirls across the screen in rings of fire.

By now an accepted hermeneutic tool, exoticism also deals with the manner in which cultural difference is perceived[4]. Beyond the lure of

---

1. From North Africa, Delacroix brought back his highly coloured scene of battle waged on horseback, "Fantasia arabe" (1832).
2. Cf. Mathew Bernstein & Gaylyn Studlar, *Visions of the E ast. Orientalism in Film*, New Brunswick, Rutgers University Press, 1997.
3. *Soufflets, mouchettes.*   ·
4. Cf. Arata's post-colonial exegesis of Stoker's *Dracula*: "The Occidental Tourist: *Dracula* and the Anxiety of Reverse Colonization", in which, when dealing with the marvellous "spectacle of variety", the author quotes Charles Boner's *Transylvania* (1856), where the latter enumerates: "The slim lithe Hungarian...the more Oriental Wallachian, with softer, sensuous air, in her style of dress and in her carriage, unlike a dweller in the West..." *Dracula*, ed. Skal & Auerbach, *op. cit.*, 464. Despite their common interest in the exotic,

faraway places, and in addition to furnishing material for artistic representation, the exotic connotes what is foreign to a norm. Hence, in *Bram Stoker's Dracula,* the Count is first referred to by the solicitor Mr. Peter Hawkins, as "this foreign eccentric". A professed openness to the picturesque bears a hint of condescension. Held *in petto* to be repellent, if not inferior, the stranger is to be expelled, like Dracula, to the dust of which he is made. However, Van Helsing from Amsterdam is also a foreigner and one who strikes Mr. Quincey P. Morris "as a god-damned witch-doctor". Much-travelled himself, the American hails from the Southern States; with his "colonial tongue" and bowie blade, he introduces more than a whiff of sexuality. He will be bloodily eliminated. Between the familiar and the remote, the wild and the tame, there is no clear-cut divide. Sensing Dracula's approach, crazed Renfield screams: "I have worshipped you from afar, now you are near."

Such shifts betray an ambivalence buried alive in the stronghold of self. For what we recognize as close to home, and what chills us as alien, amount to the same. Born in Moravia, a Viennese doctor, by unravelling the comparative etymologies of words corresponding to what *heimlich / unheimlich* signify in German, pointed so much out. This uncomfortable truth is termed the Uncanny[1]. A vehicle for the strange that is within us, exoticism can serve to project outlandish fears, i.e. the evil with which we are loath to identify. Announcing the spine-chilling events to be revealed, James' above-quoted narrator says: "Nothing I know touches it." He means quite the opposite. Once for all summed up by Henry Jekyll when he states: "man is truly two", our equivocal make-up responds to being screened before us. As viewer, as voyeur, the filmgoer is a vampire's blood-brother. In the filmic conventions of the fantastic and horror, therefore, the exotic conveys our two-facedness too. Attraction and repulsion merge in reaction to exotic figures. The phenomenon has been described as follows:

> *Vahiné, latino, bédouin, parigot ou cannibale, les figures exotiques ne nous renseignent pas sur l'Autre, mais sur nous-mêmes*[2].

What is the cannibalistic vampire if not a member of this family? Reliant on the intricacy of seduction and fear, *Bram Stoker's Dracula* draws for its exotic impact on an additional factor of spectator involvement. Decked out in the fantastic mode, fantasy, that is phantasy in the more

---

Coppola's Dracula scarcely bears out Arata's thesis of a robust, healthy vampire figure. Coppola's protagonist shows cunning and drive that spring from despair. We feel that this is the case with the novel character too, despite his violence, whereby, as Arata says, "horror arises because he appropriates and transforms bodies." At all events, Oldman's asthmatic, whimsical, rapier-sharp Count, directed by Coppola, is a descendant rather from Le Fanu or Polidori, hence a "decadent aesthete."

1. Cf. Freud's essay on "The Uncanny", 1919, *op. cit.,* vol. XV11, 217-252. In her study of spectatorship, Mayne reminds us that "no easy politics of the unconscious is possible". And that "the relationship between the 'subject' and the 'viewer' has never been resolved." *op. cit.,* 5-8. While psychoanalysis provides us with a modicum of theoretical underpinning, notably with regard to the issue of spectator identification, our study of Coppola's film is neither a psycho-sexual nor a post-colonial analysis, both the objects of thorough, ongoing investigation, but an adumbration of formal and thematic elements.

2. *Positif,* n° 528, introduction to the dossier *Exotismes, op. cit.,* 87.

specific sense of the French *phantasme*, is what the film contains. Fantasy is here the conjuring up, in the "mind's eye", of an enactment of forbidden desire, wherein the subject is always protagonist and / or witness[1]. A figment of the imagination, on which we feed for our existence, a fantasy sets dramatic and pictorial tactics into motion. Make-believe creates a moving picture, is itself mise en scène. Daydreaming is a form of this "pastime"; going to the cinema is its prime example. Part onlooker, part actor, the spectator will play along. Abetted by the distancing of fantastic staging, the spectator lets film and characters get away with murder. Dr. Seward, the pyschiatrist, takes drugs: to calm or enhance the anamorphosis of his sexual fancies? A licence to indulge in exotic practises proves handy when tackling the Toothing of Lucy Westenra.

Coppola's *Bram Stoker's Dracula* is thus defined as staging in two senses. On the one hand, it is a mise en scène of evil; on the other, the entertainment triggers the spectator's built-in mechanism of mise en scène. In the director's *Apocalypse Now*, when the viewer is borne into the air by the Wagnerian tactics of Colonel Kilgore, the underlying trope is the natural world. His *Bram Stoker's Dracula*, on the other hand, with all its 19th century scientific pretentions, belongs to the cinema of the fantastic where the supernatural has its say. Be that as it may, it is with equal operatic zest that Coppola represents the actual horrors of large-scale war, and the fantasmagoric outgrowths of the individually repressed. In these illustrations of cinema as *Gesamtkunstwerk*, the American director dwells on the staging of evil with delight. And little wonder. For it transpires that Coppola's surname is the same given to an Italian, Giuseppe Coppola, the key-character in Hoffmann's fantastic story "The Sand-Man," on which Freud bases his demonstration of the Uncanny. Coppola, the Sand-Man, recognized via the character of Coppelius, a lawyer, is the terrifying figure of one Nathaniel's childhood trauma. He puts eyes *out*. By blinding them with grains of sand, that turn into red-hot coals out of the flames. A seller of barometers and spectacles, Coppola also puts eyes *in*. A metaphor for the cinematic experience of *Bram Stoker's Dracula* is delivered through a fantastic tale of Romantic literature.

---

1.   While the spelling "phantasy" also exists in psychoanalytical usage, "fantasy" is by far the more usual. Among Freud's relevant writings in the context of spectator-identification, cf. "A Child is Being Beaten", (1919), *op.cit.*, Vol.XV11, 179-204. Furthermore, when incorporating the scene-setting (mise en scène) of memories revisited, Freud's theory of "screen-memories" postulates that "every supressed phantasy tends to slip away into a childhood scene." *op. cit.*, Vol. 111, 318 (1893-1899). Mayne gives a brief summary of the psychoanalytic theories relating to the notion of cinema itself as "fantasy", *op. cit.*, 86-92. For an English-language version of Metzian-Lacanian theories of spectator identification, cf. the sections "Identification", "Mirrors" and "The Passion for Perceiving", in *Defining Cinema, op. cit.*, 171-187.
    Elizabeth Wright sets out in broad outline Freud's text "Pyschopathic characters on the stage," *op. cit.*, Vol. V11, (1905-1906), 303-310, in which Freud deals with the strategy required to draw in the spectator who does not consciously wish to be the person on the stage, one which takes into account unconscious satisfaction.

For, between evil as staging, and the staging of evil, the spectator might have been bedazzled, when, in *Bram Stoker's Dracula*, the artificiality of the former meets the art of the latter. How to explain that he is not bewildered? The problematics is twofold: wherein resides the strength of the exotic vampire's evil desire? On this, *Bram Stoker's Dracula* draws for its momentum. Secondly, what are the constant features of the *mise en scène*, the patterns in settings, camera-work, costumes, colour,[1] music, special effects and actors' direction that incite collusion in the playing-out of passions?

In spite of, or thanks to, his tinkering with effect, and with affect, Coppola sustains in this film a tone of "high drama", replete with "drama queens", who claim high moral ground[2]. As Samuel Fuller says in Godard's *Pierrot le Fou*: "A film is a battlefield: love, hatred, violence, action, danger, in a word, emotion." Coppola aims at just that and histrionics is the mode. Encompassing all of them, to these emotions may be added a passion of mythical dimensions, and a dominant theme in world cinema. Revenge. Revenge is the spur. Through the matricial scene, through the film's resolution, Coppola is at pains to establish the topos of the festering wound of betrayal and loss. But, saith the Lord, vengeance is mine; I will repay. And here is hell-bent Dracula playing the Almighty. Disguise and dissimulation are his forte. A spectator warms to a character who puts on a good act. It follows that the staginess of his mischief and his comeuppance, the mise en scène of mise en scène, is the raison d'être of this cinematographic undertaking.

Setting the Exotic Scene

The two poles of *Bram Stoker's Dracula*, the capital of the Empire and Rumania, linked through the wreck of the Demeter, function as equally exotic *fin de siècle* vectors of bygone glamour. Lest we forget: today's spectator sees the film as a double-period extravaganza. This is highlighted by the the framing device of the curtain-raiser, a pageant of the rise of the Sickle Moon, wherein Vlad the Impaler, defends Christianity in 1462 against Turkish barbary. And loses battle, bride and faith. "It must be so nice to see strange countries." In antiphrasis to Mina's diary entry, heard in voice over, Coppola's film opens on a spectacle of gore. Thanks to shadow theatre techniques, this sequence belongs to our film heritage. The shuddering impaled are so many puppets on a stick. In the coitus interruptus scene of the exotic Cinematograph rape, we are treated to a re-run of the massacre. The

---

1. A more complete analysis of these elements lies beyond our present scope. Regarding Eiko's work, Coppola says: "*Le défi consistait à mes yeux à changer une histoire archiconnue en quelque chose de nouveau qui ferait ressortir des significations jusqu'alors inexplorées. Eiko s'est concentrée essentiellement sur les costumes, et se contentait par ailleurs de donner son avis sur tel ou tel aspect du film. Ses créations, étranges et voluptueuses, d'une originalité impressionnante, contribuèrent à rendre le film mémorable et furent récompensées d'un Oscar.*" Our French translation of the text, from which we quote, is to appear in *Positif* in the not so distant future. The colours, prime bearers of meaning, deserve full attention.
2. They accordingly befit the popular strain of fiction to which Bram Stoker's *Dracula* belongs.

Scherenschnitte that transport us to Thirties Orientalism are reminiscent of Lotte Reiniger's animated cut outs[1]. Subsequently, Coppola uses the tradition of the Shadow Theatre to underline the double life of the wealthy foreigner[2].

To go East is also to enter the past; iconographical historicizing combines with the exoticism of popular lore. Through the distancing of voice over and "the Romany tongue", exotic ritual is ushered in. Nonetheless, as the carriage hurtles across Transylvania, it is Fritz Lang's *Moonfleet*, set along the rocky coast of Cornwall, that springs to mind. Deliberately misleading, the Dracul Order's portraits nod westwards, in the direction of Dürer, while the lighting is worthy of a Rembrandt night watch. Like any respectable Victorian industrialist, the exotic Count is a collector of exotica. Slavic motifs, Celtic crosses and the Japanese influence on Hollywood cinema cluster under his vaults. The Biblical, the Germanic, the West and the Orient make nicely strange bedfellows.

In the Castle's hall, Dracula's shadow is projected as if emerging from the wings. Issuing against a back-drop into a proto-Art Nouveau decor, the bat might have billowed out from the lantern of filigree metal he holds aloft, "as did the vapor from the bottle out of which arose the genius in the Arabian Nights[3]." In contrast to Harker's stiffly Victorian tweed coat and trilby, Dracula's sweeping red robes, dressing-gowns and pale-blond Oriental wigs proclaim the makeover. And herald Lucy's floating red dress, offset by Mina, our heroine's white robe.

Oppositions in speech and diction, between received pronunciation and foreign accents stress exoticism.Since Lugosi's performance, Dracula's speech is conventionally coloured by a middle European accent. Coppola does not stint on the matter. The voice over that sketches out the historical events of Draculea is that of the cultured Central European gentleman: "I never drink...wine." A tired stereotype, Oldman's broken timbre has a sad cadence. As Dracula's pitch rises, the impression of *Sprechgesang* increases. The long-drawn out stem vowel "Transylvania" has a Romance language assonance[4]. However ludicrous the courtly pose, the spectator thrills to the Count's charged words, as he conjures up past happiness, which dovetail into those, more banal, of the innocent abroad. Romance is in the air. Lo and behold! The same stranger from abroad dares to accost, with polite gravity, in accented English, the admirable Mina. After all, he is Prince Vlad of Sachait.

---

1. German director (1899-1981) who worked with Jean Renoir, but who is known for her exquisite animated shadow shows, or *Silhouettenfilme*, in particular, *Les Aventures du Prince Achmed* (1926), *Harlekin* (1931), and *Aladdin* (1953).
2. Stressing Coppola's relationship with contemporary fantastic cinema, Bourget also brings out the wealth of filmic and Fine Arts references in *Bram Stoker's Dracula*, and is right to set this proliferation apart from the postmodernist tactics of the British director Peter Greenaway in, for example, *Prospero's Books. Positif, op.cit.* One might add the plethora of Latin tags, literary and cultural references, Shakespeare, the Bible, Gottfried August Bürger, Grimm and Coleridge, stuck, as it were, onto the written page in Stoker's work.
3. Edgar Allan Poe, "The Imp of the Perverse" (1845), *Poe. Poetry and Tales*, New York, The Library of America, 1969, *op. cit.*, p. 829.
4. *Bram Stoker's Dracula* was awarded an Oscar for sound-editing.

The Magic Carpet

In respect of motivation and identification, fantastic genre and stylistic flamboyance are accomplices that come to the spectator's rescue. Buying the convention of the fantastic, the spectator flies on the cape as it unfurls across continents and centuries; treading on it with Harker, he is endowed with the vampire's powers. Through a high angle shot, he peers down, as the Count crawls like a lizard or a babe on the Castle flags, moves on the wings of a magic carpet, an accelerated forward travelling shot, towards busy Mina from the back. Sharing the conjuror's talents, now drawn, now withdrawing, like Harker in bed with the unholy women, we run a gamut of view-points. At Dracula's side, as he undergoes his metamorphoses, into wolf or prince, identifying with Dracula and his prey, taking on other shapes, we are polymorphous. Do we then dissolve? Or, made whole at the end, re-emerge?

At home and abroad, the exoticism of evil is under way. Fluid camera movements, recourse to special effects, the brevity of sequences, seemingly following each other pell-mell, unleash a dynamic flow, propel us here and there. Within the swirl of the same diegetic space, the camera jumps from one object to another. For the first, the second often acts as a cover. This "two-timing" scans the mise en scène. Lightning shot-switches emphasize the film's discourse. In the mosaic-laden confines of a London Orthodox Church, Mina and Jonathan are united in an exotic ceremony, while Lucy is being devoured. Cross-editing highlights duplication and the duplicity of events[1]. Thus the camera moves from the ashen-faced lunatic to the medium close-shot of sultry Winona Ryder in a Victorian frame. Over her hover Dracula's Mandarin's claws. Despite his homage to woman: "The luckiest man who walks this earth is the one who finds true love." To which the response: "You found Mina. I thought I had lost her", through multiple syllepsis, alludes to the photograph, to the Count's centuries-old mourning, to his evil intent. And, by dint of dramatic irony, to subsequent changes of identity.

Westwards, we are hurtled into London, to the dawning of the cinematographic era. The high-point of the film's self-reflexivity underlines the exoticism of the art-form itself: as the Vampire gets into its stride, the Cinematograph, advertised as "The new wonder of the civilised world", will be used for vile purposes. Through Mina's eyes, we see the Vampire masquerading as a nobleman, breathing the words: "See me. See me now."

In keeping with the sophisticated clichés of evil, with the interchange of exoticisms, native and foreign, is the polyphony of narratives. Voice over and superimpositions carry the epistolary and the diary conceits. No simple expedient, however, discontinuity of sequence and discourse is endemic to the exotic evil under scrutiny. To the sound of disjointed tale-

---

1. Cross editing structures Browning's *Dracula* and *Nosferatu* as well, but in the latter especially, with a concentrated dramatic tension, and a painterly, expressionist effect of the fantastic, without either exoticism, flamboyant gyrating or romantic whirlwind of identifications. It is the difference between Expressionist fantastic, neo-Expressionist American Gothic and the Romantic fantastic.

telling, news-paper headlines, medieval woodcuts, inlays of torn and tormented bodies are collages flashed onto the screen. Such composite heterogeneity is to be ascribed to the perils of financial, medical and sexual dallying with unreliable sources "out there". A page of copperplate writing, in the left foreground, all but blots out the light in the blue mist over which lowers a Gothic Castle Dracula, a descendant of Browning's black and white studio set, and reminiscent of the English painter, James Ward's tumultuous "Gordale Scar". (1811-1815) Amid thunder peals, we read the caption of the missive penned, and hearken to Harker: "I think strange things which I dare not confess to my own soul." Whereupon, in London, gender and sex run amok. Thunder rumbles as Lucy and Mina kiss in the rain-drenched sugar-sweet bower. Dracula's landing triggers the exoticism of sex, the excitement of the animal. A topsy-turvy state of morals centres on woman.

Arabesques

The 15th century Count's leave-taking of his betrothed, and Jonathan's setting forth, simultaneously strike the film's erotic note. In teeming London, as in exotic Transylvania, through Mina/Elizabeta's vampiric clinging to the man, the woman is more sensual than her (daylight) partner. Cocking its Persian eye at the spectator, the Art Nouveau peacock feather, ostensibly a screen for an embrace, is as disturbingly exotic as the Central European setting that has preceded[1]. *Femme fatale* bestrides the screen. Added to the symbolic power and incorruptibility of the exotic male bird, the cinematic icon of the eye is flamboyantly displayed. Inquisitive, hesitant, bold, Mina's gaze leads us to the inner eye of the film's climax, when she identifies, thanks to a sixth seeing sense, through the close-ups of a prism, with a woman centuries dead.

Ostensibly a foil to her pre-Raphaelite, sex-obsessed friend Lucy, Mina Murray, is a sensible girl, of modest background, who uses a typewriter, one who harbours middle-class contempt for the cinema, the entertainment of the working-class. A pert number, betimes a snob, Mina cannot resist the exotic charm of a title. A book portrays the doings of princes and princesses galore. "How disgusting", the affianced brunette mutters, who peeks at drawings of "unspeakable acts of passion" (dixit Lucy) in a leather-bound volume with gold arabesque lettering: *Arabian Nights*. In an exotic clime, her betrothed is being drained by siren calls. Appearing to zoom in on pearly teeth, the camera shows that the Misses Murray and Westenra, like the temptresses with their beaded Oriental headdresses between the tasselled hangings, seem to have been instructed to keep their mouths half open[2]. The spectator is ready for more.

---

1.   One of the finest examples of this motif is James McNeill Whistler's Peacock Room for the Frederick Leyland House, 1876, on display in the Freer Gallery of Art, Smithsonian Institution, Washington, DC.

2.   Via the "horror" of the evil dimension in Coppola's *Bram Stoker's Dracula*, the *mise en scène* of deranged orality that characterize the "mad" scenes and their relevance to the main plot, deserve to be dealt with.

Lucy is a "flibbertigibbet" (*tête de linotte, étourdie*). Sad though her destiny, any compassion for her, a mere vampire, who cannot tell what is happening to her, is short-lived. She must go. For her part, Mina is a *femme fatale*. Seduced by the Beast, she is a death-dealing Beauty. Snakey arabesques adorn the restaurant where the Prince presses his suit. In a dream-like apotheosis of fantastic cinema, eroticism and the return of the repressed combine in split-screen two shots. To the strains of the cello, time and place, fixed identity are abolished, as is fake. The interlude with the strange exotic friend is itself a musical arabesque. A flourish in the face of horror. Strangely, by dint of an encounter of a close kind with a vampire, Mina has become human. With a woman's frailty, she is able to face the worst in herself: "God forgive me, I do." These words were not heard in the rites of the church. Lucy has not the wherewithal to think beyond her own time. Delving into the past, Mina is replenished and attains womanhood.

Mina's release is twofold. Connecting with Elizabeta, and her / their past, she has come into touch with her feelings, has overcome the classic divide between love and sexuality. "A confused bride. Perhaps I am a bad inconstant woman". Her very self-doubts enable the spectator to identify with her above others. Yet, the nostalgia of the strange friend's loss, one that is now hers, is there to stay; it is the well-spring of the passage's lyricism, a fertile intimation of the puzzle of identity.

At the same time as Mina acknowledges her fantasy-world, the fantastic, and fantastic cinema are given their credentials. As the veil over the Uncanny is lifted, the indigenous and the exotic join. Instead of being a purple passage in a horror adaptation of worn legend, Mina's inlaid Arabesque brings to its highpoint the film's flamboyant sweep. In Coppola's *Bram Stoker's Dracula,* it is through the fusion of the Gothic and Romantic heritages that the monstrous and the human may be reconciled.

In the wake of the director, reader, and stager elect of the Dracula tale, closing in on *Bram Stoker's Dracula*, the spectator and critic has donned the paraphernalia of the vampire. After looking through "the fell Coppola's glass", unlike poor Nathaniel, he recovers his spirits. Transylvania having vanished, Dracula is banished to outer darkness, life is no longer upstaged. Passing his hands over his eyes, the spectator sees into the distance. Until, once more, night falls.

Sixième partie

Roman / Film, en regard

Le mort amoureux en son théâtre
Michel Etcheverry

The time is out of joint.
O cursed spite
That ever I was born to set it right

William Shakespeare, *Hamlet*, Acte I, scène 5

Trahison magnifique du roman de Bram Stoker, le *Dracula* de Coppola est incontestablement un film maniériste. On le lui a du reste beaucoup reproché, assimilant sa forme paroxystique à une accumulation d'effets gratuits, voire à du pompiérisme pur et simple. Les pages qui suivent se proposent de réfuter une telle accusation et de démontrer qu'au contraire le dispositif formel du film est dicté par une relecture du roman parfaitement cohérente bien qu'iconoclaste. Quitte à pratiquer un auteurisme radical, affirmons d'emblée qu'on ne comprend *Bram Stoker's Dracula* qu'en l'abordant en tant que partie au sein d'un tout : ce n'est qu'une fois replacé dans la continuité de l'œuvre de Coppola que le film démontre sa cohérence tant thématique que formelle. S'y intéresser par le prisme déformant de la seule fidélité à l'œuvre littéraire est ici un non-sens, a fortiori lorsque l'on sait avec quelle désinvolture les prédécesseurs de Coppola ont accommodé l'œuvre de Stoker sans qu'il leur en soit généralement fait grief. On ne peut certes faire l'économie d'une interrogation sur le passage de l'écrit au récit filmé, mais il paraît difficile de condamner le film sur la base du seul non-respect d'une œuvre que le grand public lit et connaît somme toute assez peu, en dépit de la notoriété de son protagoniste principal.

Time is the killer. Le film de Coppola semble faire sienne cette vieille antienne. S'il ne dédaigne pas de convoquer le ban et l'arrière-ban de l'iconographie du vampirisme, *Bram Stoker' Dracula* s'intéresse somme toute assez peu à son folklore. C'est que la tragédie de Drakul, prince de Transylvanie, n'est au fond pas tant l'accomplissement d'une vengeance que l'enfermement dans sa solitude d'un démiurge coupé du monde et du temps. Davantage que la figure du vampire, c'est donc le rapport au temps qui est au cœur du film. Comme l'écrit Pierre Berthomieu à propos de l'œuvre de Coppola :

> C'est autour de la représentation même du temps et du spectacle que s'articulent ses œuvres diverses. *Le Parrain* importe l'ambition romanesque de la saga dans le film de mafia, en multipliant les personnages et en étirant la durée. [...] Aux méandres de ce temps romanesque, qui devient un peu le sujet du film, répond le projet de *Dracula*. Filmer un temps originel : revenir aux sources d'un roman maintes fois adapté et la plupart du temps de manière infidèle. Filmer l'origine d'un héros : traquer derrière le vampire le prince-guerrier. Situer son histoire au tournant du XXe siècle et faire du film une synthèse des iconographies romantiques, gothiques, victoriennes, exotiques de l'époque. (Berthomieu 80)

Quoique souvent aussi infidèle au roman de Stoker que nombre de ses prédécesseurs, le film de Coppola n'en est effectivement pas moins bâti sur la nostalgie d'un passé révolu, qui serait ici un antan rêvé et réinventé davantage qu'une réalité remémorée : celui d'une esthétique gothique victorienne, bien sûr, mais aussi celui des origines même du cinéma, un âge des possibles où l'on pouvait avoir encore foi en la possibilité d'inventer un nouveau langage grâce au septième Art. Cette recherche faussement proustienne du temps perdu n'est certes pas l'apanage de l'œuvre de Coppola : en leur temps, *Heaven's Gate* de Michael Cimino et *Once Upon A Time In America* de Sergio Leone s'étaient déjà construits sur l'écoulement du temps et la nostalgie de ce qui n'est plus (et n'a peut-être jamais été autrement qu'en rêve), transformant la fresque historique en une réflexion mélancolique sur le vieillissement et le regret. Le film de Coppola se démarque néanmoins de ces exemples en ce qu'il ne cherche pas uniquement à ramener le chaos du monde et le tumulte de l'Histoire à un désordre intérieur existentiel ou sentimental. Tournant le dos à la logique de la reconstitution du passé, *Bram Stoker's Dracula* s'efforce plutôt de créer un ailleurs mental dont la représentation convoquerait des éléments hétérogènes susceptibles de filtrer et de transcender le réel. On lira ici et là que son dispositif formel en forme de collage renvoie à cette autre construction éclatée qu'est la forme épistolaire du roman. L'affirmation n'est pas fausse, mais demande à être nuancée, et surtout complétée.

Relecture

Si adapter c'est trahir, alors Coppola fait œuvre de subversion. Il fait même preuve d'un certain culot en intitulant *Bram Stoker's Dracula* un film qui renverse la majeure partie des postulats du roman tout en feignant d'en suivre la ligne narrative. Le livre exploite toutes les déclinaisons d'une fantasmatique de la domination : à l'emprise de Dracula sur ses victimes répond le combat des chasseurs de vampire pour sauver Lucy, puis Mina, et ce faisant préserver le pouvoir social qu'ils exercent sur elles. Selon une logique quasiment tribale, il faut empêcher l'intrus venu d'ailleurs de mettre la main — au propre comme au figuré — sur les femmes du clan. Jonathan Harker a beau proclamer *ubi et orbi* son amour pour Mina, le roman semble devoir moins à une sensibilité romantique exaltant la passion amoureuse qu'à une obsession psycho sexuelle de l'affirmation de soi par le contrôle psychologique et sexuel de l'autre. C'est que le livre de Stoker repose sur une peur panique de la sexualité féminine, considérée comme objet d'effroi en même temps que de fascination perverse. À la chasteté de Mina, incarnation de la pureté et de la soumission à l'ordre masculin, vient s'opposer la sensualité bestiale et monstrueuse des trois « fiancées » et de Lucy devenue morte-vivante. Avatars de la prostituée à la fois désirée et violemment rejetée, ces dernières incarnent la crainte qu'inspire à Stoker les manifestations de la jouissance sexuelle féminine : si le vampire a les dents longues, la femme a manifestement le vagin denté.

Aussi convaincus soient-ils du bien-fondé de leur combat, Van Helsing et ses acolytes ne sont au fond pas très différents du vampire qu'ils pourchassent. Comme Dracula, ils s'efforcent d'asseoir ou de préserver une supériorité masculine qui ne saurait tolérer un plaisir féminin qui ne lui soit pas subordonné. L'objectif est donc fondamentalement maintenu, même si les méthodes diffèrent : ordonnateur du plaisir tout autant que corrupteur diabolique, le Comte asservit la femme en libérant son appétit sexuel, puis la domine en contrôlant une jouissance qui ne peut être ressentie qu'avec son approbation parcimonieuse ; à l'opposé, les chasseurs de vampires luttent pour défendre une pureté féminine totalement désexualisée, empêchant ainsi l'émergence d'une sensualité autonome potentiellement dangereuse pour la suprématie du mâle. Vierge ou putain, la femme est pour l'un comme pour les autres un objet qu'il faut conquérir, puis maintenir sous sa coupe afin d'éviter qu'un tiers ne s'en empare. Bien qu'antagonistes, Dracula et les chasseurs de vampires appartiennent à une même fratrie qui aspire à exercer un contrôle absolu et sans partage sur le sexe opposé.

Sans totalement évacuer cette pulsion de possession et de domination, *Bram Stoker's Dracula* lui substitue une logique ouvertement romantique de l'amour fusionnel et transcendantal. La figure féminine monstrueuse parce que sexualisée demeure, notamment avec les trois « fiancées » qui apparaissent comme des figures de la lubricité, voire de la maternité monstrueuse (elles dévorent un nourrisson, comme Lucy vampirisée ramène plus tard en son antre une petite fille). Le personnage de Mina rééquilibre néanmoins cet héritage fort peu progressiste du livre de Stoker : contrairement aux autres protagonistes féminins, le lien qui la relie à Dracula n'est pas celui de la dépendance sexuelle, mais bel et bien une passion réelle qui neutralise les pulsions prédatrices du vampire. Une scène illustre ce renversement : dans le roman, Dracula souille Mina en la contraignant à boire son sang dans une métaphore à peine voilée de fellation. Dans le film, il se refuse à condamner sa bien-aimée à un enfer sur terre, et c'est une Mina consentante qui l'implore de le vampiriser (« *Take me away from all this death* », lui dit-elle). De monstre (et bête de sexe, parfois littéralement) suscitant un mélange d'effroi et de fascination, le vampire se métamorphose en figure tragique, victime d'un *fatum* exposé dans un prologue absent du roman. Dracula est certes immortel, mais paye son immortalité de sa solitude (« *You will be cursed as I am to walk in the shadow of death for all eternity* », dit-il à Mina). Tout autant que contre le destin qui l'a fait mort-vivant, c'est contre un temps impitoyable et assassin que lutte le Drakul de Coppola, un écoulement des siècles qui le condamne à l'anachronisme au fur et à mesure que ses exploits guerriers s'éloignent dans le temps, et que ne subsiste du grand amour de sa vie qu'un souvenir de plus en plus ténu. « *Love is eternal* », proclame l'affiche américaine du film. C'est donc en faisant de Mina Harker la réincarnation d'Elisabeta, bien-aimée perdue de Dracula, que Coppola replace la problématique du temps au centre de son film : *Bram Stoker's Dracula* n'avance ainsi que pour mieux revenir à son point de départ, celui de l'amour absolu qui n'aurait jamais dû être brisé, selon une logique cyclique qui abolit l'hier et le demain. D'un cercle à l'autre : passé le bref prologue byzantin et la chute de Constantinople, c'est dans l'espace clos d'une même chapelle transylvanienne que débute et se conclut le film. Quatre siècles séparent l'ouverture de l'épilogue, comme un mauvais rêve : la parenthèse appelle donc une forme onirique à l'irréalisme revendiqué.

Formes

Contraction, dilatation, suspension : appliquée au temps, la syntaxe filmique de Dracula reprend les figures coutumières du cinéma de Coppola. Alliances identiques du cérémonial et du sanguinaire qui associent dans une même temporalité deux événement distincts : la vampirisation de Lucy montrée parallèlement au mariage de Mina et Jonathan en montage alterné, miroir des épilogues du premier *Parrain* (le baptême de la fille de Michael Corleone et l'assassinat de ses rivaux) et d'*Apocalypse Now* (l'abattage rituel de l'animal et le meurtre de Kurtz). Même brouillage des espaces qui s'interpénètrent et se confondent par le jeu des associations visuelles : dans un jardin londonien, l'iris d'une plume de paon ouvre dans une montagne le tunnel d'où débouche le train qui amène Jonathan Harker en Transylvanie sous le regard de Dracula, comme le brasier et les hélicoptères s'invitaient dans la psyché de Willard à la fin d'*Apocalypse Now* afin de mieux le ramener au cloaque primitif dont il s'éloigne. Même utilisation enfin de la bande sonore en tant que continuum structuré et acteur du film à part entière : narration en voix off (on reconnaît sur certains passages Anthony Hopkins reproduisant l'accent de Van Helsing, bien que l'identité du récitant ne soit jamais clairement établie), dialogues, musique, et effets sonores se superposent en un ballet soigneusement réglé et occupent par alternance le devant de la scène, à la manière des airs et récitatifs d'un opéra. La bande son s'associe alors au montage afin de permettre glissements et transitions, abolissant la notion de durée et désintégrant les barrières spatiales aussi bien que temporelles.

La visibilité de l'artifice est l'une des constantes du cinéma de Coppola : bien que plus marquée dans les films « expérimentaux », elle demeure néanmoins présente à des degrés divers dans l'ensemble de l'œuvre. On pense évidemment à *One From The Heart* et *Rumble Fish*, mais bien que plus « commerciaux », *Apocalypse Now* et *Bram Stoker's Dracula* ne sont-ils pas aussi à leur manière des films expérimentaux ? Dans tous ces films, l'exhibition délibérée du dispositif ne traduit cependant pas un penchant post-moderne pour la déconstruction ludique : au contraire, la visibilité de l'artifice vise à imprimer au récit un lyrisme exacerbé. Le spectacle ne perd rien à dévoiler ses machines, ses mécanismes et ses subterfuges : il y gagne au contraire en puissance évocatrice, l'irréalisme de la forme se mettant au diapason d'un propos qui refuse pour l'essentiel le naturalisme. On a évoqué plus haut souvent la dimension opératique des films de Coppola : celle-ci doit certes beaucoup à une conception symphonique du cinéma où la musique joue un rôle dramatique de premier plan. C'est du reste souvent elle qui souligne la présence des effets, qu'il s'agisse dans *Apocalypse Now* de l'anéantissement d'un village vietnamien au son d'une chevauchée des Walkyries diégétique, ou dans *Cotton Club*, de l'assassinat de Dutch Schultz présenté en montage alterné avec un numéro de claquettes, les applaudissements qui ponctuent la fin de la représentation saluant également les dernières convulsions du gangster. Comme l'explique Coppola lui-même, cité par Michel Chion :

> J'ai été influencé par les études que j'ai faites depuis quelques années sur le théâtre japonais. C'est une forme de spectacle où le décor, la musique, la danse et le chant interviennent tour à tout pour soutenir l'intrigue, et sont mis en vedette alternativement pour contribuer à tel ou tel moment particulier de l'histoire. (Chion 312)

La conception opératique du cinéma chez Coppola dépasse néanmoins le simple apport musical. L'opéra y est envisagé comme un spectacle total, où ce que l'on voit est tout aussi important que ce que l'on entend : le geste autant que la musique, la parole autant que le chant, l'apparat autant que l'interprétation. La structure même du récit est appelée à se mettre au diapason, alternant grands airs (les morceaux de bravoure tels la vampirisation de Lucy, ou la poursuite du convoi des Gitans scandé de trilles de violon), duos (les scènes hors du monde entre Mina et Dracula dans le salon privé de l'hôtel), trios (les chasseurs de vampires) et récitatifs (la voix off informant le spectateur des pouvoirs des vampires) en une succession de mouvements qui évoquent les actes d'un opéra. Au-delà de la respiration musicale, la conception opératique du cinéma appelle donc une esthétique de l'emphase et de l'excès qui ne peut s'épanouir que dans l'artificialité.

D'un point de vue pictural, le film de Coppola emprunte beaucoup à la peinture symboliste du dernier quart du dix-neuvième siècle, dont il partage nombre de préoccupations : rejet d'un monde contemporain souvent perçu comme aliénant, fascination pour des cultures anciennes, voire antiques, assimilées à tort ou à raison à des âges d'or, goût pour l'ésotérisme et la spiritualité, non d'ailleurs dépourvus d'une certaine morbidité. Ce refus d'une société industrielle tyrannique se traduit sur la toile par une aspiration au Grand Art, à la recherche d'une forme grandiose susceptible de transcender le réel et d'atteindre le sublime, et les influences picturales du film (Moreau, Khnopff entre autres) rejoignent donc la conception du cinéma en tant qu'absolu prônée par Coppola. Le paradoxe de *Bram Stoker's Dracula*, œuvre hollywoodienne par son financement et sa production, c'est de se révéler par son côté expérimental assez radicalement étranger à la conception du spectaculaire hollywoodien : là où la tradition « classique » était censée imposer l'invisibilité du dispositif afin de pas parasiter l'adhésion du spectateur à la fiction, Coppola bâtit son esthétique monumentale, à la fois romantique et baroque, sans se soucier de « lisser » l'ensemble pour en faire disparaître les coutures, les aspérités et les lignes de fracture. C'est bien ici d'une esthétique du collage et de la juxtaposition à laquelle Coppola convie son public, invité pour la circonstance à mettre entre parenthèses non seulement son incrédulité — la proverbiale *suspension of disbelief* indispensable à toute entrée dans le récit — mais également sa perception cognitive de ce qui paraît réel et de ce qui semble faux.

Ouverture

Le prologue du film semble marqué par la volonté de redonner à la figure de Dracula une dimension historique souvent absente des adaptations de l'oeuvre de Stoker. En rappelant ainsi qu'avant le vampire, il y avait un prince, *Bram Stoker's Dracula* s'inscrit dans la tradition romantique qui pose en enjeu tragique la déchéance des grandes lignées aristocratiques : on pense au *Dracula* de 1974 signé Dan Curtis, qui posait déjà le postulat d'un Dracula nostalgique obsédé par le souvenir d'un amour perdu, mais le film de Coppola pourrait tout aussi bien revendiquer l'héritage du *Guépard* de Visconti. Le personnage du Comte peut se lire comme un avatar du prince Salina, autre noble enfermé dans son château et spectateur impuissant du déclin de sa race : en témoigne la scène du portrait dans la grande salle du château et la colère de Dracula devant le sourire d'un Jonathan Harker imperméable au caractère tragique du Temps.

Dès les premières images du film, le temps de l'Histoire est présenté comme un théâtre d'ombres aux images d'inspiration expressionniste. Si la date et les événements sont bien enracinés dans la réalité historique (1453, chute de Constantinople et conquête de l'Europe centrale par les Ottomans), la représentation de la geste de Vlad Drakul, héros de la cause transylvanienne, est fort peu tributaire de l'iconographie picturale traditionnelle — et encore moins de la tradition du spectaculaire hollywoodien : à la chute et dislocation de la croix du Christ succède ainsi l'image de l'ombre du croissant ottoman s'étendant symboliquement sur la carte de l'Europe centrale. Plus tard, la victoire improbable et inespérée du Prince des Carpates sur une gigantesque armée turque est traitée à la manière du *wayang kulit*, le théâtre d'ombres indonésien qui relate les exploits légendaires de héros mythiques. Entièrement tournée en studio sur un fond écarlate censé représenter un ciel rouge sang, la bataille oppose des armées de figurines en papier, desquelles se détachent — toujours en ombres chinoises — les silhouettes de Dracula et de quelques figurants bien réels, archers transylvaniens ou janissaires ottomans. La conception de certains des costumes fait écho à l'orientalisme de la forme, telle l'armure de Dracula aux surfaces fluttées, absolument pas conforme aux prototypes historiques européens, et beaucoup plus proche de la panoplie des guerriers asiatiques, notamment des samouraïs japonais. L'influence de l'œuvre d'Akira Kurosawa ne saurait être sous-estimée : en 1980, Coppola avait produit *Kagemusha* en collaboration avec George Lucas, et le ciel écarlate du prologue de *Bram Stoker's Dracula* pourrait faire écho à la marche des armées du seigneur Shingen sur fond de crépuscule. Dans *Kagemusha* toujours, la scène du rêve où la doublure du seigneur décédé fuit et recherche à la fois le fantôme de ce dernier a sans doute exercé une influence considérable sur les recherches esthétiques qui caractérisent le film de Coppola : même utilisation du studio et de fonds peints aux couleurs primaires agressives (en particulier les rouges), même artificialité affichée d'un décor représentant le tourment intérieur d'un personnage davantage qu'une réalité physique.

La stylisation paroxystique déjoue les attentes du spectateur et permet le basculement du récit vers l'excès opératique. Formellement, le prologue de *Bram Stoker's Dracula* renvoie à l'*incipit* d'*Apocalypse Now* et à son patchwork d'hélicoptères glissant sur une mer de flammes tandis qu'apparaît en surimpression le visage indéchiffrable du capitaine Willard. On pense également au générique de *One From The Heart* où après un écran noir, un rideau de théâtre s'ouvre et révèle au spectateur le monde, puis une ville vue du ciel, et enfin un désert de sable où seules apparaissent des traces de pas humains menant au Sands Hotel. Ces films affichent en commun l'ambition de débuter le récit par une ouverture au sens opératique et musical du terme, à la différence près que le prologue de Dracula fonctionne également en tant que scène d'exposition et possède donc une finalité narrative propre. Pour acquérir la dimension tragique qui est la sienne, le personnage de Dracula doit être détaché de la réalité d'une Histoire qui ne voit en lui qu'un simple potentat sanguinaire amateur de supplices raffinés. Pour que la séquence pré-générique joue pleinement le rôle qui lui est dévolu, à savoir l'inscription du récit dans le temps du mythe et non dans celui de l'événement historique, il faut que la représentation du passé s'opère par un collage d'images symboliques, que les batailles semblent sortir d'un rêve et que les armées soient faites d'ombres, de tiges métalliques et de bouts de carton. L'Histoire intervient ici à la manière d'une chambre d'écho : elle n'est convoquée que pour fournir un antan suffisamment lointain et exotique pour pouvoir draper la figure de Dracula dans les habits de la Légende.

Architecture

Une fois brossé le portrait du personnage central, la mise en scène de *Bram Stoker's Dracula* se construit assez largement autour de figures circulaires. Le cercle renvoie bien évidemment à la boucle du temps cyclique, et reflète la construction narrative en forme d'anneau de Moebius évoquée plus haut. C'est du reste par la profanation de l'intégrité d'un cercle que commence la descente aux enfers du Prince des Carpates : reniant Dieu après le suicide d'Elisabeta, celui-ci plante son épée au cœur du motif circulaire où se rejoignent les quatre branches de la croix du Christ. Du crucifix s'écoule alors un filet, puis un flot de sang qui envahit la chapelle dans un raz-de-marée paroxystique. Ultérieurement, la représentation du sang est elle-même associée à la figure du cercle par le biais des globules rouges vus en gros plan sous le microscope de Van Helsing lorsque celui-ci évoque dans une conférence les progrès simultanés de la civilisation et de la « syphilisation ». Plus tard encore, des plans similaires de globules rouges sont insérés en montage parallèle dans certaines scènes intimes entre Mina et Dracula, leur reproduction automatique faisant écho à la reformation du couple et l'inéluctable répétition de scènes amoureuses déjà vécues par le passé.

À l'atteinte initiale faite à l'intégrité circulaire répond ultérieurement le plan en plongée verticale d'un Dracula rendu fou de chagrin par le départ de Mina, et renversant le cercle de chandeliers disposés autour de lui. Symbole du désordre de l'âme lorsqu'il est profané ou déstructuré, le cercle se révèle aussi protecteur : confronté aux trois « fiancées » de Dracula, Van Helsing les repousse en traçant sur le sol un cercle de feu qu'il leur est interdit de franchir. L'omniprésence de ces figures circulaires se fait métaphore de la structure narrative cyclique précédemment évoquée : il faut boucler la boucle et renouer le lien rompu entre Dracula et Elisabeta, jusqu'au dernier plan du film qui réinscrit les amants dans l'harmonie du cercle reconstitué. Sur le plafond de la chapelle transylvanienne, une fresque circulaire dépeint Dracula et Elisabeta, enfin réunis et libérés, flottant dans une sorte de nirvana. Au cercle profané du prologue répond l'intégrité retrouvée de ce nouveau cercle thaumaturge qui transcende le temps, abolit la souffrance et permet l'ascension vers un au-delà céleste. L'ouverture d'un cadre circulaire au sein de l'écran rectangulaire de la fiction paraît ainsi associé à l'harmonie : figure de la perfection, c'est le médaillon qui renferme le portrait de Mina qui amorce la quête de Dracula et met en marche la dynamique qui conduira à sa destruction / libération.

Au cercle figure du temps cyclique et symbole de l'éternel recommencement vient également s'adjoindre le cercle de la monstration et de la pulsion scopique. Visibilité du dispositif encore : de nombreuses transitions sont ménagées au moyen de gros plans sur l'oeil d'un personnage, le plus souvent Mina, dont la courbe de l'iris ouvre sur un autre cercle, tel celui du verre d'absinthe, la « fée verte » à laquelle l'initie Dracula. À la pupille de l'œil vient parfois se substituer l'iris du cinéma, héritage de la syntaxe du cinéma muet : envahie par l'obscurité, la carte de Londres est ainsi ramenée à la seule abbaye de Carfax. L'utilisation d'un procédé narratif aussi obsolète s'explique par le désir de revenir aux possibles d'un cinéma des origines : le muet est perçu non seulement comme la source de toute forme d'expression cinématographique, mais également comme une forme de mythe originel auquel on ne cesse de se référer (voir à ce propos l'article de Philippe Ortoli). C'est donc par le cinématographe d'Edison et des frères Lumière que Dracula et Mina sont enfin réunis dans une scène à l'archaïsme ouvertement revendiqué, le dispositif de la fiction moderne de Coppola reproduisant celui des *one-reelers* des années 1900 et 1910 : même saccade dans le mouvement, même grain prononcé de l'image, même pureté originelle des images imparfaites. En un condensé de la philosophie coppolienne du spectacle filmique, l'artifice s'exhibe pour devenir expression d'une émotion pure : les ombres du cinématographe qui fascinent tant Dracula sont aussi celles que déploie *Bram Stoker's Dracula* dans son prologue en ombres chinoises, elles expriment l'aspiration à un absolu de la représentation, à une volonté de réinventer le langage cinématographique. Travail sur l'image, encore : le film joue à de nombreuses reprises sur la visibilité des manipulations du défilement de la pellicule : accélérés, inversion du mouvement (Lucy vampire renvoyée dans son cercueil, les « fiancées » apparaissant dans le lit autour de Jonathan Harker avant d'être brutalement chassées par Dracula), effets de pixillation (suppression d'une image ou plus sur les vingt quatre qui défilent par seconde, évidente dans les plans en caméra subjective qui signifient l'invasion du manoir de Holmwood par Dracula sous ses formes diverses, physiques ou désincarnées).

Le jeu sur l'artificialité exhibée du déplacement dans l'espace se retrouve lors de l'arrivée de Jonathan Harker au château de Dracula : ce dernier glisse d'un point à un autre dans un défi apparent aux lois de la physique, l'acteur Gary Oldman étant monté sur une plate-forme mobile. L'ombre portée est une nouvelle fois utilisée de manière signifiante : la silhouette expressionniste de Dracula projetée sur le mur accuse un temps de retard — ou d'avance — sur les mouvements de l'acteur, l'effet étant obtenu par un recours à des marionnettes utilisées en ombres chinoises — on pense à nouveau au prologue et à la bataille contre les Turcs. Sa gestuelle délibérément paroxystique, son maquillage appuyé définissent d'emblée Dracula comme personnage théâtral et figure de l'excès : ce que l'on a parfois perçu — et critiqué — comme du surjeu chez Gary Oldman (en particulier son accent de transylvanien d'opérette) ne constitue pourtant en rien une forme de cabotinage. La direction d'acteurs de Coppola étant généralement précise, l'acteur ne fait que donner ce qui lui est demandé. Cultiver comme le fait *Bram Stoker's Dracula* une forme opératique exacerbée exige une interprétation en rapport avec le déploiement des effets convoqués : il faut donc jouer « haut » et jouer « large », sous peine de produire un effet de décalage (un jeu introverti en rupture avec une forme extravertie) susceptible de compromettre la cohérence de l'ensemble. C'est ainsi qu'il faut comprendre les choix de direction d'acteurs faits par Coppola, qu'il s'agisse de Gary Oldman ou de Sadie Frost (Lucy Westenra, autre personnage basculant dans l'expressionnisme une fois devenue vampire). D'une certaine façon, les interprètes n'ont guère le choix : les maquillages qu'on leur impose et la conception des costumes qu'on leur fait porter ne se prête pas à un jeu naturaliste. Le goût coppolien pour l'apparat opératique s'exprime dans la multiplication des robes et capes aux traînes interminables qui confèrent aux personnages une spectaculaire solennité : le manteau écarlate de Dracula aux proportions démesurées renvoie à la robe de mariée blanche de Lucy, figure de la virginité corrompue. Le cas d'Anthony Hopkins est plus complexe : voix de la science et d'un apparent rationalisme, Van Helsing est de tous les personnages du film celui qui manifeste le plus grand appétit mystique. Sa soif de connaissance le pousse à interroger le monde pour en percer les secrets fondamentaux. Là où le roman le dépeignait comme un homme de science, *Bram Stoker's Dracula* en fait davantage un alchimiste à la recherche de sa pierre philosophale. Comme Dracula, Van Helsing est un démiurge assoiffé du pouvoir que procure la connaissance, ce qui justifie l'interprétation baroque et excentrique de Hopkins, à la limite de la surcharge. Mais une fois encore, ce qui pourrait apparaître comme une tendance au surjeu est légitimé par les parti-pris formels du film.

À cette stylisation agressive des personnages s'ajoutent des compositions picturales et surtout une déconstruction / reconstruction de l'espace qui accentuent l'impression d'une omniprésente artificialité. En un sens, certains des lieux deviennent des personnages, à l'image de l'anthropomorphisme du château de Dracula, dont la forme évoque un moloch assis sur son trône. Son architecture tant interne qu'externe semble défier les lois de la géométrie euclidienne par ses surfaces aux lignes de fuite incompréhensibles, et en tout cas peu compatibles avec l'impression d'ensemble que l'on en a : lors de son évasion, Jonathan Harker se faufile le long d'une corniche avant de rouler sur un pan de mur que l'on découvre en pente alors qu'il devrait logiquement être vertical. Dans une moindre mesure, on citera le plan fameux où, observé par Harker, Dracula arpente une muraille apparemment verticale telle une araignée : la géométrie y est une fois de plus aléatoire, la position en surplomb de Harker et les angles de caméra suggérant un mur à 45 degrés, voire une surface horizontale plutôt qu'un à-pic. Enfin, pensons à la crypte du château où vivent les « mauvais rêves » — et les trois fiancées — qui inverse les lois de la gravitation et fait s'écouler vers le plafond les gouttes de nectar libérées par Harker. La vraisemblance architecturale est ici sans importance : il s'agit avant tout de créer un espace mental, un lieu de la démesure opératique qui libère pulsions inavouées (le plaisir éprouvé par Harker lorsqu'il est « violé » par les trois femmes vampires) et souvenirs tragiques (la décrépitude matérielle du château renvoyant métaphoriquement au déclin d'un Dracula claque-muré dans son chagrin et entouré des vestiges de sa gloire évanouie). À l'opposé, les lieux « réalistes » telle la demeure des Westenra apparaissent en regard totalement artificiels et révèlent leur nature de décor par l'utilisation d'un éclairage délibérément trop vif et trop lumineux. En témoignent ces plans de Mina en robe blanche dans un jardin, puis un salon baignés d'une lumière trop parfaite pour être celle du jour. Sans doute inspirées par Fernand Khnopff (on pense à « Portrait de Marguerite ma sœur »), ces images reflètent, dans la plus pure tradition symboliste, la vacuité du tangible et du quotidien : elles appellent une recherche de ce qui se cache derrière les apparences et sollicitent à terme l'irruption du fantastique et donc du transcendant, sous la forme de l'animal ou du monstre. La juxtaposition du corps féminin plus ou moins dénudé et de l'animal monstrueux sursexualisé, voire simplement à l'irruption du surnaturel renvoie ainsi aux toiles de Gustave Moreau (*Apparition*, *Fée et Griffon*, entres autres).

La réorganisation de la cosmogonie habituelle du conte vampirique gothique est donc réelle, même si Coppola feint de respecter les figures traditionnelles (le château gothique, la demeure victorienne, l'abbaye en ruine et la crypte). Le film ménage cependant des lieux de repli où peut s'exprimer l'intime, notamment le salon clos où se retrouvent Mina et son prince. Espace du tendre et de l'échappée onirique (l'absinthe), le salon est aussi celui du souvenir et de l'amour retrouvé : lorsque Mina se souvient qu'elle a été Elisabeta, les images du passé s'invitent par collage au sein de l'écran en une polyphonie visuelle qui, comme on l'a dit plus haut, abolit les barrières spatiales et temporelles normalement imposées par la lisibilité du récit de fiction. Même dans la séparation, les amants maudits sont reliés par le montage alterné, les auréoles laissées sur la lettre de rupture par les larmes de Dracula (encore des cercles...) débouchant sur le bateau qui amène Mina vers Harker et un mariage sans grande passion.

Finale

Coppola revisite le roman de Stoker de manière assez radicale en faisant paradoxalement du vampire une figure de vie et en délestant les chasseurs de vampires de leur pouvoir de mort : le film transfère ce dernier à Mina et le métamorphose en force vitale et libératrice. L'interprétation féministe est ici tentante et non dénuée de fondement, mais il serait réducteur de vouloir ramener le film de Coppola à une seule relecture thématique des rôles et des figures de pouvoir. On l'a vu, le projet de *Bram Stoker's Dracula* est en fin de compte sa propre forme, son idéal syncrétique d'un spectacle total qui convoquerait toutes les formes artistiques pour les fondre en un absolu opératique. Cela ne signifie pas que le travail thématique effectué par le scénariste James V. Hart soit vain, secondaire ou inintéressant, ni que l'œuvre de Coppola ne doive être réduite au rang de pur objet esthétique au contenu inexistant : l'Art pour l'Art, la forme (emphatique) pour la forme, comme ont souvent insisté les détracteurs de Coppola. *Bram Stoker's Dracula* a au fond tout d'un acte de foi : foi en les possibilités du cinéma, foi en la représentation et ses modalités, à condition de s'extraire de l'ornière de l'académisme. À cette croyance en la vertu du signifiant, il subordonne le signifié sans jamais pour autant le négliger.

Aux théories critiques européennes qui érigent en dogme la crise ou l'impossibilité de la représentation filmique et font du discours sur la crise le seul objet possible du cinéma, Coppola l'Américain répond par une *praxis* de l'émerveillement qui ne tolère pas le cynisme ou la dérision. À l'instar des autres cinéastes de sa génération (Spielberg, Scorsese, Lucas), il croit à la possibilité de bâtir une œuvre personnelle fondée sur le spectaculaire et les outils sans cesse réinventés du 7e Art. Cinéma de millionnaires et de chefs d'entreprise aveuglés par la fascination d'une technologie tyrannique, lit-on parfois. Mais derrière le gigantisme de la machinerie se cache la philosophie d'un artisan illusionniste. Des toiles peintes, de la lumière et des ombres, quelques gouttes de faux sang, et peut-être, au bout du compte, un enchantement éphémère qui dure jusqu'à ce que s'éteigne le projecteur : comme un cri d'amour lancé à la face du cinéma.

Bibliographie

Berthomieu, Pierre, *Le Cinéma hollywoodien : le temps du renouveau*, Paris, Nathan, 2003.

Chion, Michel, *La Musique au cinéma*, Paris, Fayard, 1995.

Du roman au film, la représentation
des femmes dans *Dracula* :
d'une culture du secret au culte de la monstration[1]

Elyette Benjamin-Labarthe

À travers la tessiture basse de Dracula, le film de Francis Ford Coppola privilégie l'intérêt totalitaire pour un seul individu Nietzschéen dont la virilité implicite tend à accréditer l'idée d'une domination du principe masculin. Car le timbre ochtonien de Gary Oldman évoque ici à la fois des profondeurs infernales et l'autorité de la loi, alors que la voix cristalline des deux jeunes femmes qu'il subjugue, par sa tessiture aigüe, connote l'angélisme d'avant la faute, généralement attribué à la femme céleste, vêtue de couleur pastel, celle qui conforte l'homme par son apparente fragilité. Ces voix rapidement montent, jusqu'à toucher à l'hystérie du cri, lorsque les jeunes femmes rient, en tournant les pages obscènes des *Contes des Mille et Une Nuits*, laissant dès lors percer une stylisation négative, absente du roman victorien, mais conforme à la fois aux représentations codifiées du cinéma hollywoodien traditionnel et aux attentes d'un public contemporain attaché à l'image convenue de la femme que diffuse la machine à rêves.

Car dans le sillage des films d'horreur des années quarante, c'est la femme maléfique, créature de désir, abandonnée à la pulsion sexuelle, dont les hommes sont incités à se prémunir, quand le message moral, à travers la beauté vénéneuse et le comportement lascif, dénonce le risque qu'encourent les hommes face au danger de la sexualité féminine. On évoquera la femme-chat, rendue inoubliable par Simone Simon (*Cat People*, Jacques Tourneur, 1942), ou Elisabeth Russell, la Dietrich satanique (*Cat People*, Jacques Tourneur, 1942, *The Curse of the Cat People*, Robert Wise, 1944), visions stéréotypées, censées conforter une misogynie ancrée dans l'imagination du spectateur puritain toujours en quête de sublimation des passions. C'est ainsi la tradition hollywoodienne qui perdure, à la fin du XXe siècle, même si la détermination sociologique du film, visant dès l'abord à séduire un public américain contemporain, l'amène à concéder quelques gestes cinématographiques en direction du féminisme ou de la mentalité politiquement correcte des années quatre vingt dix.

Ces timides avancées ou concessions ne suffiront toutefois pas à donner des femmes une vision dégagée du joug de la masculinité, même si le film joue adroitement avec le mélange des genres féminin / masculin, en accord avec les enjeux qu'impliquent les stratégies mercantiles, mais sans recréer l'esprit du roman victorien. En accord avec

---

1. Roman (S) : l'édition utilisée est celle d'Oxford University Press (1996) préfacée par Maud Ellmann. Les pages entre parenthèses se réfèrent à cette édition.
   Scénario (C) : *Bram Stoker's Dracula, The Film and the Legend*, Francis Ford Coppola and James V Hart, Newmarket Press, 1992.

les conventions du film à grand spectacle, le réalisateur va ainsi dessiner un riche entrelacs de relations symboliques liées à la féminité, en déplaçant sur l'esthétique la préoccupation éthique qui prévaut dans le roman. Aussi le spectateur, ébloui par la profusion d'éléments savamment imbriqués mais exclusifs, séduit par le baroque flamboyant, l'abondance spectaculaire qui met en concurrence décors, couleurs, musique, voix, accents et gros-plans, succombe-t-il aisément au charme de la trivialité quantitative, au détriment de la profondeur ontologique ou de l'intensité ludique. En effet, là où le *Dracula* de Coppola constitue un spectacle concentré, un catalogue d'affirmations ou de fragments additionnés, le roman permettait d'entrevoir un spectacle diffus et ambivalent doté d'une unité constitutive.

Car sans attendre à l'écran la restitution mimétique d'un film d'époque, sans doute peut-on souligner les carences liées à la re-présentation des femmes d'une ère victorienne en voie d'émancipation du joug masculin. Car elles étaient étonnamment prêtes à regarder, dans un mélange compréhensible de timidité et de témérité, la part enfouie du dionysiaque que le film montre sans lui donner de véritable légitimité.

Des effets de la décontextualisation : de la réalité sociale à un univers onirique

Divers types de femmes, généralement présentées dans leur extériorité, sont incrustées dans le film comme des joyaux, décoratifs plus qu'opératoires, folklorisées par un souci esthétisant poussé à l'extrême, marquées par le pittoresque de l'exotisme plutôt que par leur utilité dans l'intrigue. Ainsi la réalité sociale victorienne qui, en profondeur, soustendait le roman s'efface au profit d'un rêve folkloriste rehaussé par de riches mais élitistes jalons intertextuels qui témoignent d'un narcissisme certain chez le metteur en scène, sinon d'une tendance post-moderne à faire du cinéma un art citationnaire, au détriment de l'unité d'une vision personnelle. De Mina et Lucy, en passant par les trois vampirelles, en s'attardant sur les tziganes de la calèche rencontrées par Jonathan Harker, ces caractéristiques apparaissent patentes.

Transposées à l'écran, Mina et Lucy apparaissent généralement déconnectées d'un environnement historique qui pouvait rendre compte de leur éventuel courage à braver les tabous. Rarement plongées dans un décor victorien, elles se voient déplacées vers des lieux trans-historiques évocateurs d'un riche intertexte dans lesquels le spectateur peine à retrouver l'ambiance étouffante de l'environnement victorien, dont elles auront dès lors, à l'écran, moins de mérite à émerger grâce à leur témérité. C'est vers *La Belle et la Bête* de Cocteau, *Les Aventuriers de l'Arche Perdue*, la Princesse de l'Espace de Georges Lucas, La Guenièvre de l'*Excalibur* de John Boorman, et bien d'autres princesses de cinéma que le spectateur est invité à retrouver confortablement, plutôt que de ressentir une atmosphère victorienne, dès lors absente à l'écran. Les effets ainsi se substituent aux affects, que le film dès lors peine à générer. L'hybridisme des décors, et ambiances vertigineusement accolées, empêchent la vision unitaire d'un décor apte à suggérer les conditions réelles de la vie des femmes plongées dans un environnement culturel spécifique, ce malaise fin de siècle, seul à même de permettre de comprendre leur condition de femmes inconsciemment en quête d'évasion.

La réalité sociale, telle que la perçoit Jonathan Harker, celle de femmes souffrant de maladies liées à des déséquilibres hormonaux jugés mystérieux encore à l'époque, l'amène dans le roman à voir autour de lui dans le paysage humain de Transylvanie, un triste spectacle de femmes disgraciées par des goîtres, présage aux éventuels dysfonctionnement hormonaux des femmes qui l'entourent. À moins que ce ne soit la vieille paysanne qui lui offre un crucifix en guise de talisman. À l'écran, les femmes qu'il rencontre sont jeunes et belles, folklorisées à outrance, dotées d'une beauté exotique sensuelle à souhait, appel au rêve du dépaysement plutôt qu'au regard lucide porté sur la condition de femmes sous-médicalisées. Une femme mystérieuse émerge un instant de la calèche, le visage masqué par un flot de pièces de monnaie. Le détail est censé connoter la domination de femmes d'un harem musulman, allusion furtive peu opératoire dans le film, là encore évocation des femmes objets, subreptice et vite abandonnée, comme le sera plus tard la vision d'un mariage orthodoxe, dans un mélange adultère de religions qui décrédibilise le sérieux moral de l'intrigue initiale. À moins ici encore que l'image ne serve qu'à rehausser la richesse intertextuelle du film, par l'évocation en filigrane, de Maria Ouspenskaya, la tzigane archétypale, mère de Béla Lugosi, dans *The Wolf Man* (George Wagner, 1941). Car le public d'âge mûr se souvient avec délices et effroi, en 1992, de son arrivée, en calèche, éclairée par une lanterne. Ainsi l'intérêt du spectateur, sollicité par de trop nombreuses pistes d'évasion, regarde non pas *Bram Stoker's Dracula* mais le Dracula de Francis Ford Coppola.

La représentation des vampirelles n'échappe pas à cet excès de sollicitation du regard ou appel racoleur aux sens. Leur beauté lascive, leurs bouches et corps érotisés à l'extrême, montrant trop, et trop parfaitement, à force de vouloir signifier, témoignent d'un animisme absent, même si elles évoquent, à travers un art citationnaire délicat, les trois Parques pré-raphaélites, tellement plus énigmatiques dans leur gestuelle minimaliste, du *Dracula* de Tod Browning (1931). Alors que les trois femmes du roman font entendre un rire cristallin, « *a silvery, musical laughter* » (S 36) qui dénote une certaine moquerie à l'égard de leur maître, et donc les velléités d'indépendance des pulsions, sinon leur nature incontrôlable, les créatures filmiques en revanche, outrancièrement bestialisées, sont montrées dans la soumission la plus totale des femelles domptées puisque rassasiées, « *watching over him like adoring "angels"* »(C 56). La concession au lesbianisme ne tarde pas à apparaître dans l'ébauche d'une sexualité de groupe, un baiser à quatre vite censuré par le geste d'un Dracula devenu soudain puritain, geste gratuit qui exclut toute logique psychologique.

Quant à la logique sociale de l'expédition punitive, celle-ci sera soigneusement gommée par l'échappée ludique dans un folklore de légende dont l'invraisemblance criante nie toute possibilité d'adhésion, neutralisant ainsi tous les enjeux moraux qui auraient pu tarauder le public. Le Professeur Van Helsing, sévère justicier, clôt le roman par ces mots : « *for her sake* » (S 378), suggérant, par un effet allitératif, la protection des femmes mais aussi l'élimination temporaire du Serpent auquel a succombé l'éternelle Lilith, femme archétypale de la société judéo-chrétienne. Si les hommes du clan veulent la protéger, c'est principalement d'elle-même. Ils parlent en son nom, d'un ton paternaliste qui en dit long sur la peur qu'ils éprouvent à son égard. Le roman reste dominé par la voix et la frappe dactylographique de Mina, laquelle exorcise sa peur du sexe et son ressentiment à l'égard de la douceureuse domination masculine, par le défoulement et la prise de pouvoir que constitue l'écriture moderne. Mina, certes, écrit à l'écran, mais surtout dans le sillage de la domination masculine, en vassale, en total contraste avec l'idéologie du roman, où l'activité d'écriture constitue une véritable subversion des codes bourgeois et un début de psychanalyse pratiquée à l'insu des hommes. Subissant une décontextualisation qui entraîne une perte de sens, dans un esprit d'ouverture aux vertus du féminisme, les femmes du film vont s'exprimer à la première personne, dénuées de ce sens de l'étiquette victorienne qui masque la sourde rébellion potentielle à laquelle Dracula peut servir d'exutoire. Ainsi, la prise de parole apparaît peu conforme à l'esprit d'un roman où la femme doit gagner son droit à la parole, lequel ne vient que progressivement, après une longue acclimatation et une lutte sournoise contre les hommes.

Le film n'a conservé que la dimension secrétariale de la vestale, et non ses audaces compensatoires. La violence de la frappe sur le clavier résonne dans le roman comme un substitut d'acte sexuel, ou du moins un défoulement qui aurait pu être utilisé subtilement dans le film pour rendre compte des connotations sexuelles de la dactylographie. Mina à l'écran écrit paisiblement sur sa machine, dans l'atmosphère feutrée d'un salon victorien impeccablement décoré, ou dans sa chambre d'institutrice, sans que transparaisse l'intense frustration féminine née du sentiment ambigu, caractéristique de l'époque, chez les femmes de la bourgeoisie, d'être restées les vassales d'un univers féodal. Le film va intensifier le pathos attaché au statut d'institutrice, valorisant l'appartenance de classe de Mina, déplaçant l'intérêt du spectateur de masse d'une préoccupation féministe à un enjeu de lutte des classes, certes présent dans le roman, mais résiduel par rapport à l'importance de l'argument de la domination féminine. C'est donc à contre-courant de l'idéologie du roman que Mina, parlant à la première personne, affirme dans le film, non son émancipation, mais l'acceptation de la domination masculine, dans ce « *I have wanted this to happen* » (C 133), pendant le baiser sanglant au flanc de l'amant, alors que ce dernier la repousse.

Lorsqu'elle s'adresse aux hommes, en dehors de l'emprise du monstre, c'est avec déférence et sans fantaisie, alors que le roman la montrait, avec duplicité, mettre en doute le « je » dictatorial des hommes. Le « *we men* » machiste, répété inlassablement dans le roman, est supprimé dans le film, concession peut-être au féminisme, ou crainte du courroux d'associations de militantes féministes. A disparu également la magistrale accusation d'un Dracula défenseur du phallocentrisme traditionnel : « *And you, like the others, would play your brains against mine* » (S 287). car le monstre pouvait difficilement à l'écran, dans les années 90, affirmer sa dimension machiste, soit répondre aux attentes d'une mentalité politiquement correcte, diffuse au sein du public. De là peut-être, la nécessité de lui faire endosser l'identité positive d'un amoureux tendre et délicat, teinté de féminité, laquelle le dote d'une motivation plus généreuse face à la gent féminine.

L'interrogation passionnée de Mina quant à la nature du féminin, aux rôles ascriptifs donnés aux femmes dans la société, aux différences communément reconnues qu'elle met constamment en doute, constitue un contrepoint sémantique que le scénario a également choisi d'occulter au profit d'une affirmation de surface du statut de sujet de la femme, sans que celle-ci toutefois y apparaisse vraiment émancipée. Ainsi les jeux antagoniques fréquents, entre « *as a woman* » d'un côté, « *as a man* » (S 230) de l'autre, remise en cause feutrée des rôles sexuels, auraient-ils enrichi le scénario d'une dimension ironique sinon authentiquement féministe, en montrant comment la liberté se construit à partir d'une interrogation passionnée et non par rapport à des postulats comme ceux qu'énoncent les femmes du film cantonnées à utiliser un « je » péremptoire souvent caricatural.

Des effets de la monstration quantitative

Face au vêtement féminin, Bram Stoker s'avère le maître du dévoilement qui conduit à l'érotisme, alors que Coppola est passé maître dans l'art de l'obscénité artistique, d'une monstration qui confine à l'hallucination du détail susceptible d'engendrer une fascination voyeuriste. La femme devient spectacle magnifiquement impur, vêtue de la couleur archétypale du beau sulfureux. À ce titre Lucy, somnambule, en guise de tenue nocturne, porte une robe-bustier de mousseline garance, au défi de toute vraisemblance, si ce n'est que le réalisateur recrée une atmosphère culturelle fin de siècle à travers les flots de mousseline rouge évocateurs d'*Obsession*, tableau célèbre du peintre polonais Wojcieh Weiss (1899). Ainsi vêtue d'une robe décalée par rapport à la logique de l'intrigue mais justifiée par l'histoire culturelle fin de siècle, elle présente toutefois une vision superficielle de la femme perverse habillée pour séduire, même si elle emprunte aux peintres symbolistes leur prédilection pour une couleur rouge censée également connoter la décadence.

C'est bien la beauté plastique et la provocation de la nudité qui dominent la scène du point de vue de la réception, alors que dans le roman, vêtue d'une simple chemise blanche, Lucy court, « *only in her nightdress* » (S 89). Seules les prémices de la nudité sont ici subtilement évoquées. Elle en ressort « *unclad* » (*ibid.*), nue, après qu'un nuage a soustrait la scène du cimetière au regard du lecteur. Le non-dévoilement du corps, associé à la mention de la nudité soudaine, se contente de suggérer l'acte sexuel et le viol du sombre prédateur aux yeux rouges, sécrétant ainsi un érotisme absent de la scène filmique, ainsi qu'un sens de l'interdit que seul peut suggérer ce qui n'est pas montré. À ce titre encore, c'est la luxuriance du décor baroque du cimetière, Caryatides sculptées dans la pierre, faunes dispersés dans le jardin, végétation mouillée, qui est censée évoquer, par une débauche de signes, un XVIIIe siècle libertin, autre déplacement du lieu cette fois vers un décor, visant à créer un effet, celui d'un frémissement érotique que d'aucuns pourront trouver absent. Car dans le roman c'est l'atmosphère du cimetière minéral, dépouillée, spiritualiste, qui préside à la scène de possession fantomatique de Lucy, et non pas son contraire, la lubricité des statues de pierre qui décorent l'entrée de la crypte familiale.

En accord avec l'idéologie sexuelle contemporaine, la scène de possession physique, déréalisée par un excès de précision, devient pornographique par le détail minutieusement consigné dans les didascalies, soit « *A arque figure, erect like a wet man or a beast bends over he—mounts her between her legs* » (S 71). Sur-signifié par la tempête, la nuit, le bruit, le déguisement de la bête, l'acte sexuel devient vision opératique mais aussi clinique, faisant perdre à la scène autant sa valeur d'épouvante que le charme de son ambiguïté originelle. Car le viol de la femme, dont la réalité manifeste reste incertaine, y apparaissait partiellement fantasmatique, dans la mesure où le prédateur reste à peine entrevu, « *a white figure, something dark behind* » (S 90), peut-être une projection des fantasmes sexuels et des frustrations de Mina. Là où l'ambiguïté régnait, dans une culture du secret, par le truchement d'un passage de nuage nocturne sur le paysage ludique de marine à Whitby, le culte de la monstration qui caractérise le cinéma de Coppola assèche ici singulièrement l'intérêt pour des femmes qui perdent leur pouvoir de séduction en devenant obscènes.

Le labyrinthe paysager du château qui à l'écran se substitue au cimetière, et que traverse Lucy en courant pour aller s'allonger sur un banc, en position d'attente sacrificielle et offerte, enlève au personnage une aura de spiritualité originelle qui la grandissait. Car dans le roman, la jeune fille allait régulièrement se recueillir au cimetière. Lucy y est donc surprise par le monstre, alors que la femme en rouge du film, sans autre finalité que de céder aux pulsions, va courir sans retenue vers le désir charnel. L'utilisation de la course où le spectateur suit du regard, grâce à un jeu de caméra subtil, dans les allées tortueuses, une jeune femme à l'élégance déplacée, à l'allure moderne sinon dévergondée, contraste avec la scène où nous est à demi-révélée une jeune femme calme, triste et sage. Le roman, fidèle à ses ambiguïtés, le précise bien, le décor est vide, elle est « *quite alone* »(S 90) et non pas chevauchée par le loup-garou shakespearien qui aurait osé désobéir à Prospero en faisant de Miranda / Lucy sa victime sexuelle.

Dans les épiphanies de sublimation louable et de désublimation coupable des instincts, Lucy et Mina sont présentées dans une perspective conforme à l'attente machiste, selon les versions simples, antinomiques, surdéterminées, de la vierge, vêtue de robes sages aux bleus céruléens délicats dans les moments censés amener l'identification positive, et de la putain babylonienne vêtue de rouge dans le cas contraire. Soit encore, autre vision générique, celles de la prude jeune fille nécessairement de milieu modeste corsetée dans ses vêtements, et son contraire, la non moins générique libertine issue d'un milieu aristocratique, couverte d'un flot de dentelle blanche censé connoter la virginité certes, mais également la prétention hypocrite à une honnêteté de façade. C'est quand elle aura succombé au charme pervers de Dracula que Mina portera, comme Lucy, une robe écarlate évocatrice de la Chute imminente, celle des voiles du navire de Tristan annonciatrices de trahison et de mort, ainsi que de l'archétype féminin négatif représenté par la robe de la catin biblique. La profusion de symboles artistiquement enchevêtrés, liés à l'utilisation de la couleur pour représenter le principe féminin, amène ici encore un excès de signification nuisible au pouvoir de suggestion du film.

Telle est la provocation visuelle de la robe rouge de Lucy, totalement inutile du point de vue de l'intrigue mais si utile au regard érotisé. Il en ira de même de Mina, qui se dénude dans un déchaînement lubrique, offrant son sein à Van Helsing, alors que dans le roman le vieil homme ne manifeste qu'un timide émoi quand il lui prend la main, euphémisme censé signifier une attirance incestueuse (« *he sat by me, held my hand in his* » (S 185), touche délicatement perverse que le scénariste a transformé en scène paroxystique de déchaînement lubrique, en totale contradiction avec l'esprit du roman.

L'ambivalence féminin / masculin : de l'ambiguïté originelle aux stéréotypes

Dans la représentation filmique, les femmes apparaîtront moins responsables, plus fragiles et soumises, moins profondes ou intellectuelles, dionysiaques et peu apolliniennes, enfin victimes des hommes plutôt qu'actrices de leur propre vie. Aussi est-on est tenté d'utiliser le terme générique de « représentation de la femme », tant le film de facture hollywoodienne présente une vision de la féminité conforme aux attentes d'un vaste public soucieux de voir maintenus à l'écran les comportements codés, prévisibles, légitimés par les différences rassurantes entre les genres, auxquelles l'écriture de Stoker apporte pourtant un trouble démenti.

Dans le roman de Stoker, les hommes cèdent aux pleurs ou à l'hystérie, tels Quincey Morris, l'Américain, dont la part de féminité et clairement attestée, « *he cried… / …like a woman does* » (S 174) si bien que Van Helsing doit fermer les rideaux par peur des ragots. Le Professeur « craque », s'effondre, selon le stéréotype de la féminité éplorée, alors que Mina reste stoïque, assimilée davantage au principe masculin, selon une idéologie souvent plus proche d'une libération féminine, comme d'une présentation post-moderne parfois, du statut mêlé des genres féminin et masculin. « *We men and women are like ropes drawn tight with strain that pull us different ways* » (S 175), déclare à ce titre Van Helsing, décrivant Mina en des termes essentialistes qui portent toutefois en germe la sédition à venir quant au statu quo sur le genre.

Certes, les formules emblématiques de Stoker sont souvent transférées à l'écran, non sans avoir toutefois été souvent adroitement édulcorées. Ainsi Mina va se contenter de murmurer « *unclean, clean* » (C 137), surprise en situation d'adultère, sous le regard accusateur des hommes du clan, alors que dans le roman, si elle crie avec véhémence « *Unclean, Unclean!* » (S 283) c'est en regardant sa chemise de nuit tachée de sang, évocation indirecte du sang de la menstruation jugé impur à l'époque, dans un environnement victorien phallocentrique. Il semble que l'allusion indirecte à la blessure symbolique des femmes, liée à la perte de sang comme à la morsure de Dracula, punition symbolique de la « souillure » fortement tabouée à l'époque victorienne, le soit encore fortement dans les représentations hollywoodiennes. Cela si l'on en croit la décision du scénariste de ne pas la conserver dans la version filmée, dans la mesure où le scénario a choisi de l'omettre, le sang de la menstruation, symbolisé dans le roman par une simple goutte sur le drap blanc, pèse davantage dans l'inconscient collectif que les flots de sang rituel déversé à maintes reprises, de manière spectaculaire dans le film.

Si Mina prononce les mots « *unclean* » à l'écran (C 137), c'est avec une élision de la première syllabe, sans appuyer sur le préfixe négatif « un », stratégie sonore qui occulte tout sentiment de culpabilité, afin que ne soit pas entravée l'identification positive du public avec la femme contemporaine tout axée vers la déculpabilisation inhérente au politiquement correct. Lucy et Mina deviennent donc les victimes consentantes d'un prédateur sexuel séduisant dont elles ne souhaitent pas s'affranchir, en accord avec la tolérance molle qui caractérise les mœurs contemporaines, tout en respectant le substrat de moralisme sur lequel repose le cinéma de masse. Restant assujetties au regard concupiscent de l'homme, elles sont, dès lors qu'elles ont utilisé le pouvoir de séduction de leur corps, d'autant plus dignes d'être vampirisées, leur déchéance étant asssimilée à une punition. Incapables de dépasser la dimension charnelle, elles se contentent de subir leur propre corporalité, alors que les femmes du roman de Stoker entendaient lutter contre elle.

Au premier abord, la Lucy romanesque, jeune aristocrate convertie à l'idéologie de la *New Woman* de l'époque victorienne, dénonce la monogamie de manière anticonformiste, pour railler la chasteté avant le mariage, prônant la polyandrie avec humour et finesse. Alors qu'elles restaient savamment allusives dans le roman, les joutes intellectuelles de Lucy et Mina sont déplacées à l'écran vers des thèmes grivois, expression d'un potentiel de lubricité dont Lucy sera punie. Sa libération sexuelle à l'écran prend un tour non plus libertin, mais vulgaire et pornographique, dans l'excès de gestes sexuels (« *Lucy reaches for his crotch* », C 48) et paroles lubriques (« *let me touch it, it's so big* », C 48). Si elle refuse d'adhérer à l'image stéréotypée de la jeune femme virginale qui satisfait aux attentes d'une société aux mœurs policées, c'est pour sombrer dans un autre stéréotype, qui la libère certes maladroitement des carcans de la morale bourgeoise, mais l'enferme tout autant dans une condition inférieure. Elle apparaîtra encore assujettie au désir des hommes, prête à servir leurs besoins sexuels : « *I know what men desire* » (C 47).

Dans le texte de Stoker, Lucy et Mina rusent avec le désir des hommes, pour contourner leur autorité, conservant un mode de dire *cum grano*, à travers une ironie discrète, ou parfois même un brin de condescendance à l'égard d'hommes qu'elles s'autorisent à railler, les traitant parfois comme des enfants, des frères, ou des fils, tout autant que des amants potentiels. Représentées par Coppola, les femmes ont perdu l'humour et la ruse, le sens du détour qu'un féminisme de surface aurait voulu leur enlever. Cette dimension multiforme, élargie, des rôles et comportements de la femme reste désespérément absente de la fresque Coppolienne.

Concessions au féminisme et misogynie résiduelle

Le message essentiel du roman également s'est perdu dans le maelstrom des splendides images, de l'agressivité des couleurs, de la musique et du bruit, si bien que le spectateur rassasié trop vite n'a plus le loisir de réfléchir ou d'anticiper. Le pathos romantique et l'excès de la monstration hollywoodienne portent en eux cette occultation. Le message qui atteste de l'importance des femmes dans la société s'est perdu dans les effluves de l'amour, tant le mot « *love* », récurrent dans le film, place à nouveau les femmes en position d'infériorité, objets d'amour plus qu'entités indépendantes ou capables de nobles initiatives.

Il n'y a pas d'histoire d'amour entre Dracula et Mina dans le roman. Le film à ce titre présente une vision hérétique de l'intrigue initiale, laquelle reste axée autour de la force de résistance de Mina, toujours rétive en dépit de la force surhumaine d'un Dracula qui plutôt que de la caresser la blesse, triture ses bras meurtris, la force à aspirer son sang de manière bestiale, dans une position plus proche d'une fellation que d'un geste eucharistique. Mina confiera à ce titre dans son journal : « *that terrible and horrid position, with the mouth to the open wound in his breast* » (C 282). À travers la blessure ouverte, le film va véhiculer l'image romantique d'un Christ dévoyé, à l'exclusion d'une sauvagerie inquiétante et de l'humiliation d'une femme contrainte, dans le roman, à boire le sang assimilé au sperme, ceci de manière à peine voilée par une allusion au museau écrasé d'un chaton forcé à boire du lait dans une tasse (S, 282). Le film choisit de présenter une agression sexuelle maquillée en histoire d'amour.

À l'écran, Dracula est censé retrouver en Mina la moitié de l'âme perdue, selon la tradition d'un amour platonicien incrusté sur l'intrigue initiale. Mina, consentante, « *moans in esctasy* » (C 135) sous la morsure et la succion du sang, avouant un amour donné au public comme coupable et malsain que le mot « *love* », prononcé répétitivement par les deux personnages, comme un talisman, non sans vertu lénifiante, va intégrer subrepticement à la formule hollywoodienne. Ainsi, sous couvert du sentiment d'amour, l'assouvissement de l'instinct et la passion coupable deviennent socialement acceptables. Le film janusien oscillera sans cesse entre les deux pôles de l'amour de nature spirituelle et la passion charnelle. Mina illustre bien cette tension, quand elle affirme une détermination perverse à continuer de boire avidement le sang au flanc de l'amant. Dracula fait alors un geste de rejet, souligné par les didascalies, « *he shoves her back in anguish* » (C 135), montrant qu'il est doté d'une conscience morale, si bien que le public se voit proposer deux allégeances, l'une à la femme adultère affaiblie par la passion, l'autre à l'homme honnête incapable de résister à la tentatrice. Aucune des deux inflexions ne saurait entériner une image positive de la femme.

La valorisation des femmes dans le roman était patente. Mina n'y est pas la partenaire consentante mais la courageuse victime de Dracula, si bien qu'elle tente, sans succès toutefois, de résister à ses assauts charnels, « *carnal attacks* » (296), lesquels sont responsables directement de la marque rouge provoquée sur le front par l'imposition de l'hostie, bien plus encore que l'ingestion du sang. Car si le film polarise l'intérêt du public sur le tabou du sang, spectaculaire dans sa corporalité eucharistique, c'est bien davantage le désir féminin tabou qui parcourt le texte romanesque de Stoker. Les hommes ne cessent d'essayer confusément de le dire, tel un Docteur Seward frustré qui écoute aux portes, pour entendre la chambre conjugale résonner des bruits de la machine à écrire, énonçant alors le peu énigmatique : « *the are hard at it* » (S 225). Ainsi la conscience masculine du roman s'inquiète du refoulement des pulsions sexuelles chez la femme, alors que le film semble les déplorer à travers une monstration jubilatoire.

La scène finale d'exécution du monstre témoigne également d'une idéologie négative face à la féminité, bien que faisant en apparence l'apologie du courage et de l'esprit de décision des femmes. Mina soudain, cède lâchement à son engouement pour Dracula, trahissant ainsi les siens pour pointer une arme contre eux, geste incorrect par rapport au roman où Mina se voit interdire par les hommes de porter une arme, en raison de la marque infamante qui la stigmatise. Le tabou décrété par les hommes du clan n'est nullement respecté dans le film, lequel présente un exemple d'indépendance de la femme par rapport à l'homme, mais celle d'une indépendance dévoyée, concédée aux femmes comme pour dénoncer encore mieux leur faiblesse.

Le film s'avère, paradoxalement, teinté de plus de misogynie que le roman écrit un siècle plus tôt, lequel n'en était pourtant pas exempt. Car après que les hommes lui ont fait confiance, lui accordant une parcelle du pouvoir phallique, en lui concédant l'usage d'un fusil, la femme inconstante le retourne vers ses anciens amis, trahissant par ce geste faussement positif l'incapacité à sublimer une passion coupable aux yeux de la collectivité. En total contraste avec cette vision négative de la femme, l'élimination du monstre, dans le roman, fait retrouver à Mina la perfection qu'elle avait perdu en n'étant qu'une victime rétive. Si elle est réhabilitée, c'est grâce à l'intervention des hommes du groupe qui la réinscrivent dans une société policée. Dans le film, elle accomplit elle-même le meurtre rituel de l'homme qui menace pourtant la société tout entière, non par altruisme, pour débarrasser la société du monstre, mais au seul bénéfice de l'homme qu'elle a aimé dans la transgression. Dans une perspective générique, l'acte apparemment téméraire n'atteste ici que d'un simulacre d'affirmation féministe qui vient confirmer, dans le film, les aspects stéréotypés d'une présentation essentialiste de la femme.

L'échappatoire hollywoodien : du viol du gynécée à l'utopie platonicienne

L'aventure tout entière du *Dracula* de Bram Stoker tend à la protection des femmes par des hommes claniques, à travers l'élimination d'un répugnant prédateur qui ambitionnait de ravir aux hommes du groupe les génitrices censées assurer le renouvellement de l'espèce. Ces femmes alimentent également les fantasmes des hommes, en habitant dans une enceinte privilégiée, sécurisée par les mâles, un harem ludique inaccessible aux étrangers. Quand dans le roman Dracula s'écrie, dans l'un des rares moments où il soit entrevu ou entendu : « *Your girls that you all love are mine already* » (S 306) le scénario transforme la grave menace générique de viol du gynécée par l'aveu courroucé, à l'écran, d'une vengeance décrétée à titre personnel, en raison de la perte accidentelle de l'être aimé, en comparaison bien anodine. C'est une seule femme qui manque au jeune Dracula narcissique, et il est prêt à déstabiliser la société pour parvenir à la reconquérir :

> My revenge has just begun. And she, your best beloved, is now my flesh, my blood, my kin, my bride! (C 136)

Dracula ici s'adresse aux hommes, dans une confrontation d'homme à hommes, sans consulter directement la femme, attestant de la domination dans le film, d'une conscience masculine.

La logique psychologique, justifiée dans le roman par le rétablissement de l'ordre social, disparaît dans la mesure où la victime non-consentante, la pure Mina, devient ici victime consentante, égoïste, et « épouse » de Dracula. Par cette appartenance bourgeoise teintée d'individualisme, elle appauvrit l'impact tragique du roman, où le mort-vivant ne souhaitait pas s'unir en épousailles avec Mina dans un confort domestique, mais plutôt s'alimenter au sang de la femelle pour affaiblir les hommes du groupe, les protecteurs qu'il possèdera, selon la tradition freudienne, à travers le viol de Mina. De sorte que c'est à elle qu'il s'adresse directement, non dans un dialogue d'homme à hommes, mais dans un face à face qui fait l'économie de l'entremise masculine, la considérant comme une interlocutrice à part entière : « *You shall be avenged, you have to be punished for what you have done, you have aided in thwarting me* » (S 303). Cet exemple isolé mais à vertu emblématique entend rendre compte, dans le passage du roman au film, du glissement d'une conscience fluctuante ouverte au féminin vers le durcissement autour d'une idéologie machiste.

Séducteur égocentrique et non tyran machiavélique, Dracula n'est plus à l'écran le prédateur assoiffé de pouvoir, doté de pouvoirs surhumains, contre lequel Mina entend lutter car elle en pressant la dangerosité. En conséquence, devenue irresponsable car tombée sous le charme d'un monstre de conte de fées transformé en dandy baudelairien, elle voit son statut moral altéré, et l'homme qui la domine avec son consentement, après qu'elle lui a mollement résisté, perd également l'aura sulfureuse du Mal total qu'il pouvait incarner ou suggérer dans le roman. Si l'homme n'est plus maléfique mais fait rimer séduction, désir, et consentement, la société n'est plus en danger, et l'expédition punitive ressemble à une aimable croisade dont les enjeux sont dignes des studios hollywoodiens mais guère du courroux de la horde primitive dépossédée de ses femelles.

Car la vision romanesque des quatre croisés, à travers le sauvetage macabre visant au maintien de la pureté des femmes du groupe, revendique une société stable fondée sur le soutien à l'institution du mariage, à la fidélité, à la sincérité entre l'homme et la femme comme au maintien des tabous sexuels qui permettent à l'homme de sublimer la lubricité à laquelle s'abandonnent librement les personnages mordus par le nosferatu. Au cliché hollywoodien de la naissance d'un enfant, sur lequel s'achève le roman, le réalisateur a préféré substituer le pathos nébuleux d'une intrigue sentimentale qui occulte confortablement toute réflexion sur l'ordre social. Ainsi de manière onirique, des milliers de spectateurs sont amenés à préférer un amour sentimental, irraisonné, à un digne accommodement à la répression nécessaire de leurs rêves d'amour impossible. Le personnage meurt, en parfaite adéquation avec les conventions hollywoodiennes — échappatoire confortable — provoquant la digne sympathie des honnêtes gens qui le réprouvent lorsqu'il commet l'acte qui satisfait leurs envies profondes, révélant des identifications secrètes et honteuses. Ainsi le circuit affectif du film va-t-il.

Car le film de Francis Ford Coppola s'achève sur un commentaire apaisant du Professeur Van Helsing « *the curse has passed away* » (S 164), basé sur la croyance en des forces irrationnelles, plutôt que sur l'idée forte selon laquelle les hommes seraient les artisans tragiques de leur destin. Le message final enlève aux hommes du clan toute responsabilité sociale face à un éventuel échec dans l'éradication du mal, mais les valorise à travers leur générosité face à la femme à laquelle ils ont confié le rôle inattendu de justicière. Cependant cette passation de témoin également les rabaisse, dans la mesure où Mina ne prend pas cette initiative pour des raisons louables. Elle ne cherche ici qu'à soulager le monstre, lui donnant enfin la paix de l'esprit à laquelle soudain il semble aspirer, plutôt qu'elle ne lui inflige un châtiment mérité. Ce n'est plus le mal total, le cœur des ténèbres, que les hommes du clan cherchent à exterminer grâce à leur activisme, lutte qui les grandirait, mais une malédiction, danger incontrôlable car indépendant de la volonté humaine.

De telle sorte que la malédiction de Dracula présente au public de cinéma un Mal qui demeure une force externe, irrationnelle, mais aisément compréhensible, dont on connaît les motivations, sur laquelle les humains ont peu d'emprise, alors que le roman présentait la vision austère d'une société où l'auto-régulation fait la force. Si la société punitive de Stoker élimine la Bête en chacun de nous, en empêchant le monstre en quête d'immortalité de se nourrir du sang des vivants, la quête du Dracula cinématographique, quête d'amour, n'est déterminée que par son passé individuel. La quête d'immortalité du sombre prédateur du roman était déterminée par sa nature de créature finie.

Ainsi le pathos lié à la nostalgie d'amour perdu gomme la faille tragique d'une bête humaine acharnée à dépasser les limites de sa finitude.

La rassurante formule de clôture, liée à la protection de la vertu des femmes, a perdu son sens initial en devenant point d'orgue. Elle se situait en amont dans le roman, non pas formule convenue digne d'un conte de fées, mais allusion précise à la marque rouge de la souillure sexuelle, « *the red blotch* » (S 321) devenue dans le film plus manifestement « *the scarlet, red mark* » (C 155) évocatrice de la lettre écarlate symbolisant la punition des femmes adultères des Puritains de Nouvelle Angleterre. La déviation moralisatrice du film fait perdre à la boursouflure le sens primordial d'exutoire aux pulsions coupables, ou la fonction d'épuration du mal, simulacre d'exorcisme duquel elle participait dans le roman, à travers l'usage répétitif d'une hostie consacrée, pour ne plus signifier ici, de manière grandiloquente, qu'un adultère bourgeois. C'est au désir d'amour d'un individu égocentrique que le film souscrit de manière implicite, quand le spectateur est encouragé à s'identifier à son auto-sacrifice. Le monstre est redevenu humain et le Mal aisément circonscrit. Ainsi le champ se déplace, du roman au film, d'une préoccupation collective à un enjeu purement individuel, dans la mesure où le roman affiche le souci de juguler un danger pour la société patriarcale, quand le film élimine un individu rendu asocial par son pacte faustien. Ici, les démons et le mal demeurent extérieurs, ils ne sont pas maîtrisables par les hommes eux-mêmes, si bien que la responsabilité individuelle et collective disparaît, arrachant l'homme à la perspective sévère d'un devoir de patriarche ou de chef de horde, ce que le prénom d'Abraham ne cessait de souligner dans le roman. Le message du film est donc moins exigeant au plan du devoir moral et de la responsabilité humaine en général.

Dracula recontextualisé : la jérémiade de la « nouvelle femme » américaine

Dans une débauche d'images, de gros-plans, de mouvements de caméra, d'effets spéciaux, de couleurs, de riches tissus, décors, luxe et volupté, le spectacle étourdissant donne la femme en spectacle dans un simulacre promotionnel. L'effet est celui d'une réduction des femmes à un statut d'objets de consommation, de poupées lubriques déguisées ou décorées, qui perdent leur mystère, par la surcharge qui voudrait les magnifier, mais les écrase. Le cosmomorphisme de leur visage confine à l'évidence, les signes de la féminité fonctionnent avec excès et dès lors se discréditent en laissant apparaître leur finalité. Il en est ainsi du contraste délibéré, savamment agencé par la mise en scène, entre Mina Harker, la brune au parler alangui et hyper-corrigé qui connote l'idéal petit-bourgeois, la vertu de la femme au foyer, coupable mais rachetée, vue dans le pathos de l'auto-accusation rédemptrice, car elle tue le mal après y avoir succombé. Elle exalte les valeurs de la famille matriarcale américaine qui tue le monstre exogène, l'étranger à l'accent caricatural, en conformité avec une obsession nationale liée à l'élimination utopiste du mal. L'Eros y est coupable certes, mais repentant et victorieux, jugulé par une société punitive qui s'auto-régule dans le pathos d'une jérémiade devenue motif historique.

Une certaine configuration ethnique vient donner au film une américanité qui, selon la signification que peuvent revêtir les accents, confine à l'américanisme. À ce titre, les accents autochtones, authentiques ou d'emprunt, illustrent la formule consacrée selon laquelle parler n'est jamais neutre. Mina la brune, incarnée par une actrice américaine, peine à adopter un accent anglais, mais participe ainsi aux yeux du public de cinéma de l'américanité que son sauvetage final, ainsi que sa rédemption grandissent, même si elle a été perverse, adultère, immorale. Son élocution appliquée, la douceur et la rondeur, sinon la mollesse de ses voyelles, dénotent la jeune fille ordinaire que le cinéma de masse affectionne. Tantôt assimilée à une princesse celtique ou à son avatar contemporain, l'institutrice sage, elle porte pourtant ici doublement la marque d'un passé mythique sulfureux : des exactions sanglantes d'Elizabeth Bathory quand elle boit le sang, à celui de la perfide Yseult aux cheveux noirs — double maléfique d'Yseult la blonde —, quand elle s'adonne à la luxure, à travers la symbolique convenue d'une longue chevelure lâchée. Elle sera hissée vers un rôle de princesse qui ramène le spectateur dans la saga initiale, auprès de celui qu'elle appellera « *my Prince* », dans une échappée soudaine qui fait déraper l'intrigue vers la fin convenue et aporétique du conte de fées.

Quant à Lucy, authentique actrice anglaise, dotée d'un accent incisif, élitiste, qui la démarque socialement, comme pour souligner le fossé entre les classes sociales au profit de Mina, la roturière, c'est un comportement immoral qui semble ici causer sa mort, alors qu'elle n'était qu'amorale dans le roman. Il semble que le statut et les signes de l'anglicité, souvent mal perçus par le grand public américain, ne soient pas innocents dans l'opprobre moral qui, comparativement, l'accable. En tant que rousse stéréotypée, donc connotée de lubricité, selon une tradition shakespearienne qui la montre, exagérément représentée en vierge fanée, sinon dépravée, évocatrice de la Reine Vierge, Elizabeth D'Angleterre cette fois, engoncée dans une spectaculaire fraise de dentelle. Face à cet exemple de punition implicite de l'étrangère, le couple de jeunes Américains — constitué par Winona Ryder et Keanu Reeves, personnages falots à l'écran, représentatifs zélés d'un couple petit-bourgeois — sera uniquement tancé pour avoir succombé à la pulsion sexuelle symbolisée brusquement à l'écran par le morceau de viande rouge surgissant sur la table du repas, comme l'indique la didascalie « *The rare roast-beef big in the foreground* » (C 123). La punition s'avère légère pour les deux coupables aisément exonérés de leur faute, l'une pour avoir cédé à Dracula, l'autre aux avances lubriques des trois vampirelles.

Mais la signification de l'intrigue originelle, axée autour de la valeur sociale de la désublimation répressive est faussée, puisque Jonathan Harker ne tue plus Dracula son rival, pas plus que l'Américain, mort sans raison apparente dans le film. Les deux hommes, selon la logique de l'intrigue, partagent pourtant la paternité du meurtre dans l'optique freudienne de Stoker. En tant que chefs de la horde primitive chargée de tuer le père maudit qui s'est approprié toutes les femmes d'un clan familial, ils deviennent ici incestueux à la suite de quatre transfusions sanguines, ou quatre homosexuels potentiels, Van Helsing devenant un mari bigame, Arthur un fiancé immoral, et les deux femmes polyandres. Le mélange original d'entropie sexuelle et de conformisme petit-bourgeois qui animent le roman disparaît ainsi au profit d'une Minerve affadie et repentante qui vient donner un halo féministe aux dernières images, même si le coup de poignard final assoit encore plus le film dans le fantastique, tant le geste est faible en comparaison de la profondeur du résultat. Alors que le geste d'Arthur plongeant le pieu dans la poitrine de Lucy était porteur d'une violente charge sexuelle — exonération contemporaine d'un meurtre passionnel de la femme adultère —, le geste final de Mina s'avère savamment émasculé.

Ainsi la revalorisation du rôle de l'époux bafoué qui prend une digne revanche face au viol de son épouse légitime, clairement inscrite dans le roman, fait place à une initiative féminine peu opératoire. Au-delà des jeux conscients d'une intertextualité aguicheuse, des emprunts à Maria Félix en émasculatrice magistrale (*La Generala*, Juan Ibañez, 1970) à Jennifer Jones en meurtrière amoureuse (*Duel in the Sun*, King Vidor, 1946), l'écho discrètement parodique des stéréotypes de femmes fatales hollywoodiennes s'avère surtout décoratif, et vient en renforcement d'une image peu valorisante de la femme. Le message subliminal reste ainsi conventionnel, lié à l'emprise sur le monde d'une sensibilité masculine, face à laquelle la femme reprend le rôle d'adjuvant, d'officiante, agie et non agissante. La triade des fantassins amoureux de Lucy, figés dans une masculinité essentialiste, semble même déléguer la liquidation du monstre à la femme, si bien qu'on devine ici le geste en direction d'un autre stéréotype — réponse à un contre-discours féministe ambitieux —, consistant à rendre insidieusement hommage aux femmes en leur délégant toutes les tâches de responsabilité en vertu de leur hypothétique libération, pour que soit reconnue leur nouvelle pseudo-virilité.

Dans ce paysage, les hommes conservent l'apanage de leur exclusive et générique masculinité, dénuée du subtil mélange de féminin et de masculin qui donne au roman de Bram Stoker la charge subversive qu'il continue de détenir, aux yeux des grands argentiers de la machine à rêves, puisque'aucune version cinématographique n'a, à ce jour, présenté l'inconscient subversif des femmes de Bram Stoker dans son inquiétante étrangeté. La gageure n'aura pas échappé au réalisateur qui déclarait sans ambages dans la bande d'accompagnement du DVD : « J'ai voulu faire un film commercial ». L'aveu implique la conscience d'avoir édulcoré certaines des caractéristiques dérangeantes du roman, pour un public médian amateur de compromis et de stase réconfortante, du maintien du statu quo tel que la société dans son ensemble le prône, afin que règne le surmoi social un moment contrarié par la horde primitive. Ainsi le niveau de subversion de l'œuvre de Stoker va passer à la trappe, même si le film peut choquer par l'excès ou la surcharge compensatoire qui provoquent le regard alors que la conscience dort.

Vol de nuit : les métamorphoses du monstrueux dans *Dracula*

Anne-Marie Paquet-Deyris

Le journal de Jonathan Harker s'ouvre sur un passage à l'Est, un parcours emblématique où, littéralement, le corps est sur le point d'être détourné, annexé comme sa destination transylvanienne a failli l'être quatre cent ans auparavant par les Ottomans :

> The impression I had was that we were leaving the West and entering the East; the most Western of splendid bridges over the Danube, which is here of noble width and depth, took us among the traditions of Turkish rule.
> (Dracula, 9)

L'itinéraire est géographique et physique : chez Stoker comme chez Coppola, le voyage s'inscrit d'entrée comme le préliminaire à l'exposition des corps. Dans cette polarité primaire Est / Ouest, ce qui se joue est donc à la fois un déplacement et une dispersion. Harker, héros quelque peu falot dès le départ, abandonne une terre de civilisation pour le territoire de l'indéfinissable. Dans sa marche vers l'Est, il redevient simple matière, très vite offerte aux griffes et aux dents de prédateurs d'un genre nouveau. C'est bien à la transformation de sa propre chair et de ses sensations jusque-là toutes victoriennes que Jonathan s'expose. Le déplacement devient signe de danger puis, inévitablement, de fragmentation et de déperdition de la substance.

Le franchissement des frontières dans *Dracula* induit un changement de position, de fonction et de statut chez les personnages qui deviennent à leur tour des index du surgissement du monstrueux. En ce sens, la scène d'anthologie de la vampirisation de Jonathan par les trois fiancées du vampire dans le film tout particulièrement est emblématique des scènes d'invasion et de profanation ultérieures du corps. La porosité de l'enveloppe charnelle une fois démontrée, c'est l'espace tout entier, y compris et surtout celui de l'Occident et de ses habitants, qui est donné à voir comme vulnérable, *exposé*.

Dracula ou les ambiguïtés

L'étrange prologue en ombres chinoises de Coppola fonctionne précisément comme une entrée en matière aussi littéralement déroutante que le journal de Jonathan. L'ombre du vampire, déjà, se profile sur un vaste champ de bataille. Ce qui s'ouvre et se referme ici avec la profanation liminaire et symbolique du corps du Christ dans la chapelle, c'est bien une sorte de préhistoire vampirique, de prélude à l'incarnation du monstrueux. Comme dans la liturgie catholique que le cinéaste pose à l'origine, le sang et sa force vitale sont au cœur du processus de réincarnation. La genèse vampirique passe aussi par une trans-substantiation. Dans une sorte de schéma inversé, l'eucharistie sacrilège à laquelle se livre le Comte contient également *substantiellement* le corps, le sang, l'âme et l'essence non pas de Dieu mais bien, dans un acte d'*hubris* absolu, de Dracula lui-même. Ce retour du même sur lui-même est en quelque sorte le fondement de la nature monstrueuse de Dracula.

C'est aussi peut-être l'une des raisons essentielles pour lesquelles Coppola a vu dans le déploiement du vampire une métaphore de la naissance du cinéma. Dracula est l'image par excellence — une icône qui ne participerait pas de la substance divine et ne fonctionnerait comme un temple que pour le vampire : représentation « animée », il affirme chaque nuit le mystère de sa propre présence dans une perversion du dogme orthodoxe formulé au deuxième concile chrétien de Nicée en 787. Objet de répulsion et non plus de vénération, il ne révèle que la vérité de sa propre contre-nature jaillie d'une autogenèse profanatrice. La régénération de ce corps-là, désacralisé, déshumanisé, littéralement et métaphoriquement vidé de toute substance, passe donc par une répétition *ad infinitum* de la scène de la création. Il faut s'imposer à l'autre, localiser un accès direct pour extraire sa substance. Comme au cinéma, la duplication implique une production illimitée de doubles.

Le plan rapproché où Gary Oldman boit le sang du calice s'inscrit à l'écran dans toute la violence du tabou brisé. Le déplacement y est total et libère une esthétique de l'excès qui dépasse les expédients les plus sombres de l'arsenal du gothique littéraire. Les tonalités rouges envahissent le cadre, accentuant l'orangé du tableau d'ouverture. Le sang se répand et déborde, franchissant toutes les limites, transcrivant ainsi crûment, absolument, l'acte d'autocréation du monstre. « *The blood is the life* » crie Renfield dans son désir d'aliéné dans le roman. Coppola emprunte cette phrase au serviteur de Dracula pour la replacer dans la bouche du Comte, à la source de la contagion. Au commencement étaient donc à la fois le sang et le verbe dans le film. « *The blood is the life* » répète Dracula que l'armure rouge côtelée aux longs fanons quasi organiques de la costumière Eiko Ishioka et le hurlement blessé font déjà basculer du côté du bestial. Le jeu sur l'exposition du monstre a commencé. Ses pérégrinations et prélèvements nocturnes le protègent et le révèlent tout à la fois. De la tension entre ces deux éléments dépend la mise en lumière du vampire.

Lorsque Bram Stoker multiplie les sources narratives et promet aux lecteurs de la fin du XIXe une exhaustivité polyphonique de la représentation, il construit un réseau textuel auquel le Comte ne peut échapper. Coppola va au-delà en imposant au spectateur le spectacle des origines et en l'impliquant d'entrée dans une exploration de la nature du mal. Son Dracula est ambigu avant tout parce qu'il est protéiforme. Mais justement, parce que ses apparitions — à défaut de toujours pouvoir les appeler incarnations — sont identifiables, on peut en faire le tour, dresser en quelque sorte la liste de ses avatars. Une fois le périmètre circonscrit, Dracula devient alors plus facile à transcrire et à domestiquer. La brume étrange que traverse Jonathan Harker / Keanu Reeves lors de son arrivée au château par le col de Borgo annonce déjà le mode d'invasion irrépressible que le vampire utilisera pour pénétrer dans la chambre de

Mme Harker. Elle instaure aussi un parallèle visuel avec le glissement sensuel de Dracula par la fenêtre de Lucy qui a remplacé Mina dans la version très poétique de John Badham en 1979 avec Frank Langella, Kate Nelligan et Laurence Olivier. Pour l'afficionado du genre, ce jeu d'échos et d'hommage offre un plaisir immédiat.

Contrairement au modèle stokerien, à aucun moment le Dracula de Coppola n'est d'ailleurs véritablement terrifiant. Enfermé dès l'ouverture dans la logique romantique très hollywoodienne de la quête de l'amour perdu, il acquiert une dimension romanesque que les autres versions filmiques n'avaient pas véritablement exploitée avant les années 1950 et l'apparition théâtrale de Christopher Lee en cape noire doublée de rouge. C'est peut-être justement avec la version de Badham, que débute le renouvellement de la figure de Dracula. Emblème du mal absolu, il se déplace alors sur le terrain de l'ambigu et de l'indéfini. Prédateur primaire chez Murnau en 1922 sous les traits d'un Max Schreck fantomatique et éthéré, ou chez Browning en 1931 avec un Bela Lugosi aussi hypnotique que statique, il investit le rôle du séducteur pour devenir l'une des icônes les plus facilement authentifiables du cinéma. Pourtant, dans chaque version, le film se referme sur une image qui, littéralement, s'éclipse. Dans le roman, le topos fantastique et le principe d'incertitude chers à Tzvetan Todorov sont rétablis in extremis par la dernière note manuscrite de Jonathan. Le jeu de l'ambiguïté des preuves d'une *histoire aussi folle*[1] opère une sorte d'effet de vérité inversement proportionnel au doute jeté sur les divers écrits. Rien de tel dans le script de James V. Hart et Francis F. Coppola où l'ambiguïté se libère en une multitude d'éclats — ou plutôt d'états, tous multiples et fonctionnant selon une combinatoire complexe. Ce n'est pas tant la nature hétéroclite et métamorphique de Dracula qui importe ici que sa capacité à être médiatisé, exposé aux différents angles de la caméra et aux divers éclairages, comme à la somme de toutes les interprétations cinématographiques antérieures. Dracula selon Coppola est capté dans toute la diversité de ses représentations et il est proprement *exténué*, épuisé par l'œil intrusif de la caméra dans la plénitude même de ses formes. Jean-François Rauger l'a bien souligné, polymorphisme et ubiquité définissent précisément les deux médiums :

Coppola, lui, fait de son vampire un objet polymorphe qui réfracte l'univers pour n'en resituer que sa représentation. En d'autres termes, le vampire est ici un médium, assimilé totalement à celui dont la naissance marquera la fin du XIXe siècle : le cinéma. Plus précisément : le vampirisme apparaît avec le film de Coppola comme la vérité même du cinéma qui s'est nourri des autres arts dont il a fait la synthèse pour en tirer une énergie propre, unique[2].

C'est bien des ambiguïtés du corps vampirique que Coppola fait la synthèse, dépassant le simple recensement de ses diverses modalités dans le film pour prétendre à une sorte d'exhaustivité cinématographique. De la brume à la chauve-souris, les formes vampiriques s'articulent donc

---

1.   « […] so wild a story » ajoute Jonathan Harker dans la toute dernière note du volume (327).
2.   Jean-François Rauger, « La forme –vampire », in *Cahiers du Cinéma*, p. 50.

dans leur variété aux hommages visuels de Coppola aux autres films et cinéastes. Du surgissement d'un Gary Oldman statique et majestueux à la Bela Lugosi dans la version de Browning, à la scène où un Dracula dandy entraîne Mina dans une valse directement inspirée de la danse de Lucy-Mina et Dracula dans le film de John Badham, les échos se multiplient. Au cinéma comme en vampirisation, c'est donc bien toujours de variations sur des images-clés dont il s'agit.

Composition, décomposition : la marge et les déviances

Comme le Comte l'explique à Mina Harker avant de la précipiter dans le temps du vampire, l'enveloppe ne se définit et ne se perpétue qu'aux frais de la substance. Dans la très belle séquence où il disserte sur sa propre nature, il insiste précisément sur le fait qu'il n'est rien d'autre qu'une image, un cliché. Et c'est peut-être là l'un des infléchissements essentiels que Coppola impose à sa représentation du vampire puisqu'il le rend vulnérable, prisonnier de la logique d'un désir tout humain. La scène du mariage infernal suit une logique d'exposition du cliché. Tout y est mise en scène d'une enveloppe vide de substance. À Mina, age-nouillée sur son lit, qui le presse de définir son essence, « *What are you? I must know. You must tell me* », Dracula répond :

> I am ...nothing. Nothing. Lifeless, soulless, hated and feared. I am dead to all the world... I am the monster that real men would kill. I am Dracula.

Ne pouvant *prendre corps* que de façon mimétique et par emprunts périodiques, le vampire est constamment exposé au risque de décom-position. Mais c'est cette mort initiale que Mina doit tout d'abord accepter afin de franchir la limite qui la sépare du monstrueux. Ce n'est qu'en acceptant la décomposition de son corps vivant qu'elle peut changer de plan d'existence. Cette volonté est absente du texte de Stoker qui, sous le carcan de la morale victorienne, prend soin de souligner les vaines tentatives de résistance de Mina :

> For an instant my heart stood still, and I would have screamed out, only that I was paralysed. In the pause he spoke in a sort of keen, cutting, whisper, pointing as he spoke to Jonathan:
> "Silence! If you make a sound I shall take him and dash his brains out before your very eyes". I was appalled and too bewildered to do or say anything. (287)

L'héroïne de Bram Stoker se refuse précisément à faire ce que celle de Coppola choisit d'accomplir. L'expérience et la conscience de la souillure les séparent de façon radicale. Alors que la Mina du roman développe toute une rhétorique de la profanation[1], l'héroïne de cinéma entre délibérément dans une économie de la dépense — essentiellement de son propre sang — avant d'entrer dans celle du prélèvement et de la contamination. La caméra de Coppola traque le plus infime détail de la

---

1. « *Unclean, unclean! I must touch [Jonathan] or kiss him no more. Oh that it should be that it is I who am now his worst enenmy, and whom he may have most cause to fear.* » (285)
   La « *New Woman* » de Coppola se contente de répéter en un faible écho « *Unclean! Unclean!* ».

fabrication monstrueuse, de ce processus de constitution vampirique qui réplique à l'infini le vol nocturne de la substance de l'autre. Le cinéaste donne un sens tout particulier à la notion de régénération du corps monstrueux en jouant sur la notion de réincarnation — non pas dans le sens de renouvellement de la chair par appropriation du sang des autres, mais bien dans celui de palingénésie, nouvelle naissance dans un autre corps. En s'arrachant à « toute cette...mort », Mina s'écarte définitivement de la norme et du temps humains pour rejoindre le vampire dans sa déviance essentielle :

> — Mina, to walk with me, you must die to your world and be reborn to mine. [...] Then I give you life eternal. Everlasting love. The power over the storm and the beasts of the earth. Walk with me to be my loving wife. For ever. [...] Mina, drink and join me in eternal life. [...]
> — No! I cannot let this be! [...] Please, I don't care! Make me yours. [...] Take me away from...all this death!

Le gros plan sur Mina, la bouche ensanglantée alors qu'elle vient de boire au flan gauche du vampire, marque la césure avec le statut d'humain. Cette plaie ouverte d'un Dracula très christique, d'où s'écoule le flux épais et sombre d'un sang de mort, matérialise la limite à l'écran. Mina s'installe à la marge, entamant une première métamorphose qui la déplace fondamentalement — dans son corps, dans le temps et, finalement, dans l'espace. Stoker inscrit d'abord ce franchissement des limites par une esthétique de la soumission très ambiguë pour l'époque sur le plan sexuel, puis par la symbolique religieuse appuyée de l'empreinte de l'hostie appliquée par Van Helsing sur le front désormais impur de Mina.

> Her white nightdress was smeared with blood, and a thin stream trickled down the man's bare breast which was shown by his torn-open dress. The attitude of the two had a terrible resemblance to a child's forcing a kitten's nose into a saucer of milk to compel it to drink. (283)

> Now let me guard yourself. On your forehead I touch this piece of Sacred Wafer in the name of the Father, the Son, and—there was a fearful scream which almost froze our hearts to hear. As he had placed the Wafer on Mina's forehead, it had seared it—had burned into the flesh as though it had been a piece of white-hot metal. (295)

L'acte sexuel est à peine déguisé par la mièvrerie de l'image et la punition divine ne manque pas de s'imprimer dans la chair quelques pages plus loin. Mina victime, *martyre* dit même Bram Stoker[1], est néanmoins marquée et donc préventivement mise au ban du petit cercle des ennemis de Dracula. Les deux modes de représentation du Mal et de la Faute diffèrent donc essentiellement par leur traitement du corps violenté. Là où l'érotisme de la violence triomphe chez Coppola et où Mina s'adonne passionnément au monstrueux, l'héroïne de Stoker lutte pour rester au cœur de la « compagnie des justes », refusant à toute force le bestial et l'hybride. Stoker s'éloigne du corps alors que Coppola y revient sans cesse. Sa complaisance à filmer la métamorphose est extrême. Une fois surpris dans la chambre de Mina après l'échange de sang,

---

1.　« [...] but her eyes shone with the devotion of a martyr [...] » (254)

Dracula devient la représentation même de la Bête cadrée d'abord la tête en bas, puis en pied et contre-plongée, avant de se métamorphoser dans l'obscurité en une multitude de rats, image spectaculaire et proliférante de la peste-vampire. Mais le corps féminin, porteur du tabou du sang, devient lui aussi le lieu privilégié de la métamorphose. La longue séquence où les quatre hommes éliminent la menace représentée par Lucy transformée est, à cet égard, exemplaire. Coppola y déplace en quelque sorte l'argument victorien d'une punition de la sexualité féminine exacerbée par une mise en scène de l'excès. La robe blanche à collerette et empiècements multiples de Lucy dans la crypte magnifie sa dimension paradoxale de vierge dévoyée. Déjà de l'autre côté, au-delà de la limite de l'humain, elle se fait littéralement fascinante pour les hommes du groupe. Le gros plan sur le visage sidéré et submergé de désir d'Arthur Holmwood pour sa fiancée donne à voir la face visible, tout juste acceptable du désir humain. L'appel langoureux et le positionnement lascif de Lucy en sont en quelque sorte l'envers inacceptable, l'impossible représentation d'un désir insatiable. Lucy en morte-vivante reproduit encore les stratégies de séduction des vivants —jusqu'à ce qu'à ce que la bouche ouverte du tombeau la réinstalle dans un espace liminaire interdit aux humains. Le jaillissement du monstrueux se fait alors littéral. Les vomissures de sang qu'elle projette sur Van Helsing sur fond de bruitage animal, comme en 1973 les jets visqueux de Regan McNeil dans l'*Exorciste* de William Friedkin, matérialisent le processus de la contamination, au moins autant que dans les très gros plans des globules rouges qui envahissent l'écran à plusieurs reprises. Ce que rejette Lucy à la face du chasseur de vampires, c'est à la fois le conformisme et les croyances étroites de cette société bourgeoise de la fin du XIXe siècle, et, par métonymie, le corps humain tout entier dont elle s'est repue. L'ordre des hommes n'est rétabli qu'en fin de séquence lorsque Arthur lui plante l'inévitable pieu en plein cœur et lui tranche la tête. Les plans suivants de la tête de Lucy volant au ralenti sur fond noir mettent un terme provisoire à l'effroyable circulation vampirique. Le gros plan sur le rôti saignant qu'attaque avec enthousiasme Van Helsing à la scène suivante tient presque de la redondance : prédation et préséance humaine dans la chaîne animale ont momentanément retrouvé leur place.

Extension des domaines de la lutte

Le corps à corps homme / démon s'inscrit donc à l'écran dans sa dimension littérale et déplace toutes les frontières ontologiques en redéfinissant les modalités du conflit. La circulation et la dissémination du monstrueux laissent des traces indélébiles qui se déploient en surface et dans la profondeur du corps tout à la fois. Une fois envahi et investi, celui-ci est redéfini et devient à son tour forme et force proliférantes que Francis Coppola a actualisées par ses références visuelles à l'épidémie de Sida. En territoire infecté, l'invasion métonymique du corps se fait indice de la pandémie externe. Métaphorisée comme figure de la souillure dans le roman, la contamination du sang implique souffrance et lutte pour revenir à l'état d'intégrité antérieur à « ce terrible baptême du sang » auquel Van Helsing fait allusion de façon récurrente[1]. La rhétorique religieuse apporte son sceau de respectabilité à l'arsenal folklorique anti-vampire. Mina, qui n'a pas encore franchi le seuil irréversible entre baptême et festin de sang et demeure finalement une sorte de « *New Woman* » très apprivoisée, peut effectuer le chemin inverse vers la pureté et la rédemption finale grâce au sacrifice rituel de Quincey Morris. Alors qu'un soleil éclatant se lève sur le château de Dracula, celui-ci s'exclame, le flan transpercé :

> *Now God be thanked that all has not been in vain ! See! the snow is not more stainless than her forehead ! The curse has passed away!* (326)

Chez l'héroïne de Coppola la souffrance se définit essentiellement comme souffrance du désir. Le sens de la lutte pour elle subit une inversion radicale de l'allégeance première aux hommes de la société victorienne. Alors que le groupe poursuit Dracula jusqu'à son repaire, c'est au Comte que Mina répond corps et âme, brisant ainsi la dichotomie très convenable entre corps esclave et âme rebelle instaurée par Stoker. C'est le désir qui, en s'extériorisant, opère ce renversement chez Mina Harker. Coppola choisit de transposer la scène de l'empreinte de l'hostie sur la séquence de nuit qu'elle passe dans la neige avec Van Helsing. La dynamique de la chasse au vampire qui occupe le clan masculin s'inverse ici dans une grande crise de désir féminin. Entrée dans l'économie de réduplication du vampire, Mina tente de séduire le chasseur. Elle est alors visuellement identifiée comme un monstre de désir et directement assimilée aux trois fiancées de Dracula qui rôdent aux confins du cadre et s'y dissolvent presque dans des teintes sombres et diffuses lorsqu'elles envahissent l'écran. Les mouvements fluides de la caméra et la musique lourde et sensuelle soulignent ce que « cette attaque spectrale et charnelle tout à la fois[2] » qui touche chaque personnage a de fondamentalement déstabilisant. L'appel du sang se décline dans une suite de plans où le corps tentateur de Mina est offert, dénudé pour mieux servir d'appât. C'est finalement dans cette scène que l'héroïne victorienne fonctionne au plus près des modèles de débauche ou, plus exactement, de débordement que sont Lucy et les trois femmes-vampires. Mais cette séquence nocturne où Coppola joue sur la métamorphose des formes et des corps et la symbolique du feu et du cercle, ne reste précisément qu'une saturnale avortée. Ceux qui évoluent hors de la limite protectrice du cercle sont momentanément renvoyés à leur statut d'ombres désincarnées puis à leur sommeil de morts-vivants ou encore à la mort, comme le cheval dévoré vivant en ombres chinoises. Mina, objet de la lutte farouche de toute une société pour ses valeurs bien pensantes, devient sujet combattant. Elle

---

1. À l'image clinique du franchissement des barrières physiques s'ajoute celle d'une violation de l'intime. La prise de possession est totale selon Van Helsing qui décrit par le menu le processus afin de mieux annihiler l'ennemi lors du voyage retour : « *That terrible baptism of blood which he give you makes you free to go to him in spirit…* » (297)

2. Dans son long discours préparatoire à la partie de chasse, Van Helsing insiste sur les armes du chasseur : « *Now, my dear friends, we go forth to our terrible enterprise. Are we all armed as we were on that night when we first visited our enemy's lair; armed against ghostly as well as carnal attack?* » (258)

penche dangereusement, mais pas encore pleinement, du côté de la créature monstrueuse et amoureuse tout à la fois.

Peut-être est-ce aussi en ce sens que l'on pourrait parler d'infléchissement essentiel du mythe chez le cinéaste : la « *New Woman* » très modérée de Stoker, aux rêves timorés d'émancipation sociale et sexuelle et d'excellence dactylographique au service de son époux, s'enferre dans la zone indéfinissable de l'entre-deux — cet espace intermédiaire qui précède l'irrémédiable basculement dans l'excès polymorphe. La douce Mina actualisant elle aussi le mythe de la chute et l'horreur de la dégénérescence de la race est à la fois le fantasme et la terreur absolue de cette caste privilégiée de la fin du XIXe siècle. Ce que l'héroïne romanesque évacue dans ses divers écrits, Mina l'expulse à l'écran dans sa chair. Winona Ryder a longuement travaillé son image de madone brune et lumineuse pour le film. Les quelques plans où elle dévoile sa poitrine sous l'emprise de la soif de sang fonctionnent en contrepoint de cette dimension iconique. Ils projettent brièvement mais intensément le spectre d'une femme échevelée aux crocs acérés, tentatrice étrangère à elle-même et démoniaque qui peut anéantir la cohésion du groupe. La tentation de Van Helsing ne prend fin qu'après un effort violent sur lui-même et un recours désespéré aux objets cultuels et magiques que sont l'hostie consacrée, la croix, la torche et le cercle de feu protecteur. Dans ce bref aperçu d'une transgression généralisée des tabous victoriens, du désir débridé et de l'absence de tout contrôle à la relation quasi-incestueuse entre un père adoptif et sa fille, la marque écarlate de l'hostie salvatrice vient rétablir *dans la chair* l'ordre et le sens des limites. Le corps et ses désordres, métaphore d'un espace social et naturel contaminé, doivent être ramenés au sein du monde contrôlé et contrôlable de la civilisation occidentale. Dans une série de scènes magnifiques déclinées en teintes ambrées, Coppola filme Mina en plans serrés puis larges déchaînant *depuis l'autre côté* les forces naturelles pour masquer les dernières lueurs rougeoyantes du soleil.

La migration finale vers l'Orient représente donc pour le clan l'effort ultime de restauration de la norme au sein même du territoire ennemi. La ligue des gentlemen n'aura de cesse d'éradiquer à la fois le signe et la figure de l'infection. Toute la violence du combat lors de leur poursuite de la diligence de Dracula dans le plus pur style *western* naît d'un désir au moins aussi puissant de conjurer les effets de la diffusion de « la maladie-Vampire ». L'adaptation de Coppola est bien du côté de la refondation du mythe, du « jeu irrévérencieux avec les données du mythe[1] » comme le dit très justement Denis Mellier. C'est que ses métamorphoses du cercle sont iconoclastes. Du cercle de feu au disque solaire comme transition entre les séquences de fin, pour finir par la fresque en médaillon sous la coupole de la chapelle qui représente le couple Dracula en majesté, Francis Coppola travaille toujours sur la nature circulaire et cyclique du vampire. Ce qui met fin au cycle, ce n'est pas tant les forces réunies des croisés du Bien que l'amour exclusif de

---

1. Denis Mellier, « La maladie-Vampire ou de la dissémination en fiction », in *Dracula. Insémination-Dissémination*, p. 74.

Mina Harker pour le Comte. Le baiser au monstre fonctionne bien, à l'inverse de l'étreinte du prologue qui annonce la damnation, comme dans les contes de fées et consacre l'ultime transformation et la fin de Dracula. La malédiction *incarnée* sur le front de Mina est levée alors même que la marque se dissout en une fumée blanche. Le « miracle » dont parle l'héroïne de Bram Stoker dans le dernier extrait de son journal a une dimension plus biblique que merveilleuse :

> It was like a miracle; but before our very eyes, and almost in the drawing of a breath, the whole body crumbled into dust and passed from our sight. (325)

Chez Coppola, le corps vampirique emplit le cadre dans toute la splendeur de sa jeunesse avant d'être, ultime preuve d'amour, décapité. Ce n'est que *in extremis*, via la voix-off de Mina, que la référence à Dieu rattache ce dénouement détourné à la tradition religieuse chrétienne et victorienne de la Grâce divine.

> There in the presence of God, I understood at last how my love could release us all from the powers of darkness.

Ici, le corps du vampire ne retourne pas à la poussière mais le pieu que Mina lui enfonce dans le cœur le rattache bien à la pierre du château ancestral ancré dans une généalogie familiale. Pour l'héroïne du film, il n'y a, finalement, de grâce que dans le coup fatal qu'elle porte à son amant. En mettant un terme aux métamorphoses du monstrueux, Mina accomplit le rituel purificatoire qui renvoie Dracula à ses limites humaines, efface sur son propre front la trace de la souillure et restaure, potentiellement, une harmonie victorienne rejetée cependant dans le hors-champ. La caméra, avec ses gros plans et ses plans obliques mais aussi l'éclairage magique et ample de la chapelle où les chandeliers s'allument comme par enchantement comme chez Cocteau, magnifient le processus d'une transfiguration qui ne fait sens que dans le contexte romantique d'un amour sublime, littéralement hors du commun — des mortels.

La formule programmatique du Prince en fin de prologue, « Le sang est la vie et j'en ferai la mienne[1] », organise l'ensemble du récit filmique en jouant sur le statut de Mina et la représentation de l'altérité du vampire jusque dans sa fin tragique[2]. Francis F. Coppola impose à ses héros un infléchissement romantique majeur par rapport à la diégèse stokerienne. Il fait de son héroïne à la fois la source de la régénérescence de Dracula et celle du mythe dans son ensemble. De l'accomplissement de la formule liminaire dépend l'originalité d'une dérive vers l'univers du merveilleux, parfois maniériste et excessive dans son esthétique, son déploiement d'effets spéciaux ou son sentimentalisme. Mais une régéné-ration *spectaculaire* s'accomplit bien ici, qui passe cette fois par un autre

---

1. Ivre de douleur et de rage, Dracula profère ces paroles blasphématoires : « *I shall rise from my own death to avenge hers with all the powers of darkness. The blood is the life and it shall be mine.* »

2. Comme le souligne Gilles Menegaldo dans son article « Du texte à l'image : figurations du fantastique », « Ainsi, le prologue introduit un lien, inédit au cinéma, entre Histoire et fiction et explicite l'origine du vampire, justifiant ses actions futures, suggérant aussi une condition tragique que le film ne cessera d'illustrer. » (*Dracula. De la mort à la vie*, 204)

type de baptême que le désormais canonique baptême du sang. Nouvelle figure de palingénésie, autre récit donc où l'écrit ne joue qu'un rôle mineur comme élément plastique dans la composition des plans, et représentation véritablement alternative du mythe du vampire.

Bibliographie

Coppola, Francis Ford, *Bram Stoker's Dracula*, Columbia Films, 1992.

Grivel, Charles, dir. *Dracula. De la mort à la vie, Cahier de l'Herne* n° 68. Paris, 1997.

Heldreth, Leonard, dir. *Vampires in Film and Television. Journal of Popular Film and Television* Vol. 27, n° 2, Summer 1999, Northern Michigan University, College of Arts and Science.

Mellier, Denis, « Dracula et les machines ou comment faire du Comte un roman », in *Dracula. De la mort à la vie, Cahiers de l'Herne* n° 68, Paris, 1997.

Modot, Julien, « Les promeneurs de la nuit (*Nosferatu, The Addiction, Dracula, Lost Highway*), *Cinergon* 8/9, 1999/2000. Centre Régional des Lettres du Languedoc-Roussillon.

Rauger, Jean-François, « La forme-vampire » in « Cela s'appelle l'horreur », *Cahiers du Cinéma* n° 463, janvier 1993.

Schefer, Jean-Louis. « Dracula, le pain et le sang ». *Trafic. Revue de cinéma* n° 14, Paris, POL Éditions, 1995.

Sipière, Dominique, dir. *Dracula. Insémination-Dissémination*, Amiens, Université de Picardie, Presses de l'UFR de Langues, 1996.

Todorov, Tzvetan, *Introduction à la littérature fantastique*, Paris, Seuil, 1970.

Bloody American!? Visions de l'Amérique chez Stoker et Coppola

Daniel Tron

Pastorale américaine et Western gothique

L'ami américain

Le personnage est d'abord construit par une lettre de Lucy à Mina. Désigné par un simple chiffre, puis par sa nationalité, Quincey Morris est présenté comme un personnage littéralement secondaire, membre anonyme du groupe des prétendants de Lucy. (V, 58-59)

Défini comme un étranger, la référence à Othello — étranger intégré — renforce l'exotisme de Q. Morris tout en l'intégrant à la tradition littéraire anglaise. Premier élément associé au Texas, l'allusion racialiste de Lucy replace Q. Morris comme venant du Sud des Etats-Unis, introduisant en filigrane le thème du discours sur l'esclavage. Le destin de Desdémone donne un caractère menaçant au charme de Q. Morris, évoquant l'ambivalence du langage — séduction, mensonge « *almost impossible* » — et du mariage — *eros et thanatos* « *we think a man will save us* » —. L'ambivalence est aussi marquée par l'emploi d'argot, dont Lucy expose la nature ambiguë, opposant séduction et bienséance, en évoquant sa capacité à ne pas le parler avant de le faire entendre, mettant en lumière son caractère sulfureux (V, 59).

Le double langage de Q. Morris figure son statut liminal, à la fois étranger et familier, intérieur et extérieur à la société. Sa demande en mariage, associant américanismes et imagerie Ouest américaine du voyage à cheval, illustre le caractère contextualisant de l'argot US, procédé utilisé par Stoker dans d'autres œuvres. L'association au cheval évoque la vitalité trouble de l'américain, entre virilité et animalité. Le monde auquel son argot renvoie le définit comme un pionnier éduqué entre appartenance à et rejet de la société, une figure au charme trouble, entre sauvagerie et civilisation.

Cette tension est développée dans la courte lettre — la seule de sa main — invitant les numéros 1 et 3, Seward et Arthur à célébrer ensemble les noces de Lucy (V, 62). Q. Morris est en compétition avec ses amis anglais mais célèbre avec eux sa défaite. Déplacé en marge de la société, la compétition fait place à l'esprit de corps. Vieil ami de Lord Godalming et du Dr Seward, Morris apparaît à la fois plus familier et plus exotique du fait des lieux évoqués : Polynésie, Amérique du Sud et Extrême-Orient. Leurs liens, dont la longévité est marquée par l'extension géographique, illustre une tension entre proximité et éloignement, exotisme et familiarité.

La nationalité de Q. Morris et le cliché de la lumière — et de l'alcool — portée dans les plaines pour guider les pas des colons et baliser l'avancée de la civilisation renvoient à la conquête de l'Ouest américain. La

présence des deux britanniques dans ces voyages et l'évocation de la
Corée renvoient aux intérêts communs du Continent et des États-Unis,
transposant sur un plan politique leur attirance pour Lucy et évoquant
l'essence commune entre expansion britannique et américaine. Le
passage de la compétition à la fraternité évoque les relations paradoxales
entre empire britannique et union américaine, entre entraide et
compétition, similarités et différences.

Ces différences sont marquées dans la lettre de Q. Morris qui désigne
ses amis par leur prénom et non par leurs titres aristocratiques ou
méritocratiques. Le prénom d'Arthur est abrégé de manière typiquement
américaine, évoquant l'écart entre aristocratie (cigare, sophistication)
dont la longueur du nom indexe l'inscription dans l'histoire et la rudesse
américaine (chique, argot). Enfin, dans la perspective globale du progrès
de la civilisation anglo-saxonne, son langage fait fi de la hiérarchie sociale
au profit de la fraternité qui renvoie à l'unité raciale : malgré leurs
différences de surface Arthur et Q. Morris sont fortunés tous les deux et
emploient leurs fortunes respectives à réaliser un objectif commun (XXVI,
308).

Le jeu d'inclusions métonymiques dessine un contexte géo-politique :
le Texas dans l'Union, l'Union dans l'empire Britannique. Ces éléments
sont mis en relations spéculaires par les discours des personnages les uns
sur les autres : l'Union comme continuité de l'Empire britannique, à la
fois amie et rivale, étrangère et familière.

L'Amérique personnifiée

Le statut liminal mis en valeur par le double langage et les relations
entre Q. Morris et les personnages qui justifient sa présence dans la
diégèse, est un principe fondateur du personnage. Q. Morris est l'image
du pionnier, version moderne du berger dans la pastorale américaine,
acteur et symbole de la conquête de l'Ouest qui s'achève avec le siècle. Le
pionnier est celui qui fait reculer la frontière de l'inconnu sauvage, « the
wilderness », et est à la fois le produit de cette frontière. La civilisation
suit les pas du pionnier et font de lui l'essence même du peuple
américain, tel que l'a théorisé Frederick Jackson Turner en 1893 :

> The result is that to the frontier the American intellect owes its striking
> characteristics. That coarseness and strength combined with acuteness and
> inquisitiveness; that practical, inventive turn of mind, quick to find
> expedients; that masterful grasp of material things, lacking in the artistic but
> powerful to effect great ends; that restless, nervous energy; that dominant
> individualism, working for good and for evil, and withal that buoyancy and
> exuberance which comes with freedom—these are traits of the frontier, or
> traits called out elsewhere because of the existence of the frontier. (F.J.
> Turner, The significance of the frontier in American History, 1893)

Figure forcément paradoxale puisque son caractère se forge en marge
de la société dont il incarne l'essence, le pionnier, flambeau de la
civilisation, vit aux confins de l'archaïsme. Cette ambivalence de la
frontière (« *for good and for evil* »), tient au contact avec le sauvage, à
l'expérience de l'inconnu. Exemplifiant cette connaissance suspecte,
Q. Morris est le premier personnage à prononcer le terme « vampire »

avec lequel il a déjà été en contact. Cette connaissance est contextualisée, à la frontière sud de l'Union. (XII, 138)

Les « caractéristiques marquantes » liées à la frontière sous-tendent les fonctions de Q. Morris dans l'intrigue et portent l'ambivalence (XXI, 248 et XXIII, 270) de leur origine, revêtant par moment un caractère troublant. Son « individualisme dominant » (XXIII, 266), sa « maîtrise des choses matérielles » (XXIV,282 ; XXVI,306) son « sens pratique » (XXII, 256) sa « vivacité » (XVIII, 18) conduisent, de la fourniture des fusils à son coup de couteau final, à la mort — non conforme au rite mais efficace — du Comte. (« *lacking in the artistic but powerful to achieve great ends* », XXVII, 325)

Q. Morris est un héros de western, dont les qualités sont confirmées par son rôle clé dans la poursuite finale et l'élimination du Comte, soit, le triomphe du noble chasseur qui bien qu'armé de sa Winchester, tue le loup avec son couteau. Du point de vue anglo-celte de Stoker, les figures du cowboy et du pionnier évoquent la figure du chevalier saxon popularisé entre autres par Walter Scott et servant, comme les pionniers dans les westerns, de support édifiant à un discours sur la liberté anglo-saxonne. Q. Morris est un « bouillant » pionnier texan mais aussi un « *moral Viking* » qui porte les valeurs des chevaliers saxons. (XXIV, 285). Q. Morris est construit sur deux discours, les traits distinctifs de l'homme de la frontière définis aux Etats-Unis et les idéaux chevaleresques que les Européens reconnaissent comme leur legs. (XXVII, 326) Pionnier chevaleresque, Q. Morris se sacrifie pour étendre l'empire des libertés saxonnes. De même que Dracula est atteint par le *Kukri knife* de Jonathan — symbole de l'empire britannique — avant d'être détruit par le *bowie knife* — symbole de l'Union —, c'est la congruence de deux discours qui font de Quincey un héros, figurant les convergences historiques et narratives des deux empires à leur apogée à la fin du XIXe. « *He died, a gallant gentleman* »

Western gothique et discours sur l'histoire

Le caractère hyper-typique et chevaleresque de Q. Morris est lié, selon Paul Warren, à l'influence de Buffalo Bill : ils sont tous deux chasseurs, guides pour l'aristocratie, font la promotion exclusive des Winchesters. Warren rappelle que la popularité du spectacle était telle que Stoker l'avait forcément en tête en concevant un personnage de pionnier.

> *His easy interweaving of truth and fiction saw his star rise until he became the premier embodiment of American frontier mythology with the creation of his Wild West show in 1883 [...] [which] was conceived as an "exposition" (he refused to call it a show) for the education of audiences about the American frontier past.*

L'image était d'autant plus présente que la collaboration entre Henry Irving et William F. Cody était étroite, publique et impliquait Stoker lui-même. L'adéquation entre les qualités de Q. Morris et la phase finale de l'action démontre non seulement l'influence de Buffalo Bill sur le personnage de Q. Morris mais aussi de ses aventures — ses tableaux d'actions — sur la diégèse du roman.

It is not difficult to imagine how Stoker might have drawn on Cody's popularity to enhance his fictional drama had he wanted to. The bite of Count Dracula constitutes a variety of "abduction" and rape of white women. Since much of Buffalo Bill's heroic persona was connected to redeeming women captured by savages, and given the fabulous plots into which fiction writers inserted him, it is not too outlandish to imagine Nature's Nobleman arriving to do battle with the Lord of the Un-Dead in an effort to rescue the virtuous Mina from impending "vampirehood." We can easily picture what Cody's role in such an adventure would be. Joining the novel's small party of protagonists, Buffalo Bill would race across Europe to intercept the count, "to cut him off at the pass" before he reached his stronghold. He would ensure the party was stocked up on rifles, and lead scouting expeditions to reconnoiter the territory. Dashing to the final confrontation in the Transylvanian twilight, he would dispatch the count's Romany troops and deal the death blow to the vampire, plunging his knife—not a wooden stake or a European dagger but a frontiersman's Bowie knife—Into Dracula's dark heart.

Q. Morris est l'ambassadeur de la frontière dans le roman tout comme Buffalo Bill l'était en Grande-Bretagne. Le Wild West Show est une forme de discours sur l'histoire, une entreprise mythopoïétique visant à donner un sens à l'expansion américaine et à le diffuser au moment même ou se joue l'avenir de l'union entre fin de la frontière et visée impérialiste. Q. Morris est à la fois la personnification d'une image de l'Amérique par Stoker et l'adaptation d'un discours de l'Amérique sur elle-même entre véracité (passé militaire de Cody) et mythe autoproclamé, commercial et viril (Buffalo Bill le surhomme infatigable).

À travers les références à Buffalo Bill et le dénouement emprunté à ses spectacles, l'élimination de Dracula par Q. Morris est la récupération — et le détournement par sa mort — d'un discours de l'Empire américain triomphant, réécrivant — en faisant commerce — une page à peine tournée de son histoire, déchaînant les passions ambiguës du public anglais puisqu'elle faisait écho à des angoisses de déclin impérial et de dégénérescence de même nature. L'ambivalence du discours est traduite par l'écart volontaire par rapport à l'architexte du Wild West Show : la mort du héros achève dans la diégèse l'inversion gothique du western.

L'américanité de Q. Morris est fondée par son langage : sa caractérisation et ses actes ne renvoient pas à une image mais à des discours sur les USA, débats internes de l'Union sur elle-même portés dans le contexte et la diégèse sur le vieux continent. L'intrigue épistolaire, entre Wilkie Collins et Buffalo Bill articule discours américain et discours britannique. Le sacrifice et la renaissance symbolique de Q. Morris constituent une prise de position par rapport à un discours, une représentation de l'histoire de l'Union américaine dans la dernière décennie du siècle perçue dans ses rapports avec l'Empire britannique, tels que définis par les relations entre les personnages : même et différent / ami et ennemi / interne et externe / moderne et archaïque.

Sang et Histoire

Q. Morris est un personnage paradoxal. Il y a un contraste étonnant entre sa place minime dans la diégèse en tant que construction du monde (une seule fois focalisateur, peu de dialogues et d'actions) et son rôle — négligeable tout du long, mais fondamental à la fin — dans la diégèse en tant que déploiement d'une chaîne d'actions formant un tout cohérent (c'est lui qui tue Dracula) et sa position clé dans l'interprétation du contenu axiologique sous-jacent. Le roman s'achève sur sa mort et l'épilogue annonce sa renaissance symbolique.

Certains chercheurs ont vu dans ces paradoxes un procédé de dissimulation et ont proposé une réévaluation de la portée des actions du personnage faisant de Q. Morris un allié secret du comte voire un crypto-vampire. L'hypothèse s'appuie sur son ambiguïté par rapport à Lucy (elle l'identifie comme « autre », il la trouve seule, ils échangent un baiser (V, 59)), il arrive chez elle juste après les docteurs peu après une attaque, après sa transfusion Lucy se transforme (XII, 139), il est le premier à la diagnostiquer, il a été en contact (contaminé ?) avec le vampirisme (XII, 138). Ensuite il sort en silence et tire dangereusement vers ses compagnons en visant une chauve souris (XVIII, 213), il se cache dans les arbres sans raison alors que le Comte est proche (XXI, 248), laisse échapper le Comte par la fenêtre qu'il doit garder à Piccadilly (XXIII, 266-7). L'hypothèse s'appuie aussi sur une version antérieure du récit dans laquelle Q. Morris voyageait seul en Transylvanie et entrait dans le bureau de Jack Seward en compagnie du Comte.

Nous avons noté ses contacts suspects avec la frontière sud de l'Union, hors du sentier tracé des anglo-saxons. Son action peut paraître d'autant plus suspecte que, comme le Comte, il n'a que très peu de voix (« *laconically as usual* » XVIII, 210). Enfin, si son sacrifice est aussi nécessaire que celui du comte au rétablissement de l'équilibre de la diégèse, il présente avec lui une parenté suspecte. La thèse du crypto-vampire est réfutable mais, paradoxe d'un personnage secondaire marginal au début du récit et central à son dénouement, aucun détail ne vient l'écarter absolument. Q. Morris pourrait être un vampire. Ayant défini Q. Morris comme discours sur l'Union, nous allons maintenant étudier la prise de position constituée par sa parenté possible avec le Comte, son élimination de Dracula et sa mort–renaissance.

Frontière et histoire

La polarisation est — ouest du roman, personnifiée par le couple Q. Morris — Dracula, évoque les mots de l'évêque Berkeley : « *Westward the course of empire takes its way* ». Tous deux incarnent les frontières à la fois historiques et géographiques de l'occident compris comme empire anglo-saxon. Le Comte et Q. Morris sont construits en contrepoint, définis avant tout comme hommes de la frontière (III, 34), entre civilisation et animalité, dont l'énergie s'exprime « pour le meilleur et pour le pire (Turner)». La marche de l'histoire étant qualitative, la polarisation est morale : « *time's noblest offspring is the last* ».

Dracula a empêché la frontière orientale de progresser vers l'ouest tandis que Q. Morris vient de participer à la progression de la frontière occidentale dans la même direction : la symétrie préfigure la jonction des contraires. Les deux frontières sont aujourd'hui conquises, les exploits guerriers du Comte, « *the glories of the great races are as a tale that is told.* », sont passés depuis longtemps, la frontière américaine a officiellement disparu en 1890 et les guerres indiennes sont finies. Les deux hommes de la frontière entament le chemin du retour vers la métropole, de la marge au centre, ramenant les caractères acquis à la frontière. Le Comte importe sa terre et ses instincts de prédation conquérante assujettis à son respect absolu des seuils. Q. Morris ramène ses instincts de chasseur — protecteur et garde littéralement les seuils — partageant les mœurs semi-nocturnes du Comte et leur caractère potentiellement inquiétant (XXI, 139 ; XXIII, 270).

En 1825, Jefferson écrivait qu'un voyageur allant vers l'Est depuis les Rocheuses verrait se déployer dans le temps « le progrès de l'humanité depuis l'enfance de sa création jusqu'au présent ». Cadre d'un western gothique à la conquête de l'Est, le continent américain apparaît en surimpression inversée : « chapeaux de cow-boy » des slovaques au chapitre 1, voyage dans le temps (est archaïque, ouest technologique), passage du train au cheval. Dracula part à la conquête d'un Ouest balisé, incarnant la menace d'un retour de colonisation. La structure circulaire du roman — voyage et retour —, figure un retour de l'histoire sur elle-même et la jonction des contraires incarnés par Q. Morris et Dracula. L'inversion du voyage est déjà induite par l'influence de Buffalo Bill. Son spectacle ramène la frontière sur le vieux continent en la circonscrivant à son arène et constitue, par le caractère graphique des protagonistes et l'engouement suscité, une forme d'inversion de l'histoire, colonisation à rebours qui ramène la marge au centre, résurgence inquiétante du passé des USA dans le présent britannique.

Allégorie politique : Empire des libertés et Impérialisme

C'est le personnage de Renfield, pendant sa crise de santé mentale, qui replace le plus explicitement Q. Morris dans son contexte politique :

> *Mr. Morris, you should be proud of your great state. Its reception into the Union was a precedent which may have far-reaching effects hereafter, when the Pole and the Tropics may hold alliance to the Stars and Stripes. The power of Treaty may yet prove a vast engine of enlargement, when the Monroe doctrine takes its true place as a political fable.* (XVIII, 215)

Stoker étant un habitué de Shakespeare, lorsqu'un fou parle, il dit la vérité et il est ironique. Donnant un écho contextuel aux emboîtements narratifs, les propos du fou conduisent à interpréter les actes de Q. Morris comme une allégorie politique tirée des discours sur l'entrée du Texas dans l'Union, simple étape de l'extension pacifique des Anglo-Saxons sur la planète entière. La doctrine de Monroe, édictée en 1823, avance le principe de la non ingérence Europe-États-Unis et définit la sphère occidentale, instaurant le cadre de l'expansionnisme américain. Le pôle et les tropiques font écho aux lieux visités par Q. Morris et dénotent les visées américaines au-delà des limites continentales, rejoignant les théories de John Fiske.

> *It is enough to point to the general conclusion, that the work which the English race began when it colonized North America is destined to go on until every land on the earth's surface that is not already the seat of an old civilization shall become English in its language, in its political habits and traditions, and to a predominant extent in the blood of its people.* (John Fiske, *American Political Ideas Viewed From The Standpoint Of Universal History,* 1880)

Les propos de Renfield font le lien entre histoire et actualité et renvoient au débat sur l'impérialisme qui faisait rage dans la dernière décennie du siècle aux États Unis. La fin officielle de la frontière faisait planer l'angoisse de la dégénérescence du caractère américain. De nombreux idéologues avançaient la nécessité d'étendre l'empire des libertés à toute la sphère d'influence définie par Monroe, faisant planer le spectre de l'impérialisme et de guerres expansionnistes, qui éclatèrent un an après la parution du roman. D'ailleurs, la référence à Monroe pourrait être lue comme une remarque ironique sur Q. Morris comme ingérence d'un Américain dans un problème européen. L'impérialisme est précisément ce à quoi s'oppose la « politique des Traités » et les principes de libre détermination, dont l'entrée du Texas dans l'union en 1845, après dix ans de débats et l'épisode mythique d'Alamo, sont l'exemple le plus marquant. Les thèses expansionnistes de la fin du siècle font courir le risque d'un dévoiement de l'Empire américain, d'un retour du refoulé tyrannique européen. Q. Morris porte l'histoire du Texas, mythe officiel du modèle d'extension pacifique de l'Union, vu depuis l'Angleterre au moment où les débats internes à l'Union tendent à rendre ce modèle caduque. Le vampirisme potentiel de Q. Morris peut être lié à cette ambivalence patente au moment où Stoker écrit. Dans ce contexte, l'allusion de Van Helsing à Mark Twain (XIV, 172), alors qu'il tente de faire envisager le vampirisme à Seward, prend une saveur anachronique particulière puisque l'écrivain allait s'engager officiellement contre l'impérialisme au tournant du siècle.

En tant que discours sur l'Empire américain, la mort de Q. Morris peut signifier qu'il représente un discours du passé, déjà caduc. Héros mythique d'Alamo, Q. Morris se sacrifie pour défendre les idéaux de liberté contre l'expansionnisme belliqueux, archaïsme du passé impérialiste de l'Europe qui fait retour dans la politique américaine à la fin du siècle. Son infection potentielle renvoie aussi aux paradoxes historiques de l'expansion américaine soit au génocide amérindien et à l'esclavage.

En tant que discours sur l'Empire britannique, le sacrifice de Q. Morris et l'élimination du Comte peut marquer la nécessaire élimination des marges. Les frontières sont le cadre des exactions nécessaires que le maintien et l'extension de l'Empire exigent mais qui doivent rester à la marge, en Inde ou aux Etats-Unis, leur violence (figurée par les armes de l'Empire) étant hypocritement contraire aux idéaux de ces empires. Une fois l'expansion achevée, leur élimination est nécessaire pour assurer la stabilité de l'empire, selon une logique centripète figurée par la structure du roman.

En tant que discours sur l'Empire américain comme continuité de l'impérialisme anglo-saxon, le sacrifice de Q. Morris signifie la purge des archaïsmes coloniaux, figurant le passage du colonialisme tyrannique à la politique des traités dans la continuité de l'expansion britannique. Cette régénération politique est figurée par la transmission de son esprit. La mort de Q. Morris écarte la menace pour l'empire Britannique de son concurrent et potentiellement ennemi le plus puissant.

Liens du sang

La personnification ethnique des systèmes politiques correspond à la conception anglo-saxonniste de l'histoire dont les thèses ont sous-tendu les politiques d'expansion des Empires britanniques et américains et conditionné les rapports entre les deux tout au long du XIXᵉ siècle. Ce pendant médical à la politique et à l'histoire est exprimé par le docteur Seward :

> What a fine fellow is Quincey! [...] he bore himself through it like a moral Viking. If America can go on breeding men like that, she will be a power in the world indeed. (XXII, 156)

Comme sur d'autres points, l'aliéniste et l'aliéné s'accordent, marquant la convergence entre darwinisme social et géo-politique, l'inter-changeabilité entre discours historique et anthropologique. Selon Edward Freeman, les Anglo-Saxons ont démontré depuis les temps tribaux les plus reculés un génie inégalé pour l'organisation d'institutions politiques et la préservation des libertés individuelles. Ayant éliminé les autres groupes, ils ont transformé l'Angleterre en poste avancé des Teutons qui appartenaient à la vraie lignée Aryenne. L'interprétation racialiste de l'histoire a fait de l'expansion américaine la continuité biologique du colonialisme britannique, l'accomplissement de la marche de la civilisation vers l'Ouest.

Dans ce contexte théorique les différents personnages qui donnent leur sang à Lucy sont littéralement attirés par la lumière qui brille à l'Ouest (traduction approximative de son nom), suivant l'atavisme politique « libertifère » qui les anime. L'aristocrate et le médecin anglais, le professeur hollandais puis le pionnier texan donnent leur sang à Lucy : métaphore du progrès de la race anglo-saxonne et du mélange des sangs de même souche qui a assuré sa vitalité et l'extension de son système de gouvernement libre.

> It is a race which has shown a rare capacity for absorbing slightly foreign elements and moulding them into conformity with a political type that was first wrought out through centuries of effort on British soil; and this capacity it has shown perhaps in a heightened degree in the peculiar circumstances in which it has been placed in America. The American has absorbed considerable quantities of closely kindred European blood, but he is rapidly assimilating it all, and in his political habits and aptitudes he remains as thoroughly English as his forefathers in the days of De Montfort, or Hampden, or Washington. (Fiske, *op. cit.*)

Le mélange de souches compatibles est un facteur de régénération et de progrès dont Q. Morris incarne l'aboutissement « bio-éthique ». Renforcée par la frontière américaine, et l'immigration / émulation qu'elle a entraînée sans s'écarter de la souche dominante, la branche dont Q. Morris est issu porte l'espoir de la régénération de la race anglo-saxonne. Dès 1886, dans « *A Glimpse of America* », Stoker évoquait les « conditions sociales » et les « méthodes différentes de développement de la race » qui faisaient des Américains une espèce plus inventive et énergique que les Anglais et a créé d'autre personnages similaires : « *Stonehouse was a remarkable man in his way, a typical product of the Anglo-Saxon under American conditions.* » (*The man*, 1905)

Dracula, survivant d'une race guerrière et nocturne dans un empire où le soleil ne se couche jamais est un métisse scandaleux. Produit archaïque du creuset chaotique des races de l'Europe orientale, sa généalogie figure la dilution de la souche anglo-saxonne, dénaturée par les mélanges successifs dont les Huns incarnent le caractère anarchique et destructeur. Dracula incarne la peur de la dégénérescence raciale et de la régression barbare qu'elle implique. Le vampirisme représente une forme d'assimilation liberticide radicale, l'inversion du destin de la race anglo-saxonne théorisé par Fiske.

En tant que discours anthropologique, le sacrifice de Q. Morris résout deux anxiétés anglaises : Q. Morris élimine le spectre de la dégénérescence et donne l'espoir d'une régénération par la transmission des valeurs (« *Spirit* ») de liberté d'une branche anglo-saxonne de même souche donc compatible avec le système politique mais revitalisée sur le sol américain. La renaissance symbolique de Q. Morris et le passage de transfusion à procréation accréditent la thèse de la régénération positive et la soumission rassurante de la puissance fille à l'autorité parentale de Wilhelmina Murray, au nom moitié hollandais, moitié anglo-celte, épouse anglaise et mère de l'Amérique. La mort de Q. Morris élimine un ennemi potentiel, la menace externe liée à vitalité américaine, le spectre du déclin ou de la guerre par la concurrence d'une branche trop dynamique.

Q. Morris incarne le lien organique entre milieu, race, Empire britannique et Union américaine et porte les ambiguïtés des discours sur le pionnier en général (1), Texan en particulier (2), de l'empire américain sur lui-même (3) et dans ses relations contemporaines et historiques avec l'empire britannique (4). Figure liminale aux confins de deux frontières, Q. Morris entame le voyage de retour parce qu'elles sont désormais infranchissables : la frontière sud figure la menace de dégénérescence des Anglo-Saxons, la frontière ouest celle de l'autodestruction.

Le débat sur l'entrée du Texas dans l'Union a cristallisé les paradoxes liés à la vitalité anglo-saxonne et l'assimilation de races non blanches. Les opposants à l'annexion craignaient la promiscuité avec les Mexicains inférieurs, race mélangée aux Indiens et aux noirs d'Amérique du Sud « *the colored mongrel race, and barbarous tyranny, and superstitions of Mexico.* » Q. Morris, assimilé à un noir par Lucy est issu de cet état à la population mêlée, à la limite du milieu des chauves-souris vampires. De fait, le sang de Quincey est le seul à ne pas être absorbé par Mina via le vampire. Dans ce contexte Q. Morris incarne la limite racialiste à l'expansion de la race anglo-saxonne.

Dans la dernière décennie du siècle, les discours expansionnistes abondaient en images de la virilité perdu du peuple américain qu'une « splendide petite guerre » allait restaurer dès 1898. La virilité de Q. Morris, liée à son animalité, l'associe à l'ennemi « *The leader of the gypsies, a splendid looking fellow who sat his horse like a centaur* ». Q. Morris incarne la limite politique: la marche vers l'Ouest est achevée, plus d'expansion possible sans inversion idéologique, le dévoiement de l'expansion en impérialisme et l'affrontement fratricide entre les deux empires.

Q. Morris, discours sur la race américaine et son destin, est pris au piège de ces deux frontières logiques, dont les discours ne peuvent plus justifier la progression sans en inverser les valeurs. Stoker met en récit l'inversion du discours à la fin du siècle et la disparition nécessaire du mythe de la frontière, devenu spectre de la guerre et de la dégénérescence. Au terme de sa conquête inversée, Quincey Morris meurt en 1890 (sept ans avant la publication du roman), année de la fin officielle de la frontière dont il est issu, comme s'il ne pouvait pas survivre hors de son sol, tout comme le Comte.

Réécriture de l'histoire et transécriture du récit

Au mélange diégétique des sangs correspond le mélange narratif des récits. Les notes de début et fin du roman attirent l'attention sur les rapports entre langage et vérité, histoire et récit. Elles renvoient à Edward Freeman dont la méthode insistait sur la qualité du compte rendu par rapport à l'authenticité des sources, la prise en compte critique du point de vue et l'unicité de l'histoire. Ces concepts sous-tendent les procédés réflexifs de la narration.

Coppola retient les procédés réflexifs. Il introduit une contextualisation historique de Dracula dès l'ouverture puis procède à une recontextualisation réflexive.

La question du compte rendu fidèle de l'histoire soit la mise en récit dont Mina est l'agent dans le texte, est réinscrite dans l'évolution de l'outil cinématographique. Le film se place dans la continuité technique du livre (crayon-machine à écrire-phonographe) et figure le passage historique de l'écrit à l'image. Les différents outils d'écriture sont mis en abyme puis abandonnés au profit d'une ancienne caméra « d'époque ». La séparation utilitariste faite par Mina dans le film entre science et cinéma est autant une pointe d'ironie post-moderne que le révélateur de la décontextualisation opérée par la transécriture (et des détournements axiologiques — Dracula, opposé à la technique a accompagné l'histoire du cinéma).

Dans le roman la mise en abîme du médium est contextualisante. Q. Morris (XXVI, 303) fournit une machine portative à Mina signifiant sa fonction de pionnier, sa participation à l'écriture de son propre mythe et la parenté / originalité de la participation américaine à la révolution technique de la fin du XIXᵉ.

Les images projetées dans le film sont le passage d'un train qui, décontextualisé, évoque moins l'expansion américaine que l'histoire du médium, en contraste avec les autres représentations diégétiques du train, et l'invention du cinéma. À travers l'anecdote historique du public fuyant devant l'entrée du train en Gare de la Ciotat, la séquence vient rappeler la confusion entre réalité et représentation centrale dans le fantastique romanesque et déplacé dans l'adaptation. (cf. Menegaldo, voir bibliographie.)

Les images licencieuses font référence au caractère subversif du message sous-jacent, ici littéralement transféré en arrière-plan sans aucun commentaire des personnages, et du médium lui-même renvoyant ainsi au thème de la neutralisation par l'écriture. La projection en arrière plan du décor « historique » de l'ouverture confirme la métafictionalisation de l'histoire, soit l'expurgation de la portée historique des procédés réflexifs du discours victorien au profit du réinvestissement de ces procédés dans le déploiement d'un réseau intertextuel sur l'histoire des représentations de Dracula, depuis le récit historique qui a inspiré Stoker jusqu'à la lecture de Coppola. Le discours sur la race devient discours sur la représentation et déplace la question de l'hérédité sur un plan métafictionnel. La référence au Lyceum, dont Stoker était manager, et d'Irving, à qui le rôle d'une éventuelle adaptation théâtrale était destiné, vient souligner ce processus de mise à nu des transformations plastiques du récit entre l'écriture du roman et les adaptations filmiques. Cette mise en abyme justifie plus le titre « *Bram Stoker's Dracula* » que la « fidélité » clamée mais relative au texte source. Ironiquement, les références à Murnau, Dreyer, Fisher et Badham en retraçant les éléments constitutifs du discours cinématographique, font écho au progrès historique de l'espèce (Allemagne, Angleterre).

Le film de Coppola est une des rares adaptations à intégrer Q. Morris mais il expurge le contenu axiologique lié aux discours anthropologiques. (Sélection de l'ascendance du Comte, replacée sur un plan surnaturel — Attila comme figure du démon) Le film n'est pas inscrit dans l'histoire anglo-saxonne mais, par l'hommage à Cocteau, dans l'histoire du cinéma et des mythes : le contexte historique initial sert à initier la logique du récit.

Q. Morris enfonce son poignard dans le cœur du Comte et meurt, mais le récit ne s'achève pas sur sa mort, pas plus qu'il ne renaît symboliquement. Ce changement de rôle est logique dans la mesure où, dans notre hypothèse, son importance tenait au discours historique expurgé par Coppola. De la symétrie entre les deux ne subsiste que la tenue : robe et coiffure extrême-orientale du Comte et figure du Cow-boy.

Le savoir de Q. Morris (chauve-souris) est transféré à Van Helsing, auquel il s'oppose (48'30 ; 73'50), il n'est plus qu'homme d'action (75'30 ; 76'15), cliché bourru et présenté d'emblée par Lucy comme « *a wild stallion between my legs* », porteur d'un poignard phallique et d'un accent à couper au couteau. Son charme est plus brut que trouble : « *I hold your hand and you've kissed me* » correspond à la fin de leur rencontre, privée dans le roman puisqu'il y est trop bien éduqué pour parler argot devant d'autres personnes.

De même que le Comte est décontextualisé au profit d'une lecture romantique et sexuelle dans le cadre plus américain et surtout Coppolien d'une réflexion sur les paradoxes de la religion (Job et guerres de religion) et de la nature humaine (idéaux / instincts), Quincey figure la virilité animale dont le couteau résume le caractère dangereux (en tant que Vampire, dégradation sociale ou MST).

Coppola restitue cependant certains des parallèles entre Q. Morris et le Comte ainsi qu'une partie de son rôle structurant. Son couteau, présenté tôt dans le récit est proleptique. De plus la remarque de Lucy associe Q. Morris à sa prise par le Comte-loup. Dans le roman l'allusion de Q. Morris à la mise à mort de sa jument annonce la mort de Lucy et induit une association entre aristocratie et bétail que Coppola rend plus directe en la transformant en dialogue (70'10-20) adressé à Lucy et dont il met en exergue la brutalité en montant en parallèle la décapitation de Lucy et la coupe du rosbif.

Stoker a emprunté aux Américains la fin de son roman mais aucune adaptation ne l'avait restituée. De telle sorte que quand Coppola retrace la lignée des adaptations de Dracula, il ne trouve pas trace de western et préfère emprunter à l'Europe un mythe plus universel.

Bibliographie

Arata, Stephen D., « The Occidental Tourist: Dracula and the anxiety of Reverse Colonization », in *Dracula*, Norton Critical Edition.

Fiske, John, « American Political Ideas Viewed From The Standpoint Of Universal History », 1880 (http://www.gutenberg.org/etext/10112).

Horsman, Reginald, *Race and Manifest Destiny*, Harvard University Press, 1981.

Menegaldo, Gilles, « Du texte à l'image, figurations du fantastique », in *Dracula, de la mort à la vie, Cahier de l'Herne*, 1997.

Mellier, Denis, « Dracula et les machines ou comment faire du Comte un roman », in *Dracula, de la mort à la vie, Cahier de l'Herne*, 1997.

Valente, Joseph, *Dracula's Crypt: Bram Stoker, Irishness, and the Question of Blood*, Urbana, IL, U of Illinois P, 2002. (http://www.press.uillinois.edu/epub/books/valente/).

Warren, Louis S, « Buffalo Bill Meets Dracula: William F. Cody, Bram Stoker, and the Frontiers of Racial Decay », The American Historical Review, 2002 (http://www.historycooperative.org/journals/ahr/107.4/ah0402001124.html).

Le passage du col de Borgo.
Du point de vue de Jonathan à l'œil de D

Jean-Paul Engélibert

Le roman de Bram Stoker s'ouvre, comme on sait, avec le journal de Jonathan Harker. Ce premier chapitre, qui relate le voyage du jeune homme de Munich au château de Dracula, a connu des fortunes diverses au cinéma depuis Murnau. Mais il semble que jamais avant le film de Coppola le point de vue qu'il introduit n'a été aussi investi de sens. Jonathan raconte sa route et sa rencontre avec le vampire : le lecteur découvre le monstre et son domaine par la description qu'en donne le voyageur. Par la suite, le roman utilise toujours la même technique. Toutes les descriptions mettent l'accent sur le sujet qui voit et sent plutôt que sur ce qu'il décrit. Les regards font l'objet de plus d'attention que ce qu'ils regardent. C'est que le roman tout entier montre qu'on ne peut représenter objectivement le vampire, que seul le regard sur lui se décrit, que sa seule vérité réside dans son effet sur la subjectivité[1]. Dès ses premières pages, le roman dispose donc un faisceau de regards qui convergeront vers le vampire. Celui de Jonathan n'est que le premier. Or, Coppola ne reprend qu'en partie ce procédé à son compte, et lui imprime une torsion déterminante en le liant à l'idée qu'il se fait du vampire. Dans la séquence du film correspondant à ce premier chapitre, les regards ont aussi une importance décisive, mais ce ne sont pas les mêmes et ils se nouent différemment. L'adaptation fascine également, mais par d'autres atouts.

Journal écrit et journal filmé

Le journal de voyage de Jonathan présente d'abord toutes les caractéristiques du genre. Les entrées sont datées et situées. Le voyageur note le retard de son train et le menu du souper. Au passage, il glisse une remarque sur la beauté de Budapest, mais il est en voyage d'affaires et n'a pas le temps de se livrer aux délices du tourisme : il ne voit vraiment que le pont Széchenyi, « *the most Western of splendid bridges over the Danube[2]* », qui le conduit vers l'Orient où prévalent les coutumes turques. Ainsi, dès le premier paragraphe, l'opposition de l'Orient et de l'Occident, qui deviendra un des principaux enjeux du roman, est esquissée. Le premier fragment du journal, à travers les impressions les plus ordinaires d'un jeune clerc assez peu curieux, installe un des codes qui traversent le roman entier. Coppola le reprend littéralement. La voix off de Jonathan lit les premières lignes de son journal, qu'on voit ouvert au premier plan : « *Left Buda-Pesth early this morning. The impression I had was that we were*

---

1. À ce sujet, lire B. Franco, « *Dracula* ou la crise de la représentation », in P. Brunel et J. Vion-Dury, Dictionnaire des mythes du fantastique, Limoges, Pulim, 2003, p. 103-119.
2. *The Essential Dracula*, ed. by L. Wolf, New York, Plume, 1993, p. 1.

leaving the West and entering the East. » À l'arrière-plan, le train roule vers la droite sur fond de couchant. Coppola condense ici trois aspects du roman : la référence à *l'impression* du narrateur, le passage dans un Orient mystérieux et l'association de celui-ci à la nuit et à l'obscurité. Chez Stoker, Jonathan note quelques pages plus loin qu'il faisait déjà nuit à son arrivée à Bistritz. Coppola, dont le film n'est pas titré pour rien *Bram Stoker's Dracula*, donne des gages. Il affiche un souci de fidélité au roman à la fois en ce qui concerne l'intrigue, la thématique et la perspective. Sans doute faut-il se méfier d'un affichage aussi évident.

Très vite dans le roman, la sérénité du voyage d'affaires laisse la place à des « impressions » plus inquiètes. Jonathan dort mal, fait des rêves étranges, note les ravages qui ont marqué Bistritz. Il s'étonne surtout de ce que l'hôtelier, qui parlait allemand à son arrivée, ne le comprenne plus le lendemain matin, puis de la superstition de la femme de celui-ci, qui veut le dissuader de monter au col de Borgo la nuit de la Saint-Georges. Il ne reste plus que des traces de ces pages dans le film de Coppola, qui accélère considérablement le récit : plus d'arrivée à l'auberge, plus de nuit à Bistritz, pas de dialogues avec les autochtones. Quelques plans sur une diligence roulant dans la nuit suffisent. Les superstitions et autres traits de couleur locale ont presque complètement disparu. Quand Jonathan descend de la diligence, une jeune femme lui confie un crucifix en prononçant dans sa propre langue quelques mots que Jonathan ne peut comprendre : voilà tout. Un sous-titre en anglais permet toutefois au spectateur qui serait également lecteur de reconnaître le vers cité par Stoker dans l'épisode correspondant : « *For the dead travel fast* ». Encore une fois, Coppola affiche sa fidélité. Faut-il s'en méfier ? Ici, il est facile de voir quel déplacement Coppola opère en reprenant littéralement une ligne du roman. Chez Stoker, la diligence est arrivée en avance au col de Borgo pour éviter Dracula, ce que Jonathan ne comprend pas. Au moment où, constatant que la voiture qui devait le prendre n'est pas là, le cocher lui propose de l'emmener en Bukovine, Dracula survient et fait entendre à l'homme qu'on ne peut le tromper ainsi. C'est alors que Jonathan entend un des passagers murmurer le vers de « Lenore » en allemand à l'oreille de son voisin. Le jeune homme ne peut saisir le sens de l'allusion, même s'il est capable de la reconnaître, mais elle est motivée par ce qui vient de se passer. Dans le film au contraire, aucune motivation diégétique ne peut expliquer cette citation : ni le don du crucifix, ni l'arrivée prochaine du comte, puisque, la diligence laissant là le pauvre Jonathan, le vampire n'a plus besoin d'aller vite.

Ce que cette citation montre est donc moins la fidélité de Coppola que, derrière ce paravent, la différence essentielle entre les deux récits. Différence qui réside dans le point de vue adopté. À cet égard, l'étude du premier chapitre du roman et de la séquence correspondante du film présente l'intérêt de montrer une différence de stratégie narrative qui conduit au cœur des deux œuvres. Stoker, en choisissant la forme du journal, se donne la double contrainte de la focalisation interne et de la proximité du temps de la narration et du temps du récit. Tout ce qui est rapporté est perçu, imaginé ou conçu par le narrateur et cela alors que le peu de temps qui sépare le moment de la rédaction de celui de l'action l'empêche de prendre du recul par rapport aux événéments qu'il relate. Le récit romanesque livre donc le point de vue de Jonathan avec la médiation minimale imposée par l'écriture : le Jonathan qui se confie au papier est encore sous le coup de la surprise, de la peur ou de toute autre émotion qu'il vient d'éprouver. Ainsi, le 5 mai, après sa première nuit au château, Jonathan, encore agité par les circonstances de son arrivée, note : « *There are many odd things to put down*[1]. » Il ne peut que les décrire, aucune explication n'est disponible. Ces événements étranges concernent au premier chef le cocher qui l'a conduit au château. Au moment où il écrit, Jonathan ne sait pas encore que ce cocher était Dracula lui-même. Il se demande comment cet homme a pu se tenir devant une flamme bleue sans la lui cacher ou comment, après s'être éloigné de la calèche, il a pu la rejoindre en traversant le cercle des loups. L'effet de cette proximité temporelle est évidemment de rendre palpable la terreur éprouvée par le personnage. Mais il est aussi de lier la représentation du vampire à la perception instantanée d'un personnage pris dans l'action. Le journal n'offre pas la possibilité d'un autre point de vue. Chez Coppola, si certains plans cherchent à traduire la subjectivité du récit, ce n'est pourtant pas l'essentiel de la séquence. Ainsi, au moment où Jonathan monte dans la calèche, hissé par la main crochue du vampire, un panoramique resserre le cadre sur ce bras qui s'allonge démesurément, comme pour épouser le regard du clerc fixé sur le membre monstrueux. Un peu plus tard, la plongée vers le précipice rend directement le regard du personnage. Mais l'essentiel se situe avant, dans la première partie du voyage. Au lieu de se lier à un point de vue, Coppola y noue trois regards.

L'œil de D

La séquence suit les adieux de Jonathan et Mina : la jeune fille entraîne son fiancé sur un banc pour un baiser long et passionné, bientôt caché au spectateur par le surgissement au premier plan de plumes de paon. Le baiser pudiquement voilé, la scène n'en est pas moins érotisée : outre la signification propre de la roue du paon, le disque bleu au centre de la plume qui cache le visage des amants figure la pupille d'un œil. Cacher et voir se superposent sur une étreinte : plus loin, Dracula étendu sur Lucy *au même endroit* dira à Mina venue chercher son amie « *Do not see me* ». Un zoom avant sur la plume associé à un fondu transforme cet œil en paysage d'abord indistinct qui se profile à la sortie d'un tunnel, sortie vers laquelle un travelling nous fait progresser à bonne vitesse. Métaphore érotique bien sûr, et aussi point de vue impossible. Jonathan est dans un compartiment, il rédige son journal. Le contraste des couleurs, du vert sombre et du bleu de la plume à l'oranger du couchant, est aussi violent que l'ellipse. Les fondus-enchaînés et surimpressions se succèdent si vite que le spectateur n'a guère le temps de les repérer : le visage de Jonathan sur la voie ferrée, le train sur le journal, Jonathan sur

---

1. *Ibid.*, p. 9.

la carte de Transylvanie. Sur un gros plan de la carte, une tache lumineuse violette rappelle l'œil qui ouvrait la séquence. Elle indique la région de Borgo : elle est donc motivée par cette fonction, mais surtout elle appelle d'autres yeux. Un plan taille montre Jonathan assis, lisant la lettre du comte Dracula. L'œil marron de Jonathan, grand ouvert, apparaît en surimpression, puis deux yeux bleus face au spectateur, en plein ciel, mais sans que Jonathan les voie, pendant qu'on entend le texte de cette lettre lu par la voix du vampire. Un plan « subjectif » montre le portrait de Mina dans son ovale. Quand Jonathan arrive à la fin de sa lecture, un fondu-enchaîné isole la signature : D. Suit le reflet du jeune homme dans l'ovale du portrait, puis la photo de Mina s'y superpose et le reflet passe au second plan.

Ce que cette succession à un rythme extrêmement rapide de surimpressions et de fondus montre, en prenant prétexte du flottement de la conscience d'un voyageur bercé par le mouvement du train, et en s'autorisant de l'apparition fantastique des yeux dans le ciel, c'est le triangle amoureux qui tient lieu chez Coppola de thème vampirique. Gilles Menegaldo a déjà noté que l'invention de Coppola consiste à introduire, dans l'histoire de Stoker, une intrigue secondaire qui tend à devenir dominante : intrigue amoureuse qui montre un vampire sentimental pris au piège d'une Mina qui serait une réincarnation de son épouse morte depuis près de cinq siècles[1]. Ce tournant s'inscrit déjà dans ce nœud de regards qui rassemble Jonathan et « D » sur le portrait de Mina. Le récit n'est plus soumis à la perspective du voyageur découvrant les Carpathes. Son point de vue est d'entrée de jeu compris dans une intrigue d'ensemble, dans laquelle il n'est que le rival d'un « D » infiniment plus puissant et plus séduisant que lui. Avant même d'arriver à Bistritz, il n'est déjà plus le seul à poser les yeux sur sa fiancée. L'œil virtuellement contenu dans la plume de paon surdétermine toute la scène qu'il ouvre. S'il voilait pudiquement le baiser d'adieu, il dévoilait d'avance à ceux qui savent voir la stratégie du metteur en scène.

Dès lors la suppression des allusions aux superstitions locales s'explique : les notations qui correspondaient à la découverte de la région par Jonathan n'ont plus d'intérêt dans la perspective du film. Le jeune clerc n'est déjà plus le personnage principal. Ses impressions deviennent secondaires parce que son point de vue n'est pas essentiel. Elles peuvent être remplacées par une imagerie différente qui focalise l'attention sur le motif abstrait du triangle de regards. C'est pourquoi le montage parallèle peut montrer Mina tapant son propre journal à la machine pendant que son fiancé contemple sa photographie. Tout le film repose sur la fusion des temps et des espaces : Mina « est » Elizabeta, Dracula est le même homme que de son vivant cinq siècles plus tôt et l'amour transporte les esprits et leur fait ignorer les distances et les âges. Ainsi l'amour de Jonathan et Mina doit être affirmé par la simultanéité de leurs actions et la convergence de leurs pensées à des milliers de kilomètres l'un de l'autre. Les voix off contribuent à cette fusion des lieux. Quand Mina tape

---

1. Cf. G. Menegaldo, « Du texte à l'image : figurations du fantastique. À propos de *Dracula* de Francis Ford Coppola », in *Dracula, Cahier de l'Herne*, Paris, 1997, p. 197-212.

son journal, on l'entend lire par sa voix, procédé qui redouble la lecture de la lettre de « D » un peu plus tôt. Mais la dernière phrase est montée sur une autre image, dont le statut est complexe. Parlant des pays étrangers que Jonathan traverse, Mina dit (écrit) : « *I wonder if we, I mean Jonathan and I, shall ever see them together.* » On voit alors à l'écran une diligence roulant sous le ciel étoilé. Si on se fie à la voix, l'image est attribuable à la rêverie de Mina, qui imagine son fiancé faisant route vers l'est. Son caractère onirique, lié à la technique utilisée (une maquette filmée en ombre chinoise), pourrait aussi être interprété ainsi. Mais la composition de l'image, proche de celle qui montrait plus tôt le train de Jonathan sous le couchant, et le mouvement de la voiture, semblable à celui du train, suggèrent un lien entre les deux représentations. Or, la première, si elle peut être attribuée à un personnage, ne peut l'être qu'à Jonathan. S'il faut donc comprendre ces deux plans comme des images mentales, c'est en imaginant la convergence, ou l'unisson, des deux consciences. L'amour rapproche les fiancés séparés dans l'espace. Plus loin, il fera dire à Dracula qu'il a traversé « les océans du temps » pour retrouver Mina / Elisabeta.

Le vertige propre du film vient de cette plasticité qui introduit dans chaque image un contrepoint : chaque lieu convoque un autre lieu, chaque temps un autre temps. « Stylistiquement, je veux créer une image se déroulant comme une tapisserie, onduleuse comme un rêve » a écrit Coppola pendant la préparation du film[1]. L'exemple de cette séquence le montre admirablement : l'idée de l'amour au principe du film est simple et mièvre, mais la sophistication de l'image permet à Coppola de tout emporter. Le triangle des regards qui se compose ici impose sa propre puissance de fascination et celle-ci remplace la fascination exercée par le vampire chez Stoker. Dès lors qu'importe que le vampire de Coppola soit humanisé et sentimental. La vitesse et la virtuosité du montage produisent un effet hypnotique, lié aussi à l'érotisation permanente de l'image. Toute cette séquence est placée sous le sceau du désir, et du désir féminin d'abord.

Pendant le baiser que la plume de paon vient masquer comme dans un rêve, la bande son fait entendre des gémissements langoureux de Mina. Puis, comme l'image se transforme et que l'œil entre dans le tunnel, le souffle de la locomotive s'y superpose. Dès lors, toute la séquence croise les regards de Dracula et de Jonathan sur Mina, comme ceux de deux rivaux que tout oppose. Le visage juvénile, glabre et invariablement inquiet de Keanu Reeves est alors appelé à contraster avec celui de Gary Oldman, qui à travers toutes ses métamorphoses, gardera l'apparence de la maturité, de la virilité (y compris dans la monstruosité), de la puissance et de la ruse. C'est dire que le vampire de Coppola s'éloigne considérablement de celui de Stoker, mais aussi de ceux de Murnau, Browning ou Herzog. Jean-Claude Aguerre a montré que le vampire ne projette pas d'image dans le miroir parce qu'il ne connaît pas l'expérience que Lacan a baptisée « stade du miroir » : celle qui consiste à identifier son propre

---

1. Cité par Iannis Katsahnias, *Francis Ford Coppola*, Paris, *Cahiers du cinéma*, « Auteurs », 1997, p. 235.

corps dans son image et par là à fonder son désir dans l'Autre. Ainsi le vampire erre-t-il « dépourvu de ce que l'enfant, en s'habillant de son image, trouve derrière le miroir : l'origine de son désir[1] » Il n'a pas pu constituer son image au lieu de l'Autre, il ne connaît pas la castration, il ignore la loi. Au contraire, le « D » de Coppola, d'abord soumis à son dieu pour le compte duquel il part combattre les Turcs, ne cesse jamais de le reconnaître, au point de planter son épée dans sa croix et de communier en buvant le sang qui en coule. La fin du film, avec son retour dans la même chapelle, boucle le récit comme s'il s'agissait de nous faire comprendre que la longue expiation de Dracula peut s'achever grâce à Elisabeta / Mina. En lui donnant la mort, elle rachète son propre suicide et offre le salut à son blasphémateur de mari. Ce vampire est bien humain, malgré toutes ses métamorphoses : son désir et ses souffrances sont ceux d'un mortel en attente de sa rédemption. L'imagerie sulpicienne de la dernière scène du film n'est donc pas seulement une coquetterie. Elle correspond vraiment au conformisme moral de l'ensemble.

À moins qu'il ne faille pas chercher une unité trop profonde dans un film composite et jouant de tous les effets de rupture possibles. Coppola cherche d'un côté à reproduire les sinuosités du rêve, mais il sait en préserver l'attrait par des changements de rythme ou des sauts chromatiques. L'image n'y est parfois justifiée que par l'effet saisissant d'un motif. Le passage du col de Borgo, à cet égard, me semble encore significatif. Chez Stoker, la terreur de Jonathan est à son comble quand le cocher s'éloigne de la calèche pour marquer l'endroit où apparaissent de petites flammes bleues, laissant son passager à la merci des loups. Cet épisode s'explique plus loin, quand Dracula raconte à son invité la croyance locale selon laquelle ces flammes indiquent des trésors enfouis (p. 29), puis quand Jonathan trouve de vieilles pièces d'or au château, ce qui semble prouver que le comte est retourné depuis sur les lieux marqués pour les déterrer (p. 63). Chez Coppola, la représentation de ces feux cherche le spectaculaire. Il ne s'agit plus de la petite flamme vue par Jonathan (« *a faint flickering blue flame* », p. 17) mais de cercles de deux mètres de diamètre au milieu de la route qui s'élèvent verticalement sans se déformer et semblent ne pas brûler (les chevaux les traversent sans ralentir) malgré leur apparence menaçante. À quoi servent-ils dans la diégèse ? Aucun indice dans le film ne permet de le dire. Leur existence et leur forme semblent également arbitraires. Ils cherchent avant tout à maintenir la séduction visuelle du rêve, c'est un prodige de plus qui prolonge la sidération de Jonathan, après l'arrivée silencieuse et ralentie de la calèche, le bras démesuré du cocher et la sûreté de sa conduite au milieu des loups puis au bord du précipice. Il est peut-être vain de s'interroger sur leur signification : c'est l'effet immédiat qui est recherché.

Du rêve érotique au cauchemar, toute la séquence correspondant au chapitre I du roman reprend des détails du texte connus des lecteurs de Stoker et les vide de leurs motivations pour les faire entrer dans l'économie du film. Une économie qui n'a plus que de lointains rapports

---

1.   Jean-Claude Aguerre, « Si la chair n'était pas faible », in J. Marigny (dir.), *Dracula*, Autrement, « Figures mythiques », Paris, 1997, p. 133-156, citation p. 143.

avec celle de l'œuvre littéraire et qui plonge le spectateur, comme Jonathan, dans un état d'hypnose douce, entre rêverie érotique et soumission à la terreur. Dans une scène fameuse de son film, Coppola conduit Dracula au cinéma où il voit des films pornographiques et l'arrivée du train en gare de La Ciotat. Il admire la performance, mais il y reste debout, avec Mina, car il ne l'a pas amenée ici pour le seul amour de l'art. Au début de la même histoire, Coppola assied un jeune homme dans un train et fait défiler devant ses yeux grands ouverts le visage de sa belle et les horreurs d'un imaginaire immémorial. Jonathan ne se doute pas qu'il est le jouet d'une intrigue nouée par un rival en amour pour le supplanter. Si Coppola, là où il proclame sa fidélité à Stoker, le trahit, ce n'est pas sans indiquer que le vrai spectateur de cinéma est aussi le dindon de la farce. L'œil de D le traversait depuis le début.

Bibliographie

Aguerre, Jean-Claude, « Si la chair n'était pas faible », in J. Marigny (dir.), *Dracula*, Éditions Autrement, « Figures mythiques », Paris, 1997, p. 133-156, citation p. 143

Franco, Bernard, « Dracula ou la crise de la représentation », in P. Brunel et J. Vion-Dury, *Dictionnaire des mythes du fantastique*, Limoges, Pulim, 2003, p. 103-119.

Katsahnias, Iannis, « Francis Ford Coppola », Paris, *Cahiers du cinéma*, « Auteurs », 1997, p. 235.

Menegaldo, Gilles, « Du texte à l'image : figurations du fantastique. À propos de *Dracula* de Francis Ford Coppola », in *Dracula*, *Cahier de l'Herne*, Paris, 1997, p. 197-212.

Stoker, Bram, *The Essential Dracula*, ed. by L. Wolf, New York, Plume, 1993.

Rétro-Vampire : de Maddin à Coppola
à propos du *Dracula, Pages from a Virgin's Diary* de Guy Maddin (2001)

Denis Mellier

> *Why can't they let a woman marry <u>three</u> men ?*
> Journal de Lucy Westenra
> *She filled herself with polluted blood*
> Van Helsing

En 2001, le cinéaste Guy Maddin réalise, pour la télévision canadienne, une version de *Dracula* qui, aux yeux de bien des critiques, apparaît comme la meilleure adaptation jamais réalisée du roman de Bram Stoker, en tout cas la plus singulière dans sa forme. « Sublime fantaisie expressionniste » (Mike d'Angelo, *Time Out New York*), « Un *Nosferatu* refait par Kenneth Anger, et monté par un Eisenstein sous acide » (Nathan Lee, *New York Sun*), *Dracula, Pages from a Virgin's Diary* est un ballet, au sens propre, présenté par le Royal Winnipeg Ballet Compagny et mis en scène selon la perspective cinématographique propre à l'œuvre de Guy Maddin : un film muet, tourné en noir et blanc, en 8 et 16 mm et monté sur ordinateur afin d'utiliser toutes les possibilités du montage numérique (accélération et ralenti, resserrages ou agrandissements des cadres, etc.) ; une œuvre qui, dans la tension expressionniste du noir et du blanc, fait surgir des effets de colorisation outranciers et grand-guignolesques (le sang des plaies, la doublure de la cape du vampire) ; une œuvre qui tire, surtout pour le spectateur qui découvrirait[1], avec ce seul *Dracula*, l'univers du cinéaste canadien, la radicale singularité de son recours / retour aux formes originaires d'un cinéma d'avant le parlant, celui de Méliès et Griffith, Murnau ou Vidor.

Dans ce cinéma, la figure et le mouvement, qu'induit d'autant mieux la forme chorégraphique, l'emportent sur la seule logique narrative, le décor et la dramaturgie déplacent les invariants hérités d'une longue série de déclinaisons filmiques (des *Dracula* de la Universal à ceux de la Hammer) pour inciter à des relectures moins sacrilèges qu'il n'y paraît de prime abord. L'expressivité des corps et des visages, favorisée par l'excès expressionniste du jeu muet des danseurs, concentre l'attention du spectateur sur des formes et des objets (un cercueil de verre où la mère de Lucy est assistée d'une complexe machine à respirer), des attitudes corporelles (l'excitation visible des soupirants de Lucy alors qu'ils

---

1. Voir par exemple, *Tales from the Gimli Hospital* (1988) ; *Archangel* (1990) ; *Twilight of the Ice Nymphs* (1997).

activent des pompes et que leur liquide vital pénètrent dans les veines de Lucy pour la transfuser[1]), des signes gestuels qui sont autant d'interprétations stimulantes de la lettre du texte : comme cet étrange motif de l'argent (vert et or qui jaillissent de la pellicule noir ou sépia), ces bras en croix ou ces pieux qui empalent le corps des femmes-vampires et dont la pointe rouge fait apparaître la violence de la frustration qui possède les justiciers victoriens.

Cette singularité esthétique qui s'impose si fortement dans les univers visuels de Guy Maddin pourrait permettre, d'emblée, d'en finir avec la sempiternelle appréciation de la fidélité ou de la trahison d'une œuvre cinématographique à son modèle littéraire, une question à laquelle la critique de l'adaptation se résume trop souvent. Et, partant, par une consanguinité secrète avec certains des aspects les plus intéressants du film de Coppola, le détour par le film de Guy Maddin pourrait bien permettre de s'en libérer à son propos également. Adapter c'est souvent, dans les cas les plus passionnants, révéler ce qui dans les œuvres d'hier parle déjà d'aujourd'hui ; c'est investir des figures et des paradigmes dont tout à la fois la contrainte qu'ils imposent et la plasticité qu'ils permettent donnent à voir plus fortement encore le sens de notre présent. Quant à la fidélité, c'est souvent celle que les grands cinéastes ont à leur propre vision : Kubrick adaptant Nabokov, Cronenberg Burroughs, Kurosawa Shakespeare ou Laughton Davis Grubb. En ce sens, le travail que mène Guy Maddin sur le *Dracula* de Stoker pourrait s'apparenter à celui que réalise Todd Haynes dans *Far from Heaven* (2002) sur l'univers imaginaire et visuel des mélodrames de Douglas Sirk. Comme la traduction, l'adaptation est affaire de positions de lecture, de thèses et d'interprétations de la lettre. Les lectures du grand retour qu'opère la fiction du vampire dans le contexte né, dans les années 1980, avec l'épidémie du sida et l'obsession de la contamination et du virus[2] — qui apparaît par endroits dans le film de Guy Maddin, mais dont l'exemple le plus intéressant serait *The Addiction* d'Abel Ferrara, 1995[3] — relèvent de cette propriété de la figure à se donner pour métaphore du temps qui la convoque pour la réemployer. C'est en ce sens que, chez Maddin, la violence avec laquelle les victoriens châtient les formes de la jouissance féminine révélées par le vampire, ne manque de pointer la persistance puritaine au cœur des mœurs et des discours contemporains. Ainsi Maddin précise nettement la grille de lecture qui conduit son travail :

> Il y a plusieurs Dracula. Celui imaginé par les hommes, celui que les femmes espèrent rencontrer. C'est assez naturel et sain d'avoir un désir rationnel, mêlé en même temps à quelque chose de plus charnel. J'avais besoin d'un titre pour ce film car je n'avais pas le droit d'utiliser le nom de Dracula [...] J'ai donc appelé ce film *Pages tirées du journal d'une vierge* car j'avais le

---

1. Voir *Dracula, Pages from a Virgin's Diary*, (chapitre 3, 0.17 '.40 '' et suivants), Zeitgest Video, Zone 1. Et Maddin de prélever du roman de Stoker le texte de son carton : « *No man knows till he does it what it's like to feel his blood drawn away into the woman he loves* ».

2. Voir Susan Sontag, *Le Sida et ses métaphores*, Christian Bourgois, 1993.

3. Voir pour une lecture de cette question, notre article, « La maladie-Vampire, de la dissémination en fiction », *Dracula, Insémination-Dissémimation*, « Sterne », Presses de l'UFR CLERC, Université de Picardie, 1996.

sentiment que ces femmes étaient toutes des sortes de vierges au début de l'histoire. Il me semble cependant que le personnage le plus virginal de tous est celui de Van Helsing et tous ces personnages masculins. Ils se conduisent comme des hommes qui en seraient encore au début de leur vie sexuelle. À chaque fois leurs réactions sont exagérées. La moindre petite allusion au sexe entraîne une véritable explosion anatomique dans leur cerveau. Van Helsing est le pire de tous et c'est lui qui est le plus déterminé à ce que Dracula disparaisse des têtes, des cœurs et des lèvres de ces filles[1].

Si cette analyse se retrouve dans le film de Coppola et sa façon de présenter la révélation de leur propre sexualité aux deux héroïnes, Lucy et Mina, l'effet de relecture ou de *rétrolecture* qui, seul, peut conserver pleinement motivée l'adaptation continue d'une figure fictionnelle un siècle durant d'histoire du cinéma, apparaît d'autant plus saisissant quand la forme même du discours cinématographique semble si outrancièrement aller à rebours des canons du jour. Le travail de Maddin dans son hyper-stylisation vise à retrouver la vivacité particulière de ces images originaires trop vite disparues avec l'invention du parlant et le développement des formes attractives produites par les technologies de l'illusion[2]. Est original, disait Borges, ce qui renvoie à l'origine.

Si l'on voit bien dans le film de Coppola ce que la grandiloquence visuelle de son spectacle doit à ces technologies (décor numérique, morphing, image de synthèse, celle de la métamorphose du corps du vampire en une kyrielle de rats, par exemple), on peut aussi reconnaître assez aisément dans son *Dracula* ce que le metteur en scène américain entend convoquer d'un cinéma des origines au moyen de références à Murnau, et d'une certaine manière à Cocteau (des bras porte-flambeaux tirées de *La Belle et la Bête*), par des effets d'iris, des couleurs sépias ou des filtres bleutés évoquant la texture des pellicules anciennes, et plus généralement une utilisation très systématique de la surimpression.

Mais la perspective diffère sensiblement de celle de Maddin, car nous sommes bien chez Coppola dans «le versant maniériste du cinéma américain» pour parler avec Daney ; « celui dans lequel il n'arrive plus rien au personnage, car c'est à l'Image que tout arrive », écrivait le « cinéfils », et cela précisément à propos d'un autre film de Coppola, *One from the Heart*, une relecture référentielle de la comédie musicale hollywoodienne[3]. Relire un genre historique du cinéma américain ou reparcourir l'ensemble des versions d'un mythe visuel par des effets de citation des parangons (Murnau, Whale, Fisher) revient à un même geste

---

1. *Entretien avec Guy Maddin*, décembre 2003, Manuel Merlet,
   http://www.fluctuat.net/article.php3?id_article=1268.
2. « Je suis persuadé, aujourd'hui plus que jamais, que l'ère du cinéma muet a pris fin trop tôt. Le cinéma est à la fois un art et une industire. Or l'industrie a toujours été pressée de faire de l'argent, d'aller plus vite que la forme artistique même. Alors que le cinéma des premiers temps renfermait encore de nombreuses ressources encore inexploitées, l'industrie a eu tendance à proposer de nouvelles attractions, le parlant, le technicolor, le cinémascope, le 3D, l'écran odorant, le sound surround … tout ça a fait évoluer le cinéma via ces gadgets, utilisés dans le seul but de faire de l'argent. Mais il reste encore de nombreuses choses extraordinaires à dire avec ces techniques», *Entretien avec Guy Maddin*, décembre 2003, Manuel Merlet, http://www.fluctuat.net/article.php3?id_article=1268.
3. Serge Daney, *Ciné-journal, Volume 1*, 1981-1982, *Petite Bibliothèque des Cahiers du Cinéma*, 1998, p. 177.

que Fredric Jameson a identifié dans *The Signature of the Visible*[1], à ce cinéma *métagénérique* caractéristique de la postmodernité : un cinéma sans plus d'innocence qui ne peut plus procéder que d'une vitalité interne à sa propre matière et qui constitue en figure de son existence même ce geste de reprise et d'assemblage des références. Le cinéma de Coppola ingère tout et entend produire moins une synthèse qu'un montage de données visuelles hétérogènes dont la juxtaposition vaut effet et discours. Coppola prélève des signes, dans une logique compilatrice et anthologique (celle des morceaux de bravoures et des contre-pieds ouvertement pris face à la *doxa* issue des canons du genre vampirique) ; Maddin, quant à lui, semble explorer une possible *signature* — entendre, ce qui, chez un artiste, rend consubstantiels le style et l'argument — et qui résiderait dans la contrainte très forte qu'il y a à se tenir aux limites premières d'une forme (le muet, le noir et blanc) ou d'un scénario[2].

La chorégraphie, l'utilisation de l'espace mais aussi le travail des iris, les variations scalaires (notamment l'utilisation figurative du gros plan), les inserts et les halos qui font du film de Maddin comme un long enchaînement de fondus, viennent relativiser la démesure opératique de la forme que l'on a pu reprocher à Coppola. De façon très différente, l'un et l'autre cinéastes assument un excès de la forme, un gothicisme exacerbé qui poussent à l'extrême l'expressionnisme des décors, des jeux, des situations. Ils saisissent par leurs mises en scène les valeurs stéréotypées de l'imaginaire vampirique et proposent un réassemblage, qu'il est, certes, toujours possible de condamner sur un plan esthétique, mais qui impose sa forte cohérence et exprime un projet spécifique *d'interprétation du mythe.*

La lecture de l'adaptation de Coppola proposée par Gilles Menegaldo dans *Les Cahiers de L'Herne Dracula*[3] ou celles développées par Thierry Jousse et Jean-François Rauger[4] dans les *Cahiers du cinéma* ont dénoncé les « tendances opératiques » du film, la lecture totalisante du mythe, les signes de grandiloquence d'un cinéma livré à ses propres excès — ce que d'ailleurs des détracteurs de Maddin pourraient également dire de son cinéma. Mais au-delà de l'évaluation et de la prescription critique, ces effets tendent vers une irréalisation formelle qui fait muter les données simples de l'histoire — l'arrivée au château, le Demeter, l'ail et le crucifix, etc. — en autant de dimensions figuratives expressives. Elles créent des associations signifiantes (ainsi le théâtral Gary Oldman, par un cadrage

1. Fredric Jameson, *The Signature of the Visible*, Routledge, 1992.
2. « Plus on a de restrictions, de handicaps, plus on peut se libérer. Bien sûr, quand on fait un film pour 30 000 euros, on ne peut pas avoir de grue géante par exemple. Mais on se rend soudainement compte qu'on a cette liberté de tenir sa caméra et d'imaginer d'autre solutions, moins chères et qui requièrent beaucoup plus d'originalité. Avant qu'on ne soit autorisé à montrer des scènes de sexe à l'écran, il fallait être très astucieux pour les évoquer malgré tout. C'était d'une certaine manière très libérateur, cela obligeait à déployer des subterfuges pour arriver à ses fins […] Apparemment les restrictions sont toujours libératrices », *Entretien avec Guy Maddin*, décembre 2003, Manuel Merlet, http://www.fluctuat.net/article.php3?id_article=1268.
3. Gilles Menegaldo, « Du texte à l'image : figuration du fantastique », *Cahiers de l'Herne Dracula*, 1997.
4. *Cahiers du Cinéma*, n° 463, janvier 1993.

très composé[1], pris entre statuaire et portrait peint, figé dans son iconicité dont toute l'histoire consistera chez Coppola à le tirer pour l'incarner) ou des inversions décisives : ce que montre chez Maddin la scène de l'arrivée, non pas celle de Jonathan au Château du comte, mais bien celle de Van Helsing.

La structure narrative du film de Maddin semble inversée : le ballet commence par la contamination de Lucy, sa transfusion et sa mise à mort, pour ensuite laisser place au récit de l'aventure de Jonathan Harker dans les Carpates et enfin à celui de la rencontre de Dracula et de Mina. Maddin se libère alors d'une longue tradition métaphorique, celle du *seuil passé*, du *pont traversé* : le célèbre carton de Murnau, repris par Breton, et toute une tradition critique du fantastique français de Paulhan à Béalu : « une fois le pont traversé, les fantômes vinrent à sa rencontre[2] ». Chez Murnau[3], un pont, une porte, un porche qui découpe des écrans secondaires desquels la présence vampirique se détache — dans ce plan quintessenciel du fantastique cinématographique qui voit Nosferatu sortir de l'écran noir découpé par l'ogive ; chez Browning, la monumentalité encore, une toile d'araignée traversée et laissée intacte par le comte sous les yeux incrédules de Harker. Chez Coppola, verticalités gothiques, grilles et herses, une lézarde au seuil de la demeure[4], faille schizophrène dont la tradition s'entend dans la *mad line* (Madeline) du Usher de Poe, et qui une fois passée, marque pour Jonathan (Keanu Reeves) l'entrée dans un univers de fantasme dont il ne ressortira plus qu'exténué : ses cheveux blanchis, son teint livide montrent dans le reste du film, et cela aux côtés mêmes de Mina, ce qu'il a découvert dans les bras des trois succubes, et perdu à jamais et que, dans l'ambiguïté de sa culpabilité puritaine, les mises en scène de Maddin et de Coppola laissent entendre qu'il regrette.

Mais sur ce thème là, le film de Maddin va cependant plus loin dans le ballet de Mina et Jonathan : Mina découvre dans le journal de Jonathan (que ce dernier lui laisse lire), le récit de sa nuit avec les succubes et, inspirée ou stimulée par le texte, elle veut reproduire les caresses et les plaisirs décrits à un Jonathan tour à tour excité et horrifié que la jeune fille victorienne laisse apparaître ainsi un désir explicite et libéré. Le danseur la fuit et exprime sa répulsion devant l'appel sensuel de la danseuse qui ne comprend pas la faute qu'elle a commise et d'autant plus blessée qu'elle pensait offrir à son fiancé ce qu'il désirait. Mais ne désire-t-il vraiment pas ce que lui offre Mina ? Comment mieux exprimer la haine de son propre corps et de son désir que dans cette répulsion excessive du désir d'autrui. Coppola avait bien représenté, avant même la rencontre du vampire, cette anticipation du désir féminin, lorsque les deux amies feuilletaient un exemplaire illustré des *Mille et Une Nuits* et gloussaient à la vue de ses illustrations. Chez Maddin, c'est dans le récit

1. *Dracula*, chapitre 3 (0.14'.38''), DVD, Columbia, Tristar.
2. Voir Leutrat et Bouvier, *Nosferatu*, *Cahiers du cinéma*, Gallimard, 1981, p. 321.
3. *Nosferatu*, Acte I, (0.14' et suivantes), DVD, « Films du siècle », éditions Films sans frontières.
4. *Dracula*, chapitre 3 (0.12'.47''), DVD, Columbia, Tristar.

même de Jonathan, donc dans les formes subjectives d'une écriture perméable aux fantasmes, que Mina découvre l'expression d'une sexualité qui la tente et la condamne tout à la fois aux yeux de son fiancé. La révélation chorégraphiée de la sexualité féminine entraîne le corps des danseurs dans une frénésie d'activités répressives, de fuites et contradictions que Coppola, lui, déclinait autrement, en accentuant la stéréotypie des fonctions sociales et des attributs fonctionnels (Quincey Morris et son gros coutelas de macho yankee, Holmwood / Godalming vision stéréotypée d'une morgue aristocratique tout anglaise, Seward dont les frustrations trouvent des dérivations compensatrices dans les traitements qu'il inflige à ses patients de Carfax, etc.). Sur ce point, Maddin et Coppola vont jusqu'à partager une même séquence, presqu'un même plan, lorsque leurs Mina boivent au sein de Dracula le sang qui leur révèle leur propre jouissance et les aliène alors aux yeux de leurs époux, pères et frères victoriens[1].

Dans le *Dracula* de Maddin, la chorégraphie abandonne finalement Mina au milieu d'un ballet de nonnes toutes de noir vêtues qui l'enserrent, figurant le refoulement du sentiment que lui enjoignent les conventions jusqu'à ce qu'elle s'en émancipe lors de sa rencontre avec Dracula. Quant à la scène d'arrivée de Jonathan au Château du Vampire, Maddin remplace les portes et autres effets de seuil par l'entrée d'une grotte à la forme explicitement vaginale, une fente dans laquelle doivent pénétrer les hommes positivistes. Cette invagination est bien évidemment une forme visuelle d'introspection collective de la psyché puritaine : ce que l'on découvre dans le château est moins le repère effrayant du vampire que le secret de son propre désir, le terreau intérieur et très intime du refoulement. Dracula peut s'imposer comme ce sujet honni et fondamentalement jalousé, il révèle, aux yeux des victoriens, dans la puissance imaginaire qu'il incarne, l'univers fantasmatique qui l'a produit. En un brutal effet de miroir, Dracula s'affirme comme une manière de double triomphant et séduisant montrant à ceux-là même qui le mettent à mort la façon dont eux-mêmes l'investissent de tous leurs interdits et de leurs désirs refoulés. L'étrangeté et la beauté de son vampire (interprété par le danseur Zhang Wei-Qiang) mais aussi la violence de l'empalement qu'il subit à la fin contribuent à en faire une figure dont l'ambiguïté et la liberté le dotent d'une valeur essentiellement critique. Cette dimension est déjà présente dans une perspective moins accentuée chez Coppola qui conservait dans les seules limites d'une subversion des codes et des motifs propres à la tradition cinématographique et littéraire du vampire, la vision romantique qu'il avait du personnage venu de Bram Stoker.

> La peur, la haine, ce que ressentent les hommes envers les femmes explicitement sensuelles, la jalousie qu'ils ressentent les uns envers les autres ... et toutes ces rivalités, cette peur et cette haine de l'étranger, toutes ces

---

1. Pour une lecture complète de ces questions articulées à la forme narrative polyphonique du roman, nous renvoyons à notre article « Dracula et les machines ou comment faire du Comte un roman », *Cahiers de l'Herne Dracula*, sous la direction de Charles Grivel, 1997. Ce texte a été repris dans notre ouvrage, *Texte-fantômes, fantastique et autoréférence*, Kimé, 2001.

choses méchantes et remplies de haine qui ont lieu à chaque instant. Les hommes haïssent Dracula avant même de l'avoir rencontré. Ils montent toute une campagne contre cette horrible personne, simplement parce que c'est un rival sexuel. Il est dit qu'il rendrait le sang des femmes impur... Quand on lit les propos sur les immigrants dans cet ouvrage anglais écrit en 1897, on retrouve ce qu'on pourrait entendre de nos jours à propos des émigrés juifs par exemple, d'autant que ce vampire vient d'Europe de l'Est. Ils l'accusent de voler l'argent britannique pour l'envoyer dans son pays de Transylvanie. Il y a là une grande haine tribale. Toutes ces histoires sur Dracula, ils les inventent. Quand ils soupçonnent une femme d'avoir passé du temps avec Dracula, elle devient objet de haine. On a l'impression qu'il s'agit surtout d'une peur de l'inconnu. Les hommes sont jaloux des rivaux qu'ils ne connaissent pas. En quelque sorte, Dracula matérialise cette menace très tenace, bien que surnaturelle[1].

La lecture de Maddin insiste donc sur le fond de peur de la chair et de haine de l'autre, de racisme et de misogynie qui constituent le contre-champ hideux du positivisme et du victorianisme. Dans les premières minutes du film, un filet de sang recouvre une carte d'Europe, coulant telle une hémorragie de l'Est vers l'isolat britannique : « *Immigrants* », « *Others from other lands* », lit-on en surimpression. La caricature géné-rique et la reprise des conventions hollywoodiennes dans le film de Coppola participaient de ce discrédit, et la mutation de son vampire en figure d'amant le dotait alors d'une valeur passionnelle propre à défaire l'ordre idéologique victorien. Cette position de Maddin peut alors amener à comprendre dans ce jeu rétrospectif, à quel point c'est lire rapidement le film de Coppola que de lui reprocher le romantisme de son vampire revenu du fond du temps retrouver son amour de toujours, Elisabeth, réincarnée en Mina Harker : cette vision de l'amour en lutte contre les visages protéiformes de l'institution (médicale, sociale, matrimoniale, légale, etc.) s'affirme comme un vecteur dramatique essentiuel. Seule une passion surnaturelle survivant au-delà de la mort est propre à révéler l'inanité des hommes victoriens, la pâleur de leur désir, les conventions sexuelles et morales qui les engoncent, les ratiocinations dont ils s'embarrassent et se grisent dans leur délire scientiste, afin de punir celles qui ont péché : ici, Maddin et Coppola œuvrent dans le même sens, et particulièrement, dans leur interprétation du personnage de Lucy Westenra.

Maddin va cependant bien plus loin que Coppola, lorsqu'il inverse la figure menaçante pour faire ouvertement de Van Helsing un monstre puritain. Tenté sur la montagne, comme le Christ au désert, le vieux positiviste s'entourait, chez Coppola, d'un cercle de feu pour repousser la tentation de la chair, les appels lubriques de Mina la louve. Chez Maddin, les résidus de savant fou accrochés à Anthony Hopkins (redingote, longue chevelure, grimoires fantastiques et *doctor's bag* en cuir) ont disparu au profit d'un visage dur, d'un costume de ville, d'une apparence qui évoque bien plus celle d'un médecin nazi ou d'un exécuteur de la mafia. La scène de torture que Van Helsing et ses compagnons font subir

---

1. *Entretien avec Guy Maddin*, décembre 2003, Manuel Merlet, http://www.fluctuat.net/article.php3?id_article=1268

à Renfield pour le faire parler évoque les horreurs des films de gangsters contemporains (trépané à vif, Renfield fait songer aux victimes de Joe Pesci dans le *Casino* de Scorsese) plus que l'univers des conventions néogothiques attachées aux atmosphères victoriennes. Le renversement s'opère et il va bien plus loin que la simple lecture d'un romantisme de convention qui rédimerait le vampire dans la valeur attachée à l'absolue de la passion : *our vampires, ourselves* pour reprendre le titre de l'essai de Nina Auerbach[1] dont la perspective fait du vampire le miroir strict des obsessions et des désirs des personnages et des lecteurs. Ce théâtre de figures freudiennes, Maddin et Coppola le surexposent, livrant aux spectateurs dans l'excès formel de l'appareil posthollywoodien ou dans la stylisation expressionniste, l'origine exacte du monstre, le siège du refoulement qui le produit, le fond de haine et de peur qui conduit à l'incarner sous des visages multiples qui, dans *Dracula*, prennent les traits de l'étranger et de la femme.

 « Il faut imaginer Cervantes lecteur de Kafka », écrivait Borges dans *Enquêtes*[2], cela pour faire comprendre le jeu paradoxal de la rétrolecture. L'acte de spectature au sens où l'entend le sémioticien Martin Lefebvre[3], repose sur une *figure* — un réseau individué d'analogies, d'échos, de retours et de souvenirs pris dans de multiples films — qui naît du tissage mémoriel et pragmatique du savoir des images vues et de l'imagination. Revoir Coppola à la lumière rétrospective de Maddin et, au-delà plonger dans la lettre du roman de Stoker, ce n'est pas projeter de façon arbitraire les obsessions et les questions propres à une époque postérieure à l'œuvre première, c'est comprendre pourquoi celle-ci proroge encore si puissamment sa valeur imaginaire jusqu'à notre présent. La grandiloquence visuelle du film de Coppola, les collages métagénériques — comme cette poursuite finale et son côté *Indiana Jones au pays des vampires* tout droit sortie d'un néowestern —, la surcharge d'effets numériques et de *gimmicks* tirés d'une histoire du cinéma fantastique (que l'on revoie par exemple le trajet de Harker du train au Château) reparcourue dans une logique compilatrice et architecitationnelle contribuent à faire émerger le grand théâtre fantasmatique sur lequel la sexualité vampirique n'a cessé de se jouer depuis Stoker.

 La voie de Maddin est autre ; son formalisme le conduit à une authentique perspective expressionniste au sens où Cronenberg peut l'évoquer à propos de son *Spider* : tout ce qui est vu dans le film sert à exprimer les états psychiques des personnages[4]. C'est une succession de points de vue, de *visions* intérieures auxquelles accède le spectateur de *Pages from a Virgin's Diary*, de perspectives et de métamorphoses que les formes de la stylisation offertes par les codes visuels du premier cinéma dévoilent dans leur étrangeté, leur séduction et leur violence. Sidération, jouissance, trouble, ambivalence, colère et peur, exprimés à travers les

---

1.   Nina Auerbach, *Our vampires, ourselves*, Chicago University Press, 1995.
2.   Jorge Luis Borges, «Les précurseurs de Kafka», *Enquêtes* (1974), Gallimard, 1986.
3.   Martin Lefebvre, *Psycho, De la figure au musée imaginaire, Théorie et pratique de l'acte de spectature*, L'Harmattan, « Champs visuels », 1997.
4.   Commentaire audio du film *Spider* par David Cronenberg, DVD, éditeur Seven 7, 2003.

variations plastiques des décors, les mouvements de la chorégraphie pour rendre sensible, dans la beauté formelle de cette expérience originaire du cinéma, la *permanence* d'une figure essentielle de la modernité. Cette figure du vampire, on l'a dit, contemporaine de l'avènement de la psychanalyse et du cinéma, et dont le sens demeure entier jusqu'à aujourd'hui, Maddin par le muet et la musique, le décor et la chorégraphie, le noir et le blanc, la convoque en retrouvant l'argument qui, selon Lotte Eisner, réside au cœur même de l'expressionnisme : « *The Expressionist artist, not merely receptive but a true creator, seeks, instead of a momentary, accidental form, the eternal, permanent meaning of facts and objects*[1] ».

---

1.   Lotte Eisner, *The Haunted Screen* (1965), University of California Press, 1973, p. 11.

Bibliographie sélective

(À partir de la bibliographie établie par Claire Bazin pour Stoker et Gilles Menegaldo pour Coppola. Ces bibliographies sont disponibles sur les sites web de la SAES et de l'AFEA).

Tous nos remerciements à Claire Bazin.

A. Sur le roman de Stoker

Éditions

Stoker, Bram, *Dracula*, A Norton Critical Edition, ed. Nina Auerbach & David J.Skal, New York, London, 1997.

Wolf, Leonard, ed., *The Essential Dracula*, New York, Penguin, 1993.

Autres écrits de Bram Stoker (voir bibliographie SAES).

I. Biographies de Bram Stoker

Belford, Barbara, *Bram Stoker: A Biography of the Author of "Dracula"*, New York, Alfred Knopf, and London, Weidenfeld and Nicholson, 1996.

Irving, Laurence, *Henry Irving: The Actor and his World*, London, Faber and Faber, 1951.

Ludlam, Harry *A Biography of Dracula: The Life Story of Bram Stoker*, London, W. Foulsham & Co. Ltd, 1962.

Riccardo, Martin V. *Vampires Unearthed: The Complete Multimedia Vampire and Dracula Bibliography*, New York and London, Garland Publishing Inc., 1983.

II. Ouvrages sur *Dracula* et / ou les vampires

Arata, Stephen, *Fictions of Loss in the Victorian « Fin de Siècle »*, Cambridge, CUP, 1996.

Auerbach, Nina, *Our Vampires, Ourselves*, Chicago, University of Chicago Press, 1995.

****Byron, Glennis (ed), *Dracula*, New Casebooks, St Martin's Press, US, 1999. Articles de David Punter, Phyllis A. Roth, Franco Moretti, Elizabeth Bronfen, Rebecca Pope, Christopher Craft, Stephen Arata, Nina Auerbach, Judith Halberstam, David Glover.

Carter, Margaret L. (ed.), *Dracula: The Vampire and the Critics*, Ann Arbor and London: UMI Research Press, 1988.

***Cazacu, Matei, *Dracula*, Tallandier, Paris, 2004.

Florescu, Radu R., and T. McNally, Raymond, *Dracula: Prince of Many Faces*, New York, Little, Brown, 1989.

***Fierobe, Claude, *De Melmoth à Dracula : La Littérature fantastique irlandaise au XIXe siècle*, Rennes, Terre de Brume, 2000.

Finné, Jacques, *Bibliographie de Dracula*, Lausanne, L'Âge d'Homme, 1986, 215 p.

Frayling, Christopher, *Vampyres: Lord Byron to Count Dracula*, London, Faber and Faber, 1991.

**Gelder, Ken, *Reading the Vampire*, London and New York, Routledge, 1994.

***Leatherdale, Clive, *The Origins of Dracula: The Background to Bram Stoker'sGothic Masterpiece*, London, William Kimber, 1987.

Hughes, William, *Beyond Dracula: Bram Stoker's Fiction and its culturalcontexts*, Macmillan, 2000.

**Marigny, Jean, *Le Vampire dans la littérature anglo-saxonne*, Paris, Didier, 1985.

***Marigny, Jean, dir. *Dracula*, Paris, Autrement, « Figures mythiques », 1997, 165 p. Articles de J. Marigny, J. Finné, Gilles Menegaldo et J.-C. Aguerre.

***Marigny Jean, dir., *Les vampires*, Actes du colloque de Cerisy, Cahiers de l'Hermétisme, Albin Michel, 1993.

Sang pour Sang, le réveil des vampires, Gallimard, « Découvertes », 1993.

Senf, Carol A., *Dracula: Between Tradition and Modernism*, London, Prentice Hall International, 1998.

Twitchell, *The Living Dead*, Duke University Press, Durham, N.C., 1981.

Dreadful Pleasures, *An Analysis of Modern Horror*, Oxford and New York, OUP, 1985.

Valente, Joseph. *Dracula's Crypt: Bram Stoker, Irishness and the Question of Blood*, Urbana, University of Illinois Press, 2002, 173 p.

III. Théorie et critique générale

**Baldick, Chris, *In Frankenstein's Shadow, Myth, Monstrosity and Nineteenth Century Writing*, Clarendon Paperbacks, Oxford, 1987.

Botting, Fred, *Gothic*, Routledge, London & New York, 1996.

Dupeyron-Lafay, Françoise, *Le Fantastique Anglo-Saxon*, Ellipses, 1998.

Freud, Sigmund, "Totem and Taboo" *The Standard Edition of the Complete Psychological Works of Sigmund Freud*, ed. James Strachey, vol. 13. London, Hogarth, 1955.

—, "The 'Uncanny'" *Ibid.*, vol. 17.

***Gilbert, Sandra M., and Gubar, Susan, *The Madwoman in the Attic: The WomanWriter and the Nineteenth-Century Literary Imagination*, New Haven, Yale University Press, 1979.

Grivel, Charles, *Fantastique-Fiction*, PUF, Paris, 1992.

***— dir., *Dracula, de La Mort à la Vie, Cahier de l'Herne*, Paris, L'Herne 1997.

***Jackson, Rosemary, *Fantasy, The Literature of Subversion*, Methuen, London & New York, 1981, (118-122 sur *Dracula*). Cadre théorique, perspectives psychanalytiques appliqués ensuite aux textes.

Levy, Maurice, *Le Roman « gothique » anglais 1764-1824*, (1968), Albin Michel, 1995.

Mighall, Robert, *A Geograph y of Gothic Fiction*, Oxford, OUP, 1999.

Ponnau, G., *La Folie dans la Littérature fantastique*, CNRS, 1987.

***Praz, Mario, *The Romantic Agony*, OUP, 1933.

***Punter, David, *The Literature of Terror: A History of Gothic Fictions from 1765 to the Present Day*, vol. 1 The Gothic Tradition, Londres, Longman, 1996, ix + 237 p.

***Todorov, Tzvetan, *Introduction à la Littérature Frantastique*, Seuil, Paris, 1970.

***Sipière, Dominique, ed., *Dracula 1897-1997 : Insémination-dissémination*, Presses de l'UFR Clerc Université de Picardie, 1996. (Sterne). Articles J.-J. Lecercle, V. Sage, S. Thornton, J. Marigny, G. Menegaldo, W. Hughes, J.-L. Leutrat, D. Mellier, A. Ballesteros Gonzalès, D. Sipière. Avant-propos de J. Darras.

Carol A. Senf, *Dracula: Between Tradition and Modernism*, New York, Twayne, 1998.

Leonard Wolf, *A Dream of Dracula: In Search of the Living Dead*, New York, Popular Library, 1972.

IV. Essais et Articles sur *Dracula*

***Arata, Stephen D., « The Occidental Tourist: *Dracula* and the Anxiety of Reverse Colonization » *Victorian Studies* 33:4 (Summer 1990) (cf. Casebook).

***Bentley, Christopher, "The Monster in the Bedroom: Sexual Symbolism in Bram Stoker's *Dracula*", in *Dracula: The Vampire and the Critics*, ed. Carter.

*****Craft, Christopher, "Kiss Me with Those Red Lips": Gender and Inversion in *Dracula"*, in *Dracula: The Vampire and the Critics*, ed. Carter .(cf Casebook)

Daly, Nicolas, "The Colonial Roots of Dracula", Bruce Stewart ed. *That Other World, The Supernatural and the Fantastic in Irish Literature and its Contexts*, Colin Smythe 1998, 2 vol.

***Gattegno Jean, « Folie, croyance et fantastique dans Dracula », *Littérature* n° 8, 1972, p. 72-83.

Halberstam, Judith, « Technologies of Monstrosity: Bram Stoker's *Dracula* », in *Cultural Politics at the Fin-de-Siècle*, ed. Ledger and McCracken.

Johnson, Alan, « Bent and Broken Necks: Signs of Design in Stoker's *Dracula* », *The Victorian Newsletter* 72 (1987), 133-9.

—,« Dual Life: The Status of Women in Stoker's *Dracula* », *Tennessee Studies in Literature* 27 (1984), 20-39.

Jones, Ernest , « The Vampire », in *On the Nightmare*, New York, Liveright,1951.

Lecercle, Jean-Jacques. « The Kitten's Nose : Dracula and Witchcraft », in T. Botting, éd., *The Gothic*, Cambridge, Brewer, 2001, pp. 71-86.

MacGillivray, Royce, « *Dracula:* Bram Stoker's Spoiled Masterpiece. » *Queen'sQuarterly* 79 (1972), 518-27.

Martin, Philip, « The Vampire in the Looking Glass: Reflection and Projection in Bram Stoker's Dracula », in *Nineteeth-Century Suspense: From Poe to Conan Doyle*, New York, St Martin's, 1988. (ix, 139 pp.) ed. by Clive Bloom, p.80-92.

***Moretti, Franco, *Signs Taken for Wonders*, Essays in the Sociology of Literary Forms, New Left Books / Verso, London, 1983, pp. 83-108.

Richardson, Maurice, « The Psychoanalysis of Ghost Stories », *Twentieth Century* 166 (December 1956).

Senf, Carol A., « *Dracula:* Stoker's Response to the New Woman », *Victorian Studies,* 26 (1982), 33-49.

Schaffer, Talia, « A Wilde Desire Took Me': The Homoerotic History of Dracula », *ELH* 61.2 (1994), 381-425.

Shuster, Seymour, « Dracula and Surgically Induced Trauma in Children » *British journal of Medical Psychology* 46 (1973).

Spencer, K. L. « Purity and Danger: Dracula, the Urban Gothic, and the Late Victorian Degeneracy Crisis. » *ELH* 59.1 (1992), 197-225.

Stein, Gérard, « Dracula ou la circulation du "sans" », *Littérature* n° 8, 1972, p. 84-99.

Wicke, Jennifer, « Vampiric Typewriting: *Dracula* and its Media » *English Literary History* 59 (1992), pp. 467-93.

Wasson, Richard, « The Politics of Dracula » in *Dracula, The Vampire and the Critics*, ed. Carter.

Weissman, Judith, « *Dracula* as a Victorian Novel », in *Dracula: The Vampire and the Critics*, ed. Carter.

B. sur le film de Coppola

I. Ouvrages sur Francis Ford Coppola

Bergan, Ronald, *Francis Coppola: The Making of his Movies*, ed. Orion, London, 1999.

Katsahnias, Iannis, *Francis Ford Coppola, Cahiers du cinéma*, « Auteurs », Paris, 1997.

Lewis, Jon, *Whom God Wishes to Destroy: Francis Coppola and the New Hollywood*, Athlone Press, London, 1995.

Phillips, Gene D., Hill Rodney (eds), *Francis Ford Coppola: interviews*, Université Press of Mississipi, 2004.

Schumacher, Michael, *Francis Ford Coppola, A Film-maker's Life*, New York, Londres, Bloomsbury, 1999.

II. Ouvrages et articles sur *Bram Stoker's Dracula* de Coppola

1. Articles en français

***Bourget, Jean-Loup, « Dracula Barocchus finisecularis », *Positif* n° 383, janvier 1993.

***Garsault, Alain, « Comme le phœnix, Dracula... », *Positif* n° 383, janvier 1993.

**Lenne, Gérard, « Dracula, l'empaleur empalé », *Le mensuel du cinéma* n° 2, janvier 1993.

***Menegaldo, Gilles, « Du texte à l'image : figurations du fantastique », *Dracula*, *Cahier de l'Herne* n° 68, 1997.

**Modot, Julien, « Les promeneurs de la nuit (*Nosferatu, The Addiction, Dracula, Lost Highway*) », *Cinergon* n° 8 / 9, 1999 / 2000.

***Rauger, Jean-François, « La forme-vampire », *Cahiers du cinéma* n° 463, janvier 1993.

***Schefer, Jean Louis, « Dracula, le pain et le sang », *Trafic* n° 14, printemps 1995.

N° Spécial de revue

Cinefex, n° 2, consacré aux effets spéciaux du film (édition française du *Cinefex* américain, n° 28).

2. Articles en anglais

***Bignell, Jonathan, « Spectacle and the Postmodern in Contemporary American Cinema » *La Licorne* (Gilles Menegaldo ed.), vol. 36. 1996.

Dika, Vera, « From Dracula-with Love », *The Dread of Difference: Gender and the Horror Film* / edited by Barry Keith Grant., Austin, University of Texas Press, 1996.

Dyer, Richard, « Dracula and Desire » (Francis Ford Coppola's *Dracula*), *Sight and Sound* v3, n1, January 1993.

****Elsaesser, Thomas, « Francis Ford Coppola and Bram Stoker's Dracula », *Contemporary Hollywood cinema*, Steve Neale et Murray Smith (eds), London / New York, Routledge, 1998.

Glover, David., « Travels in Romania: Myths of Origin, Myths of Blood » *Discourse: Journal for Theoretical Studies in Media and Culture*, vol. 16 no. 1, 1993.

Leblanc, Jacqueline, « Dracula and the Erotic Technologies of Censorship », *Bram Stoker's Dracula*, Carol Margaret Davison (ed), Dundurn Press, Toronto-Oxford,, 1997.

Magid, Ron, « Effects add Bite to Bram Stoker's Dracula », *American Cinematographer* LXXIII/12, Dec 92.

**Sheehan, Henry, « Trust the Teller: Henry Sheehan Talks with James V. Hart about Dracula. », Film / Literature / Heritage / edited by Ginette Vincendeau. pp 271-74. London, British Film Institute, 2001.

Thomas, Ronald R., « Specters of the Novel: Dracula and the Cinematic Afterlife of the Victorian Novel », *Victorian afterlife : postmodern culture rewrites the nineteenth century*, John Kucich and Dianne F. Sadoff, editors. pp: 288-310. Minneapolis, University of Minnesota Press, 2000.

Turner, George, « Bram Stoker's Dracula: A Happening Vampire./ Dracula Meets the Son of Coppola » (Interview) *American Cinematographer* LXXIII/11, Nov 92.

**Whalen, Tom, « Romancing Film: Images of Dracula », *Literature / Film Quarterly*, vol. 23 n° 2. 1995.

III. Ouvrages et articles sur le mythe de *Dracula* (et du vampire) au cinéma

1. ouvrages individuels et collectifs

**** Bouvier, J.M. et Leutrat J.L., « Nosferatu », Paris, Gallimard, *Cahiers du cinéma*, 1981.

**** Faivre, Tony, *Les vampires*, Paris, Le terrain vague, 1962.

*** Flynn, John L. *Cinematic Vampires*, Jefferson (NC) & Londres, McFarland and Co., 1992.

*** Freeland, Cynthia A., *The Naked and the Undead*, Westview Press, 2000. Bon chapitre sur le motif du vampire au cinéma, plusieurs pages sur le film de Coppola.

**** Gelder, Ken, *Reading the Vampire*, Routledge, 1994. Un chapitre est consacré au cinéma et évoque en particulier le film de Coppola.

**** Hutchings, Peter, *Dracula*, The British Film Guide n° 7, I.B. Tauris and co., 2003. Très bonne monographie sur le film de Terence Fisher.

Jones, Stephen. *The Illustrated Vampire Movie Guide*, Londres, Titan Books, 1993.

Madison, Bob (ed.), *Dracula, The First Hundred years*, Midnight Marquee Press, 1997. Anthologie qui contient beaucoup d'informations et de témoignages.

*** Marrero, Robert. *Dracula, the Vampire Legend*, 70 Years on Film, Key West, Fantasma Books, 1992.

Midi-Minuit fantastique, n° 4-5 janvier 1963, spécial « Dracula ».

Midi-Minuit fantastique, n° 1 et 8. Consacrés au film d'épouvante anglais et, en particulier, à Terence Fisher.

***** Pirie, David, *The Vampire Cinema*, Londres, Hamlyn, 1977. (en français, *Les vampires du cinéma*, éd. Oyez, Paris, 1978).

*** Sadoul Barbara dir., *Visages du vampire*, Éditions Dervy, 1999.

*****Silver, Alain et James Ursini, *The Vampire Film*, New York, Barnes & Co, Londres, The Tantivy Press, 1975. Ouvrage essentiel.

**** Skal, David J., *Hollywood Gothic; The Tangled Web of Dracula from Novel to Stage to Screen*, New York & Londres, W.W. Norton, 1990.

Skal, David J., *V is for Vampire, the A-Z guide to Everything Undead*, Plume / Penguin, 1996.

**** Waller, Gregory, *The Living and the Undead*, Urbana and Chicago, University of Illinois Press, 1986.

2. Articles

*** Bignell, Jonathan. « A Taste of the Gothic: Film and Television Versions of Dracula », *The Classic Novel: From Page to Screen*, Robert Giddings and Erica Sheen (eds), New York, St. Martin's Press, 2000.

*** Labrouillère Isabelle, « Du policier au fantastique : du signe comme "indice" et comme "bruit" dans le *Dracula* de Browning (1931) », *Les récits policiers au cinéma*, D. Sipière, G. Menegaldo (eds), la Licorne, hors-série n° 8, 1999.

*** Leutrat, Jean-Louis, « Passages équivoques », *Les vampires*, Albin Michel, 1993.

Menegaldo, Gilles, « Les avatars cinématographiques de Dracula », *Les vampires*, Faivre Antoine, Marigny Jean (eds.), Albin Michel, 1993.

Menegaldo, Gilles, « Du texte à l'écran : Renfield et la folie », *Dracula Insémination, dissémination*, Amiens, Université de Picardie, Publications de l'UFR de Langues, coll. Sterne, 1996.

Menegaldo, Gilles, « Nouvelles figurations du vampire dans le cinéma américain depuis la fin des années soixante-dix », *Visages du vampire*, Barbara Sadoul (ed), Paris, Dervy, 1999.

*** Sipière, Dominique, « La question de l'Altérité du vampire au cinéma », *Dracula Insémination, dissémination*, Amiens, 1996.

****Wood, Robin, « Burying the Undead: The Use and Obsolescence of Count Dracula », *The Dread of Difference: Gender and the Horror Film*, University of Texas Press, 1996. Par un grand spécialiste du film d'horreur qui compare le roman avec les films de Murnau et Badham.

IV. Ouvrages et articles consacrés à l'histoire et l'esthétique du cinéma fantastique

**** Grant, Barry Keith (ed), *Planks of Reason, Essays on the Horror Film*, Scarecrow, 1984.

**** Berenstein, Rhona J., *Attack of the Leading Ladies: Gender, Sexuality and Spectatorship in Classic Horror Cinema*, New York, 1996.

**** Clarens, Carlos, *An Illustrated History of the Horror Film*, New York, G.P. Putnam, 1967.

Dixon, Wheeler Winston, *The Charm of Evil: the Life and Films of Terence Fisher*, Metuchen, NJ; London, Scarecrow Press, 1991.

Everson, William K., *Classics of the Horror Film*, Citadel Press, 1995. Humphries Reynold, *The American Horror Film*, Edinburgh University Press, 2002.

Hutchings, Peter, *Hammer and Beyond, The British Horror Film*, Manchester U. Press, 1993.

Lenne, Gérard, *Le cinéma fantastique et ses mythologies*, Paris, Henry Veyrier, 1985.

***** Leutrat, Jean-Louis, *Vie des Fantômes*, Cahiers du cinéma, 1995.

***** Meikle, Denis, *A History of Horrors, the Rise and Fall of the House of Hammer*, Scarecrow, 1996.

V. Sur la théorie de l'adaptation au cinéma

Cattrysse, Patrick, *Pour une théorie de l'adaptation filmique : le film noir américain*, Berne, Peter Lang, 1992

Desmond, John et Hawkes Peter, *Adaptation Studying Film and Literature*, McGraw Hill, 2005

McFarlane, Brian, *Novel to Film*, Oxford, Clarendon Press, 1996.

Serceau, Michel, *L'adaptation filmique*, Éditions du CEFAL, 2000.

Shenghui, Lu, *Transformation et réception du texte par le film*, Peter Lang, 1999

***Stam, Robert, Raengo Alessandra (eds), *Literature and Film*, Blackwell, 2005.

***Stam, Robert, *Literature Through Film*, Blackwell, 2005.

IRIS n° 30, *L'adaptation cinématographique questions de méthode, questions esthétiques*, Automne 2004.

VI. Autres ouvrages théoriques et analytiques

Aumont, Jacques (ed.), *La couleur en cinéma*, Paris, Mazzotta / Cinémathèque française, 1995.

Aumont, Jacques, *L'œil interminable, cinéma et peinture*, Paris, Séguier, 1989.

Chion, Michel, *Un art sonore, le cinéma*, Cahiers du cinéma, 2003.

Campan, Véronique et Menegaldo, Gilles (eds), *Du maniérisme au cinéma*, La Licorne n° 66, UFR Lettres Poitiers, 2003.

Jameson, Fredric, *Signatures of the Visible*, New York and London, Routledge, 1992.

Revault D'Allonnes, Fabrice, *La lumière au cinéma*, Cahiers du cinéma, 1991.

Vanoye, Francis, *Récit écrit / récit filmique*, Nathan « Université », 1989.

Script du film

Francis Ford Coppola and James V. Hart, *Bram Stoker's Dracula, The Film and the Legend*, New York, New Market Press 1992.

Autres scripts

Dracula, the Original Shooting Script, Universal filmscripts series classic horror films-volume 13, Atlantic City/Hollywood, Magic Image, 1990. Script du film de 1931 (Tod Browning)

VII. Filmographie

Le film à étudier

Le film de Coppola existe en DVD zones 1 et 2 et en video (VHS).

Autres films à voir

(Les adaptations du roman, à voir en priorité, sont indiquées en gras.)

Nosferatu, W.F. Murnau, 1922, avec Max Schreck.

Vampyr, Carl Theodor Dreyer, 1928.

Dracula, Tod Browning, Universal, 1931, avec Bela Lugosi.

Dracula's Daughter, Lambert Hyllier, Universal, 1935.

Mark of the Vampire, Tod Browning, Universal, 1935, avec Bela Lugosi.

Son of Dracula, Curt Siodmak, Universal, 1941.

Horror of Dracula, Terence Fisher, Hammer, 1958, avec Christopher Lee et Peter Cushing.

Dracula, Prince of Darkness, Terence Fisher, Hammer, 1965, avec Christopher Lee.

The Fearless Vampire Killers, Roman Polanski, 1968.

Dracula Has Risen from the Grave, Freddie Francis, Hammer 1968, avec Christopher Lee.

El Conde Dracula, Jesus Franco, 1970, avec Christopher Lee.

Dracula, Dan Curtis, 1974 avec Jack Palance. (téléfilm, mais l'une des sources du film de Coppola).

Count Dracula, Philip Saville, 1977, avec Louis Jourdan. Film BBC.

Nosferatu, Phantom der Nacht, Werner Herzog, 1979.

Interview With a Vampire, Neil Jordan, 1994, avec Tom Cruise, Brad Pitt.

Dracula, Guy Maddin, 2002.

Autre films à voir éventuellement

House of Frankenstein, Erle C. Kenton, 1944, avec John Carradine.

House of Dracula, Erle C. Kenton, 1945, avec John Carradine.

Taste the Blood of Dracula, Peter Sasdy, 1969, avec Christopher Lee.

The Scars of Dracula, Roy Ward Baker, 1970, avec Christopher Lee.

Dracula A.D. 72, Alan Gibson, 1972, avec Christopher Lee.

The Satanic Rites of Dracula, Alan Gibson, 1973, avec Christopher Lee.

Love at First Bite, Stan Dragoti, 1979.

Dracula, Dead and Loving It, Mel Brooks, 1995.

Vampires, John Carpenter, 1998.

L'ombre du vampire, Elias Merhige, 2000.j.

Les auteurs

Elyette Benjamin-Labarthe est Professeur à l'Université de Bordeaux III-Michel de Montaigne. Outre la publication de nombreux articles et ouvrages, elle a édité le numéro spécial de la *Revue Française d'Études Américaines* sur le cinéma des minorités aux États-Unis, *Cinéma américain : Aux marches du paradis ?*

Delphine Cingal est Maître de conférences à l'université Panthéon-Assas-Paris II et directrice de collection de Zulma Classics. Spécialiste du roman policier, elle a fait sa thèse sur P. D. James, travail en partie publié dans la revue *Temps Noir* n° 5 (Éditions Joseph K, 2001). Elle est l'auteur de nombreux articles sur le roman policier et sur la littérature britannique des XIXe et XXe siècles. Elle est l'une des collaboratrices du *Dictionnaire des Littératures policières* de Claude Mesplède (Éditions Joseph K) et le commissaire de la future exposition sur le crime à Londres au XIXe siècle (Bibliothèque des Littératures policières de Paris).

Nicole Cloarec est Maître de conférences en anglais à l'Université de Rennes I. Auteur d'une thèse sur les longs métrages de Peter Greenaway. Membre de la SERCIA et organisatrice de son congrès de 2005 à Rennes. Articles publiés dans la revue *La Licorne* et la revue *CinémAction*.

Raphaëlle Costa de Beauregard est Professeur à l'Université Toulouse Le Mirail. Agrégée de l'Université. Thèse de Doctorat sur l'image. Édition de *Le film et ses objets - Objects in Film*, Colloque SERCIA – Poitiers, La Licorne, 1997 ; *Caliban - Cinema-Cinema* – Toulouse, 1995. Séminaire mensuel : ASF - Atelier Sémiotique Filmique ; membre de l'IRPALL (Institut de Recherche Pluridisciplinaire de l'Université Toulouse le Mirail), Section Cinéma. Fondatrice de la SERCIA, (Société d'études et de recherches sur le cinéma anglophone) 1993. Publications sur la couleur :

un ouvrage en anglais : *Silent Elizabethans - The language of Colour of Two Miniaturists -* CERRA : Montpellier: 2000, et un article : « *Le ventre de l'architecte* de Peter Greenaway » in Guy Lecerf, ed., *Seppia* (ISBN 284156 609 9) n° 2, 2004, *Couleur mouvement*, pp. 73-79.

Cornelius Crowley est Professeur de civilisation britannique à l'université de Paris X Nanterre. Il s'intéresse aux rapports entre culture et politique. Il a récemment publié des articles sur la liberté d'interprétation, dans *Liberté / Libertés*, numéro spécial édité par Sylvia Ullmo, GRAAT 29, et sur le rapport entre fait divers et traitement littéraire du réel, dans *L'Allusion et l'Accès*, numéro spécial édité par Peter Vernon, GRAAT 31, Presses universitaires François Rabelais, Tours.

Françoise Dupeyron-Lafay, agrégée et ancienne élève de l'ENS, est Professeur de littérature britannique (XIXe siècle) à l'Université Paris XII. Elle est l'auteur de l'ouvrage *Le Fantastique anglo-saxon* (Ellipses, 1998) ainsi que d'articles sur des auteurs fantastiques comme J. S. Le Fanu, H. G. Wells, M. R. James, George Mac-Donald, et Ambrose Bierce, entre autres. Depuis 2001, elle dirige le CERLI, Centre d'Étude et de Recherche sur les Littératures de l'Imaginaire, un réseau de recherche pluridisciplinaire (domicilié à Paris XII) qui se consacre aux littératures fantastique et gothique, ainsi qu'à la science-fiction et à la « fantasy » et à ce titre, elle a coordonné les ouvrages collectifs *Le Livre et l'image dans la littérature fantastique et les œuvres de science-fiction* (Publications de l'Université de Provence (PUP), 2003) et *Détours et hybridations dans les œuvres fantastiques et de science-fiction* (PUP, 2005).

Jean-Paul Engélibert, Maître de conférences à l'université de Poitiers, enseigne la littérature comparée et le cinéma. Auteur d'une thèse sur le mythe de Robinson, *La Postérité de Robinson Crusoé* (Droz, 1997) et d'un essai sur J. M. Coetzee, *Aux avant-postes du progrès* (Pulim, 2003), il s'est notamment intéressé au motif de l'homme artificiel en littérature, auquel il a consacré un numéro de revue (*Otrante*, n° 11, 1999) et une anthologie de textes littéraires : *L'Homme fabriqué*, Garnier, 2000.

Michel Etcheverry est agrégé d'anglais et il enseigne à l'université d'Orléans. Il a co-dirigé avec Francis Bordat *Cent ans d'aller au cinéma : le spectacle cinémato-graphique aux États-Unis, 1896-1995* (univer-sité de Rennes) et a collaboré à de nom-breux ouvrages collectifs.

Gaïd Girard est Professeur de littéra-ture britannique à l'université de Bretagne occidentale (Brest). Elle dirige le CEIMA (Centre d'Études Interdisciplinaires du Monde Anglophones). Elle est spécialiste de Sheridan Le Fanu, et a publié de nombreux articles, surtout sur le fantastique, en littérature et en cinéma. Son ouvrage, *Sheridan le Fanu, une écriture fantastique*, est à paraître fin 2005 chez Honoré Champion.

William Hughes est Professeur à l'Université de Bath où il enseigne la litté-rature gothique victorienne et contempo-raine. Ses publications récentes comportent une édition de *The Lady of the Shroud* de Bram Stoker (Desert Island Books, 2001), une monographie intitulée *Beyond Dracula: Bram Stoker's Fiction and its Cultural Context* (Palgrave, 2000), et divers ouvrages collec-tifs : *Bram Stoker: History, Psychoanalysis and the Gothic* (Palgrave, 1988), *Empire and the Gothic: The Politics of Genre* (Palgrave, 2003), tous deux co-édités avec Andrew Smith, et *Fictions of Unease: The Gothic from Otranto to The X-Files*, co-edité avec Andrew Smith et Diane Mason (Sulis Press, 2002). Il est aussi co-éditeur avec Richard Dalby de *Bram Stoker: A Bibliography* (Desert Island Books, 2004). Bien que l'essentiel de ses travaux concerne Stoker et l'Empire Victorien, il a aussi publié des articles sur J. S. Le Fanu,

Algernon Blackwood, L. T. C. Rolt et Poppy Z. Brite. Il est responsable de *Gothic Studies*, revue de référence de l'International Gothic Association, publiée deux fois par an par Manchester University Press.

Catherine Lanone est Professeur à l'Université de Toulouse II. Elle est l'auteur d'un livre sur E. M. Forster et d'articles sur et la réécriture du gothique, notamment de *Melmoth the Wanderer* et de *Frankenstein*. Elle a également travaillé sur la transposition domestique de l'espace gothique chez les Brontë, et a publié un livre consacré à Emily Brontë (Wuthering Heights: *Un vent de sorcière*, Paris, Ellipses, 1999).

Jean-Jacques Lecercle est Professeur d'anglais à l'université de Paris X-Nanterre. Spécialiste de littérature victorienne et de philosophie du langage, il est l'auteur, entre autres, de *Frankenstein, mythe et philosophie* (PUF, 1987), *Interpretation as Pragmatics* (Macmillan, 1999) et *Une Philosophie marxiste du langage* (PUF, 2004).

Gaëlle Lombard, doctorante et alloca-taire de recherche à Paris X et monitrice à Paris VII, est l'auteur d'articles sur Francis Ford Coppola, dont *Dracula ou l'exploit du sacré*, « le surhomme », Ciném'action (der-nier trimestre 2004) et *L'enfance tuméfiée : l'adolescence chez Francis Ford Coppola*, Eclipses « Figures de l'adolescence » (pre-mier trimestre 2005). Elle effectue actuel-lement sa thèse sur « Les figures de la transgression et du châtiment dans l'œuvre de Francis Ford Coppola », sous la direction de Laurence Schifano et Francis Bordat.

Hélène Machinal est Maître de confé-rences à l'Université de Bretagne Occiden-tale. Spécialiste des littératures policières et fantastiques et membre du comité de rédaction d'*Otrante*, elle a publié un ouvrage sur Conan Doyle, *De Sherlock Holmes au professeur Challenger*, aux Presses universitaires de Rennes en 2004 ainsi que plusieurs articles sur Bram Stoker, Doyle, Ishiguro ou Mc Grath (*Tropisme, La Licorne, Caliban, Triade, Cahiers du CEIMA*). Elle a également contribué à l'ouvrage *Stevenson-Doyle* publié par Terres de brume en 2003.

Jean Marigny est Professeur émérite de l'Université Stendhal-Grenoble III où il a enseigné la littérature anglaise et américaine et où il a dirigé le GERF (Groupe d'Études et de Recherches sur le Fantastique) Auteur d'une thèse sur le vampire dans la littérature anglo-saxonne soutenue en 1983, il a publié sur le même thème *Sang pour sang, le réveil des Vampires* (Gallimard, 1993) et *Le Vampire dans la littérature du XXᵉ siècle* (Honoré Champion, 2003).

Sophie Marret, Professeur à l'Université Rennes II, consacre ses travaux de recherche à l'investigation des rapports entre psychanalyse et littérature, elle a publié un ouvrage sur Lewis Carroll (*Lewis Carroll : de l'autre côté de la logique*, Presses universitaires de Rennes, 1995) et plusieurs articles sur la littérature fantastique.

Lydia Martin, allocataire-monitrice à l'Université de Provence, achève une thèse en littérature britannique sur « Les adaptations à l'écran des romans de Jane Austen : esthétique et idéologie ». Ses communications et ses articles récents portent sur les adaptations d'œuvres de Jane Austen, de Tennessee Williams (*A Streetcar Named Desire* par Kazan), de Choderlos de Laclos (*Les Liaisons Dangereuses*) par Frears, Forman, Kumble.

Denis Mellier est Professeur à l'Université de Poitiers où il enseigne la littérature comparée et le cinéma. Il est l'auteur de *L'écriture de l'excès, Poétique de la terreur et fiction fantastique*, Champion 1999 ; *Le fantastique (Mémo)*, Seuil, ; *Textes fantômes, fantastique et autoréférence*, Kimé, 2001, *Les écrans meurtriers, essais sur les scènes spéculaires du thriller*, Céfal, 2002. il est directeur de publication de la revue *Otrante, arts et littérature fantastique* (Kimé).

Gilles Menegaldo, né en 1947, ancien élève de l'ENS Saint-Cloud. Professeur de littérature et cinéma à l'Université de Poitiers et directeur du Département Arts du Spectacle de 1996 à 2001. Président de la

SERCIA (Société internationale d'études et de recherches sur le cinéma anglo-saxon) depuis 2002. Direction de plusieurs ouvrages collectifs sur le cinéma et organisation de nombreux colloques, dont quatre à Cerisy La Salle. Publie régulièrement des articles concernant la littérature et le cinéma dans diverses revues universitaires et généralistes. Derniers ouvrages : *Frankenstein*, (Autrement 1998), *HP Lovecraft* (Dervy, 2002), *R. L. Stevenson et A. Conan Doyle, aventures de la fiction*, (Terre de brume, 2003). Responsable de deux ouvrages collectifs sur le film de gangster (Ellipses, 2002) et Elia Kazan (Ellipses, 2003). À paraître un ouvrage sur Dracula aux Éditions Atlande (avec Anne-Marie Paquet-Deyris). En préparation, ouvrage sur Woody Allen (Éditions du CERF) et ouvrage collectif sur Jacques Tourneur (CinémAction).

Michel Naumann, Professeur à l'université de Tours, a travaillé pour les universités de Metz, Paris XII, Niamey (Niger) et Kano (Nigeria). Il a publié *Regards sur l'autre* (L'Harmattan, 1993), *De l'Empire britannique au Commonwealth des Nations* (Ellipses, 2000), *Les Nouvelles Voies de la littérature africaine* (L'Harmattan, 2001) et *Les Duels bipartites de la vie politique britannique* (Ellipses, 2003).

Eithne O'Neill est enseignante à l'Université de Paris XIII. Auteur de *Stephen Frears*, Éd. Rivages Cinéma, 1994 ; coauteur avec Jean-Loup Bourget de *Lubitsch. La Satire romanesque*, Stock, 1988, réédité chez Flammarion, 1990, elle a signé de nombreux articles sur le cinéma dans diverses revues. Elle est membre du comité de rédaction de la revue *Positif* où elle publie régulièrement. Parmi les travaux à paraître : « Le Thème de l'Initiation dans les anime d'Hayao Miyazaki », dans *Rendez-vous avec la peur* aux Éditions Céfal, Liège ; « Les Couturiers français à Hollywood, 1948-1960 », dans *Les Connections françaises*, Éditions du Nouveau Monde, 2006 ;

« Défiguration et mutisme dans *Freaks* de Tod Browning », dans un recueil d'essais sur « Philomèle. Figures du Rossignol dans la tradition littéraire et artistique », chez Ophrys.

Philippe Ortoli né à Marseille en 1970, docteur en lettres et arts en 1996, écrit des ouvrages (notamment sur Clint Eastwood et Sergio Leone) et des articles sur le cinéma qu'il enseigne à l'Université (Aix-en-Provence, Lyon et, depuis 2005, Paris VII). Par ailleurs scénariste, auteur de recueils de poèmes comme de nouvelles, il réalise son premier court-métrage en juillet 2002 : *Fatigué*, une comédie noire et écrit et met en scène sa première pièce de théâtre en 2004, *La scène est triste, hélas…*

Anne-Marie Paquet-Deyris, agrégée d'anglais est Professeur à l'université de Rouen. Elle a publié en 1996 aux Presses de Paris IV-Sorbonne *Toni Morrison. Figures de Femmes,* à la suite de son doctorat. Spécialiste de littérature américaine et afro-américaine auxquelles elle a consacré de nombreux articles, elle écrit également sur le cinéma et les problèmes de l'adaptation. Elle a publié de nombreux articles, notamment sur Spike Lee (Rouge Profond, 2002), Gloria Naylor (Sorbonne, 2003) et Elia Kazan (Ellipses).

Michel Remy, Professeur à l'Université de Nice-Sophia Antipolis, auteur de nombreux articles, préfaces d'expositions et ouvrages sur le surréalisme anglais (*Surrealism in Britain*, Londres, Ashgate, 1999 ; rééd. Lund and Humphries, 2001). Il collabore actuellement à une anthologie bilingue de la poésie anglaise des origines à nos jours à paraître chez Gallimard (« La Pléiade »).

Victor Sage is Reader in Literature in the School of English and American Studies at the University of East Anglia, Norwich. He is the author of two novels, *A Mirror for the Larks* (1993) and *Black Shawl* (1995), and a collection of short stories, *Dividing Lines* (1984). He has published several studies of the Gothic tradition, including a study of the religious contexts of the Gothic Novel, *Horror Fiction in the Protestant Tradition* (1988) and he is the editor of the casebook, *The Gothic Novel* (1990).

Dominique Sipière est agrégé d'anglais, docteur ès lettres et Professeur des universités (Université du Littoral). Président honoraire de la SERCIA, il est spécialiste de cinéma classique américain (Hitchcock, Lubitsch). Il a publié plusieurs ouvrages sur le *Crime à l'écran*, John Huston et Elia Kazan. Il publie également avec Max Duperray une étude sur *Dracula* aux éditions Armand Colin (cours d'agrégation du CNED, 2005).

Philip Skelton est bibliothécaire à la Nottingham Central Library. Il est l'auteur d'une thèse de doctorat consacrée à la politique et l'idéologie dans l'œuvre de D. H. Lawrence. Il a publié de nombreux articles sur la littérature du dix-neuvième et du vingtième siècle.

Daniela Soloviova-Horville est doctorante en littérature générale et comparée et membre du Centre d'Études du Roman et du Romanesque de l'Université de Picardie « Jules Verne ». Ses recherches portent sur le rôle des croyances populaires slaves dans l'élaboration du mythe littéraire du vampire. Elle a publié plusieurs articles sur l'histoire littéraire du vampirisme dans divers périodiques dont le *Magazine littéraire* et collabore régulièrement à la rédaction d'ouvrages collectifs sur ce thème.

Daniel Tron, PRAG à l'université d'Angers, prépare une thèse sur Philip K. Dick et Terry Gilliam : *Du texte à l'image, architectures et déconstructions de la réalité.*

Max Vega-Ritter, agrégé d'anglais est Professeur de littérature britannique à l'université Blaise Pascal de Clermont-Ferrand. Il est l'auteur d'une thèse de doctorat d'État sur les structures imaginaires dans les romans de Charles Dickens jusqu'à *David Copperfield* et ceux de W. M. Thackeray *de Barry Lindon à Henry Esmond*. Il a organisé des colloques à l'université Blaise Pascal, présenté des communications et publié des articles sur Charles Dickens et W. M. Thackeray ainsi que, entre autres, sur Rudyard Kipling, Joseph Conrad, D. H. Lawrence, James Joyce, Virginia Woolf. Il utilise en particulier les outils de la psychocritique, freudienne ou postfreudienne, féministe ou sociopsychanalytique dans une mise en dilaogue avec la philosophie de Paul Ricœur et celle d'Emmanuel Levinas.

Aubin Imprimeur

LIGUGÉ, POITIERS

Achevé d'imprimer en août 2005
N° d'impression L 68966
Dépôt légal, août 2005
Imprimé en France